المدخل إلى علم الاجتماع

تأليف

الأستاذ الدكتور
احسان محمد الحسن
أستاذ علم الاجتماع في كلية الآداب
بجامعة بغداد

الأستاذ المساعد الدكتور
عدنان سليمان الأحمد
أستاذ علم الاجتماع المساعد في كلية الآداب
بجامعة الزيتونة

دار وائل للنشر

الطبعة الثانية

٢٠٠٩

رقم الايداع لدى دائرة المكتبة الوطنية : (٢٠٠٤/٩/٢٤١١)

الحسن ، احسان

المدخل إلى علم الاجتماع / تأليف احسان محمد الحسن، عدنان سليمان الاحمد.

- عمان ، دار وائل ٢٠٠٤

(٣١٩) ص

ر.إ. : (٢٠٠٤/٩/٢٤١١)

الواصفات: علم الاجتماع

* تم إعداد بيانات الفهرسة والتصنيف الأولية من قبل دائرة المكتبة الوطنية

****

رقم التصنيف العشري / ديوي : ٣٠١

ISBN ٩٩٥٧-١١-٥٤٦-٤ (ردمك)

* المدخل إلى علم الاجتماع
* الأستاذ الدكتور إحسان محمد الحسن - الدكتور عدنان الأحمد
* الطبعة الأولى ٢٠٠٥
* الطبعة الثانية ٢٠٠٩
* جميع الحقوق محفوظة للناشر

دار وائل للنشر والتوزيع

* الأردن - عمان - شارع الجمعية العلمية الملكية - مبنى الجامعة الاردنية الاستثماري رقم (٢) الطابق الثاني
هاتف : ٠٠٩٦٢-٦-٥٣٣٨٤١٠ - فاكس : ٠٠٩٦٢-٦-٥٣٣١٦٦١ - ص. ب (١٦١٥ - الجبيهة)
* الأردن - عمان - وسط البلد - مجمع الفحيص التجاري- هـاتف: ٠٠٩٦٢-٦-٤٦٢٧٦٢٧
www.darwael.com

E-Mail: Wael@Darwael.Com

الاهداء

إلى البسطاء من أبناء أمتنا العربية
إلى من كرس انتماءه إلى هذه الأمة
إلى المدافعين عن شرف وكرامة أمتنا العربية
إلى الشهداء على أرض العرب

المقدمة

يستأثر علـم الاجتماع باهتمام القادة والمصلحين والمخططين نظراً لأهميته المتزايدة في جمع وتصنيف وتنظير الحقائق والبيانات عن الواقع الاجتماعي والحضاري وما يكتنفه من عوامل وقوى موضوعية وذاتيـة تـؤثر في أنشطة الإنسان وتفاعله مـع الجماعة والمجتمع على المستويين الرسمي وغير الرسمي . لكن لهذه الحقائق والبيانات التي يجمعها علـم الاجتماع فائـدتها العظمـى في إرسـاء خطط التنميـة الاجتماعيـة والاقتصادية التي ترمي إلى تغيير بنى المجتمع التحتيـة والفوقيـة، ورسـم قـوانين حركـة وداينمكية المجتمع وفهم طبيعة العلاقة الجدليـة بـين الإنسان والمجتمع. إضافة إلى فاعليتها في تشخيص ماهية المشكلات الإنسانية التي يعاني منها المجتمع.

إلا أن علم الاجتماع لا يمكن أن يؤدي وظائفه الخطيرة ويحقق أهدافه القريبـة والبعيدة دون تكامل ووحـدة أطـره النظريـة والفكريـة ودون تطـور أسـاليبه المنهجيـة والبحثية ودون قدرته على وصف وتحليل النظم الاجتماعيـة التـي يتكون منهـا البنـاء المؤسسيـ للمجتمع. وفي الآونـة الأخيـرة استطاع علـم الاجتماع بفضـل جهـود رجالـه وأساتذته وباحثيه بلورة وتطوير مدارسه الفكرية والنظرية بحيث أصبحت هذه تـدرس عناصر وأركان المجتمع مـن زوايـا إدراكيـة وفكريـة مختلفة. وتمكن العلم مـن تنميـة مناهجه الدراسية العلمية وتطويـر أدواتـه البحثيـة بحيـث أصبحت هـذه أكـثر قـدرة وفاعلية في دراسة وتحليل المواضيع التي يريد العالم أو المخـتص دراستها واستيعابها وفهم مضامينها وأبعادها. وأخيرا استطاع علم الاجتماع فرز أهم النظم الاجتماعية التي يتكون منها المجتمع وتحليلها إلى عناصرها الأولية وربط بعضها بـبعض ودراسـة عوامـل سكونها وداينميكيتها.

إن الكتاب برمته يحاول إلقاء الأضواء المنيرة على التغيرات الجديدة التي طـرأت على المناهج والنظريات والنظم الاجتماعية. وفي نفس الوقت يتخصص في دراسة أشـهر الطرق المنهجية التي يعتمدها العالم الاجتماع في بحوثه النظرية

والميدانية. ويهتم باستعراض أهم المدارس الفكرية والنظرية التي يعرفها علماء الاجتماع بعد معالجتها معالجة تأريخية تستهدف توضيح السبل التي تطور من خلالها الفكر الاجتماعي. وأخيرا يدرس الكتاب عددا من النظم والمؤسسات الاجتماعية كالمؤسسات العائلية والاقتصادية والطبقية دراسة تحليلية علمية، ويبحث موضوع التغير الاجتماعي باعتبار المجتمع كائنا ساكنا ومتغيرا في آن واحد.

إن الكتاب ينقسم إلى تسعة فصول متكاملة هي الفصل الأول الذي يبحث ماهية وطبيعة وأهداف علم الاجتماع. والفصل الثاني الذي يتخصص بدراسة علاقة علم الاجتماع بالعلوم الاجتماعية الأخرى كعلم الانثروبولوجيا الاجتماعية والتاريخ والسياسة وعلم النفس.

والفصل الثالث يدرس المناهج العلمية لعلم الاجتماع المعاصر كالمنهج التأريخي والمنهج المقارن ومنهج الملاحظة ويمكن اعتبار الفصول الثلاثة الأولى فصولا تعالج الجوانب المنهجية لعلم الاجتماع المعاصر.

أما الفصل الرابع من الكتاب فيهتم بإلقاء الأضواء على الجذور التأريخية والفلسفية لعلم الاجتماع. فيبدأ بدراسة الفكر الاجتماعي في الحضارات القديمة خصوصاً حضارتي وادي الرافدين ووادي النيل. ثم يتطرق إلى الفكر الاجتماعي عند الإغريق والرومان والفكر الاجتماعي عند العرب والمسلمين. وأخيرا يعرج الفصل إلى الفكر الاجتماعي في أوروبا قبل ظهور العلامة أوكست كونت. والفصل الخامس يهتم بمعالجة الاتجاهات النظرية لعلم الاجتماع. فهناك الاتجاه التحولي والتطوري الذي حمل لواءه كونت في فرنسا وهو بهوس في بريطانيا. وهناك الاتجاه العضوي الذي حمل لواءه هربرت سبنسر ـ في بريطانيا وأميل دوركهايم في فرنسا. وأخيرا هناك الاتجاه المادي التأريخي الذي حمل لواءه كارل ماركس وفردريك انجلز والاتجاه السلوكي السسيولوجي الذي حمل لواءه ماركس فيبر وجورج زيمل. إن الحقائق التي يهتم بها الفصلان الرابع والخامس توضح

التطورات النظرية التي طرأت على الفكر الاجتماعي منذ زمن الحضارات القديمة ولغاية القرن العشرين.

والفصل السادس يعالج موضوع التحليل الوظيفي والبنيوي للمجتمع ويركز على تحليل المؤسسة السياسية تحليلا علميا عقلانياً يتطرق إلى بناء وهياكل وأدوار المؤسسة وعلاقتها بالمؤسسات البنيوية الأخرى. أما الفصل السابع فيدرس المؤسسات العائلية والقرابية.

يبدأ هذا الفصل بتحديد مفاهيم العائلة والقرابة والزواج ثم يدخل في دراسة نظريات العائلة والزواج. وأخيرا يهتم بمعالجة ظاهرة تحول العائلة البشرية من نمط لآخر. بينما يدرس الفصل الثامن المؤسسات الاقتصادية في المجتمع إذ يبدأ بتحليل المؤسسات هذه إلى عناصرها الأولية ثم يعالج تحليل وتحول البنية الاقتصادية للمجتمع العراقي ويدرس صدى التحولات الاقتصادية على المؤسسات البنيوية.

أما الفصل التاسع فيدرس موضوع النظم الطبقية في المجتمع البشري والتي تشتمل على النظام الطبقي العبودي والنظام الطبقي الإقطاعي والنظام الطبقي الرأسمالي والنظام الطبقي الطائفي. وأخيرا يدرس الفصل الطبقات في المجتمع العربي من حيث عدد الطبقات الاجتماعية والعوامل الموضوعية والذاتية التي تحدد الانتماءات الطبقية في حين يدرس الفصل العاشر من الكتاب موضوع التغير الاجتماعي إذ يتطرق الموضوع إلى مفاهيم التغير وأنواع وأسباب التغير والتغير في القيم الاجتماعية، واخيرا التغير الاجتماعي المادي والتغير الاجتماعي المثالي.

أما الفصل الحادي عشر والأخير فيعالج موضوع وسائل الضبط الاجتماعي والسلوك الإجرامي. والفصل يتخصص بدراسة أربعة مباحث رئيسية هي الوسائل الداخلية للضبط

الاجتماعي والوسائل الخارجية للضبط الاجتماعي، وأخيرا دور وسائل الضبط الاجتماعي في الحد من السلوك الإجرامي.

نأمل أن يكون هذا الكتاب مثمراً ونافعا لطلبة وأساتذة الاجتماع وللقراء العامين المهتمين بهذا الموضوع الحيوي، والله هو الموفق وبه نستعين.

المؤلف

الأستاذ الدكتور احسان محمد الحسن

الأستاذ المساعد الدكتور عدنان سليمان الأحمد

الفصل الأول

ماهية وطبيعة وأهداف علم الاجتماع

١- ماهية علم الاجتماع:

هنالك عدة تعاريف ومفاهيم علمية دقيقة لعلم الاجتماع أهمها تعريف البرفسور مورس كينز بيرك Ginsberg الذي ينص على أنه العلم الذي يدرس طبيعة العلاقات الاجتماعية وأسبابها ونتائجها[١]، ودراسته لها تكون على مستويات مختلفة كالعلاقات بين الأفراد والجماعات والمجتمعات المحلية والكبرى. ويعني كينز بيرك بالعلاقات الاجتماعية أي اتصال أو تفاعل أو تجاوب بين شخصين أو أكثر يهدف إلى سد وإشباع حاجات ومتطلبات الأفراد الذين يكونون الاتصال أو التفاعل الاجتماعي[٢]. فاتصال البائع بالمشتري واتصال الطالب بالأستاذ واتصال الطبيب بالمريض واتصال القاضي بالمتهم هي أنواع مختلفة من العلاقات الاجتماعية والتي تتضمن سؤال وجواب وفعل ورد فعل ومجموعة رموز سلوكية وكلامية وتفاعلية يؤديها أطراف العلاقة الاجتماعية. لكن العلاقات الاجتماعية التي تقع بين الأفراد والجماعات والمنظمات الاجتماعية الوظيفية تكون على أنواع مختلفة كالعلاقة الاجتماعية العمودية والعلاقة الاجتماعية الأفقية والعلاقة الاجتماعية الرسمية والعلاقة الاجتماعية غير الرسمية[٣].

إن العلاقة الاجتماعية العمودية هي الاتصال أو التفاعل الذي يقع بين شخصين أو اكثر يحتلون مراكز اجتماعية وأدواراً وظيفية مختلفة كاتصال الضابط

(١)Ginsberg, M.Sociology, London, Oxford University Press, ١٩٥٠, P. ٧.

(٢) الحسن، إحسان محمد(الدكتور)، علم الاجتماع، دراسة نظامية، بغداد، مطبعة الجامعة، ١٩٧٦، ص٦٢.

(٣) نفس المصدر السابق، ص٦٤.

بالجندي واتصال الأب بـالابن واتصال المهنـدس بالعامـل واتصال الطبيب بالمريض[1].

وهناك العلاقة الاجتماعية الأفقية التي هي الاتصال أو التفاعل الـذي يقـع بـين شخصين أو أكثر يحتلون مراكز اجتماعية متساوية ومتكافئة مـن ناحيـة المنزلـة والـدور كاتصال المهندس أ بالمهندس ب واتصال العامل أ بالعامل ب واتصال المـدرس أ بالمدرس ب.

وهناك العلاقة الاجتماعية الرسمية التي تـدور حـول التفاعل الـذي يقـع بـين الأفراد والذي يتعلق بأداء الواجبات والمهـام الرسـمية المناطـة بهـم والتي عـن طريقهـا يمكن تحقيق أهداف المنظمة أو المؤسسة التي يعملون فيها كاتصـال المـدرس بطلبته وقت المحاضرة وحثهم على السعي والاجتهاد والحصول على أحسـن النتـائج الأكاديميـة. وأخيرا هناك العلاقة الاجتماعية غير الرسمية التي هـي الاتصال والتفاعل غـير الرسـمي بين أفراد المؤسسة والذي لا يتعلق بالواجب والعمل بل يتعلق بالأمور الشخصية للأفراد الذين يدخلون في هذا النمط مـن العلاقـة الاجتماعيـة كاتصـال المهنـدس أ بالمهنـدس ب حول الاستفسار عن عائلته ودعوته للذهاب معه إلى المطعـم بعـد الانتهـاء مـن الـدوام الرسمي.

إن العلاقات الاجتماعية كما يخبرنا كينز بيرك مجموعة أسباب ونتـائج. فأسـباب العلاقات الاجتماعية هي الدوافع والمنبهات التي تحفز الأفراد على تكوين العلاقات[2]، والدوافع الاقتصادية هي التي تحفز العامـل عـلى العمـل في المصـنع وتكـوين العلاقـات الاجتماعية مع العمال والإدارة، والدوافع التربوية هي التي تحفز الطالب عـلى الدراسـة في الكلية أو الجامعـة وتكـوين العلاقـات الاجتماعيـة مـع الطلبـة والأسـاتذة، والـدوافع العسكرية هـي التـي تحفـز المقاتـل عـلى الانخـراط في المؤسسـات العسكرية وتكـوين العلاقات مع المقاتلين والضباط. زد على ذلك الدوافع الصحية

---

(١) نفس المصدر السابق، ص٦٥.

(٢)Ginsberg, Morris. Sociology. PP. ١٠-١١.

التي تحفز المرضى على تكوين العلاقات الاجتماعية الجيدة مع الأطباء. إذن الدافع يحفز الانسان على تكوين العلاقات الاجتماعية، وهذه العلاقات بأنواعها المختلفة هي التي تشبع حاجات وطموحات وأهداف الأشخاص الذين يدخلون في مجالاتها ويخضعون لأحكامها وقوانينها.

أما نتائج العلاقات الاجتماعية فإنها تعبر عن طبيعة الأسباب التي تحدد تكوينها وحدوثها[١]. فلو كانت الأسباب اقتصادية لكانت النتائج اقتصادية. فالعلاقات الاجتماعية التي تقع بين العمال والإدارة هي علاقات تتأثر بالعامل الاقتصادي فلو كانت هذه العلاقات إيجابية وجيدة فإن الإنتاج لابد أن يكون كبيرا وجيدا. بينما لو كانت هذه العلاقات سلبية فإن الإنتاج لابد أن يكون ضعيفا من ناحية الكمية والنوعية. وهناك دراسات وبحوث قام بها علماء الاجتماع الصناعي تشير إلى أثر العلاقات الإنسانية في كمية ونوعية الإنتاج ومن أهم هذه الدراسات دراسة البروفسور اليتن مايو التي توضح دور العلاقات الاجتماعية السلبية التي تربط العمال بالإدارة في أحد المصانع الأمريكية في انخفاض كمية الإنتاج وتدني نوعيته[٢].

إن حقل علم الاجتماع الواسع يهتم بدراسة أنماط العلاقات الإنسانية والأحكام والقوانين التي تنظمها. واهتمامه بهذه الدراسة ينطلق من هدف تحسين وتطوير العلاقات من خلال إزالة معوقاتها ومظاهرها السلبية وإذا ما تحسنت العلاقات فإن الإنسان من خلال الجماعة والمجتمع يستطيع بلوغ أمانيه وأهدافه القريبة والبعيدة.

أما ماكس فيبر Max Weber فيعرف علم الاجتماع في كتابه (نظرية التنظيم الاجتماعي والاقتصادي) بالعلم الذي يفهم ويفسر السلوك الاجتماعي[٣].

---

(١) الحسن، إحسان محمد (الدكتور) ، محاضرات في المجتمع العربي، بغداد، مطبعة دار السلام، ١٩٧٣، ص١٧٧.

(٢)Mayo, E. The Social Problems of an industrial civilization, Boston, ١٩٤٥ , Ch.٢.

(٣)Weber., Max. The Theory of Social and Economic Organization, New York , The Free Press, ١٩٦٩, P. ٨٨.

والسلوك الاجتماعي يعني فيبر أية حركة أو فعالية مقصودة يؤديها الفرد وتأخذ بعين الاعتبار وجود الأفراد الآخرين وقد يكون سببها البيئة أو الأحداث التي تقع فيها أو الأشخاص الذين يلازمون الفاعل الاجتماعي Social Actor الذي يقوم بعملية الحدث أو السلوك، والسلوك الاجتماعي يعتمد عادة على ثلاثة مقاييس أساسية هي:

أ- وجود شخصين أو أكثر يتفاعلان معا ويكونان السلوك أو الحدث الذي نريد دراسته في هذا المقام.

ب- وجود أدوار اجتماعية متساوية أو مختلفة يشغلها الأفراد الذين يقومون بالسلوك.

ج- وجود علاقات اجتماعية تتزامن مع عملية السلوك(١).

لكن سلوك الفرد يتغير من وقت لآخر تبعا لطبيعة وأهمية الأدوار الاجتماعية التي تتفاعل مع دوره الوظيفي . فسلوك الطفل، الذي يتجسد في كلامه وحركاته وسكناته، مع أخيه الطفل يختلف عن سلوكه مع والده أو والدته. كذلك يختلف سلوك الطالب عندما يكون باتصال مع الطالب عن سلوكه عندما يكون باتصال مع المعلم أو الأستاذ. إذن يعتمد السلوك الاجتماعي للفرد على طبيعة الأدوار الوظيفية التي يشغلها، ونستطيع التنبؤ بسلوك الفرد من معرفتنا لدوره الاجتماعي(٢). فنحن مثلا نستطيع التنبؤ بسلوك الطبيب أو سلوك المريض او سلوك الضابط أو الجندي من معرفتنا لأدوارهم الاجتماعية.

وبفهم وتفسير السلوك الاجتماعي يعني فيبر الأسباب الدافعة للسلوك وأنماطه الأساسية، فالسلوك الاجتماعي قد يكون سببه العاطفة والانفعال أو سببه

---

(١)Ibid., P.٩٣.

(٢)Parsons, T. and E. Shils, Toward A General Theory of Action, Cambridge Harvard Univ. Press, ١٩٥٢, P. ١٩.

العادات والتقاليد الاجتماعية أو سببه العقل والمنطق والبصيرة والادراك الواعي[1]. لهذا يمكن تقسيم السلوك الاجتماعي حسب السبب أو الدافع إلى ثلاثة أنواع أساسية هي:

أ- السلوك الاجتماعي الانفعالي أو الغريزي:

وهو السلوك الانفعالي والعاطفي من ناحية الواسطة Means والغاية End. ومصدره الغريزة أو العاطفة التي غالبا ما تتناقض مع العقل والحكمة والبصيرة وما تقره الحياة الواقعية التي يعيش فيها الأفراد، والغريزة هي ميل أو اندفاع حيواني ينبعث من منطقة اللاشعور ويدفع صاحبه إلى العمل من أجل اشباع متطلباته وحاجاته الحيوانية والشهوانية دون التفكير بالنتائج او العواقب التي تتبع الحدث الغريزي[2]. وللإنسان حسب آراء مكد وجال Mc Dougall غرائز كثيرة أهمها غريزة حب التملك والخوف والهرب. والغريزة الجنسية والغريزة الاجتماعية، وغريزة حب الظهور والسيطرة على الآخرين، وغريزة الاستسلام والخضوع، وغريزة الأمومة، وغريزة الموت والدمار، وغريرة حب الاستطلاع... الخ. تقع هذه الغرائز الحيوانية حسب رأي فرويد في منطقة الأنا السفلي Id والغرائز التي تخرج من هذه المنطقة تدفع صاحبها لتكوين العلاقات والتفاعل مع الآخرين والتجاوب أو التصادم معهم من أجل اشباع حاجاتها ودوافعها . لكن الفرد لا يكون خاضعا خضوعا تاما للحاجات والدوافع الحيوانية، فهناك منطقة الأنا العليا Ego الموجودة في منطقة العقل الواعي Conscious Mind التي تهذب وتضبط وتهيمن على الدوافع الغريزية غير المهذبة وتمنعها من جلب الضرر والأذى للإنسان والمجتمع.فالدوافع الغريزية تريد الانطلاق وإشباع نزواتها وحاجاتها الحيوانية، لكن الإنسان السوي يمنع حدوث هذا من خلال منطقة العقل الظاهري

(1) Weber, M. Theory of Social and Economic Organization, PP. ٨٩-٩٠.

(٢) معجم علم الاجتماع، تحرير دينكن ميشيل وترجمة الدكتور إحسان محمد الحسن، دار الطليعة، بيروت، ١٩٨١، ص١٢٦.

التي تكبت الغرائز وتمنع خروجها وتهذبها لخير وسعادة الإنسان وتقدم ورفاهية المجتمع. إن الغرائز تسبب لحاملها المنازعات والمشكلات والقلاقل التي تكدر راحته وصفوة حياته، لهذا ينبغي السيطرة عليها وتوجيه دوافعها نحو تحقيق أهدافه وطموحاته بصورة عقلانية ومهذبة تتنافى مع صيغ العمل الغريزي. إن السلوك الاجتماعي الغريزي كما يشير فيبر يتمثل في النزاع والصراع بين الأصدقاء والدول وفي الغيرة والحسد والنميمة والنفاق ودخول الإنسان في عالم الخلاعة والمجون والملذات وانطوائه الى الخمول والكسل واللامبالاة. كما يتمثل هذا السلوك بالجرائم التي يرتكبها الأفراد كالسرقة والقتل والاغتصاب والتزوير والاحتيال.

ب- السلوك الاجتماعي التقليدي:

يأتي هذا السلوك من عادات وتقاليد وقيم ومثل وأخلاق المجتمع[١]. وهذه الضوابط الاجتماعية التقليدية تحدد سلوك الإنسان وتنظم علاقاته بالآخرين وترسم أهدافه وطموحاته ومصالحه التي غالبا ما تنطبق مع تلك التي يعتمدها المجتمع ويؤمن بها. ويكتسب الفرد هذا النمط من السلوك منذ حداثة حياته من المؤسسات والمنظمات البنيوية التي يحتك بها ويتفاعل معها كالعائلة والقرابة والمجتمع المحلي وجماعة اللعب والمدرسة والجامع أو الكنيسة... الخ . إن هذه المؤسسات والمنظمات تزرع عند الفرد بذور هذا النمط من السلوك وتصب في عروقه النموذج التقليدي للسلوك الاجتماعي السوي الذي ينسجم ويتفق مع أخلاقية وسلوكية المجتمع، هذه الأخلاقية والسلوكية التي تمر عبر الأجيال وتشارك مشاركة فعالة في تحقيق وحدة المجتمع وقوته. ويتجسد هذا النوع من السلوك في طقوس السلام والتحيات التي يمارسها الأفراد في حياتهم اليومية، كما يتجسد في مراسيم الأعياد والمناسبات الوطنية والدينية وحفلات الزواج والختان ومآتم التشييع والحزن.

(١)Weber . M. Theory of Social and Economic Organization, P. ١١٦.

ج- السلوك الاجتماعي العقلي:

وهو السلوك الذي يتميز بالتعقل والحكمة والمنطق والبصيرة والإدراك الثاقب للأمور والقضايا والمشكلات[1]. ويخرج هذا السلوك من منطقة الأنا العليا التي تعبر عن ماهية وحقيقة العالم الخارجي والحياة الاجتماعية التي يعيشها الأفراد والجماعات. وعند الاقتدار بهذا النمط من السلوك يعتمد الفاعل الاجتماعي Social Actor في احتكاكه مع الآخرين وتفاعله مع المجتمع اللغة الرفيعة والكلام المهذب والأخلاق العالية والحجج والمبررات الموضوعية للأفعال التي يمارسها. كما يتظاهر بالرقة والوداعة والعفة والطهارة عند مقابلته للآخرين لكي يكتسب ثقتهم وينال استحسانهم[2]. وهنا يستطيع الفرد بذكائه وقابلياته وحسن سلوكه تحقيق مآربه وطموحاته التي قد تكون مشروعة أو غير مشروعة . وقد يلبي هذا النمط من السلوك دوافع ورغبات وشهوات العقل الباطني بعد ان يستعمل أساليب المنطق والحكمة والدراية والفطنة في تحقيق نزوات الفرد وحاجاته والتي تنبعث من الميول والاتجاهات الغريزية الكائنة في منطقة اللاشعور.

ويقسم ماكس فيبر هذا السلوك الى ثلاثة أنواع حسب طبيعة الواسطة والغاية علما بأن لكل سلوك مهما يكن نوعه واسطة وغاية كما أسلفنا سابقاً.

١- سلوك اجتماع عقلي ذو واسطة عقلية وغاية غير عقلية:

بالواسطة او الغاية نعني الواسطة أو الغاية الأخلاقية والشريفة والمهذبة التي تنسجم مع أخلاقية وتعاليم ومثل المجتمع وتتكيف بمجالها وتسير في فلكها. أما الواسطة أو الغاية غير العقلية فهي الواسطة او الغاية غير الشريفة واللاأخلاقية التي تتنافر وتتناقض مع تعاليم ومثل وأهداف وتراث المجتمع. ويتمثل هذا النوع من السلوك بحالة المنتج الرأسمالي المحتكر الذي يستعمل الآليات الميكانيكية الحديثة ويعتمد الخبرات العلمية في الإنتاج والتنظيم من أجل خلق بضاعة يحتاجها

(١)Ibid., P. ١١٧.

(٢) الحسن، احسان محمد (الدكتور)، علم الاجتماع، دراسة نظامية، ص٧١.

المجتمع[1]. لكن غايته من الإنتاج هي الربح الفاحش واستغلال المواطنين خصوصاً عندما يفرض أسعاراً عالية عليهم. إذن الواسطة اخلاقية وهي الإنتاج الآلي وتهيئة البضاعة المطلوبة ولكن الغاية لا أخلاقية وهي احتكار بيع السلعة واستغلال المواطنين.

٢- سلوك اجتماعي عقلي ذو واسطة غير عقلية وغاية عقلية:

وهذا النوع من السلوك العقلي معاكس للنوع الاول من ناحية الواسطة والغاية. ويمثل بحالة رب الأسرة الذي يرغب باحتلال دار للسكن، ولكن عدم حوزته على الأموال اللازمة التي تؤمن شراءه مثل هذه الدار قد تدفعه على سرقتها او اختلاسها. إذن الغاية هي اخلاقية وعقلانية لأنها تتجسده عن رب الاسرة في امتلاك دار لأسرته والواسطة هي لا اخلاقية وغير شريفة لأنها تتجسد في سرقة أو اختلاس الأموال كشراء أو بناء مثل هذه الدار.

٣-سلوك اجتماعي عقلي ذو واسطة عقلية وغاية عقلية.

يسمى هذا النوع من السلوك العقلي بالنوع المثالي للسلوك الاجتماعي ideal Type والنوع المثالي للسلوك الاجتماعي هو ذلك السلوك الذي يبتعد كل البعد عن العاطفة والتحيز والتعصب والتشنج ويكون سلوكا محايدا من حيث أدوات تنفيذه وأغراضه[2]. والسلوك هذا يكون عقلانيا من ناحية الواسطة التي ينفذ من خلالها والغاية أو الهدف الذي يرمي إلى تحقيقه. ويتجسد هذا النمط من السلوك في سلوك الجندي الذي يدافع عن وطنه، فالجندي أثناء المعركة يستعمل الأسلحة المتطورة والخبرات القتالية الفاعلة وينفذ الخطط العسكرية الموضوعة امامه وهذه هي واسطة السلوك. لكن الهدف من استعمال الأسلحة والخبرات العسكرية والقتالية هي تحقيق النصر على الأعداء والدفاع عن تربة الوطن. وهذا الهدف هو هدف عقلي أيضاً. إذن سلوك الجندي في المعركة هو سلوك يأخذ طابع النوع المثالي.

---

(١) المصدر السابق، ص٧٢.

(٢)Weber, M. Theory of Social and Economic Organization, P.١٣.

كما أن سلوك طالب المدرسة أو الجامعة هو سلوك يتميز بالنوع المثالي طالما أن واسطته عقلية وأخلاقية (الدوام المنتظم والسعي والاجتهاد) وأن غايته عقلية وأخلاقية أيضاً (الحصول على الشهادة العلمية وخدمة المجتمع من خلالها).

أما البروفسور جورج زيمل فيعرف علم الاجتماع بالعلم الذي يهتم بدراسة شبكة العلاقات والتفاعلات الاجتماعية التي تقع بين الأفراد والجماعات والمؤسسات على اختلاف أنواعها وأغراضها[(١)]. فعلم الاجتماع كما يرى زيمل ينبغي أن يدرس أنواع العلاقات والتفاعلات كما تقع وتتكرر خلال فترات تاريخية مختلفة وفي مواضيع حضارية متنوعة. لهذا انتقد زيمل النظريات الاجتماعية العضوية التي طرحها كل من كونت وسبنسر ـ ونبذ الأسلوب التاريخي المتداول في ألمانيا والذي يدرس الحقائق والظواهر الاجتماعية دراسة تاريخية.

لذا يرفض زيمل المدارس العضوية والمثالية التي أرادت وفهم المجتمع في ضوء تعاليمها وطروحاتها التفسيرية لعلم الاجتماع النظري. أن زيمل لا يعتقد بأن المجتمع هو كائن حي كما يعتقد كونت وسبنسر ولا هو شيء ليس له وجود حقيقي وإنما هو شبكة معقدة من العلاقات المزدوجة بين الأشخاص الذين هم في حالة اتصال دائم الواحد مع الآخر. إذن المجتمع هو مصطلح يطلق على عدد من الأفراد الذين تربطهم علاقات اجتماعية متفاعلة. أما التراكيب المعقدة للدولة والعشيرة والعائلة والمدينة ونقابة العمال فهي حصيلة الاتصالات والتفاعلات التي تقع بين الأفراد الذين ينتمون إليها والتي من خلالها يستطيعون تحقيق طموحاتهم وأهدافهم المنشودة. ان الحقل الأساسي لعلم الاجتماع إنما هو دراسة الظاهرة الاجتماعية التي تعبر عن أنواع الروابط والتفاعلات التي تقع بين البشر[(٢)].

(١) The Sociology of George Simmel,ed. And trans. By K. Wolff, New York, The free Press, ١٩٥٠, P. ١٠.
(٢)Coser. L. Masters of Sociological Thought. , New York, Harcourt Brace Jovanovich, ١٩٧١, P. ١٧٨.

وينتقد زيمل هؤلاء المفكرين الاجتماعيين الذين يعتقدون بأن علم الاجتماع هو سيد العلوم الاجتماعية والعلم المختص في دراسة جميع الظواهر الإنسانية مهما تكن طبيعتها وأغراضها. فعالم الاجتماع بالنسبة له يجب أن لا يختص بدراسة القانون واللغة والعلوم السياسية وعلم النفس والاقتصاد والتاريخ، بل يجب عليه دراسة الجوانب المشتركة للعلاقات والتفاعلات الإنسانية التي تقع في هذه التخصصات الفرعية من الحياة. ذلك أن العلم الحقيقي يدرس الأبعاد والجوانب المتفرعة للظواهر ولا يدرس الخلفيات الاجتماعية والطبيعية التي تشتق منها هذه الظواهر. فعلم الاجتماع يتخصص في وصف وتحليل الأشكال الموضوعية للتفاعلات الاجتماعية التي تشهدها الجماعة والمؤسسة. يدرس علم الاجتماع مثلاً أسباب ونتائج الحدث الاجتماعي كما يقع وسط الجماعة عندما يكون أعضاؤها في حالة تفاعل مستمر. لكن التفاعل بين الأفراد وما ينطوي عليه من سلوك اجتماعي ظاهري لا يمكن تفسيره إلا من خلال ظاهرة الجماعة وما يمكن أن تفرضه الجماعة على الأفراد من شروط وميول تحدد سلوكهم وتضعه في قالب معين[١]. لكنه بالرغم من اعتقاد زيمل بأن واجب علم الاجتماع هو دراسة التراكيب المؤسسية للمجتمع إلا أنه كان ميالاً إلى دراسة التفاعلات التي تقع بين الأفراد وسط الجماعة طالما أن هؤلاء يكونون البنى المعقدة للمنظمات المؤسسية في المجتمع.

إذن علم الاجتماع بالنسبة لزيمل لا يختص بدراسة العلوم الاجتماعية كالاقتصاد وعلم النفس والتاريخ وعلم الأخلاق بل يختص بدراسة اشكال التفاعلات الإنسانية التي تكمن خلف السلوك السياسي والاقتصادي والديني والجنسي. إن أخصائي العلوم العسكرية يدرس مواضيع تختلف عن المواضيع التي يدرسها أخصائي العائلة والزواج، بيد أن عالم الاجتماع كما يرى زيمل يستطيع استنتاج

(١) Ibid., P. ١٧٩.

نفس الأشكال التفاعلية من دراسته للصراعات العسكرية والصراعات الأسرية والزوجية. فالتفاعل الذي يتمخص عن هذه الصراعات يتميز بالسيطرة أو الخضوع. ذلك أن الصراعات العسكرية تعبر عن رغبة مجتمع بالسيطرة على مجتمع آخر والصراعات الزوجية تعبر عن رغبة الزوج بالسيطرة على زوجته أو العكس بالعكس.

أما العلاقات التفاعلية التي تقع في المؤسسات الاجتماعية المعقدة فتكون على أشكال متعددة أهمها العلاقات المبنية على الصراع أو التعاون، والعلاقات المبنية على الاستعلاء أو الخضوع، والعلاقات المبنية على المركزية أو اللامركزية. ومن خلال فهم وتحليل هذه الأنماط من العلاقات استطاع زيمل أن يتبنى نظاماً هندسياً للحياة الاجتماعية يتميز بالدقة والمتانة والموضوعية. إذن عندما نعتبر المجتمع عملية تفاعلية بين الأفراد وجماعات فإن وصف أشكال هذه العملية التفاعلية يعتبر من أهم وظائف علم الاجتماع.

إن علم الاجتماع الشكلي Formal Sociology الذي اتبعه زيمل يتلخص بتأكيده على ضرورة دراسة مضمون وأشكال الحياة الاجتماعية وأشكالها[1]. ومع هذا فإن علم الاجتماع الشكلي يفصل بين شكل ومضمون الظواهر الاجتماعية والإنسانية. فبالرغم من قيام العلم بتوضيح الاختلافات بين المصالح والأغراض التي تدفع الأفراد إلى الدخول في علاقات معينة فان الأشكال الاجتماعية للتفاعلات التي من خلالها تنجز هذه المصالح والاغراض التي تدفع الأفراد إلى الدخول في علاقات معينة فإن الأشكال الاجتماعية للتفاعلات التي من خلالها تنجز هذه المصالح والأغراض قد تكون متطابقة. فالمصالح الاقتصادية يمكن تحقيقها بالمنافسة أو بالتعاون، في حين يمكن اشباع الدوافع العدائية بالأشكال المختلفة من الصراعات بين الطوائف والجماعات والدول.

(١)Ibid., P. ١٧٩.

وأخيرا يعرف البروفسور هوبهوس Hobhouse علم الاجتماع بالعلم الذي يدرس العلاقات المتفاعلة بين الجوانب المختلفة للحياة الاجتماعية كما تعبر عن نفسها بالمؤسسات الاجتماعية[1].

فالحياة الاجتماعية تظهر عندما تقوم المؤسسات بأداء وظائفها للإنسان والمجتمع ووظائفها هذه تختلف باختلاف أهدافها ومصالحها واتجاهاتها. فهنالك الوظائف الاقتصادية التي تقوم بها المؤسسات الاقتصادية وهناك الوظائف الأسرية التي تقوم بها المؤسسات الأسرية، وهناك الوظائف الدينية التي تقوم بها المؤسسات الدينية وهكذا. إن علم الاجتماع يدرس بنى ووظائف المؤسسات الاجتماعية دراسة تفصيلية لا تتوخى فهم واستيعاب أنشطتها وأحكامها وقوانينها وأهدافها القريبة والبعيدة فحسب بل تتوخى استخلاص الحقائق الاجتماعية المشتركة بينها ورسم القوانين الشمولية التي تحدد أنماط سلوكية وعلاقات ومواقف وقيم أعضائها ومنتسبيها أيضاً[2].

ويعتقد هوبهوس بأن ظواهر الحياة الاجتماعية هي ظواهر معقدة لا يمكن تفسيرها بواسطة قوانين التفاضل والتكامل ولا بواسطة القوانين الداينميكية التي ترسم حركة المجتمع والمراحل الحضارية التاريخية التي يمر بها والتي تكلم عنها علماء الاجتماع التاريخيون أمثال كونت وسبنسر ووليم كراهام سمنر. لذا لا يستطيع علم الاجتماع فهم الظواهر الاجتماعية وتحليل أنواعها إلا بعد دراستها دراسة موضوعية من قبل عدد من العلوم الاجتماعية والاحصائية كالاقتصاد والعلوم السياسية والأديان واللغات والتاريخ وعلم النفس والأنثروبولوجيا وعلم الكلام[3]. إن هذه العلوم المتشعبة تستطيع دراسة الجوانب المختلفة للحياة

(١)Ginsberg, M. Essays in Sociology and Social Philosphy, Vol. ١١, London, Heinemann, ١٩٥٦, p. ٤٥.

(٢)Ibid., P. ٥١.

(٣)Ibid., P. ٥٠.

الاجتماعية وتلقي الأضواء عليها وبعد الدراسة هذه ينبغي على العلماء تنسيق جهودهم والتعاون فيما بينهم من اجل جمع نتائجهم الدراسية وتوحيدها واستخلاص القوانين الاجتماعية والحقائق الموضوعية منها والتي يمكن أن تفسر الظواهر الاجتماعية والعوامل الموضوعية والذاتية المؤثرة فيها.

وهنا يجب على العالم الاجتماعي Sociologist تكوين العلاقات الإيجابية مع خبراء العلوم الاجتماعية لكي يستطيع الحصول على نتائج دراساتهم المتعلقة بجوانب الحياة الاجتماعية. وبعد معرفة النتائج هذه يبدأ بعمله الشاق الذي يتمحور حول تحديد معالم الحياة الاجتماعية وما يجول فيها من سلوك وعلاقات وقوى ظاهرة وكامنة تؤثر في نشاطات الأفراد أثناء عملهم وتفاعلهم مع مؤسسات المجتمع المختلفة كالمؤسسات الاقتصادية والسياسية والثقافية والدينية. وبعد القيام بهذا العمل يتولى العالم الاجتماعي استخراج القوانين الكونية Universal Laws التي تفسر أنماط العلاقات الاجتماعية والسلوك الحضاري والقوى التي تحافظ على شكلية التركيب الاجتماعي أو تبديلها[1]. ومثل هذه القوانين الكونية تشكل العمود الفقري للنظرية الاجتماعية التي يعتمد عليها ظهور العلم ونموه.

أما العلوم الاجتماعية التي يجب على العالم الاجتماعي الاهتمام بدراسة مواضيعها وفصولها وتكوين العلاقات الصميمية مع خبرائها فهي علم الاقتصاد الذي يدرس المؤسسات الاقتصادية وعلم الدين واللاهوت الذي يدرس المؤسسات الدينية وعلم التربية الذي يدرس المؤسسات التربوية وعلم السياسة الذي يدرس المؤسسات السياسية. كما ينبغي على العالم الاجتماعي أن يبدأ دراساته الاجتماعية بدراسة هذه المواضيع قبل دراسته للظواهر والتفاعلات والعمليات الاجتماعية. أما علماء العلوم الاجتماعية فيجب عليهم كما يرى هوبهوس دراسة مواضيعهم الاخصائية دراسة مقارنة كما فعل البروفسور كارل بوخر Karl Bucher عندما درس تاريخ النظم الاقتصادية وكما فعل لويس موركن Lewis Morgan عندما

(١) Ginsberg, N. Sociology, P. ١٥.

درس المجتمعات البدائية البسيطة دراسة تاريخية وكما فعل لازروس وشتنترال Lazarus
and Steintral عندما درسا الأديان المقارنة والطبيعة السيكولوجية للإنسان.

وأخيرا يختم هوبهوس حديثة قائلا بأن علم الاجتماع هو موضوع حديث التكوين
انشغل معظم رجاله في بداية تكوينه بدراسة الحقائق الاجتماعية التي تكمن في العلوم
الاجتماعية Social Sciences المتفرعة لفترة طويلة من الزمن. وبعد الانتهاء من هذه
الدراسة قام بعضهم في وقت متأخر أي خلال النصف الأول من القرن العشرين بدراسة
خلاصة نتائج ما توصلت إليه العلوم الاجتماعية خصوصاً النتائج التي تتعلق بالحياة
الاجتماعية وما يقع فيها من سلوك وعلاقات وقوى اجتماعية مؤثرة.

٢- طبيعة علم الاجتماع:

نعني بطبيعة علم الاجتماع منزلته العلمية بين العلوم الطبيعية والاجتماعية
وفروعه الدراسية والمنهجية. بالنسبة للمنزلة العلمية التي يتمتع بها علم الاجتماع هناك
ثلاثة مدارس فكرية متناقضة تعبر عن الدرجة العلمية التي وصل إليها علم الاجتماع وتحدد
المقاييس التي تعتمد عليها في اعتبار علم الاجتماع مادة علمية بحتة كالفيزياء والكيمياء
والرياضيات أو اعتباره مادة إنسانية شبيهة بالدين واللاهوت والفلسفة وعلم المنطق.

المدرسة الأولى تعتبر علم الاجتماع مادة علمية تستعمل نفس المناهج الدراسية
والبحثية التي تستعملها العلوم الطبيعية. ومن أقطاب هذه المدرسة أوكست كونت وهربرت
سبنسر واميل دوركهايم. فكونت يعتبر علم الاجتماع مادة علمية ترتكز على علم الأحياء،
ذلك أن العلم الأخير يدرس الحياة البايولوجية للنبات والحيوان دراسة فيزيولوجية لا تتعلق
بالجوانب السلوكية والنفسية. بينما يدرس علم الاجتماع الحياة في أعلى مظاهرها أي الحياة
الاجتماعية وما يواكبها من علاقات

وتفاعلات وظواهر سلوكية وحضارية تتعلق بالإنسان ومجتمعة[1]. ومثل هذه الدراسة كما يعتقد كونت لا تختلف عن دراسة الحيوان والنبات أو دراسة الأجسام الجامدة ومركباتها وعناصرها. أما هربرت سبنسر فهو الآخر الذي يعتقد بأن علم الاجتماع هو موضوع علمي شبيه بعلم التشريح أو الفيزيولوجي. فعلم الاجتماع يدرس الكائن الاجتماعي بنفس الطريقة التي يدرس بها علم التشريح الكائن الحيواني[2]. ذلك أن كلا الكائنين الاجتماعي والحيواني يتكونان من أجهزة وظيفية متكاملة. فالكائن الاجتماعي يتكون من أجهزة اجتماعية تسمى بالمؤسسات وهذه تكون على أنواع مختلفة من حيث وظائفها كالمؤسسات الدينية والاقتصادية والسياسية والعائلية. بينما يتكون الكائن الحيواني من أجهزة عضوية لها أهميتها في ديمومة ونمو الكائن كالجهاز العضلي والدموي والحسي والعصبي والجنسي... الخ. أما إميل دوركهايم فقد حاول تبديل علم الاجتماع من موضوع فلسفي إلى موضوع علمي واقعي. ومحاولته هذه ألزمته إلى اقتفاء منهجية وضعية تعالج الحقائق الاجتماعية وكأنها أشياء خارجية تقيد سلوكية وعلاقات الأفراد. ذلك أن الأفراد لا حول ولا قوة لهم في تبديل أو تحوير الحقائق والظواهر الاجتماعية كاللغة والدين والزواج والعادات والتقاليد[3]. إلخ. فالفرد منذ ولادته كما يخبرنا دوركهايم يجد نفسه محاطا بأحكام وقوانين اجتماعية قسرية لا يستطيع تغييرها أو التقليل من أهميتها كما لا يستطيع انتقادها أو التهجم عليها أو التهرب منها. والشيء الوحيد الذي يستطيع الفرد القيام به هو إطاعة هذه القوانين والاستسلام إلى أوامرها ونصوصها دون أي تردد أو تأخير وإلا لا يمكن أن يكون الفرد مقبولا من لدن الجماعة ومنضوياً تحت لوائها. إذن علم الاجتماع هو موضوع علمي لأنه

(١)Martindale. D. The Nature and Types of Sociological Theory, Boston, Houghton Mifflin Co., ١٩٨١, P. ٨٢.
(٢) Ibid., P. ٨٢.
(٣)Ibid., PP. ١٠٢-١٠٣.

يتخصص بدراسة الحقائق الاجتماعية بعد أن يعتبرها أشياء خارجية قسرية لا تخضع لآراء وقيم ومواقف ونزعات وأهواء الفرد. كما أنه علم يفصل بين الحقائق والقيم ويركز على دراسة الحقائق كما هي دون تقييمها أو تفضيل بعضها على بعض.

أما المدرسة الثانية فهي المدرسة التي تعتبر علم الاجتماع موضوعا أدبيا وإنسانياً وخير من يمثل هذه المدرسة البروفسور ادور شلز E. Shils فهو يعتقد بأن علم الاجتماع لا يمكن أن يحقق أهدافه ويشارك مشاركة فعالة في تغيير وتطوير المجتمع دون اهتمامه بدراسة الإنسان وعلاقته بأخيه الإنسان دراسة عقلانية وأخلاقية. فالمجتمع يتكون من افراد يتميزون بحياتهم العقلية والأخلاقية حيث أن سلوكهم وعلاقتهم وقيمهم وحياتهم الذاتية تحددها مجموعة من القوانين الأخلاقية والمعايير الفلسفية والقواعد الاجتماعية المتفق عليها من قبل المجتمع. لذا والحالة هذه لا يمكن أن يعتبر علم الاجتماع موضوعا طبيعيا من حيث مضمونه ومنهجيته وتقاليده وفعاليات اخصائية. كما أن العالم الاجتماعي لا يستطيع دراسة الظواهر والعمليات الاجتماعية دراسة محايدة مستقلة عن قيمه وأهوائه ونزعاته النفسية(١).

فهو دائما ما يخلط مواقفه وقيمه ومقاييسه الذاتية مع الحقائق والظواهر الاجتماعية التي يريد دراستها وتحليلها من أجل فهمها واستيعابها. والخلط بين الحقائق والقيم يبعد العلم من صفاته الموضوعية واتجاهاته التجريدية وأهدافه الحيادية. لذا لا يمكن اعتبار علم الاجتماع موضوعاً علمياً بحتاً كما يعتقد شلز نظراً لدراسته الإنسان الذي يتأثر سلوكه بحياته الذاتية أكثر مما يتأثر بالعوامل البيئية والمحيطية. زد على ذلك تأثر الاخصائي الاجتماعي بحياته القيمية والنفسية التي دائما ما تلون نتائجه البحثية بألوان معينة وتحدد مساراتها واتجاهاتها النهائية

---

(١)Parson, T. and Shils, theories of Society, Vol ٢, New York , The free press. ١٩٦١, P. ١٤١٠.

نحو أهداف يميل لها ويريد تحقيقها بأسرع وقت ممكن. لذا ينبغي ان يكون علم الاجتماع موضوعاً أدبياً إنسانياً لكي يبلغ أهدافه التي تطمح تحسين أخلاقية وسلوكية وعلاقات الإنسان في الجماعة والمنظمة والمجتمع المحلي.

وهناك فريق ثالث من علماء الاجتماع يترأسهم ماكس فيبر يعتقدون بأن علم الاجتماع لا يمكن ان يكون موضوعاً علمياً بحتاً ولا يمكن أن يكون موضوعاً إنسانياً بحتاً وذلك لطبيعة الأشياء التي يدرسها والتي تحتم عليه استخدام منهجية خاصة به تساعده على فهم الجوانب الموضوعية والذاتية للإنسان والمجتمع. يشير ماكس فيبر في كتابه (منهجية العلوم الاجتماعية) بأن علم الاجتماع يختلف اختلافاً كلياً عن العلوم الطبيعية من حيث مضمونه وأبعاده وأهدافه وطريقته المنهجية. فالباحث والمختص في العلوم الطبيعية كالفيزياء والكيمياء وعلم الفلك يهتم بدراسة الظواهر دراسة علمية واشتقاق القوانين الشمولية منها ولا يبحث عن دوافع الظاهرة ولا مدلولاتها ومضامينها السيكولوجية والسلوكية كما يفعل العالم الاجتماعي. ذلك أن العالم الاجتماعي ينبغي عليه دراسة الظواهر والتفاعلات الاجتماعية والتعميق بمعرفة أسبابها ودوافعها ومضامينها ونتائجها الانسانية والحضارية.

كما يتطلب منه أيضاً فهم وتفسير السلوك الاجتماعي وهذا العمل لا يمكن القيام به دون معرفة العقل الظاهري والعقل الباطني للفاعل الاجتماعي ومعرفة العوامل والقوى الموضوعية والذاتية التي تؤثر فيه وتحدد مسارات سلوكه في اتجاهات معينة[١]. إذن لما كان علم الاجتماع مهتماً بدراسة ظواهر وتفاعلات اجتماعية معقدة تتأتى من سلوكية وعلاقات الأفراد، وهذه السلوكية والعلاقات تتأثر بقوى العقل الواعي والباطني وبقوى ومتغيرات اجتماعية وحضارية معقدة فإن على العالم الاجتماعي استعمال منهجية خاصة تتلاءم مع طبيعة العلم ومضامينه وحدوده

(١) Weber, M. Theory of Social and Economic Organization, PP. ٨٨-٩٣.

الأكاديمية، والمنهجية التي اعتمدها فيبر تعتمد على مذهب النموذج المثالي للظاهرة أو الحادثة الاجتماعية.

إن مذهب النموذج المثالي الذي اعتقد بصلاحية استعماله ماكس فيبر في تفسير الظواهر والتفاعلات الاجتماعية المعقدة يعتمد على دراسة مواضيع المجتمع وظواهره دراسة حيادية ومتجردة يستطيع العالم من خلالها الفصل بين أهوائه ونزعاته ومصالحه وبين حقيقة الوجود الاجتماعي التي يروم كشف حقيقتها وتعرية جوانبها الموضوعية والذاتية. ولا يعني فيبر بأسلوب أو طريقة النموذج المثالي دراسة الحالة النموذجية للظاهرة الاجتماعية أو دراسة أنماط تكرار وقوعها بل يعني دراستها دراسة موضوعية وذاتية في آن واحد أي دراسة القوى الخارجية المؤثرة فيها ودراسة جوهرها الداخلي وعناصرها السيكولوجية.

أما فروع ومواضيع علم الاجتماع فيقسمها موريس كينزبيرك إلى ثلاثة اقسام هي:

١- دراسة المورفولوجية الاجتماعية Social Morphology وتهتم هذه الدراسة بالتركيز على العوامل الجغرافية والبيئية وتوضيح أثرها في طبيعة وشكلية وداينميكية المجتمع كدراسة آثار المناخ والتضاريس الأرضية الطبيعية على نوعية الحياة الاجتماعية المتوفرة في الإقليم الجغرافي[١] . كما تهتم هذه الدراسة بالتوزيع الجغرافي والمهني للسكان والعلاقة بين حجم السكان وحجم الموارد الطبيعية من جهة وبين حجم السكان وطبيعة التسهيلات الخدمية التي يحتاجها من جهة أخرى. إضافة إلى اهتمامها بدراسة العوامل الموضوعية والذاتية لنمو السكان وتوازنه وحركته. وتهتم الدراسة أيضا بتقسيم المجتمعات البشرية إلى أنواع مختلفة حسب درجة تقدمها الحضاري مع الإشارة إلى حركات المجتمعات

(١)Ginsberg. M. Recent Tendencies in Sociology, A Lecture given at the London School of Economics ١٢th Dec., ١٩٨٢.

٢- وانتقالها من مرحلة حضارية معينة إلى مرحلة أخرى كتقسيم المجتمعات في العالم إلى مجتمعات ريفية ومجتمعات حضرية وانتقالها دائما من المرحلة الريفية إلى المرحلة الحضرية. أو تقسيمها إلى مجتمعات اقطاعية ورأسمالية واشتراكية وتحولها من المرحلة الاقطاعية إلى الرأسمالية ومن ثم إلى الاشتراكية.

٣- دراسة الفيزيولوجية الاجتماعية Social Physiology أو التشريع الاجتماعي. وتعني هذه الدراسة بالتخصص في المواضيع التي تهتم بدراسة جوانب معينة من الحياة كالجوانب الدينية والأخلاقية والسياسية والقانونية والاقتصادية والأسرية... الخ. ومواضيع التشريح الاجتماعي التي تهتم بهذه الدراسات كثيرة ومتنوعة أهمها علم اجتماع الدين وعلم اجتماع التربية وعلم اجتماع القانون وعلم اجتماع الاقتصاد وعلم الاجتماع السياسي. إلخ. إن جميع هذه العلوم تحاول فهم بنى المجتمع في ضوء فرضيات ونظريات وقوانين علم الاجتماع.

٤- علم الاجتماع العام General Sociology أن وظيفة هذا العلم تتلخص بجمع النتائج التي توصلت إليها العلوم الاجتماعية الاخصائية كالسياسة والتربية والقانون والاقتصاد وعلم الأخلاق والدين ثم بعد ذلك تشخيص الحقائق الاجتماعية المشتركة التي تكمن فيها وبالتالي كشف احتمالية وجود القوانين العامة التي تفسر الظواهر والعمليات الاجتماعية تفسيراً علمياً عقلانياً. ويمكننا في هذا الصدد التشبيه بين علم الاجتماع العام وعلم البايولوجي العام حيث أن العلم الأخير يهدف إلى دراسة القوانين العامة التي تفسر علوم الحياة، في حين يهدف علم الاجتماع العام إلى جمع وتصنيف الحقائق الاجتماعية التي تكتنفها العلوم الإنسانية الاخصائية واشتقاق قوانين شمولية منها لها القابلية على تفسير الواقع الاجتماعي بشقيه الموضوعي والذاتي. وفي هذا الصدد لابد من القول أن لعلم

الاجتماع مدلولين: مدلول عام شامل يعني دراسة جميع العلوم الاجتماعية دراسة اخصائية موضوعية بعيدة كل البعد عن الأهواء والنزعات النفسية، ومدلول خاص يعني دراسة الحقائق والظواهر الاجتماعية المشتركة التي تكمن في العلوم الاجتماعية مع فهم أنماط الأديولوجيات والممارسات والعلاقات الاجتماعية ومعرفة الظروف التي تحكم شكلية ومسارات ومتطلبات التنمية والتقدم الاجتماعي[١].

٣- أهداف علم الاجتماع:

يقسم علم الاجتماع من ناحية وظائفه وأهدافه إلى قسمين أساسيين هما علم الاجتماع النظري أو علم الاجتماع الصرف Pure Sociology وعلم الاجتماع التطبيقي Applied Sociology . علم الاجتماع النظري هو ذلك العلم الذي يهتم بدراسة واكتشاف وتراكم المعرفة النظرية المتعلقة بالمجتمع والسلوك الاجتماعي والحضاري المادي وغير المادي[٢]. بينما علم الاجتماع التطبيقي هو ذلك العلم الذي يهتم بتطبيق مبادئ وأسس ونظريات علم الاجتماع العام على معالجة وحل المشكلات الاجتماعية التي تواجه الإنسان والمجتمع.

فنظريات علم الاجتماع الصناعي تستعمل في تحقيق وحدة المؤسسة الصناعية وتكامل عناصرها البنيوية عن طريق حل المشكلات الإنسانية التي تظهر بين الإدارة والعمال وتعمل على تحسين ظروف العمال داخل وخارج عملهم. وهذا الأمر يساعد على زيادة الإنتاجية ورفع نوعية الإنتاج. ونظريات علم اجتماع التربية تستعمل في تطوير العلاقات التربوية والاجتماعية بين الطلبة والأساتذة وتعمل من أجل تشجيع العائلات كافة على إرسال أبنائها إلى المدارس ودور العلم لغرض التزود بالثقافة والمعرفة الاخصائية التي يمكن الاعتماد عليها في خدمة

(١) علم الاجتماع ، تحرير دينكن ميشيل، وترجمة الدكتور إحسان محمد الحسن، ص٢٢١.

(٢)Al – Hassan, Ihsan M. The Origin and Development of Sociology in Iraq. The College of Arts Bulletin. Vol ٣٦. No. ١ sept. ١٩٨٢, P. ١٣٨.

وتنمية المجتمع في المجالات الحياتية كافة. إن علم الاجتماع النظري يهدف إلى جمع وتصنيف وتنظيم وتراكم اكبر كمية من المعرفة الاجتماعية التي يمكن الاستفادة منها في فهم واستيعاب بناء ووظائف المجتمع وإدراك ماهية قوانين مسيرته المادية والحضارية. إلا أن اكتساب المعرفة النظرية في حقل علم الاجتماع تستلزم الشروع بتنفيذ مشاريع بحثية تهدف إما إلى إيجاد واكتشاف نظريات اجتماعية جديدة مشتقة من واقع المجتمع الإنساني وأصوله الحضارية والتراثية، أو تهدف إلى فحص شرعية وكفاءة وصدق النظريات الاجتماعية التي يعرفها علماء الاجتماع في العالم.

لكن المعرفة الاجتماعية الصرفة يمكن تقسيمها إلى حقول دراسية متعددة كل حقل منها يختص بجانب من جوانب المجتمع كعلم الاجتماع الاقتصادي وعلم الاجتماع السياسي وعلم اجتماع القانون وعلم الاجتماع الحضري والريفي وعلم اجتماع الخدمة الاجتماعية وعلم اجتماع العمل والفراغ.... الخ. ويهتم علماء الاجتماع الصرف بهذه المواضيع الدراسية اهتماماً كبيراً، إذ يعتبرونها غاية بحد ذاتها، بينما يعتبرها علماء الاجتماع التطبيقي وسيلة لتحقيق غاية معينة[1]. فالنظريات الاجتماعية تستعمل غالبا في حل المشكلات الإنسانية التي يعاني منها المجتمع وحل هذه المشكلات لابد أن يكفل توازنه واستقراره وفاعليته ونموه المستمر.

أما علم الاجتماع التطبيقي فإن أهميته تبدو أكثر وضوحاً من علم الاجتماع النظري وذلك لاهتمامه ببناء الإنسان وتقويمه وتطوير المجتمع وزيادة درجة رفاهيته وازدهاره. فالعالم الاجتماعي التطبيقي هو ذلك الشخص الذي يختار المفاهيم والأحكام والنظريات الاجتماعية ويستعملها في حل المشكلات الحضارية

(١)Ibid., P. ١٣٩.

والإنسانية التي يعاني منها المجتمع. بيد أنه لا يستطيع بمفرده حل مشكلات المجتمع دون تعاونه مع الموظف الإداري والسياسي.

فالسياسي هو الذي يخطط ويرسم السياسة الاجتماعية التي ترمي إلى تنمية المجتمع ورفاهيته، وهو الذي يختار السبل لتحقيق ذلك. إلا أنه خلال عملية رسمية للسياسة وشروعه بتنفيذ مراحلها يحتاج إلى معلومات وحقائق دقيقة وصادقة عن المجتمع لكي يعتمد عليها في تنميته وتطويره. ومثل هذه المعلومات والحقائق يمكن الحصول عليها من العالم الاجتماعي التطبيقي.

يمكننا في هذا المجال تحديد أهم الأهداف التي يريد علم الاجتماع تحقيقها للإنسان والمجتمع وهذه الأهداف يمكن درجها بالنقاط التالية:

١- يهدف علم الاجتماع وضع مورفولوجية خاصة بالعلاقات الاجتماعية تأخذ على عاتقها تصنيف العلاقات إلى أنواع مختلفة وإدخالها في كافة منظمات المجتمع[١]، والهدف من هذه الموروفولوجية تحويل العلاقات الإنسانية من علاقات سلبية وعدائية إلى علاقات إيجابية وتعاونية.

٢- يحاول علم الاجتماع توضيح أجزاء البناء الاجتماعي وتحليل عناصرها ومركباتها. فهناك المؤسسات الدينية والاقتصادية والأسرية والسياسية والتربوية، وهذه المؤسسات مترابطة ومتكاملة وأن أي تغيير يطرأ على إحداها لابد أن يترك آثاره وانعكاساته على بقية المؤسسات وهنا يحدث ما يسمى بالتحول الاجتماعي[٢].

٣- يهدف علم الاجتماع إلى دراسة أنماط السلوك الاجتماعي ودوافعه وآثاره على الفرد والجماعة. ودراسة السلوك الاجتماعي هذه تتوخى محاربة

(١)Ginsberg, M. Sociology P. ١٧.

(٢)Gerth, H. and Mills, Character and social structure, London, Routedge and Kegan Paul , ١٩٥٤, P. ٣٨٩.

٤- السلوك الانفعالي وتعزيز ودعم السلوك العقلاني الـذي تعـود مردوداتـه الإيجابيـة للفاعل الاجتماعي والمجتمع الكبير على حد سواء.

٥- يحاول علـم الاجـتماع الحـديث معرفـة قـوانين السكون والداينميكيـة أو التحـول الاجتماعي.

٦- يتوخى علم الاجتماعي تشخيص المشكلات الاجتماعية التي تعاني منها المجتمعات قاطبـة ومعرفـة أسـبابها الموضـوعية والذاتيـة وآثارهـا القريبـة والبعيـدة وطـرق مجابهتها والتصدي لانعكاساتها الهدامة.

٧- دراسـة طبيعـة وأسـباب ونتـائج الظـواهر الاجتماعيـة المعقـدة دراسـة اجتماعيـة تحليلية ونقدية تنبع من واقع وظروف وملابسات هذه الظواهر كدراسة الحركات الاجتماعيـة والسياسيـة والثـورات والحـروب والطبقـات الاجتماعيـة والانتقـال الاجتماعي والمنافسة والتعاون والصداقة والعداوة والرئاسية والمرؤوسية والتعصب والتحير... الخ.

٨- ربط المؤسسات والنظم الاجتماعيـة مـن حيـث نشوئها وتطورهـا بالمجتمع الـذي توجد فيه وتتفاعل معه. فهذه المؤسسات والـنظم ظهرت لتنظيم المجتمع وحـل مشكلاته وتناقضاته وتوطيد علاقته بالمجتمعات الأخرى. ناهيك عن أهميـة دورهـا في خدمة الفرد وتحقيق طموحاته وأهدافه القريبة والبعيدة.

الفصل الثاني

علاقة علم الاجتماع بالعلوم الاجتماعية الأخرى

يهتم علم الاجتماع بدراسة الظواهر الاجتماعية الناجمة عن تعامل وتفاعل الناس بعضهم مع بعض في الجماعات المختلفة كالأسرة والمدرسة والحزب السياسي ومكان العمل والعبادة والمجتمع المحلي... إلخ. ولذلك لا يبعد عن الصواب من يقول: إن علم الاجتماع يدرس العلاقات الاجتماعية التي تنشأ بين الأفراد والجماعات من حيث تكوينها وشدتها ومدى استدامتها واتجاهاتها وأهدافها وما ينظمها أو يشكلها أو يغيرها. وهناك بعض العلماء يعتقدون بأن ميدان الاجتماع يشمل العلوم الاجتماعية كلها ولذلك قالوا بأنه علم العلوم. ولكن الحقيقة والواقع أن لكل علم من العلوم الاجتماعية كالعلوم السياسية والأنثروبولوجيا والتاريخ وعلم النفس ميدانه الخاص ومصطلحاته العلمية وطرقه المنهجية وأساليبه الدراسية ومشكلاته الأكاديمية التي تجعله متميزاً عن غيره من العلوم الأخرى[١].

إن العلوم الاجتماعية كلها تدرس زوايا المجتمع المختلفة. ولما كانت زوايا وأركان المجتمع متكاملة فإن العلوم الاجتماعية ذاتها تكون متكاملة ومترابطة ولا يمكن فصل بعضها عن بعض فصلا كاملاً[٢]. فعلم الانثروبولوجيا الاجتماعية يدرس الإنسان نفسه ويدرس مؤسساته البنيوية من ناحية أصولها التكوينية وتطورها التاريخي ووظائفها وعلاقات بعضها ببعض. وعلم الاقتصاد يدرس الطريقة التي من خلالها يستطيع الإنسان كسب عيشه وتنظيم حياته المادية ويركز على فهم واستيعاب فعاليات الإنتاج والتوزيع والاستهلاك. والعلوم السياسية تركز على دراسة ظاهرة القوة والسلطة والعلاقة بين الشعب والدولة من ناحية الحقوق

(١)Briesanz, M. Sociology , New Jersey, Prentice- Hall, ١٩٧٣, PP. ١٧-١٨.

(٢) Davis, K. Human Society, The Macmillan Co., ١٩٦٧, P. ٧.

والواجبات مع الإشارة إلى المؤسسات السياسية من حيث وظائفها وأهدافها القريبة والبعيدة.

ولكن ليس هناك قاعدة يعتمد عليها في التمييز بين العلوم، فالعلوم الاجتماعية كلها تهتم بدراسة نفس الظواهر الخارجية التي هي حقائق الحياة الاجتماعية وتركز على فهم وتحليل نشاطات الإنسان المختلفة وتحاول تعليل أسبابها وتشخيص نتائجها وملابساتها. إن كل علم من العلوم الاجتماعية يثير عدة تساؤلات واستفسارات تتعلق بمجاله النظري والعلمي ويحاول الإجابة عليها بعد قيامه بمشاريع البحث النظرية والتطبيقية، هذه المشاريع التي تمكنه من جمع المعلومات وتصنيفها وتحليلها بغية التوصل إلى النتائج النهائية. وتستعمل النتائج النهائية هذه في صياغة فرضياته ونظرياته وقوانينه الشمولية التي تؤدي بالنهاية إلى تطويره وتراكم مواده النظرية والمنهجية. إذن العلوم الاجتماعية هي علوم تجريدية تختص بدراسة الأشياء دراسة باطنية وظاهرية مشتقة من طبيعتها ومميزاتها وملابساتها[١]. وأن هناك تكاملا بينها وهذا التكامل يمنحها القدرة على تفسير الظواهر الاجتماعية والتنبؤ عن الحوادث التي تقع في المستقبل.

ومن الجدير بالذكر أن العلوم الاجتماعية تختص بدراسة الإنسان في المجتمع. فالحياة الاجتماعية للإنسان تتطلب وجود العديد من أدوات ووسائل العيش المادية وغير المادية. وكلما يرتقي الإنسان اجتماعياً وحضارياً كلما تزداد حضارته تعقيداً أو تشعباً وتركيباً وتصبح بحاجة ماسة إلى التحليل والدراسة من زوايا مختلفة ومتنوعة والحياة اليومية للإنسان تفرض عليه تكوين علاقات انسانية لا حصرها. فهو عضو في جماعات مختلفة، يفكر ويشعر ويكتسب المعرفة وفي نفس الوقت يتصل بالآخرين ليكون عاداته وتقاليده ومعتقداته. والإنسان ينظم شؤونه وصلاته بالآخرين ويحقق مصالحه عن طريق السلوك والتفاعل والتحرك داخل المجتمع.

(١)Weber, M. Theory of Social and Economic Organization, New York , The free Press, ١٩٦٩, PP. ٩٣-٩٤.

وقد ظهرت العلوم الاجتماعية في بادئ الأمر لدراسة الجوانب المتداخلة والمشتركة للحياة الاجتماعية. وقد كانت في بدايتها علما اجتماعيا واحداً، ولكنها ما لبثت أن انقسمت إلى فروع واختصاصات دراسية مختلفة. كل فرع يتخصص بجانب معين من جوانب الحياة الاجتماعية وبطريقته العلمية المتميزة. ولا شك أن هذا التخصص نتج في تقدم هذه الفروع ومنحها مزيدا من الدقة والكفاءة والقدرة على التحليل. ولكن تشعب الفروع الدراسية الاجتماعية لا يخلو من النتائج السلبية التي أضرت بعلاقات بعضها ببعض. فقد ترتب على عزل العلوم وانفصال بعضها عن بعض تقسيم النشاط الإنساني إلى فئات ضيقة ومتميزة تستند إلى عزل الجوانب المشابكة للحياة الاجتماعية بصورة تعسفية وافتراضية بحتة بحيث تصور البعض أن هناك إنسانا اجتماعيا واقتصاديا وسياسياً وتاريخياً دون تأكيد التكامل بين هذه الجوانب[١]. هذا فضلا عن عدم إمكانية تجزئة المجتمع إلى قطاعات مختلفة ووضع الحدود الصلبة بينها كما يفترض بعض المتخصصين في فروع العلوم الاجتماعية المختلفة. لهذا يجب علينا القول بأنه على الرغم من استقلالية علم الاجتماع أو العلوم السياسية عن العلوم الاجتماعية الأخرى فإن لهذه العلوم وشائج وعلاقات صميمية مع العلوم الاجتماعية تتعلق بمناهجها الدراسية وأهدافها العامة ومصطلحاتها العلمية وقوانينها الدراسية واهتماماتها النظرية والتطبيقية.

في هذا المقام نود دراسة وتحليل العلاقة التفاعلية والجدلية بين علم الاجتماع وبعض العلوم الاجتماعية الأخرى كعلم النفس وعلم الأنثروبولوجيا الاجتماعية والتاريخ والسياسة.

كما أن لعلم الاجتماع علاقات صميمية مع علوم أخرى كالاقتصاد والبايولوجي والفلسفة وعلم الأخلاق ولكن لضيق المجال لا نستطيع ذكر ودراسة

(١) Ginsberg, M. Sociology, London, Oxford University Press, ١٩٥٠, P. ٨.

هذه العلاقات وسنكتفي بدراسة العلاقة بين علم الاجتماع والعلوم الاجتماعية الأربعة التي أشرنا إليها أعلاه.

١- العلاقة بين علم الاجتماع وعلم النفس:

من خلال عملية تحديدنا لمفهوم العلمين نستطيع دراسة العلاقة بينهما ونستطيع معرفة اوجه الشبه والاختلاف بينهما. إن علم الاجتماع هو العلم الذي يدرس الجماعة، أي يدرس تركيبها ووظائفها وعلاقات وتفاعلات أفرادها[١]. إضافة إلى علاقتها بالجماعات الأخرى التي يتكون منها المجتمع. بينما يدرس علم النفس العمليات النفسية والإدراكية والعقلية عند الفرد والتي تتجسد في الشعور والذاكرة والتعلم والذكاء والرغبات والانفعالات والدوافع وعلاقتها بمؤثرات البيئة الاجتماعية التي يعيش فيها الفرد ويتعامل معها[٢]. لكننا لا نستطيع فصل علم الاجتماع عن علم النفس مثلما لا نستطيع فصل الجماعة عن الفرد، فالفرد يحتاج إلى الجماعة نظراً لما تؤديه من خدمات ووظائف أساسية تؤدي بالنهاية إلى إشباع حاجاته وتحقيق أهدافه القريبة والبعيدة. والجماعة لا يمكن أن تظهر وتتكامل دون وجود الأفراد الذين ينضمون إليها ويعملون فيها من اجل تحقيق طموحاتهم وأمانيهم التي هي بالحقيقة طموحات وأماني المجتمع الكبير.

إن دراسة العلاقة المنطقية بين الفرد والجماعة أو بين علم النفس وعلم الاجتماع لابد أن تقودنا إلى الولوج في حقل النظريات الفردية والجماعية والوسطية التي تؤكد على أهمية الفرد للجماعة أو تؤكد على أهمية الجماعة للفرد أو تؤكد على أهمية كل من الفرد والجماعة في آن واحد. فالنظريات الفردية التي يعتمدها بعض علماء الاجتماع كهربرت سبنسر وروبرت مكايفر تعتقد بأن الفرد أساس الجماعة ولولا وجوده لما تكونت الجماعة ولما استطاعت على الاستمرارية

(١)Martindale, D. The Nature and Types of Sociological Theory , Boston, Houghton Millin Co. ١٩٨١. P. ٣٢٣.
(٢)Knight, Rex. A Modern Introduction to Psychology, London , University Tutorial Press , ١٩٥٧, P.١.

والفاعلية والنمو. ذلك أن الأفراد هم الوحدات الأساسية لبناء الجماعة، وظهورها إلى السطح، وإذا ما انسحب الأفراد عنها فإنها لابد أن تتلاشى وتزول عن الأنظار[١]. هذا فضلاً عن أن قرارات وأحكام وسلوك وقيم الجماعة ما هي بالحقيقة إلا قرارات وأحكام وسلوك وقيم الأفراد[٢]. فالأفراد هم الذين أوجدوها وشكلوا إطارها الخارجي وجوهرها الداخلي لكي تمكنهم من سد حاجاتهم وتحقيق أهدافهم. ناهيك عن قدرة الفرد في تغيير قيم ومواقف وقرارات وسلوكية جماعته أو المحافظة عليها من التغير والتشويه.

أما آراء الفكر الجمعي أو الفكر الجماعي التي يتبناها عدد من علماء الاجتماع أمثال كارل ماركس وإميل دوركهايم وكوستاف ليبون فإنها تعتقد بأن الفرد ما هو إلا مادة أولية تتأثر وتتكيف بالمحيط الذي يعيش فيه. فالفرد دائما يكتسب أخلاقية وسلوكية وقيم ومقاييس مجتمعة وأن لا حول ولا قوة له في تبديل هذه الأخلاقية والسلوكية والقيم مهما بلغ من قوة وحكمة ومقدرة. فهو معرض منذ ولادته لتيار اجتماعي جارف يلزمه على التمسك بالقيم والتقاليد والعادات والالتزام بنصوصها[٣]. علماً بأن هذه القيم والتقاليد والعادات تصب شخصيته في قالب اجتماعي ينسجم مع تطلعات وأماني المجتمع. وهناك أخيرا آراء هؤلاء وسطية تجمع بين المفاهيم والطروحات الفردية وبين المفاهيم والطروحات الجماعية وتحل تناقضاتها حلا وسطاً يعترف بأهمية الفرد وأهمية الجماعة في آن واحد. ويتبنى هذه الآراء الوسطية مجموعة من علماء الاجتماع أهمهم روبرت ميرتن وإدورد شلز وهوبهوس وتالكت بارسنز. فالأفراد حسب آراء العلماء هم أساس تكوين الجماعة وفاعليتها واستمراريتها. ذلك أن كل واحد منهم لا يستطيع بلوغ أهدافه وإشباع حاجاته وتطوير شخصيته دون الانضمام إلى جماعة. فالجماعة من خلال

(١) الحسن، احسان محمد (الدكتور)، علم الاجتماع، دراسة نظامية، بغداد، مطبعة دار السلام، ١٩٧٦.، ص٥٧.

(٢) نفس المصدر السابق، ص٥٨.

(٣)Durkheim, E. Suicide, Glencoe, I I I , The Free Press, ١٩٥١,See the Introduction.

تركيبها ووظائفها وأديولوجيتها وأهدافها تستطيع العمل من أجل تحقيق أهداف الفرد والشعور بإنسانيته وأديولوجيتها وأهدافها تستطيع العمل من أجل تحقيق أهداف الفرد والشعور بإنسانيته، وفاعليته في المجتمع. إن الفرد يعجز عن إشباع حاجاته وبلوغ طموحاته بمفرده لذا والحالة هذه ينبغي عليه الانتماء إلى جماعة يحتل فيها دورا أو أدواراً يستطيع من خلالها خدمة جماعته والتعاون مع أعضائها من أجل رفاهيتها وشموخها وازدهارها.

إن المجتمع إذن لا يمكن اعتباره كائناً يختلف عن الأفراد الذين يكونونه، ولا هو كتلة من الأفراد المجردين عن الاستقلالية وحرية التصرف وإنما هو مجموعة من الأفراد ينتمون إلى جماعات مختلفة تربطهم علاقات اجتماعية وسيكولوجية معقدة يحددها القانون الذي تقره أوضاع ومعطيات المجتمع. كما ان لكل جماعة من الناس ولكل منظمة عقلاً جمعياً يحدد شعور الافراد ويرسم خططهم الإجرائية. بيد أن وجود مثل هذا العقل الجمعي لا يؤدي بالضرورة إلى انصهار شخصياتهم وانعدام الفوارق الذاتية بينهم كما ادعى كوستاف ليبون Gustave Le Bon ومناصروه. إن العقل الجمعي يتكون بالحقيقة من مجموعة أفكار ومقاييس وأنماط سلوكية تجمع بين حياته الداخلية وعالمه الخارجي. وهذا معناه بأنه وليد عقول الأفراد الذين يكونونه والظروف البيئية المحيطة به، هذه الظروف التي تدفعه إلى التصرف والتفاعل في خط ثابت ومعين.

من كل هذا نستنتج بأن هناك علاقة قوية بين علم الاجتماع وعلم النفس . فعلم النفس هو العلم الذي يدرس العلاقة بين الوسط الاجتماعي ومعطياته الموضوعية والذاتية وبين الحياة الذهنية والعقلية للفرد وما تنطوي عليها من دوافع وميول واستعدادات وأحاسيس وقدرات ظاهرة وكامنة. ولكن لما كان للإنسان وجود اجتماعي متطور والحياة الإنسانية لا يمكن أن تتحقق إلا في وسط جمعي فإن المسائل السيكولوجية المشار إليها لابد وأن تكون متأثرة بعناصر مستمدة من المجتمع. بمعنى أن ذكاء الفرد وخياله وتصوراته ومدركاته الحسية والعقلية لا

يمكن أن تكون فردية خالصة، بل لابد أن تكون في بعض أصولها مستمدة من مصادر اجتماعية. وقد حاول علماء الاجتماع المحدثون أن يرجعو المعرفة الإنسانية في ذاتها وقوانين التفكير الإنساني إلى تصورات المجتمع وتحديداته واصطلاحاته. هذا ونجد كثيرا من الظواهر السيكولوجية مثل القيادة في المجتمع والزعامة والشخصية واتجاهات الرأي العام وموجات الانتحار والهزات الثورية والقوى المؤثرة في نفسية الجماهير، كل هذه الظواهر وما إليها التي قد تبدو في أول الأمر ظواهر فردية متأثرة بمنطق الأفراد، إنما ترجع في حقيقة أمرها وفي أصولها إلى دوافع وأسباب اجتماعية ويجب أن تدخل في نطاق الدراسات الاجتماعية. ولذلك قامت فروع كثيرة من الدراسات النفسية تمت بأوثق الصلات إلى علم الاجتماع لدراسة الشخصية الفردية المتأثرة بظواهر الاجتماع وظروف البيئة، ودراسة العلاقات السيكولوجية في تفاعلها مع العوامل الاجتماعية. وأهم هذه الفروع علم النفس الاجتماعي وعلم نفس الشعوب وعلم الاجتماع النفسي- وعلم النفس الجنائي وعلم النفس الصناعي ودراسة الرأي العام.

٢- علاقة علم الاجتماع بعلم الأنثروبولوجي الاجتماعي:

هناك علاقة وثيقة ومتفاعلة بين علم الاجتماع وعلم الأنثروبولوجي الاجتماعي. إذ يمكن القول بأن الجذور النظرية والتطبيقية لعلم الاجتماع هي جذور أنثروبولوجية طالما أن المجتمع المعقد الذي يتخصص بدراسته علم الاجتماع متأصل في المجتمع البدائي البسيط الذي هو موضع دراسة علم الإنسان أو علم الأنثروبولوجي[١]. فعلم الأنثروبولوجي يدرس الإنسان الأول في نشأته ونشأة لغته وأساليبه في التفكير والعمل والحرف التي امتهنها وطورها والعادات والتقاليد التي اعتمدها في ضبط سلوكيته وتحديد علاقاته ولغاته وعناصر ثقافته. وتهتم الدراسات الانثروبولوجية كذلك بدراسة الظروف الاقليمية والبيئية والمناخية ومقدار تأثيرها

(١) الحسن، احسان محمد (الدكتور)، علم الاجتماع، دراسة نظامية، ص٨١.

في التركيب الجسمي والنشاط الاجتماعي والتراث الثقافي والكشف عن القوى المؤثرة في التشابه والتباين بين مختلف الأقاليم والبيئات والبحث في أصول النظم الاجتماعية ودرجة تطورها من صورها البسيطة في المجتمعات البدائية إلى صورها المعقدة في المجتمعات الراقية.

إذن يعني علم الانثروبولوجي الاجتماعي بدراسة الإنسان وثقافته وحضارته في الماضي البعيد، كما يعني أيضا بدراسة المجتمعات البدائية الحاضرة. ولذلك يستعين من يدرس هذا العلم بما يعثر عليه من الحقائق من بقايا الإنسان الذين عاشوا في الماضي الموغل في القدم ومخلفاتهم من معدات وأدوات ليتعرف على طريقة معيشتهم وأسلوب حياتهم وعلاقاتهم الاجتماعية[1]. كما يدرس علم الأنثروبولوجي المجتمعات البدائية من حيث تركيبها ووظائفها والنظم الاجتماعية السائدة فيها وأديولوجيتها وعوامل سكونها وداينميكيتها. ولذلك قد يقال أحيانا أن علم الأنثربولوجي هو علم اجتماع الأقوام الأوائل الذين كانوا يعيشون قبل العصور التاريخية ولم يتركوا آثارا مكتوبة عن حياتهم تعرفنا بطرق معيشتهم وتراثهم وحضارتهم. كما يمكن أن يطلق على علم الأنثروبولوجي اسم علم اجتماع المجتمعات البدائية لأنه يعني بدراستها كما يعني علم الاجتماع بدراسة المجتمعات المتحضرة.

بعد هذه المقدمة التي عرفتنا بماهية وأبعاد علم الأنثروبولوجي الاجتماعي نستطيع دراسة الفوارق الرئيسية بينه وبين علم الاجتماع. يشير العالم الانثروبولوجي البولندي مالينوفسكي بأن علم الأنثروبولوجي الاجتماعي هو العالم الذي يختص بدراسة المجتمعات والأقوام البدائية ذات الحضارة الواطئة التي تعتمد في معيشتها على الزراعة البسيطة أو الرعي أو الصيد البحري والبري. وهذه الأقوام قد لا تعرف التجارة ولا تتداول النقود في معاملاتها الاقتصادية وتستعمل

(١) الساعاتي، حسن (الدكتور) وآخرون، ومبادئ علم الاجتماع، القاهرة، ١٩٦١، ص١٩٧.

الأدوات التكنولوجية البدائية في تسيير أمور حياتها المادية. كما تكون مؤسساتها الاجتماعية بسيطة إلى درجة يمكن مشاهدة تراكيبها وعملياتها الاجتماعية بكل سهولة[1]. أما علم الاجتماع فهو العلم الذي يهتم بدراسة المجتمعات الراقية والمعقدة التي تمتاز بارتفاع مستواها المعاشي وتعقد حياتها الاجتماعية وزيادة مشكلاتها الحضارية والإنسانية. وبالرغم من تكامل مؤسساتها الاجتماعية فقد يصعب على العالم الاجتماعي مشاهدة تراكيب ووظائف هذه المؤسسات نظرا لتعقد أحكامها وقوانينها وتأثرها بالعادات والتقاليد والسوابق الاجتماعية التي حولتها إلى مؤسسات لا يمكن دراستها ووصفها وتحليلها بسهولة.

والفرق الثاني بين علم الاجتماع وعلم الأنثربولوجي الاجتماعي يكمن في تاريخ هذين العلمين. إن علم الأنثروبولوجي الاجتماعي بمعناه التقليدي أقدم بكثير من علم الاجتماع إذ ظهر خلال القرنين الخامس عشر والسادس عشر الميلادي خصوصاً بعد قيام بعض الرحالة الجغرافيين بتجوال العالم والوصول الى أماكن بعيدة لم يصلها الإنسان من قبل[2]. ومثل هذه الرحلات الجغرافية التي اكتشفت أراضي وقارات جديدة مهدت السبيل للأنثروبولوجيين إلى دراسة شعوب هذه القارات دراسة أنثروبولوجية وصفية تلقي الأضواء على عاداتهم وتقاليدهم وقيمهم ونظمهم الاجتماعية ومهنهم وأساليب حياتهم ومعتقداتهم وأديانهم. وقد سجل الأنثروبولوجيون الأخبار والمعلومات والحقائق المفصلة عن المعطيات المادية وغير المادية للمناطق التي درسوها وأحوال شعوبها ومعتقداتهم الدنيوية والدينية.

ومثل هذه المعلومات شكلت فيما بعد النواة الأصلية لعلم الأنثروبولوجي الطبيعي والاجتماعي. أما علم الاجتماع فلم يظهر إلا في بداية القرن الثامن عشر. وكان سبب ظهوره يرجع إلى متغيرات وملابسات كثيرة أهمها زيادة مشكلات الإنسان وتفاقم أوضاعه المعاشية والاجتماعية وانحطاط معالم أيكولوجيته الطبيعية

---

(1) Malinowskie, B, The Dynamics of Cultural Change, New York, ١٩٥١m P.١٣.

(٢) الحسن، إحسان (الدكتور)، علم الاجتماع، دراسة نظامية، ص٨٣.

والحضارية نتيجة اندلاع الثورة الصناعية وما عقبها من تغييرات جوهرية في مؤسسات المجتمع، إضافة إلى تفتح ذهنية الإنسان وتحررها من القيود والضغوط الاجتماعية بحيث أصبحت ميالة إلى تقصي الحقائق وفهم واقع الإنسان وتشخيص مشكلاته والمبادرة إلى حلها والقضاء عليها بأسرع وقت ممكن[١]. وأخيرا تقدم المجتمع في أساليب البحث العلمي والفكري الفلسفي والبراغماتيكي قد سهل مهمة ظهور العديد من العلوم الطبيعية والإنسانية والتطبيقية التي كانت تهدف إلى مساعدة الإنسان في السيطرة على قوى الطبيعة وتسخيرها لصالحه مع تحسين نوعية الحياة التي يعيشها المجتمع وتذليل مشكلاتها الموضوعية والذاتية.

والفرق الثالث بين علم الاجتماع وعلم الأنثروبولوجي الاجتماعي يكمن في الطرق المنهجية التي يستعملها هذان العلمان في جمع حقائقهما وتدوين نظرياتهما فعلم الأنثروبولوجي الاجتماعي يستعمل طريقة المشاهدة وطريقة المشاهدة بالمشاركة وفي أحيان معينة يستعمل طريقة المقابلة غير الرسمية في جمع معلوماته من الحقل الاجتماعي الذي يعمل فيه الباحث الأنثروبولوجي[٢]. أما علم الاجتماع فيستعمل طريقة المقابلة الرسمية التي تلزم الباحث على استعمال أسلوب البحث الميداني في تحليل ووصف البيانات الاجتماعية التي يحصل عليها من ميدان البحث. وفي بعض الأحيان يستعمل العالم الاجتماعي طريقة المقارنة والطريقة التاريخية في اشتقاق معلوماته وتحليل حقائقه.

وفي حالة دراسة الجماعات الصغيرة يستعمل العالم الاجتماعي طريقة التجريب أو الطريقة الاجرائية التي من خلالها يستطيع السيطرة على وحدات البحث ومتغيراته وجمع المادة العلمية وتدوين النتائج المستخلصة من التجربة

(١)Mandich, O. The Marxist School of Sociology , edited by P. Berger, Appleton Century Crofts, New York , ١٩٦٩, PP. ٤٧-٤٨.

(٢) Evans- Pritchard, E. Social Anthropology , London, Rutledge Paper back, ١٩٦٧, PP. ٧٧-٧٨.

الاجتماعية[1]. إن جميع هذه الطرق المنهجية مشروحة شرحاً وافياً في الفصل القادم من هذا الكتاب فلا حاجة إلى وصفها وتحليلها وربطها بمادتي علم الاجتماع والأنثروبولوجيا الاجتماعية.

أما بخصوص أهمية علم الاجتماع لعلم الأنثروبولوجي أو أهمية علم الأنثروبولوجي لعلم الاجتماع فيمكن القول بأن كل علم يعتمد على العلم الآخر. فعلم الاجتماع يزود العالم الأنثروبولوجي بمعلومات تفصيلية عن ماهية وطبيعة مشكلات المراحل الحضارية الاجتماعية التي سيشهدها المجتمع البدائي بعد تحوله المادي والحضاري. ومن جهة ثانية تزود العالم الأنثروبولوجي العالم الاجتماعي بمعلومات مفيدة عن أصل نشوء المؤسسات الاجتماعية والعادات والتقاليد والقيم والأديان لكي يستعملها العالم الاجتماعي في فهم واستيعاب الحياة المعقدة للمجتمع الذي يدرسه ويقوم بتحليله.

٣- علاقة علم الاجتماع بالتاريخ:

يرتبط علم الاجتماع بالتاريخ ارتباطاً وثيقا طالما أنه غالباً ما يرجع إلى الماضي للوقوف على طبيعة الحقائق الاجتماعية وتطورها ومعرفة الوظائف التي كانت تؤديها للبناء الاجتماعي وعناصره التكوينية. فعلم الاجتماع لا يستطيع القيام ببحوثه ودراساته وجمع مادته وصياغتها إلا بالرجوع إلى التاريخ الذي هو سجل الماضي الحافل بالقضايا والأحداث والمناسبات والشخصيات. إن حقائق الاجتماع ترسب في خضم التاريخ كما ترسب الأصداف الثمينة في قاع البحار. وعلى الباحث الاجتماعي أن يستخلصها وينقيها من شوائبها ، ويختار من الحقائق التاريخية ما يخدم أغراضه التي تكون في كثير من الأحوال متممة أو مصححة لعمل المؤرخ[2]. ويحتاج عالم الاجتماع في دراساته إلى مختلف فروع التاريخ. فلابد من رجوعه إلى تاريخ الآداب والفلسفة والقانون والنظم والفنون والعقائد

---

(1)Sprott, W.J. Sociology , London, Hutchinson university library, ١٩٦٩, P. ٣٩.

(٢) الحسن، إحسان الحسن (الدكتور)، علم الاجتماع، دراسة نظامية، ص٨٥.

وتاريخ التراث الحضاري لأن هذه الألوان التاريخية تعكس لنا تاريخ الأمم، وتصور لنا عاداتها وتقاليدها وأعرافها وما كانت تزاوله من طقوس وعبادات، وأخيرا ترشدنا إلى القوالب والأساليب التي كانت تسير عليها في مختلف مظاهر السلوك الجمعي.

ويهتم رجل الاجتماع كذلك بالتاريخ الحربي والقومي وما ينطويان عليه من تاريخ الحروب والثورات والانقلابات وتاريخ الملوك والزعماء والقادة. ذلك أن الباحث المدقق يستطيع أن يقرأ في هذا التاريخ الأسباب الكامنة في طبيعة الحوادث السياسية، ويستطيع أن يكشف عن القوى الكامنة لقيام الحروب والثورات والتطورات الاجتماعية. إن هذه الصلات الوثيقة التي تربط الاجتماع بالتاريخ تجعلنا نعتقد بأن علم الاجتماع دون رجوعه للتاريخ وحقائقه يكون علما ضحلا وخفيف الوزن هذا ويجب الاثاره الى ان التاريخ كلي يرسي حقائق على أسس علمية، يجب على المؤرخين أن يستفيدوا من النظريات الاجتماعية ويصححوا حقائقهم على ضوء ما تقرره القوانين التي تسير وفقاً لها ظواهر العمران. كما تخضع مادة التاريخ للمنهج النقدي التحليلي الذي يعتمده علم الاجتماع. وأخيرا لابد من القول بأن عدم التزام التاريخ بهذه الأسس الموضوعية التي يتميز بها علم الاجتماع يجعله نوعاً من الأدب القصصي الرخيص الذي يبعد كل البعد عن المضامين العلمية والتحليلات المنهجية والفائدة البراغماتيكية التي تهدف إلى كشف الحقيقة وتعرية جوانبها الموضوعية وجوهرها الداخلي.

إذن الصلة بين التاريخ وعلم الاجتماع هي صلة متينة ووثيقة ومع هذا فإن هناك من يقولون بأن التاريخ يختلف عن الاجتماع في كونه يدرس الحوادث التاريخية الماضية التي لا يمكن تكرارها أو وقوعها ثانية بأية صورة من الصور[1]. بينما يدرس علم الاجتماع حقائق ثابتة ونظريات نسبية تتعلق بالزمن

(١) الحسن، إحسان محمد (الدكتور)، قرارات في علم الاجتماع الحديث، بغداد، مطبعة الحرية، ١٩٦٧، ص٢١.

الماضي والحاضر والمستقبل. أضف إلى ذلك أن التاريخ يهتم بإيجاد وشرح وتعليل حقيقة أو حادثة أو شخصية تاريخية معينة، والاجتماع يدرس مجموعة عوامل وحقائق دراسية تفصيلية عامة تساعده على استنتاج الأحكام والقوانين التي تفسر الظواهر والعلاقات الاجتماعية تفسيراً كاملاً وعقلانياً.

يقول العالم الأنثربولوجي البريطاني راد كلف براون Radcliffe- Brown بأن التاريخ يستعمل الطريقة الآديوغرافية Idiographic Method في اشتقاق وتدوين حقائقه ومعلوماته أي طريقة العامل الواحد التي تهتم بسرد ما حدث في الماضي فقط دون التطرق إلى الربط الموزون المعتمد على التأمل الموضوعي للأسباب والمؤثرات التي أدت إلى وقوع الحادثة أو الحوادث المختلفة. أما علم الاجتماع فيستعمل الطريقة العامة Nomothetic Method في اشتقاق واستنتاج حقائقه ومعلوماته، أي الطريقة التي ترتكز على دراسة وتحليل العوامل والقوى الاجتماعية المختلفة دراسة موضوعية علمية تتعلق بطبيعة الظاهرة الاجتماعية التي يرغب العالم الاجتماعي دراستها وتحليلها[1]. كما تهدف الطريقة العامة إلى الربط الموزون بين العوامل والقوى الاجتماعية التي أدت إلى وقوع الظاهرة الاجتماعية بعد أن تشخصها وتحدد اثر كل منهما في بروز الظاهرة وسيطرتها على الجو الاجتماعي. فالمؤرخ الذي يستعمل الطريقة الاديوغرافية في البحث والدراسة يقول مثلاً بأن هناك عاملاً واحداً أدى إلى وقوع الحرب العالمية الأولى ألا وهو مقتل دوق النمسا في يوغسلافيا الذي حفز المدمرات الألمانية إلى الوصول إلى تركيا لمواجهة القوى العسكرية للحلفاء. بينما يقول العالم الاجتماعي الذي يستعمل الطريقة العامة أن وقوع الحرب العالمية الاولى لا يرجع إلى عامل واحد وإنما يرجع إلى عوامل كثيرة أهمها المنافسة الاقتصادية بين الدول الكبرى خصوصاً إنكلترا وألمانيا للاستحواذ على مصادر المواد الأولية والسيطرة على الأسواق

(١)Radeliff- Brown, A. Structure and Function in Primitive Society, Oxford University Press, ١٩٥٠, See Ch.١.

التجارية العالمية لتصريف بضائعها المصنعة، اتباع هذه الدول سياسة التسابق في التسليح، الأحلاف السياسية والعسكرية، العداء التقليدي بين ألمانيا وتركيا من جهة ودول الحلفاء خصوصاً إنكلترا وفرنسا من جهة أخرى. جميع هذه العوامل وغيرها مسؤولة عن اندلاع الحرب العالمية الأولى وليس عامل مقتل دوق النمسا في يوغسلافيا كما يدعي العلماء التاريخيون الذين يعتمدون على الطريقة الاديوغرافية في الدراسة والبحث.

بيد أن التاريخ يستعمل طريقتين في جمع الحقائق والمعلومات التاريخية والتنقيب عن العوامل والقوى المسؤولة عن وقوع الحادثة الواحدة أو الحوادث المختلفة. الطريقة الأولى واجبها وصف ما حدث في السابق فقط. والطريقة الثانية واجبها تشخيص وتفسير العوامل المختلفة المؤدية إلى وقوع الحادثة التاريخية مع الطرق إلى مضامينها وأبعادها وآثارها على المجتمع. يقول المؤرخ الأمريكي جيبسون Gibson ليس من الصحيح اعتبار التاريخ سجلا لوقائع الماضي حيث أنه لا يدرس الحقائق والحوادث المعينة كما هي بل يحاول الربط بينها ربطا علميا موزوناً ويدرس أسبابها ونتائجها القريبة والبعيدة. ويضيف جيبسون قائلا لو كان التاريخ يدرس الحقائق والحوادث الماضية كما هي دون الربط بينها وتحليل أسبابها وآثارها لكنا قد حصلنا على حقائق جافة ومنقطعة لا يمكن أن توضح حقيقة الماضي وظروفه وملابساته[(١)].

لهذا ينبغي على المؤرخ دراسة طبيعة الإنسان والعوامل الاجتماعية والاقتصادية المؤثرة فيها مع دراسة بنية المجتمع ومكوناتها التركيبية لكي يكون قادرا على تحليل وشرح الحادثة التاريخية بحيث يفهمها القارئ ويلم بجوانبها الموضوعية والذاتية. إن العالم الاجتماعي يزود المؤرخ بالأحكام والقوانين الاجتماعية التي تفسر طبيعة المجتمع البشري وترسم العلاقة المنطقية بين مؤسساته

---

(١) الحسن، إحسان محمد (الدكتور)، علم الاجتماع، دراسة نظامية، ص٨٨.

المختلفة، والمؤرخ من جانبه يزود العالم الاجتماعي بمعلومات تاريخية قيمة تكشف له اصل وحقيقة النظام الاجتماعي بما فيه من عادات وتقاليد وقيم وسلوك وعلاقات ومؤسسات في الزمن الماضي. لتوضيح حقيقة تكامل المعلومات التاريخية مع المعلومات الاجتماعية نذهب إلى الدراسة المادية التاريخية التي قام بها المفكر الاجتماعي الألماني كارل ماركس حول المجتمع البشري عبر المراحل الحضارية المختلفة التي مر بها. يعتقد ماركس بأننا لو أردنا فهم واستيعاب ظواهر المجتمع في الوقت الحاضر يجب علينا دراسة ماضيها[١]. ذلك أن دراسة الماضي والحاضر تساعدنا على تنبؤ المستقبل. لهذا قال ماركس بأن المجتمع الاشتراكي هو وليد التناقض الذي يقع في المجتمع الرأسمالي والذي يتأتى من الصراع المحتوم بين طبقتي العمال وأرباب العمل من اجل السيطرة على قوى الإنتاج والتحكم بمقدرات ومصير المجتمع.

أما المؤرخ الفرنسي بيرن Pirenne فقد درس العوامل السسيولوجية المؤدية إلى نشوء عدد من مدن القرون الوسطى في أوروبا بما في ذلك عامل هجرة السكان من الأرياف إلى المدن بعد انهيار النظام الاقطاعي وتداول النقود وتحول الاقتصاد من اقتصاد المقايضة إلى اقتصاد النقود. إضافة إلى دراسته لعوامل توسع ونمو المدينة ووظائف المدينة والفوارق بينها وبين الأرياف. إن هذه الدراسة هي دراسة اجتماعية قام بها مؤرخ، ودراسة كارل ماركس عن تفسير المجتمع ماديا وتاريخيا هي دراسة تاريخية قيمة قام بها عالم اجتماعي. إذن جهود العالم الاجتماعي مفيدة للمؤرخ وجهود المؤرخ مفيدة للعالم الاجتماعي. من هذا المنظار العلمي الواسع نستطيع القول بأن التاريخ مكمل لعلم الاجتماع والاخير مكمل للتاريخ. بمعنى آخر أن العلمين مترابطان ولا يمكن الفصل بينهما مهما تكن الظروف والملابسات.

(١)Marx, K. and Fngels, F. The Sociolist Revolution, Moscow, Progress Publishers, ١٩٧٨, PP. ١١-١٢.

علاقة علم الاجتماع بالسياسة:

يهتم علم الاجتماع الآن بدراسة الانسان بصفته نتاجا للحياة الاجتماعية[1]. ويحلل هذا العلم السلوك الاجتماعي وأنماط التفاعل والعلاقات الاجتماعية التي تربط الافراد واحدهم بالآخر والعادات والتقاليد والحضارة وبناء ووظائف الأنظمة الاجتماعية والقيم والمثل التي تنظم الحياة الاجتماعية. إضافة الى دراسة انماط المؤسسات البنيوية التي يتكون منها التركيب الاجتماعي من حيث أسسها وعناصرها التكوينية، أصولها التاريخية، وظائفها المؤسسية وأهدافها القريبة والبعيدة وأخيرا طبيعة العلاقات الاجتماعية بين أركانها الداخلية من جهة وبينها وبين المجتمع الكبير من جهة أخرى. وأخيرا يهتم علم الاجتماع بدراسة أسباب الاستقرار والسكون الاجتماعي Social Statics وأسباب التحول والداينميكية الاجتماعية[2].

أما العلوم السياسية فتركز على دراسة الدولة وعلاقتها بالأفراد الذين تحكمهم هذه العلاقة التي غالبا ما تقوم على قواعد مقررة ومقبولة توصف بالشرعية والقانونية[3]. وتهتم العلوم السياسية بدراسة الأحزاب السياسية والسلوك السياسي والقيادة والجماعات الضاغطة والرأي العام وأسس الإدارة العامة. ويرتبط بهذا الميدان ذلك الاتجاه الذي يعنى بدراسة الدولة دراسة مقارنة، وتركز هذه الدراسة على الخبرات السياسية والأنظمة وأنماط السلوك والعمليات التي تظهر مصاحبة للدول الحديثة بمختلف نماذجها. وغالبا ما تعنى العلوم السياسية بتلك الأنظمة التي تنحدر من أصول أيديولوجية وفكرية مشتركة وعادات وتقاليد اجتماعية متشابهة ونظم اقتصادية وثقافية واحدة كدول الوطن العربي والدول الاشتراكية ودول

---

(١)Kvasov. G. Sociology and Moral Progress, Social Sciences Vol . ١ X , No.٣. ١٩٧٨, Moscow, P. ١٢٤.

(٢)Ginsberg, M. Sociology , PP. ٢٠-٢٢.

(٣)Garner, S. Polictical Science and Government, London, ١٩٥٩, P. ٣٦.

الكمنويلث والحكومـات البرلمانيـة في غـرب أوروبـا. أمـا الموضـوعات التـي تناقشـها هـذه الدراسـات فتضم القيادة السياسية النخبة الحاكمة وغير الحاكمة Ruling and Non Ruling Elitesمن حيث مصادر تكوينها والطابع المميـز لها ودراسـات الأحـزاب والسـلوك الانتخابي ومشكلات التنشـئة السياسية والتغـير السياسي والاختلافـات في الأديولوجيـات القوميـة والاشتراكية... الخ.

ويشـترك علماء الاجتماع والسياسـة في تبنـي نظـرة شـاملة للتنظيـم الاجتماعـي. فالظواهـر السياسية كالمعاهدات والاتفاقيـات والبروتوكولات السياسـية والحركـات السياسية والحروب والسلطات والقوة السياسية، يمكن تحليلها في ضوء البناء الاجتماعي بحيـث يصبح الواقـع السياسي متفاعلاً مـع الواقـع الاجتماعي. واكتسب ميدان علم الاجتماع السياسي Political Sociology أهميـة خاصة بعـد أن تبلورت فيه مفاهيم ومصطلحات جديدة كالنسق الاجتماعي والجماعات السياسية وبناء القوة والقيادة والنخبة السياسية. واستعملت في بناء وتكوين فرضياتـه ونظرياتـه الاجتماعيـة والسياسـية المتطورة والقـادرة علـى تفسـير ظـواهـره وملابسـاته[1]. وبعـد أن اسـتخدمت الطـرق المنهجيـة العلميـة في جمـع معلوماتـه وحقائقه التي يعتمدها في شرح وتفسير الظواهر والتفاعلات والمشكلات التي يهتم بدراسـتها والتي تشتق من مجالـه الدراسي وافقـه النظـري والأكـاديمي. وقـد ظهـر الاجتماع السياسي في الفترة التاريخية التي أصبح من الممكن فيها التمييز بين ما هو اجتماعي Social وبين ما هو سياسي Political. ويمكن اعتبار عام ١٨٤٠ تاريخا محددا لظهور هـذا العلم خصوصا بعـد قيام ماركس بانتقاد فلسفة هيجل وقيام فون شتاين بتحليل تاريخ الحركات الاجتماعية في أوروبا خلال القرن التاسع عشر، وفي نفس الفترة الزمنية ظهر مصطلح المجتمع المـدني Civic Society الذي كان

---

(١) محمد، محمد علي (الدكتور)، دراسات في علم الاجتماع السياسي، دار الجامعات المصرية، ١٩٧٧، ص٤٤.

ثمرة تفكير وتأمل لفترة طويلة من الـزمن. إذ سـاعدت كتابـات هـوبز ولـوك وروسـو وأخـيرا هيجل في توضيحه وإضافة ابعاد جديدة له.

وخلال منتصف القرن التاسع عشر أصبح المجتمع يعني نسق العلاقـات الاجتماعيـة المتبادلة. وقد ظهرت فيه الطبقات الاجتماعية المتخاصمة التي عبر عنها ماركس في كتابه رأس المال. وظهور الطبقات كان بسبب امـتلاك المـادة والقـوة والنفـوذ الاجتماعـي مـن قبـل فئـة اجتماعية وعدم امتلاكها من قبل الفئة أو الطبقة الأخرى[1]. وحقيقة كهـذه تثـير الصراع بـين هاتين الطبقتين، والصراع يقود إلى إعلان الثورة الاجتماعية والسياسية وتحول المجتمـع برمتـه من شكل لآخر، ومثل هذه الحقائق تـدل عـلى أن الظـواهر السياسـية كـالثورة وتبـدل نظـام الحكم تعتمد عـلى حقيقـة البنـاء الطبقـي. وأصـبح المختصـون في علـم الاجـتماع والسياسـة يتفقون على ضرورة تفسير الظواهر السياسية بموجـب معطيـات العلاقـات الاجتماعيـة التـي تسود المجتمع بأسره. وقد اعترف ماكس فيبر في أحد مقالاته عن العلاقة بين السياسة والـدين بأن المجتمع السياسي يجب فصله عن المجتمع الديني خصوصا بعـد تطـور المجتمـع البشري ماديا وحضاريا وبعد انتشار الأفكار التحررية خلال فترة الاصلاح الديني التي كانت تـدعو إلى تحرر أفكار الإنسان وقرائحه من ضغوط وقيـود الكنيسـة البابويـة. كـما نـادى فيـبر بضرـورة فصل الدولة عن المجتمع المدني نتيجـة لنمـو وتطـور البرجوازيـة حيـث أن واجبـات وحقـوق المجتمع تختلف عن واجبات وحقوق الدولة[2]. وقد توضح هذا الاختلاف وأصـبح بـارزا بعـد تعقد المجتمع المدني وزيادة حاجات أبنائه وبعد التقدم العلمي والتكنولوجي والمـادي الـذي شهده المجتمع البرجوازي بعد الثورة الصناعية.

(١)Freedman, R. Max. On Economics, A Pelican Book, Middlesex England, ١٩٦٨, P. ١٣.

(٢)Bendx, R. Max Weber: An Intellectual Portrait, Becacon Press, New York, ١٩٦٦, PP. ٢٢-٢٤.

والخلاصة أن الفكر السياسي المعاصر ظهر نتيجة وجود تيارين اجتماعيين أساسيين، الأول يهتم بالتمييز بين المجتمع والدولة أي بين ما هو اجتماعي وما هو سياسي.

وقد توصل الى نتيجة مفادها بأن الظواهر السياسية محكومة بنفس القوانين التي تحكم الظواهر الاجتماعية. والثاني يتعلق بالصفات الثنائية للسياسة أي كونها أداة للإدارة والضبط وتمشية أمور الأفراد في المجتمع، وكونها أداة لحل وإزالة الصراع بين الجماعات والأفراد حول المصالح والأهداف والطموحات التي يحاولون تحقيقها من خلال تعاونهم أو تنافسهم مع الآخرين.

إن العلوم السياسية تدرس الدولة دراسة مفصلة وتهتم بتحليل العلاقة بين الأفراد والسلطات وتتناول حقل العلاقات الدولية، هذا الحقل الذي يعالج المسائل والقضايا التي تظهر على المسرح السياسي. ومن الجدير بالذكر أن نطاق الظواهر السياسية ذات الطابع الدولي واسع جدا بحيث يمكن تقسيمه إلى أقسام فرعية كالقانون الدولي والعلاقات الدولية والسياسة الدولية والتنظيم الدولي. ويسعى عالم السياسة في هذا الميدان بصورة عامة إلى تحليل طبيعة العلاقات بين دول العالم وتقييم عوامل الصراع وأسباب التعاون بينها. وهناك موضوع النظرية السياسية Political Theory الذي تهتم به العلوم السياسية. وينصب اهتمام هذا الموضوع على دراسة الأساس الفلسفي والفكري للسياسة[١]. وواجب العالم السياسي المختص في هذا الميدان الدراسي ينحصر في نقطتين أساسيتين هما عملية التعريف والتعميم والتصنيف الضرورية لصياغة المفاهيم والمصطلحات التي يدور حولها التفكير السياسي، والثانية هي اكتشاف طبيعة المجتمع السياسي ووظائفه وأغراضه، إضافة إلى دراسة التراث السياسي الذي يتضمن الأفكار والمذاهب والايديولوجيات التي تشكل الاطار الشامل للسياسة ككل. أما حقل علم الاجتماع فيشمل دراسة العوامل

(١) محمد، محمد علي (الدكتور)، دراسات في علم الاجتماع السياسي، ص٣٩.

والمتغيرات الاجتماعية التي تكمن خلف الظواهر والأحداث والقوى المجتمعية مهما تكن اغراضها وهياكلها وطرق تنظيماتها. ويهتم علم الاجتماع بتحليل العلاقة الجدلية بين الدولة والمجتمع من خلال دراسة أهمية كل منهما للآخر ودراسة الحركات الاجتماعية من حيث علاقتها بالبناء الاجتماعي وأسباب نشوءها وتطورها إضافة الى اهتمامه المتزايد بتحليل المؤسسات البنيوية وعلاقتها بالبيئة التي توجد فيها. ناهيك عن دور علم الاجتماع في دراسة العلاقات والسلوك الاجتماعي والقيم والمثل والعادات والتقاليد الاجتماعية وأثرها في ضبط السلوك الانساني وتحديد مساراته في مجالات معينة.

إن العلوم السياسية تحتاج إلى اختصاص علم الاجتماع حاجة ماسة وذلك لقدرته على تزويدها بالحقائق والقوانين الاجتماعية التي تفسر السلوك السياسي تفسيرا علميا عقلانيا، ولكفاءته على تخمين النتائج الاجتماعية التي تتمخض عن السلوك السياسي والأحداث السياسية التي تأخذ مكانها في المجتمع، إضافة إلى مساعدة العلوم السياسية على فهم المؤسسات السياسية من خلال دراسة علاقتها بالمؤسسات البنيوية الأخرى التي تتفاعل معها في الحياة العملية [1]. وأخيرا يلعب علم الاجتماع الدور الكبير في فهم وادراك عملية التحول الحضاري والاجتماعي التي تمر بها المؤسسات السياسية في العالم. فالعالم الاجتماعي يزود العالم السياسي بمعلومات قيمة عن قوانين التحول الاجتماعي للمؤسسات السياسية وعن أسباب ونتائج تحول المؤسسات السياسية وعلاقة تحول هذه المؤسسات بتحول المؤسسات الأخرى وهكذا. أما أهمية العلوم السياسية لعلم الاجتماع فلا تقل عن أهمية علم الاجتماع للعلوم السياسية. فالعلوم السياسية تزود العالم الاجتماعي بمعلومات مفصلة ومسهبة عن المؤسسات والمنظمات السياسية من حيث أصولها التكوينية ، بنائها، وظائفها ، أحكامها وقوانينها وتطورها، وتزوده كذلك بحقائق وبيانات مهمة عن

(١)Davis, K .Human Society, P. ٤٧٨.

الظواهر السياسية المختلفة كالتصويت السياسي والوعي السياسي والصراع السياسي والتكامل السياسي والمسؤولية السياسية والسيطرة السياسية... الخ.

وأخيرا تجهزه بمعلومات وتفصيلات نظرية ووصفية وتحليلية عن الأحداث السياسية التي تقع في المجتمع كالاتفاقيات والمعاهدات السياسية، والاستقرار السياسي، والقلاقل والاضطرابات السياسية، والحروب والصراعات السياسية والعسكرية بين الدول...إلخ. ومثل هذه المعلومات يستفيد منها العالم الاجتماعي فائدة كاملة في دراسته للسلوك السياسي والأحداث السياسية دراسة سوسيولوجية لا تكتفي بفحص ماهيتها وجوانبها السياسية فقط بل تذهب إلى العوامل المجتمعية المختلفة التي تؤثر فيها وتعطيها صفاتها المستقرة وطابعها المتميز. كما تتجسد الوظائف التي تقدمها العلوم السياسية لعلم الاجتماع بالمصطلحات العلمية التي تستعملها العلوم السياسية والتي استعار العالم الاجتماعي الكثير منها واستعملها في بناء فرضياته وصياغة قوانينه وأحكامه العلمية. ومن هذه المصطلحات مصطلح القوة السياسية والنخبة والجماعات الضاغطة والكرزمة والدكتاتورية والأتوقراطية والأوليكاركية والديمقراطية والاستقرار والاضطراب السياسي. الخ[(1)]. إضافة إلى اعتماد العالم الاجتماعي على العلوم السياسية من ناحية الطرق المنهجية التي تستعملها الاخيرة كالطريقة الفلسفية والطريقة التاريخية وطريقة المقارنة. ومثل هذه الطرق تلعب الدور المؤثر في زيادة وتراكم فرضيات ونظريات علم الاجتماع وتقود إلى نموه وتطوره واتساع مادته العلمية.

أما الفروق الموضوعية بين العلوم السياسية وعلم الاجتماع فيمكن تلخيصها بالنقاط الجوهرية التالية:

١- تتخصص العلوم السياسية بدراسة السلوك السياسي والمؤسسات السياسية والأحداث والظواهر السياسية التي تقع في المجتمع. بينما يتخصص علم

---

(١) الحسن، احسان محمد (الدكتور)، علاقة علم الاجتماع السياسي بعلم الاجتماع والعلوم السياسية، مجلة زانكو، المجلد ٧، العدد ٢، ١٩٨١، ص٧٥.

الاجتماع بدراسة الأسباب والنتائج الاجتماعية التي تتمخض عن السلوك والعلاقات الاجتماعية.

٢- ان حقل علم الاجتماع أوسع بكثير من حقل العلوم السياسية. فحقل علم الاجتماع يشمل الحياة الاجتماعية كلها بضمنها المؤسسات البنيوية والقيم والمقاييس والمثل والعادات والتقاليد والأديان. في حين تختص العلوم السياسية بدراسة المؤسسات والعلاقات بين الدولة والمجتمع.

٣- ان حقل العلوم السياسية اقدم تاريخيا من حقل علم الاجتماع. فقد نشأ علم الاجتماع كعلم مستقل عن العلوم الطبيعية والاجتماعية خلال القرنين الثامن عشر والتاسع عشر- خصوصا بعد تعقد وتشعب اجهزة المجتمع وتضخم وظائفها ومسؤولياتها وبعد تفاقم المشكلات الإنسانية الناجمة عن ظواهر التحضر والتصنيع التي رافقت الثورات الصناعية في أوروبا. أما العلوم السياسية فقد ظهرت منذ القدم أي منذ ظهور الدولة والسلطات والماكنة الإدارية والسياسية التي تتولى حكم المجتمع ونشر العدالة بين ابنائه وتنظيم شؤونه المختلفة.

الفصل الثالث

المناهج العلمية لعلم الاجتماع المعاصر

نعني بالمناهج العلمية الطرق البحثية التي يعتمدها علماء الاجتماع في جمع معلوماتهم وحقائقهم من الكتب والمصادر العلمية أو من الوثائق والمستمسكات التأريخية أو من الحقل الاجتماعي الميداني الذي يعيشون فيه ويتفاعلون معه. وبعد جمع هذه المعلومات والحقائق يقومون بعملية تصنيفها حسب معيار معين ثم تدوينها وصياغتها واشتقاق الفرضيات والنظريات والقوانين الكونية منها التي تفسر حقيقة الوجود الاجتماعي والعوامل الموضوعية والذاتية المؤثرة فيه. ويستعمل علماء الاجتماع هذه الطرق المنهجية عند قيامهم بالبحوث العلمية التي تستهدف كشف الحقائق وتعرية جوانبها المختلفة وفهم العوامل المؤثرة فيها واستيعاب تناقضاتها وملابساتها. لكن البحث العلمي هو الدراسة الموضوعية التي يجريها الباحث في أحد الاختصاصات الطبيعية أو الإنسانية والتي تهدف إلى معرفة واقعية مشكلة معينة يعاني منها المجتمع والإنسان سواء كانت هذه المشكلة تتعلق بالجانب المادي او الجانب الحضاري[1]. والدراسة الموضوعية للجوانب الطبيعية أو الاجتماعية قد تكون دراسة مختبرية تجريبية أو دراسة إجرائية أو دراسة ميدانية أخصائية أو دراسة مكتبية تعتمد على المصادر والكتب والمجلات العلمية التي يستعملها الباحث في جمع الحقائق والمعلومات عن المشكلة المزمع دراستها ووصفها وتحليلها. فقد تتعلق الدراسة الطبيعية بتطوير المحرك النفاث أو اكتشاف اسباب مرض السرطان أو معرفة اسرار القنبلة الذرية أو اختراع محرك يسير بالطاقة الشمسية وهكذا. بينما تتعلق الدراسة الاجتماعية بمعرفة أسباب الجمود والتخلف الاجتماعي أو

---

(١) الحسن، احسان محمد (الدكتور)، الأسس العلمية لمناهج البحث الاجتماعي، بيروت، دار الطليعة للطباعة والنشر، ١٩٨٢، ص١٦.

معرفة أسباب الفقر والعوز المادي او معرفة أسباب ارتباك الماكنة الإدارية في المجتمع أو معرفة أسباب الانتحار او الطلاق او الجنوح الاجتماعي وهكذا.

إلا أننا يجب ان نشير هنا إلى أن دراسة الظواهر الطبيعية والمادية كالظواهر الفيزيائية والكيميائية والبايولوجية هي اسهل بكثير من دراسة الظواهر الاجتماعية خصوصا فيما يتعلق بالطرق المنهجية للدراسة والتحليل. فالتفاعلات بين الأجسام الجامدة والذرات والجزئيات يمكن أن تدرس دراسة مختبرية تجريبية دون أن تجلب للباحث أية مشكلات تتعلق بطرق السيطرة والتجريب والقياس ومشاهدة التغيرات التي تطرأ على العوامل المعتمدة بعد تغيير العامل المستقل. ثم إن أهواء ونزعات ومصالح الباحث لا تدخل في مثل هذه الدراسة الطبيعية ولا يمكن ان تؤثر فيها بأية صورة من الصور. بينما تجابه العلوم الاجتماعية كالاقتصاد والإدارة والاجتماع والانثروبولوجيا وعلم النفس... إلخ. مشاكل خطيرة في دراستها للظواهر والتفاعلات الإنسانية التي تروم وصفها وتحليلها واستيعاب مضمونها.

ويرجع هذا الى عدة متغيرات أهمها أن هذه العلوم تهتم بدراسة نشاطات حضارية معينة يقوم بها الإنسان وهذه النشاطات لا تتأثر بعامل واحد أو عاملين وإنما تتأثر بعوامل كثيرة ومعقدة كالعوامل الذاتية والموضوعية والتي لا يمكن فهمها دون معرفة العقل الظاهري والباطني للإنسان[1]. ومعرفة طبيعة المجتمع والمرحلة الحضارية التي يمر بها ودرجة نضجه الحضاري والمادي... إلخ.

إن دراسة عوامل كهذه تدفع المختص الى اتباع اكثر من طريقة منهجية وعلمية للوصول إلى الحقائق والبيانات الموضوعية المطلوب جمعها وتحليلها وعرضها بغية معرفة حقيقة وواقع المشكلة المطلوب دراستها ومعالجتها. فدراسة مشكلة انخفاض إنتاجية العمل مثلا لا تتطلب فقط دراسة العامل نفسه دراسة اجتماعية واقتصادية وسيكولوجية بل تتطلب أيضا دراسة واقع وظروف العمل

(١) Ginsberg M. Essays in Sociology and Social Philosophy, Vol. ٢, London, Heinemann, ١٩٥٦, P. ١١٤.

ودراسة النضج الحضاري والتأريخي للمجتمع. ودراسة الايكولوجية الاجتماعية للطبقة العاملة بما فيها طبيعة علاقاتها الاجتماعية ونظامها الأسري والقرابي ودرجة تقدمها الحضاري والقيمي وأحوالها المادية والنفسية...إلخ. ودراسة سسيولوجية معقدة كهذه تتطلب من الباحث اعتماد اكثر من طريقة بحثية. فقد يستعمل طريقة المسح الميداني وطريقة المشاهدة بالمشاركة والطريقة التأريخية في آن واحد بغية الحصول على المعلومات التي تفسر وتعلل انخفاض انتاجية العمل.

إذن ينبغي على الباحث استعمال أكثر من طريقة منهجية للحصول على المعلومات والحقائق المطلوبة في البحث العلمي. واستعمال طريقة واحدة كطريقة المسح الميداني أو طريقة المقارنة أو الطريقة التأريخية لا يمكن أن يساعد الباحث على دراسة موضوعه دراسة كاملة ومفصلة تزوده بجميع الحقائق والبيانات المطلوبة. وقد يستعين الباحث بطريقة المسح الميداني في دراسة مشكلة اجتماعية مثلا أو في فحص فرضية أو نظرية يتوصل إليها العلماء أو في كشف الترابط والعلاقة السببية بين المتغيرات كالمتغيرات الاقتصادية والدينية أو المتغيرات السياسية والعائلية. لكن الاعتماد على طريقة بحثية واحدة وإهمال الطرق المنهجية الأخرى في دراسة معينة لابد أن يعرض البحث إلى أخطاء وملابسات وسلبيات تؤثر في شرعية وصحة المعلومات التي يحاول الباحث كشفها وتعرية جوانبها الموضوعية والذاتية.

إن الباحث الذي يروم دراسة المشكلات الاقتصادية التي يعاني منها المجتمع النامي كمشكلة البطالة مثلا أو مشكلة التضخم النقدي أو مشكلة تذبذب الأسعار أو مشكلة انخفاض إنتاجية العمل لا يمكن أن يستعمل فقط طريقة المسح الميداني. فهذه الطريقة قد تزوده بمعلومات دقيقة وصادقة عن واقع هذه المشكلات الاقتصادية في الوقت الحاضر، ولكنها لا يمكن أن تزوده بمعلومات صحيحة وموضوعية عن ماضي هذه المشكلات الاقتصادية.

علـما بـأن هنـاك علاقـة وثيقـة وعضـوية بـين الحـاضر والمـاضي أي بـين الظـروف والمشكلات الحاضرة والظروف والمشكلات الماضية[1]. لهذا يتوجب على الباحـث الـذي يرغـب بدراسة المشكلات الاقتصادية التي يعاني منها المجتمع النامي استعمال طريقتين منهجيتـين في مثل هذه الدراسة هي طريقة المسح الميداني التي تزوده بالمعلومات والحقائق المطلوبـة عـن طبيعة الظروف والمشكلات الاقتصادية الحاضرة التي تواجهها المجتمعـات الناميـة والطريقـة التأريخية التـي تمكنـه مـن الحصـول عـلى الحقـائق التأريخيـة المتعلقـة بـالأمور والمشـكلات الاقتصادية التي عانت منها هذه المجتمعات خلال الفترات الزمنية الماضية.

في هذا المجال يجب علينـا دراسـة أربعـة طـرق ومنـاهج علميـة غالبـا مـا يسـتعملها علـماء الاجتماع في بحوثهم ودراساتهم العلمية. وهذه الطرق والمناهج الدراسية هي:

أ- الطريقة التاريخية.

ب- طريقة المقارنة.

ج-طريقة الملاحظة والملاحظة بالمشاركة.

د- طريقة المسح الميداني.

والآن نود شرح هذه الطرق المنهجية لعلم الاجتماع بالتفصيل.

١- الطريقة التاريخية Historical Method

تحتلف النظريـة التأريخيـة عـن النظريـة التطوريـة. فالتطوريـة هـي نظريـة تهـتم بدراسة الطبيعة اكثر مـما تهـتم بدراسـة المجتمـع والحضـارة. بيـنما التأريخيـة تـدرس تـأريخ الإنسان وجهوده ومنجزاته وحضارته العريقة. والتأريخ هو سرد للجهـود والأعـمال التـي قـام بها الإنسان وكشف لقواه الكامنة الأصيلة. يعلمنـا التـاريخ بـأن الإنسـان مـن خـلال تفكـيره العقلي الموزون نجح في السيطرة على المشكلات التي

(١)Wesolowski, W. and K. Stomezynski, investigation on class structure and social stratification in Poland, Warsaw, ١٩٧٧, PP. ٣١-٣٢.

واجهته والسيطرة على الطبيعة في الوقت الذي استطاع فيه تحسين نمط علاقاته الاجتماعية مع الآخرين[1]. وقد تركت الطريقة آثارا كبيرة في دراسة التأريخ نفسه إذ أنها تعتقد بأن الماضي لا يمكن أن يفهم من دراسة الحاضر ولم تقتنع بالفكرة القائلة بأن واجب المؤرخ هو وصف الظواهر التأريخية فقط. يخبرنا العلماء التأريخيون أمثال تترولتش ودلتي ومينيك وكارل منهايم بأن دراسة الحاضر لا تمكننا من فهم الماضي وأن الظواهر الاجتماعية والحضارية المعاصرة هي انعكاس لأنظمة متماسكة تعتبر امتدادا لأنظمة اجتماعية وحضارية سابقة وعلى المؤرخ فهم طريقة الربط بين الأنظمة السابقة والحاضرة التي يشهدها المجتمع المعاصر. إن مبدأ الربط العلمي الموزون بين الحوادث الماضية والحاضرة سمي من قبل العلماء التأريخيين بالمبدأ النسبي الذي فيما بعد أصبح يشكل جوهر المدرسة التأريخية.

ترتبط الظواهر الاجتماعية ارتباطا كبيرا بواقع المجتمع في الماضي ولا بد للباحث الاجتماعي من الرجوع إلى الماضي لتعقب الظاهرة منذ نشأتها ومعرفة عوامل تبدلها من حال إلى حال. وبالإضافة الى عامل الزمن فإن الاختلافات في المتغيرات ربما ترجع الى المكان الذي وقعت فيه كالاختلافات الموجوده بين ريف وآخر ومنطقة وأخرى ويطلق على هذا النوع من الاختلافات بالتباينات الجغرافية. ويمكن ان يضيف نوع ثالث من الاختلافات بين المتغيرات علاوة على الزمان والمكان، وهذا النوع يمكن أن يظهر بين تنظيمات العمل أو يظهر بين الأفراد والمؤسسات وحتى بين الشعوب والأمم. وعلى الرغم من ان هذا النوع الأخير من التباينات يطلق عليه بالتباين غير الجغرافي الا انه لابد وأن يقع في زمان ومكان معينين.

إن الغرض الأساسي للمؤرخ ينحصر في دراسة أو إعادة بناء ماضي الإنسان عن طريق الوثائق والسجلات التي يعثر عليها[2]. ولكن هذه الوثائق ربما

(١) الحسن، إحسان محمد (الدكتور)، علم الاجتماع، دراسة نظامية، بغداد، مطبعة الجامعة، ١٩٧٦م، ص١٢٠.

(٢)Gee , Wilson, Sciencce Research Methods, New York, Appleton Crofts, ١٩٥٠,P.٢٨٠.

لا تعطينا بالضرورة ماهية الماضي بصورة دقيقة ومضبوطة على الرغم من أنها تتكلم عن الماضي. ومع هذا فإن وجود هذه الوثائق والقيام بتحليلها وتفسيرها يمكن أن يعتبر العمل الرئيسي للمؤرخين كما يعتقد أغلب الذين كتبوا في هذا الموضوع. يمكن اعتبار الوثائق والسجلات المادة الأساسية للمؤرخ لأنها تحتوي على أعمال وأفعال الناس في الزمن الماضي. ومع هذا فإن وجود هذه الوثائق والقيام بتحليلها وتفسيرها يمكن أن يعتبر العمل الرئيسي للمؤرخين كما يعتقد اغلب الذين كتبوا في هذا الموضوع. يمكن اعتبار الوثائق والسجلات المادة الأساسية للمؤرخ لانها تحتوي على اعمال وأفعال الناس في الزمن الماضي ولا يوجد دليل آخر نستطيع عن طريقه معرفة ذلك علما بأن عدم وجود الوثائق يعني عدم وجود التأريخ الى حد كبير. فالبحث عن الوثائق وجمعها يمكن أن يعتبر من أهم الخطوات في عمل المؤرخ. وبوجه عام فإن مواد التأريخ يمكن ان تقع في مجموعتين رئيسيتين هما الوثائق أولا والبقايا والآثار ثانياً. والبقايا والآثار تنقسم الى أربعة أنواع هي:

١- البقايا الجسمية.

٢- الأشياء المصنوعة كأدوات الحرب والسلم.

٣- التراث الاجتماعي الذي انتقل من الماضي كالعادات والتقاليد والمراسيم والأديان.

٤- البقايا الشفوية التي حصل عليها الجيل الحالي عن طريق التلقين الكلامي وليس عن طريق مكتوب او مطبوع. وتشتمل البقايا الشفوية على الخرافات والأساطير والأدب الشعبي والمعتقدات والقصص التي جاءت من العصور الماضية عن طريق شفوي [١].

إن أهم أوجه التشابه بين المنهج التأريخي ومنهج علم الاجتماع أن الظواهر في كليهما زمانية في أكثر الأحيان، أي لابد للظواهر في زمان معين أن تقع فيه

(١) الحسن، احسان محمد (الدكتور)، والدكتور عبد المنعم الحسني، طرق البحث الاجتماعي، مطبعة جامعة الموصل، ١٩٨٢، ص١١٨.

وهـي بـذلك لا يمكـن أن تنفصـل عـن حيـاة المجتمـع الماضـية. وعليـه لابـد للباحـث الاجتماعي من النظر إلى الماضي لتعقـب حـدوث الظـاهرة منـذ بـدايتها والوقـوف عـلى عوامل تبدلها وانتقالها من وضع إلى آخر.

فالظاهرة الاجتماعية لا يمكن أن تحدث في فراغ لأنها نتاج الماضي وثمـرة عوامـل عديدة تفاعلت بمرور الأيام وأعطتها وضعها الذي توجد عليـه في الوقـت الحـاضر. لكـن غرض استخدام المـنهج التـأريخي في علـم الاجـتماع هـو الوصـول إلى المبـادئ والقـوانين العامة للظواهر الاجتماعية وهو بذلك على النقيض مـن التـأريخ، يحـاول الاقـتراب مـن العلوم الوضعية. وعن هذا الطريق يحاول الباحث الاجتماعي أن يربط الحاضر بالماضي ويحاول أن يفهم القوى والظروف الاجتماعية الأولى التي شكلت الحـاضر لـكي يصـل إلى وضـع القـوانين العامـة المتعلقـة بالسـلوك الإنسـاني للجماعـات والمؤسسـات والـنظم الاجتماعية.

إن الطريقة التأريخية عن طريق جهود أقطابها ومفكريها كابن خلدون وهيجل وماركس قد استطاعت استيعاب وفهم التأريخ برمته. فـابن خلـدون قـد انتقـد الطـرق التقليدية المستعملة في الدراسة والبحث والأخص الطريقـة التأريخيـة. حيـث قـال بـأن الروايات التأريخية ليست جميعها صحيحة، فبعضها قد وقع فعلا وبعضها لم يقـع أصـلا وبعضها يستحيل حدوثه لأنه لا يتفق وطبائع البشر[1]. ويـذكر ابـن خلـدون عـدة أمـور تؤدي بالمؤرخ الى الوقوع في الأخطاء أهمها ما يلي:

١- الأمور الذاتية التي تتعلق بميـول الباحـث وأهوائـه وميـول وأهـواء مـن ينقـل عنهم ومدى تأثر الباحث بهذه الميول والأهواء.

٢- الجهل بالقوانين التي تخضع لها الظواهر وعدم معرفة طبيعتها. وهـذا الجهـل قد يتعلق بالقوانين التي تخضع لها الظواهر الطبيعية كالظواهر

(١) نفس المصدر السابق، ص١٢٤.

الفلك والكيمياء والحيوان والنبات. وقد يتعلق هذا الجهل بالقوانين التي تخضع لها الظواهر الاجتماعية.

فمعرفة طبائع العمران وأحواله من الأمور المهمة في معرفة حقيقة الحوادث. وقد قدم ابن خلدون بعض النصائح بعد نقده للطريقة التقليدية التي يمكن أن تعتبر من الأسس المهمة في منهجه التأريخي وهي:

١- الملاحظة المباشرة للظواهر . فقد استفاد ابن خلدون من كثرة أسفاره ومشاهداته للشعوب التي احتك بها وهي شعوب العرب والبربر في تحليل الكثير من الظواهر الاجتماعية.

٢- تعقب الظاهرة الواحدة في المجتمع الواحد في مختلف العصور التأريخية لاختلافها بين فترة تأريخية وأخرى والتأكد من صدق الروايات التأريخية حولها.

أما الفيلسوف الألماني هيجل فقد اعتمد المذهب التاريخي في دراساته وأبحاثه الفلسفية والاجتماعية والسياسية . فهو يرى بأن التأريخ هو وليد التناقض الدنيوي بين الفكرة والفكرة المضادة والفكرة الثالثة التي تجمع بين الفكرتين المتناقضتين. أما البروفسور توينبي فيقول بأن التاريخ هو تكرار التحدي والاستجابة. والمؤرخ ديلثي يعتقد بأن الظواهر الحضارية هي أشياء وحيدة وفردية، غير أنه لم يلبث ان بدل هذه الأفكار ووضع منهجا ينص على ان تاريخ الفلسفة انما هو معركة طاحنة بين ثلاثة أطراف هي الطبيعة والمثالية الموضوعية ومثالية الحرية[١].

مما ذكر أعلاه نستنتج بأن العالم الاجتماعي لا يستطيع دراسة وفهم وتحليل النظم الاجتماعية والظواهر الحضارية دون دراستها دراسة تأريخية مفصلة طالما ان النظم والظواهر الاجتماعية المعاصرة ما هي إلا وليدة التحولات التأريخية التي

(١) معجم علم الاجتماع، تحرير البروفسور دينكن ميشيل، ترجمة الدكتور احسان محمد الحسن، بيروت، دار الطليعة، ١٩٨١، ص١١٤.

طرأت عليها فغيرتها وجعلتها تتميز بصفاتها الحاضرة التي نشعر بها الآن. فالعائلة النووية في المجتمع الصناعي هي امتداد للعائلة الممتدة في المجتمع الزراعي أو التقليدي. والمجتمع الاشتراكي هو امتداد المجتمع الرأسمالي علما بأن المجتمع الأخير هو امتداد للمجتمع الاقطاعي. كما أن السلطة الشرعية- العقلية التي تستند على المبررات الديمقراطية في حكمها للشعب والمجتمع هي وليدة السلطة التقليدية التي تعتمد على قوة التقاليد، والاعراف والسوابق الاجتماعية التي تخول الدولة حكم المجتمع، او قد تكون وليدة السلطة الكرزماتيكية التي تعتمد على الصفات الشخصية الخارقة والفذة التي يمتلكها القائد الكرزماتيكي والتي تخوله حكم المجتمع والسيطرة عليه. إن دراستنا للماضي تعطينا المجال لفهم الحاضر والتنبؤ عن المستقبل[1] أي مستقبل الأحداث والوقائع الاجتماعية التي يشهدها الأفراد والجماعات كالصراع الطبقي والحركات الاجتماعية والحروب والثورات والمشكلات الاجتماعية وتغير انظمة الزواج والعلاقات القرابية... الخ. فالأنظمة السياسية المختلفة في الوطن العربي وما تكتنفه هذه الأنظمة من سلطات متنوعة وأحزاب سياسية وجماعات ضاغطة وحركات اجتماعية تستهدف التطور والتغير ما هي إلا امتداد تأريخي لنظم وممارسات وحركات سياسية كانت سائدة في الوطن العربي خلال الفترة الماضية.

والخلاصة: هي أن لكل نظام اجتماعي تاريخه الخاص وأن النظم تخضع لنمو وتطور وحركة عبر الزمان. وبدون المعرفه الحقه بأصول وتطور النظم الاجتماعية فإننا لا نعرف هذه النظم ثم بالتالي لا تكون لدينا دراسة شاملة للمجتمع. والمنهج التأريخي قديم قدم كتابات ارسطو الذي اعتقد بأن فهم أي شيء يتطلب فحص بداياته الأولى وتطوراته اللاحقة.

(١) الحسن، احسان محمد (الدكتور)، علم الاجتماع، دراسة نظامية، ص١٢١.

فالمنهج التأريخي يسعى الى تفسير النظم المختلفة في وجودها الواقعي واتجاهاتها ويزودنا بمعلومات حول أصولها وتطوراتها المتوقعة. المنهج التأريخي إذن يزودنا بإحساس تأريخي ومنظور تطوري. فالأحداث ليست منعزلة أو مستقلة بعضها عن بعض ولكنها مترابطة في سياق زمني محدد.

٢- طريقة المقارنة Comparative Method

تستعمل هذه الطريقة في دراسة المقارنة بين المجتمعات المختلفة أو الجماعات المختلفة التي تعيش في مجتمع واحد لتوضح أسباب الشبه والاختلاف بين هذه المجتمعات والجماعات. وأول من استعمل هذه الطريقة علماء اللغة في القرن الثامن عشر عندما قاموا بدراسة عدة لغات بغية المقارنة بينها والتوصل الى الصفات المشتركة التي تربطها والتي تشير الى اشتقاقاتها وأصولها اللغوية وطريقة تطورها وتكيفها مع الواقع الاجتماعي[١]. كما استعمل هذا الاصطلاح خلال القرن التاسع عشر لتوضيح الطريقة التي تستطيع استنباط اوجه الشبه بين المؤسسات الاجتماعية بغية اقتفاء جذورها المشتركة. بيد ان هذه الطريقة لا تتسم بالحداثة كما يظن البعض، فقد استعملها ارسطو في دراسته للنظم السياسية.

واستعملها ابن خلدون في دراسته للمجتمعات حيث أشار الى ضرورة مقارنة الظاهرة بغيرها من الظواهر المرتبطة بها في المجتمع نفسه وفي غيره من المجتمعات. فالظواهر الاجتماعية حسب رأي ابن خلدون لا تختلف باختلاف العصور فقط ولكنها تختلف أيضا من مجتمع لآخر. ولذلك فقد أكد ابن خلدون على أهمية المقارنة في دراسته الظواهر الاجتماعية.

استعمل مونتسكيو وكونت أسلوب المقارنة في دراسة المجتمعات، هذا الأسلوب الذي مكنهم من ايجاد المعلومات التي احتاجوها في تفسير أوجه الشبه والاختلاف بين هذه المجتمعات. فقد اقترح كونت المقارنة بين الصفات البشرية

(١) معجم الاجتماع، تحرير دينكن ميشيل، ترجمة الدكتور احسان محمد الحسن، ص٥٠.

والصفات غير البشرية وأكد على أهميتها في اشتقاق المزايا الجوهرية للإنسان ومجتمعه. كما أشار الى اهمية المقارنة بين المجتمعات خلال فترات زمنية في توضيح قوانين التعايش وقوانين تتابع الظواهر الاجتماعية والعقلية. وخلال القرن التاسع عشر ارتبطت طريقة المقارنة بالطريقة التطورية خصوصا بعد زيادة تأثير الحركة الدارونية. إذ لم يكتف العلماء بدراسة الجذور التأريخية المشتركة للظواهر الاجتماعية كدراسة تأريخ الدين أو العائلة او الفكر بـل قاموا كما فعل كونت بدراسة المقارنة بينها جغرافيا وتأريخياً. فقد ذكر كل من كونت وتايلر بأن الهدف الأساس من المقارنة انما هـو ايجاد مـا يسمى بالالتصاق الحضاري أو الارتباط الضروري بين ظاهرتين حضاريتين أو أكثر مثل الارتباط بـين أحكام سلوك القرابة وأحكام السلوك الاقتصادي.

وساهم جون ستيوارت ملزفي توضيح استعمال هذه الطريقة حيث قال انها مجرد تطبيق منطق العلم على دراسة حالات وظواهر معينة، وهـي بهـذا الخصوص تختلف عـن الطريقة التجريبية التي تستعمل في فحص ودراسة الأشياء دراسة موضوعية حسية[1]. وأضاف قائلا بأن الطريقة العلمية الحقة هي الطريقة التي تقوم بمقارنة الأشياء مـن حيـث صفات اختلافها وصفات شبهها لكي نتوصل الى المزايا المشتركة الموجودة فيها. وأخيرا يخبرنا العالم ملز بأن طريقة المقارنة تختلف كل الاختلاف عـن الطريقـة الاستنتاجية التي اكتشفها لدراسة الأشياء دراسة منطقية علمية.

أما العالم الاجتماعي الفرنسي إميل دوركهايم فقد استعمل طريقة المقارنة وطبقهـا علـى دراسة الأنظمـة الشرعيـة في العالم، حيث قـارن بـين عـدد مـن الأنظمـة الشرعيـة في مجتمعات تتمتع بمستويات متباينة في التقدم الحضاري والمادي. وعند مقارنتـه بـين هـذه المجتمعات استعمل القانون كمؤشر للصفات الأخلاقية في المجتمع

---

(١) نفس المصدر السابق، ٥١.

بعد أن فحص فرضيته القائلة بأن زيادة تقسيم العمل دائما ما تؤثر في طبيعة التكامل والتماسك الاجتماعي. وفي دراسته للانتحار قام بمقارنة معدلات الانتحار في مجتمعات مختلفة وفي جماعات مختلفة في مجتمع واحد وقال بأن هذه المعدلات تتناسب تناسبا عكسيا مع درجة التماسك الاجتماعي ودرجة استقرار المقاييس الاجتماعية. ولبرهان صحة هذه الحقيقة التي توصل إليها اضطر الى مقارنة بعض المؤشرات التي اختارها كأنواع النظم الدينية وأنواع المجتمعات المحلية وطبيعة الاقتصاد والسياسة ودرس صلتها بدوافع الانتحار التي يتعرض إليها الأفراد. أخيرا توصل دوركهايم الى نتيجة تنص على أننا لو استعملنا طريقة المقارنة استعمالا دقيقا ومضبوطا بحيث تستطيع تزويدنا بأحكام ترابطية بين متغيرات مختلفة فإننا سنتمكن من اعتبار هذه الطريقة شبه تجريبية. إذن استطاع دوركهايهم في دراسته للانتحار أن يتوصل إلى طريقة جديدة في علم الاجتماع وهي طريقة تحليل المتغيرات المختلفة Analysis Multi- Viviate . فهو لم يكتف بمقارنة معدلات الانتحار بين الأقطار البروتستانتية والكاثوليكية وبين الفئات البروتستانتية والكاثوليكية في قطر واحد وإنما قارن المجموعتين لكي يوضح الدور الذي يلعبه عامل التماسك الاجتماعي الذي ينص في الدين وتأثيره في حوادث الانتحار.

واستعمل العالم الاجتماعي الألماني ماكس فيبر طريقة المقارنة عندما أراد تحليل الصفات الأساسية التي تميز المجتمعات الانسانية. فقد وضح التشابه الموجود في الصفات الأساسية للبيروقراطية ووضح أوجه الاختلاف بينها عندما درس مؤسسات بيروقراطية مختلفة دراسة تأريخية واجتماعية(١). وفي هذه الدراسة استعمل فيبر طريقة الأنواع المثالية في وصف المزايا الكونية للمؤسسة الاجتماعية أو النظام العقائدي بصفته النقية الخالية من عناصر التعقد التأريخي. إن دراسة فيبر النظام البيروقراطي دراسة مقارنة ساعدته في وصف وتفسير اختلافات النوع

(١)weber, M. Theory of social and Economic Organization, New York, the free pres, ١٩٦٩, PP. ٣٢٩-٣٣٤.

المثالي للبيروقراطية الألمانية والبيروقراطية البريطانية وفي مقارنة الأنواع المثالية للأديان كمقارنة المذهب البروتستانتي مع الدين الهندوسي.

وهناك محاولات كثيرة هدفت الى دمج طريقة المقارنة مع طريقة المسوح المستعملة في دراسة المجتمعات بغية التوصل إلى قوانين ترابطية تدرس العلاقة بين المتغيرات المختلفة.

فقد حاول الأساتذة الانكليز هوبهوس Hobhouse وويلر wheeler وكنز بيرك Ginsbergاستعمال هذا الأسلوب الدراسي للتوصل الى نظام تجريبي للتطور الاجتماعي. ومن خلال الدراسة التي قاموا بها حول الحضارة المادية للشعوب البسيطة عام ١٩١٥ اهتدوا الى تصميم مقياس التنمية التكنولوجية الذي استعملوه في قياس الترابط بين المستوى التكنولوجي وأشكال الحياة الاجتماعية للمجتمعات التي درسوها. وأخيرا حاول العالم كولدنر Goldner دراسة الترابط بين التنمية التكنولوجية والتنمية الاخلاقية في كتابه الموسوم " ملاحظات عن التكنولوجيا والنظام الأخلاقي " إلا أن الخطأ الذي تقع فيه مثل هذه الدراسات الترابطية يكمن في فرضياتها النظرية التي تؤكد على حقيقة نمو المجتمعات وقطاعاتها نموا متساويا وهذا ما لا تتفق معه طريقة المقارنة.

يميل علماء الانثروبولوجي الاجتماعي الى معادلة طريقة المقارنة مع طريقة النشوء والتطور التي استعملوها في دراسة المجتمعات البشرية دراسة تأريخية. فقد اعتمدوا على الطريقة الشمولية في مقارنة المجتمعات وتقسيمها الى أصناف مختلفة وهذا ما ساعدهم على اكتشاف اوجه الشبه والاختلاف بينها أو بين قسم منها. ذكر مردوخ Murdoch في كتابه " التركيب الاجتماعي" بأن هناك علاقة ضرورية بين أحكام الملكية وأحكام السكن وأحكام العائلة والقرابة، ومثل هذه العلاقة تسير سلوكية الأفراد وسط هذه المؤسسات الاجتماعية[١].

أما هومنز

(١)Murdoch, G. P. Social Structure, New York, Macmillan, ١٩٤٩, Ch.١.

Homans وشنايدر Schneider فقد حاولا في كتابهما الموسوم " الزواج والسلطة والأسباب النهائية" دراسة الأسباب المؤدية الى ظهور نظام زواج معين دون النظام الآخر في مجتمع او منطقة معينة.

ومن علماء الأنثروبولوجيا البريطانيين الذين دافعوا عن هذه الطرق الدراسية العالم نادل Nadel الذي استعملها في دراساته وبحوثه بالرغم من تحفظه عليها وذلك للمشاكل الأكاديمية التي تعترضها. أما الأستاذة شبيرا فقد اتخذت موقفا وسطا من حيث اعتمادها على مثل هذه الطرق الدراسية، فهي اعتمدت على طريقة المقارنة الاقليمية في علم الانثروبولوجي الاجتماعي لتثبيت المزايا الأساسية للنظم الاجتماعية. تقول شبيرا بأن للمجتمعات الإنسانية مزايا مشتركة كوجود الاقليم الجغرافي واللغة والحضارة المادية والروحية. ومثل هذه المزايا تقلل الفوارق بينها وتجعلها متقاربة الواحدة من الأخرى، ومع هذا فإن هناك فروقا حضارية واجتماعية واضحة بينها تجعل الدراسة المقارنة ضرورة لابد منها في فهم طبيعة مجتمعات العالم. لكن الطريقة المقارنة الاقليمية التي استعملتها شبيرا في دراساتها الانثروبولوجية نقاط كثيرة أهمها أنها لا تستطيع شرح وتفسير أسباب التشابه والاختلاف الحضاري والاجتماعي بين المجتمعات المتباعدة والمتجاورة جغرافيا، فهي لا تستطيع مثلا دراسة أسباب الشبه بين النظام الاقطاعي الأوروبي والنظام الاقطاعي الياباني، فضلا عن أنها عاجزة عن تفسير طبيعة الاختلافات الحضارية بين المجتمعات الأوروبية الاقطاعية ذاتها.

وأخيرا يؤكد عدد من علماء الاجتماع على أن طرق المقارنة المختلفة قد تستعمل لدراسة مشكلات مختلفة، فقد قام كل من لبست وبندكر Lapest and Bandix بمقارنة معدلات الانتقال الاجتماعي في عدة مجتمعات صناعية وتوصلا إلى سبب اختلاف هذه المعدلات حيث اعتقدوا بأن درجة التصنيع التي وصلت اليها المجتمعات الصناعية هي التي أدت الى اختلاف معدلات الانتقال الاجتماعي بين

أفرادها[1]. واستعمل هذان العالمان طريقة علمية مشابهة للطريقة التي استعملها دوركهايهم في تثبيت القياسات والمؤشرات. فقد حاول هذان العالمان في بادئ الأمر اشتقاق المتغيرات المناسبة التي على ضوئها ثبتت القياسات والمؤشرات الموضوعية والتي عن طريقها استنتجت الترابطات والانحدارات الاحصائية.

وفي دراسة خاصة عن المجتمع الأمريكي قام العالم لبست بمقارنة قيم وبنية هذا المجتمع مع قيم وبنية المجتمعات الأوروبية محاولة منه في توضيح امكانية اعتبار القيم كعامل مستقل.

ومثل هذه الدراسة كانت مشابهة للدراسة التي اجراها توكيفيل Tocqueville في القرن التاسع عشر عندما حاول توضيح أهمية الأدلة والإثباتات التأريخية في دراسة المقارنة الحضارية والمادية بين المجتمعات.

إذن تقوم طريقة المقارنة على دراسة النظم والأحداث الاجتماعية في الماضي أو الحاضر وجمع المعلومات الضرورية عنها ثم تحليلها ومقارنتها بهدف استنباط بعض المبادئ الاجتماعية العامة. يقول جون ستيورات ملز أن المنهج المقارن يعني مقارنة نظامين اجتماعيين متماثلين في جميع الظروف ولكنهما يختلفان في عنصر واحد. ومن خلال دراسة أوجه التماثل والاختلاف يمكن استخراج القوانين الكونية عن النظم والمؤسسات الاجتماعية التي تساعد الباحث على فهمها واستيعاب عناصرها الجوهرية. مثلا نقوم بمقارنة دولتين لهما نفس النظام القانوني والخلفية الثقافية والتركيب السكاني والموارد الطبيعية ولكنهما يختلفان في عامل واحد كوجود التخطيط في دولة واحدة وعدم وجوده في الدولة الأخرى. ومثل هذا الاختلاف يفسر التفاوت بين الدولتين في المستوى الاقتصادي مثلا، وهذا بدوره يمكننا من تفسير حقيقة العلاقة السببية بين التخطيط والرفاهية الاقتصادية. ومن الجدير بالذكر أن هناك صعوبات تواجه تطبيق المنهج المقارن

(١) Lipset, S. and R. Bendix. Social Mobility in Industrial Society, London, Heinemann, ١٩٥٩, See Ch. ٢.

على هذا النحو ترجع أساسا إلى تعقد وتعدد العوامل والظروف التي تحكم الحياة الاجتماعية.

٣- طريقة الملاحظة والملاحظة بالمشاركة:

الملاحظة هي من أهم الوسائل التي يستعملها الباحثون الاجتماعيون والطبيعيون في جمع المعلومات والحقائق من الحقل الاجتماعي أو الطبيعي الذي يزود الباحثين بالمعلومات، والملاحظة كوسيلة من وسائل جمع المعلومات لا تقل أهميتها عن المقابلة الرسمية أو غير الرسمية أو عن دراسة الحالة في تقصي المعلومات والحقائق عن المبحوثين والملاحظة كوسيلة بحثيه تتمتع بفوائد كثيرة لا تتمتع بها الوسائل الأخرى لجمع المعلومات، فهي تعطي المجال للباحث أن يلاحظ الظروف الاقتصادية والاجتماعية للمنطقة التي ينحصر فيها البحث وتمكنه من ملاحظة سلوك وعلاقات وتفاعلات المبحوثين والاطلاع على أنماط وأساليب معيشتهم والمشكلات الحياتية التي يتعرضون إليها[(١)]. وتتيح المجال للباحث ملاحظة الأجواء الطبيعية غير المتصنعة لمجتمع البحث حيث أن المبحوثين لا يعرفون بأن سلوكهم وعلاقاتهم وتفاعلاتهم وظروفهم اليومية هي تحت الدراسة والملاحظة والفحص لذا يكون تصرفهم طبيعيا وتكون علاقتهم وتفاعلهم سليما وبعيدا عن التصنع والتكلف[(٢)]. وهنا يستطيع الملاحظ مشاهدة ظروف المبحوثين والاطلاع على مشكلاتهم وسلوكهم وعلاقاتهم دون تدخل أية قوى خارجية في ذلك. بينما في حالة المقابلات ودراسة الحالات الفردية يعرف المبحوثون بأن هناك من يراقب سلوكهم وكلامهم وحركاتهم وسكناتهم[(٣)]. لذا تتسم إجاباتهم وتفاعلاتهم مع الباحث

(١)Swedner, H. Ubservation As A Method of Social Research, Ist Paper Submitted to the ٢nd Unesco Sminar On Social Research Methodology, Demmark, ١٩٦٨, P.٢.

(٢)Ibid., P.٥.

(٣) Ibid., P.٦.

بالتصنع والتكلف وهذا ما قد يفسد جو البحث العلمي الذي ينوي الوصول إلى الحقيقة مهما كانت الأسباب أو الظروف*.

والمعنى العام للملاحظة هو رؤية وفحص ظاهرة موضوع الدراسة مع الاستعانة بأساليب البحث الأخرى التي تتلاءم مع طبيعة هذه الظاهرة(١). ولا تنحصر الملاحظة في توجيه الحواس فقط ولكنها تنطوي على عمليات عقلية وتدخل إيجابي من جانب العقل. وقد يصل اسهام العقل في الملاحظة الى درجة الابتكار والاختراع. ويبدو ذلك واضحا عند وضع الفروض والسعي الدائب الى تحقيقها علمياً. وينبغي علينا هنا التمييز بين نوعين من الملاحظة: الملاحظة العابرة وهي التي يقوم بها الفرد العادي ولا تنطوي مثل هذه الملاحظة على ارتباطات علمية أو غائبة(٢). والملاحظة العلمية وهي التي تسير وفق منهج غائي معين ويقوم بها الباحثون لغرض علمي يستهدف الكشف عن طبيعة الظاهرة وعناصرها والعلاقات الخفية التي تربط هذه العناصر والوظيفة التي تؤديها(٣). ومثل هذه الملاحظةليست مجرد تسجيل لمعلومات سطحية أو مؤثرات خارجية ولكنها مجموعة من العمليات العقلية تتعاقب وفق مخطط منهجي مرسوم. لكن الملاحظ يجب أن يفصل حياته الذاتية والنفسية وأذواقه وميوله واتجاهاته عن الموضوع الذي يشاهده(٤). والحقائق التي يدونها عن موضوع الملاحظة يجب أن تكون مشتقة من طبيعة الموضوع الخارجية والداخلية وليس من تصورات وأهواء ومقاصد الملاحظة.

* ارجع إلى كتاب الأسس العلمية لمناهج البحث الاجتماعي، تأليف الدكتور احسان محمد الحسن، بيروت، دار الطليعة للطباعة والنشر، ١٩٨٢، ص١٠٤-١٠٦.

(١)Moser, C.A., Survey Methods in Social Investigation. Heinemann, London, ١٩٦٧, P. ١٦٧.

(٢)Ibid., P. ١٦٨.

(٣)Ibid., P. ١٦٩.

(٤)Mass Observation the Pub and the people: A work – town study Gollancz, London, ١٩٤٣, P.١١.

الأسلوب العلمي للملاحظة

نعني بالأسلوب العلمي للملاحظة التكنيك الفني الذي يستخدمه الباحث أو
الملاحظ في رؤيته وتبصره وحصره للأشياء والظواهر والعوامل والملابسات التي تقع أمام عينه.
فالباحث المدرب على الأساليب العلمية الاخصائية للملاحظة يعرف تمام المعرفة التمييز بين
الأشياء والظواهر التي تستحق الملاحظة والفحص والتسجيل والأشياء والظواهر الذي يجب
ان تهمل ولا تلاحظ ولا تسجل من قبله لعدم أهميتها وفاعليتها في الدراسة المطلوبة[1].
يستخدم في ملاحظة الظواهر الاجتماعية وسائل كثيرة تختلف باختلاف طبيعة الظواهر
نفسها. فليست الملاحظة الاجتماعية مقصورة على الإدراك المباشر للظاهرة أيا كانت أو
الوصف للحوادث، ولكن توجد وسائل أخرى لتحقيق ذلك مثل دراسة العادات والتقاليد
والفنون والآثار وتحليل ومقارنة اللغات والوثائق وجمع البيانات عن طريق الاحصاء وغير
ذلك من الوسائل التي تتفاوت في أهميتها. إن جميع هذه المصادر تمنح علم الاجتماع وسائل
نافعة ويقينية في الكشف والبحث العلمي. وفي هذه الحالات يستطيع الباحث المزود بتكنيك
الملاحظة العلمية ان يحول الظواهر التي تمر أمام عينيه والحوادث التي تمده بها الحياة
الاجتماعية الى استنتاجات اجتماعية يمكن ان تتكون منها الفرضيات والنظريات والقوانين
المفسرة للظواهر التي يشاهدها ويدرسها الباحث العلمي.

في حالة دراسة ظاهرة من الظواهر الاجتماعية يتطلب من الباحث ان يجمع أولا
أكبر كمية من المعلومات حولها وذلك من خلال ملاحظة جميع الظروف والملابسات المحيطة
بالظاهرة. ثم يتجه بعد ذلك إلى حصر وتنسيق نطاق ملاحظاته إذ يقصرها على المواقف
والأشياء والعوامل التي تهمه فقط[2]. فإذا أراد الباحث دراسة العلاقات الاجتماعية بين
الأساتذة والطلبة، فإنه قد يبدأ بالذهاب إلى

(١) Moss, L. Sample Surveys and the Administrative Process, International Social Bulletin, ٥, ١٩٥٣, P. ٤٨٨.

(٢)Rused . B. An Outline of Philosophy, Allen and Unwin, London, pp. ٤٣-٤٥.

المدرسة ويتجول بين أقسامها وصفوفها ويلاحظ الطلبة في دراستهم أو في فترات راحتهم، وقد يحضر اجتماعات إدارة المدرسة، وفي ضوء الملاحظات الأولى التي يقوم بها يستطيع تحديد الموضوعات التي تهمه والمواقف التي تعنيه اكثر من غيرها ليركز عليها ملاحظاته المستقبلية. ويمكن أن تتم الملاحظة بإحدى الطريقتين.

أ- الملاحظة بدون مشاركة:

وهي التي يقوم فيها الباحث بالملاحظة دون أن يشترك في أي نشاط تقوم به الجماعة موضوع الملاحظة وغالبا ما يستخدم هذا الأسلوب في ملاحظة الأفراد أو الجماعات التي يتصل أعضاؤها بعضهم ببعض اتصالا مباشراً. ومن مزايا هذه الملاحظة انها تهيئ للباحث فرصة ملاحظة السلوك الفعلي للجماعة في صورته الطبيعية وكما يحدث فعلا في مواقف الحياة الحقيقية.

ب- الملاحظة بالمشاركة:

وهي التي تتضمن اشتراك الباحث في حياة الناس الذين يقوم بملاحظتهم، ومساهمته في أوجه النشاط التي يقومون بها لفترة مؤقتة وهي فترة الملاحظة. ويتطلب هذا النوع من الملاحظة أن يكون الباحث عضوا في الجماعة التي يقوم بدراستها وأن يتجاوب مع الجماعة ويتفاعل معها وأن يمر في نفس الظروف التي تمر بها ويخضع لجميع المؤثرات التي تخضع لها. ولا يكشف الملاحظ عن هويته أو يفصح عن شخصيته ليكون سلوك الجماعة تلقائيا بعيدا عن التصنع والرياء[١]. وقد يكشف الباحث عن شخصيته ويفصح عن غرضه. وهنا قد يألفه أبناء المجتمع بمرور الزمن ويصبح وجوده شيئا اعتيادياً.

هذا ما يتعلق بالأساليب العلمية التي ينبغي ان يتبعها الباحث في الملاحظة بدون المشاركة وفي الملاحظة بالمشاركة. لكن في بعض الحالات تفتقر الملاحظة

(١) الحسن، إحسان محمد، علم الاجتماع، دراسة نظامية، بغداد ١٩٧٦، ص١٣٠.

التحديد الدقيق. وهنا ينبغي على الباحث تركيز ملاحظته على المشكلة موضوع الدراسة والانتباه الى الموقف الاجتماعي الذي يحيط بها. وقد يتضمن هذا الموقف أبعادا رئيسية إلا أن الباحث يجب ان يختار من بينها ما يتناسب مع أهداف دراسته. فالباحث يجب أن يلاحظ ويشخص المشتركين في الدراسة والمطلوب فحصهم وتقصي الحقائق عنهم. من هم وما هي أعمارهم وأخبارهم وخلفياتهم الاجتماعية الطبقية؟ ويجب أن يعين الفرد تحت الملاحظة ويفرز مكانته في المجتمع والدور الاجتماعي الذي يشغله وعلاقته بأدوار الآخرين. كما يتحتم عليه تبيان الصلة التي تربط المطلوب ملاحظتهم هل هم غرباء عن بعضهم، هل سبق لهم التعارف ، هل هم أعضاء في جماعة واحدة؟ وأخيرا يجب التعرف على طبيعة العلاقات الاجتماعية التي تربط بعضهم ببعض والمؤسسات أو المنظمات التي ينتمون إليها. وبجانب معرفة الأفراد تحت الملاحظة يجب على الباحث معرفة المكان الذي تكون فيه الملاحظة.

ما نوع المكان الذي يذهب اليه الباحث لإجراء الملاحظة شارع، مطعم، مدرسة، مصنع، جامعة.

وهل أن المكان ينطبق مع السلوك الذي يقوم به الأفراد الذين ينتمون إليه؟

لا يكتفي الباحث بملاحظة الأفراد والمكان الجغرافي الذي يعيشون أو يعملون فيه بل يتطرق الى التعرف على الهدف الذي دفع الجماعة الى الاجتماع او العمل او التفاعل المتعمد او غير المتعمد[1]. فالباحث غالبا ما يقصد رصد الهدف الذي دعا أعضاء الجماعة الى التجمهر او التجمع في مكان ما. هل اجتمع الأفراد لغرض معين أو اجتمعوا بطريقة الصدفة؟

فلو كانت هناك اهداف محددة فما هي؟ الدراسة، البيع والشراء، المشاركة في احتفال، المنافسة والنزاع... إلخ. كما يتطلب من الباحث معرفة استجابة الأفراد

(١) نفس المصدر السابق، ص١٣٢.

والمجتمعين للهدف الذي اجتمعوا من اجله وهل هناك أهداف أخرى بالإضافة الى الهدف الأصلي الذي اجتمعوا من اجله. كما يتطلب من الباحث فحص وتمحيص سلوك الأفراد الاجتماعي أي الاطلاع على أفعال المشاركين وتصرفاتهم والأساليب التي يستعملونها أثناء التجمهر والاجتماع.

وبالنسبة للسلوك الاجتماعي يجب ان يهتم الملاحظ بما يلي: الحادث المنبه أو الظروف المثيرة للسلوك، الأسباب الموضوعية والذاتية للسلوك، الأفراد الذين يهدفهم السلوك، وطبيعة السلوك، مميزات السلوك، وأخيرا آثار ونتائج السلوك[١].

أخيرا يجب أن يهتم الملاحظ بتسجيل ظواهر وملابسات الملاحظة. من الأفضل أن يسجل الباحث ملاحظاته في نفس الوقت الذي تجري فيه الملاحظة لكي تقل أو تنعدم احتمالات التحيز ولكي لا ينسى الباحث الظواهر والمعالم والأشياء التي يلاحظها. فبعض الأمور تضيع من الذاكرة عن طريق النسيان وبعضها الآخر قد تحرفه الذاكرة بصورة متعمدة او غير متعمدة. وقد يعارض البعض تسجيل الملاحظات في حينها لأن ذلك قد يضايق الأفراد الذين تجري عليهم الملاحظة او يثير سلوكهم. كما أن انهماك الملاحظ في التسجيل كفيل بأن يشتت انتباهه بين الملاحظة والتسجيل فقد تضيع منه حقائق قد تكون على جانب من الأهمية. ولكنه من الممكن في مثل هذه الأحوال أن يقوم الباحث بكتابة بعض الكلمات او النقاط الرئيسية على بطاقة خاصة معدة لهذا الغرض. وبعد الانتهاء من عملية الملاحظة والذهاب الى بيته أو دائرته يستطيع تدوين المعلومات والتفصيلات عن الأشياء التي لاحظها أثناء زيارته للأفراد أو المكان المطلوب دراسته.

٤- طريقة المسح الميداني Field Survey Mehtod:

ان طريقة المسح الميداني هي الطريقة الحديثة التي يستعملها العالم في جمع معلوماته وبياناته الميدانية التي تساعده على بناء فرضياته وتكوين نظرياته

(١)Madge, J. The of social science, London, ١٩٥٣, See the ch. On observation.

وتوضيح حقائقه وصياغة قوانينه الاجتماعية الشمولية[1]. وهي الطريقة المستعملة في أغلب وأشهر البحوث الاجتماعية التي تتميز بالطابع العلمي والموضوعية المتناهية في الطرح والتحليل والاستنتاج . فالبحوث المتعلقة بوصف المزايا السكانية والديمغرافية، والبحوث التي تدور حول البيئة الاجتماعية وما فيها من منبهات ونشاطات وعوامل ثابتة ومتغيرة والبحوث الرامية الى قياس وتخمين آراء ومواقف وانطباعات وميول واتجاهات الأفراد والجماعات تستعمل طريقة المسح الميداني. هذه الطريقة التي تساعد الباحث على ضبط وقياس والتأكد من صحة ما يحصل عليه من البيانات التي تفسر الظواهر والعلاقات والتفاعلات الاجتماعية تفسيرا منطقيا وعقلانيا وذلك من خلال اعتمادها على مبدأ التجريب والتحليل الاحصائي والاستنتاج الموضوعي للحقائق والمتغيرات التي يهتم بها البحث الميداني[2]. إن طريقة المسح الميداني تعتمد على أساليب العينات الإحصائية والاستمارات الاستبيانية والمقابلات الرسمية والتحليل الإحصائي. هذه الأساليب التي لابد من استعمالها واعتمادها في كشف الحقيقة والواقع الذي يروم الباحث حصره وتجريده ودراسته دراسة لا تعتمد على الخيال والحرز الفلسفي بل تعتمد على المبادئ العقلانية والواقعية والموضوعية.

لو أراد الباحث دراسة أي موضوع اجتماعي دراسة علمية نظامية ودراسة تعتمد على جمع وتصنيف وتبويب وتحليل البيانات الموضوعية يجب عليه اتباع خطوات البحث العلمي الميداني التي ينتهجها الاخصائيون والباحثون وهذه الخطوات يمكن درجها بالنقاط التالية:

١- تحديد عنوان وغرض البحث:

إن تحديد مشكلة البحث او تثبيت عنوانها يعتمد على رغبة واهتمام الباحث بموضوع البحث الذي يثير اهتمامه ويدفعه الى دراسته والتخصص فيه. لكن

(١)Moser, C. A., Survey Methods in Social Investigation, London, ١٩٦٧, PP. ٢-٤.

(٢) الحسن، احسان محمد (الدكتور)، علم الاجتماع، دراسة نظامية، بغداد، ١٩٧٦، ص١٢٥.

الغرض من القيام بالبحث الاجتماعي ينحصر في تزويد الباحث بالمعلومات والبيانات والحقائق التي غالبا ما تستعمل في حل مشكلة معينة تجابه المجتمع أو تساعد المسؤولين على تخطيط المجتمع من أجل تنميته وتطوره[١]. فالباحث قد يهتم بجمع البيانات عن كمية النقود التي تصرفها العوائل العمالية على المواد الغذائية او يرغب في معرفة معدل حجم العائلة أو معرفة المستوى الثقافي لأبنائها. وقد يدور البحث حول طبيعة العلاقات الاجتماعية بين العائلة الأصلية وأقاربها أو حول العلاقة بين تركيب العائلة ومعدل ما تصرفه على المواد الغذائية. وقد يتعلق البحث بدراسة اثر الطبقة الاجتماعية في التحصيل العلمي للأفراد. وفي بعض الحالات يهدف البحث الى تجريب واختبار بعض الفرضيات او النظريات التي توصل إليها العلماء للتأكد من درجة صحتها وشرعيتها[٢]. وأخيرا يرمي البحث الاجتماعي الميداني إثبات بعض الحقائق والقوانين الاجتماعية الشمولية المتعلقة بالواقع الاجتماعي كدراسة العلاقة بين العوامل المادية والعوامل غير المادية وأثر هذه العلاقة في طبيعة البنية الاجتماعية للمجتمع.

٢- تصميم العينة الاحصائية*:

إن تصميم العينة الاحصائية يتطلب من الباحث الاجتماعي الانتباه الى عدة مواضيع تتعلق بنظرية العينات كتحديد حجم العينة واختيار نوعها وتركزها في منطقة جغرافية دون المنطقة الأخرى ويمكننا شرح هذه المواضيع المهمة هنا بالتفصيل:

(١)Firis, H. Choice of Research Problems, A paper Submitted to the Unesco On Social Research Methods Denmark, June, ١٩٦٨.

(٢)Moser, C. A. Survey Methods in social investigation. P.١١٥.

* ارجع الى كتاب الأسس العلمية لمناهج البحث الاجتماعي، تأليف الدكتور احسان محمد الحسن، ص١٩ إلى نهاية الفصل.

أ- تحديد حجم العينة:

بتحديد حجم العينة نعني اختيار مجموعة من الأشخاص من مجموع مجتمع البحث، وهؤلاء الأشخاص يكونون العينة التي يهتم الباحث بفحصها ودراستها. والعينة المختارة من مجتمع البحث يجب ان تكون ممثلة له في مزاياه الديمغرافية والاجتماعية والحضارية والفكرية. إن اختيار عينة إحصائية تتكون من ٣٠٠ شخص من مجتمع بحث يتكون ٣٠٠٠٠٠ شخص يحقق اقتصاد في النفقات واختصارا في الوقت وتوفيرا في عدد المقابلين أو الباحثين الاجتماعيين الذين يقومون بإجراء المقابلات وأخيرا الحصول معلومات ادق واضبط من المعلومات التي يجعلها الباحث لو قابل جميع وحدات مجتمع البحث. فضلا عن أن الباحث يستطيع استعمال عمليات التحليل الإحصائي أثناء دراسته للعينة بينما لا يستطيع استعمال مثل هذه العمليات اذا درس مجتمع البحث. لكن حجم العينة التي يختارها الباحث تعتمد على موارده المالية، الوقت المتيسر لديه، عدد الباحثين الاجتماعيين الذين يعملون معه، نوعية المعلومات التي يرغب جمعها وتحليلها، وأخيرا دقة ودرجة صحة النتائج المتوقعة من البحث الاحصائي[1].

فالباحث الذي لديه الوقت الطويل والأموال الكثيرة والعدد الملائم من الباحثين الاجتماعيين يستطيع اختيار عينة كبيرة تمثل مجتمع البحث في النواحي المطلوبة بينما إذا كانت الموارد المالية للباحث محدودة والوقت المخصص للبحث قصيرا وعدد الباحثين الاجتماعيين قليلا أو معدوما فإن الباحث في هذه الحالة لا يستطيع مقابلة إلا عدد صغير من المبحوثين أي اختيار عينة صغيرة الحجم.

إضافة لجميع هذه العوامل التي تؤثر في حجم العينة هناك عامل العلاقة بين حجم العينة وحجم السكان الكبير. فإذا كان مجتمع البحث (السكان الكبير) كبي

(١) الحسن، إحسان محمد (الدكتور) استعمال الطريقة الاحصائية في البحوث الاجتماعية الميدانية، مجلة المركز القومي للبحوث الاجتماعية والجنائية، العدد الأول، السنة الثالثة، آذار ، ١٩٧٥.

الحجم وغير متجانس من حيث الصفات التي يهتم البحث بدراستها فإن على الباحث اختيار عينة كبيرة.

أما إذا كان حجم مجتمع الباحث صغيرا والسكان متجانسا من ناحية الصفات الأساسية التي يهتم بها البحث فإن الباحث يختار عينة صغيرة لتمثل مجتمع البحث.

ب- اختيار نوعية العينة:

تقسم العينات بصورة عامة الى قسمين أساسيين هما العينات العشوائية Random samples والعينات المقيدة أو المنظمة Quata samples . العينة العشوائية هي العينة التي تختار بطريقة الصدفة والتي تعطي لجميع وحدات مجتمع البحث فرصة متساوية للاختيار في العينة[1]. والاختيار يكون باستعمال الطريقة التقليدية للاختيار العشوائي The Lottery Method التي تتلخص بوضع أسماء وحدات مجتمع البحث في أوراق صغيرة كل ورقة تحمل اسما واحدا ثم تخلط هذه الأوراق بعضها مع بعض ويختار منها عدد يمثل العينة التي يرغب الباحث الحصول عليها. أو قد يستعمل الباحث طريقة العدد العشوائي Random No Method في اختيار عينته. وهذه الطريقة تتلخص بتحضير قائمة تحتوي على جميع وحدات مجتمع البحث وهذه الوحدات مرقمة من ١ إلى نهاية عدد مجتمع البحث، والباحث يختار نقطة عشوائية من القائمة وليكن هذا الرقم (٤) ويحدد مسافة الاختيار التي تستخرج من تقسيم عدد مجتمع البحث على عدد وحدات العينة المطلوبة. فإذا كانت مسافة الاختيار (١٠) والنقطة المختارة عشوائيا (٤) فإن

* تقسم العينات العشوائية الى خمسة أقسام هي: ١- العينة العشوائية البسيطة. ٢- العينة العشوائية الطبقية. ٣- العينة العشوائية ذات المراحل المتعددة. ٤- العينة العشوائية الطبقية ذات المراحل المتعددة. ٥- العينة العشوائية ذات الأوجه المتعددة للحصول على معلومات اكثر حول انواع العينات العشوائية ارجع الى كتاب الأسس العلمية لمناهج البحث الاجتماعي.

(١) Moser. C. A. Survey Methods in social investigation P. ٧٤.

اختيار الأرقام التي تدخل في العينة يكون على النحو التالي ٤، ١٤، ٢٤، ٣٤، ٤٤، ٥٤، ٦٤، ٧٤، ٨٤، ٩٤، ١٠٤. وهكذا إلى أن يختار الباحث العدد المطلوب من وحدات العينة.

أما العينة المقيدة أو المنتظمة فهي العينة التي لا يختارها الباحث بطريقة الصدفة أو بالطريقة العشوائية بل يختارها بطريقة متعمدة أي يختار العدد المطلوب من وحدات مجتمع البحث حسب إرادته ومشيئته. فالبحث الذي يستعمل العينة المقيدة يوصي الباحث الاجتماعي باختيار الأشخاص الذين يعتقد بأنهم صالحون وملائمون بتزويد البحث بالمعلومات المطلوبة بتزويد البحث بالمعلومات المطلوبة[1]. والمقابل أو الباحث يتأثر غالبا بأذواقه ومقاصده وأهوائه لدى اختياره لوحدات العينة وهذا ما قد يقلل من شرعية البحث وأمانته العلمية.

فالوحدات المختارة قد لا تمثل مجتمع البحث والمعلومات التي تعطيها للبحث قد لا تتلاءم مع الحقيقة والواقع وهنا تكون نتائج البحث مشوهة وغير صحيحة. وبعد اختيار العينة المعدة من قبل الباحث يقوم الأخير بمقابلة وحداتها مقابلة رسمية أو غير رسمية يطرح من خلالها أسئلة البحث عليها ويحصل على الإجابات ويدونها على أوراق الاستبيان المخصصة للأشخاص المبحوثين (وحدات البحث). إذن طريقة العينة المقيدة هي أقل شرعية وصحة من طريقة العينة العشوائية نظرا لاعطائها المجال للباحث أن يختار وحدات عينته بنفسه والاختيار هذا غالبا ما يتأثر بأهواء ونزعات ومقاصد الباحث التي قد تشوه نتائج البحث وتفسد الدراسة العلمية.

ج- اختيار المنطقة الجغرافية التي ينحصر فيها البحث:

يختار الباحث المنطقة الجغرافية أو المناطق الجغرافية التي يقطن فيها أعضاء مجتمع البحث بالطريقة العشوائية. فإذا كان مجتمع البحث يتكون من نصف

---

(١)Ibid ., P. ١٠١.

مليون نسمة والعينة المطلوب اختيارها من مجتمع البحث هي (٣٠٠) شخص، ومجتمع البحث موزع على جميع أرجاء القطر فإن الباحث يجب ان يختار منطقة جغرافية او مناطق جغرافية معينة بالطريقة العشوائية ليستطيع حصر ـ وتركيز بحثه فيها. فقد يقوم مثلا بتقسيم القطر إلى ثلاث مناطق رئيسية هي المنطقة الشمالية والمنطقة الوسطى والمنطقة الجنوبية. وبالطريقة العشوائية يختار منطقة واحدة ولتكن هذه المنطقة الوسطى. ولكن هذه المنطقة تحتوي على اكثر من ٣٠٠ شخص وهنا يضطر الباحث الى تقسيمها الى عدد من المحافظات يختار واحدة منها بالطريقة العشوائية ولتكن المحافظة المختارة محافظة عمان. إلا أن هذه المحافظة تحتوي على اكثر من ٣٠٠ شخص من مجتمع البحث كالأطباء أو المحامين مثلا . وهنا يضطر الى تقسيم المحافظة إلى عدد من الأقضيه وكل قضاء يحتوي على فئة طبيب مثلا، فإذا كانت عمله تتكون مثلا تتكون من ستة أقضية فإن الباحث يختار ثلاثة أقضية منها ليحصل على العدد المطلوب من الأطباء الذي يكون عينته العشوائية التي يود دراستها وفحصها.

أما إذا كانت هذه الأقضية لا تمثل المناطق الجغرافية للقطر لسبب أو لآخر فإن الباحث يستطيع مثلا تقسيم المحافظات الى محافظات حضرية وريفية[1]. ومن هذه المحافظات الريفية والحضرية يختار العدد المطلوب من الأطباء أي يختار عينة طبقية Stratified Sample تتكون من اطباء مقيمين في المنطقة الحضرية والمنطقة الريفية. وهذه العينة تكون ممثلة لمجتمع البحث اكثر من العينة البسيطة غير الطبقية.

٣- طريقة البحث:

يقوم الباحث في المرحلة او الخطوة الثالثة من البحث العلمي باختيار الواسطة التي يستطيع من خلالها جمع المعلومات من المبحوثين. والواسطة هي

---

(١)Hansen and et al sample survey methods theory. Vol. ١١, New York, ١٩٥٣, PP. ١٢-١٤.

نقطـة الاتصـال بـين الباحـث والمبحوث. فالباحـث خـلال المقابلـة يهـدف الى جمـع المعلومات من المبحوث والأخير يزود الباحث بالمعلومات المطلوبة. يختار الباحـث عـادة طريقة المقابلة الرسمية Formal Interviewing إذا كان بحثه لا يحتـاج إلى معلومـات مشعبة ومعقدة تتعلق بالأفكار والمعتقدات والقيم والمقاييس والمصالح. وإذا كانت عينته كبيرة الحجم والوقت المتيسر لديه قصير [١].

وتتم المقابلة الرسمية بتوجيه الأسئلة المدونة في ورقة الاستبيان الى المبحوثين، وبعد الإجابة عليها من قبلهم يقوم الباحث بتدوين الاجابات على أوراق الاستبيان. أمـا إذا كـان الأشخاص المبحوثـون متعلمـين أي يعرفـون القـراءة والكتابـة فـإن الباحـث أو المقابل يوزع عليهم أوراق الاستبيان ويطلب منهم الإجابة على أسئلتها بأنفسهم. وبعـد تدوين الإجابات يجمعها منهم ويرسلها الى دائرة البحـث للتفريغ وتبويب المعلومات. أما الأسئلة المطروحة في الورقة الاستبيانية فيجب ان تكون واضحة وقصيرة ومتسلسـلة تسلسـلا منطقيا وعقلانيا [٢] كـما يجـب ان تـدور حـول موضوع البحـث وخاليـة مـن المصطلحات العلميـة والتعقـد والتشويش وعـلى الباحـث ان يتقيـد ويلتـزم بالأسئلة المطروحة في ورقة الاستبيان لدى قيامه بالمقابلات الرسمية مع المبحوثين.

ويستعمل الباحث طريقة المقابلة غير الرسمية أو المقابلة الكلينيكية Clinical interview إذا كان موضوع البحـث معقـدا ومتشعبا ويتعلـق بالأفكـار والمعتقدات والآراء والقيم والمقاييس وإذا كانت العينة صغيرة الحجم بحيث تسمح للباحث مقابلة الأشخاص المبحوثين مقابلـة عميقـة تسـتغرق وقتـا طويـل يسـمح لـه بـاجراء المقابلات المطولة والعميقة [٣]. وطريقة المقابلة غير الرسمية بحكم طبيعتها

---

(١)Handbook of Household survey, united nations, New York , ١٩٦٤, P. ١٣٨.

(٢)Ibid., P. ١٣٤.

(٣)Rogers, C. R. the directive method. As A technique for social Research, American Journal of Sociology. ٥٠, pp.٢٧٩-٢٨٣ (١٩٤٥).

تحتاج إلى مقابل أو باحث اجتماعي خبير بطرق مقابلة الناس والتفاعل معهم ويتمتع بشخصية مؤثرة وجذابة تساعده في الحصول على المعلومات التي يحتاجها البحث. والباحث في المقابلة غير الرسمية قد يستعمل اسلوب التحليل النفسي- الذي يقوم خلاله الباحث بمعاشرة الزبون معاشرة عميقة تدفعه إلى كشف آرائه وميوله واتجاهاته ومصالحه للباحث الذي يستفيد من هذه المعلومات في بحثه. والباحث في هذه الطريقة يجابه عدة صعوبات تتعلق بتسجيل المعلومات التي يحصلها من المبحوث أو الفصل بين المعلومات التي يستلمها وبين أهوائه ومصالحه وتحيزاته وقيمه التي غالبا ما تدخل في البحث خصوصا عند استعماله لطريقة المقابلة غير الرسمية. كما أن طريقة المقابلة غير الرسمية تحتاج إلى خبير في المقابلة والبحث والاختصاص ومن الصعوبة الحصول على مثل هذا الخبير ، وفي حالة الحصول عليه فإن البحث يجب أن يدفع له المكافآت والامتيازات التي تزيد من نفقات البحث[١].

وتستعمل طريقة المقابلة البريدية Mail Questionnaire إذا كان السكان المبحوثون أو مجتمع البحث يتمتع بقسط وافر من الثقافة والتعليم. وتتلخص طريقة المقابلة البريدية بإرسال أوراق الاستبيان عن طريق البريد إلى الأشخاص المبحوثين ليجيبوا على أسئلتها ويرسلوها الى الباحث عن طريق البريد. لكن عيب هذه الطريقة يتركز في عدم رغبة معظم المبحوثين بالإجابة على أوراق الاستبيان وإرسالها إلى الباحث بسبب عدم وجود الباحث وقت وصول ورقة الاستبيان الى المبحوث ليذكره بالاجبان، عليها وصعوبة الذهاب إلى دائرة البريد لارسال الورقة الاستبيانية للباحث وعدم اهتمام المبحوث بموضوع البحث. الخ.

وإذا كانت الأوراق الاستبيانية العائدة إلى دائرة البحث قليلة بسبب عدم الاجابة عليها من قبل المبحوثين فان البحث يتعرض حتما للفشل والاخفاق ومع هذا

(١) Ibid., P. ٢٨٤.

فإن هناك عدد من الأشخاص يجيبون على الاستبيانات البريدية ويرسلونها الى الباحثين بسرعة منقطعة النظير. وهؤلاء الأشخاص هم المثقفون الذين يقيمون أهداف البحث العلمي أو المهتمون بموضوع البحث الذي ينوي الباحث تنفيذه وإعداده للجماهير.

٤- تخطيط الورقة الاستبيانية:

بعد اختيار الباحث الطريقة المناسبة لجمع المعلومات التي يحتاجها البحث يقوم بتصميم ورقة الاستبيان التي هي بمثابة الواسطة التي من خلالها يتصل الباحث بالمبحوث.

والورقة الاستبيانية يجب أن تحتوي على الأسئلة العامة التي تتعلق بالمعلومات العامة عن الشخص المبحوث كعمره وجنسه ومستواه الثقافي والعلمي، عدد أفراد أسرته ، مهنته، دخله الأسبوعي او الشهري او السنوي، منطقته السكنية، ديانته، خلفيته الطبقية وانحداره الاجتماعي، حالته الزوجية..إلخ. والورقة الاستبيانية يجب ان تحتوي على الأسئلة الخاصة التي تنعكس بموضوع البحث المزمع القيام به وهذه الأسئلة تكون على نوعين أسئلة مفتوحة Open Questions تعطي المجال للمبحوث بالإجابة عليها حسب مخيلته واختياراته ومشيئته كسؤال ما هي أضرار التدخين(١)؟ أو سؤال لماذا تسافر خارج القطر وقت العطلة الصيفية؟ وأسئلة مغلقة Closed Questions لا تعطي المجال للمبحوث بالإجابة عليها حسب مخيلته ومشيئته حيث أن إجاباتها تحدد للمبحوث من قبل الباحث مسبقا. والأسئلة المغلقة تكون على النحو التالي:

ما هو مستواك الثقافي والعلمي؟   مركز محو الأمية

مدرسة ابتدائية

مدرسة ثانوية

---

(١)Moser , C.A., Survey methods is social investigation. P. ٢٣٠.

كلية

جامعة

والمبحوث عند الإجابة على هـذا السـؤال يـؤشر عـلى الحقـل الـذي يـتلاءم مـع حالته. ما هو دخلك الشهري بالدينار؟

أقل من ٥٠ ديناراً.

٥١-٧٠

٧١-٩٠

٩١-١١٠

١١١-١٣٠

١٣١ فأكثر.

والأسئلة الخاصة في ورقة الاستبيان يجب أن تكون متعلقة بموضوع البحـث ولا تخرج عن مجاله وفحواه ويجب أن تكون واضـحة ومركـزة ودقيقـة وقصـيرة وفي نفـس الوقت بعيدة عن التكرار والتناقض والغموض. والشخص الذي يصمم الورقة الاسـتبيانية يجب أن يكون ملما بجميع مراحل البحث ولديه معلومات كافية وواضحة عن أغراضـه وطبيعته ومشكلاته وحجم عينته وطبيعة النتائج التي يود الحصول عليها. وكلما كانـت الأسئلة الاستبيانية قصيرة وواضحة وخالية من التعقـد والتشـويش كلـما كـان المبحـوث مستعدا للاجابة عليها بصراحة ووضوح وكلـما كانـت الأسـئلة مطولـة وغامضـة ومليئـة بالمصطلحات الفنية والعلمية التي يجهلها المواطن الاعتيادي كلما تهرب منهـا المبحـوث وامتنع عن الإجابة عليها بصراحة ووضوح[1].

لذا يعتمد نجاح البحث على طبيعة ورقته الاستبيانية ونوعية الأسئلة الموجودة فيها، فإذا كانت الأسئلة واضحة ومركزة وجيدة ومتعلقة بالبحث بصورة

(١)Payne, S.L. The art of asking questions, Princeton univ. press, procession, ١٩٥١. pp.٢٧-٢٩.

مباشرة فإن هذا سيدفع معظم المبحوثين للإجابة عليها بصورة صحيحة ومضبوطة. وهنا تكون نتائج البحث دقيقة ويمكن الاعتماد عليها في معالجة مشكلة ما أو التخطيط لتنمية جانب معين من جوانب المجتمع.

٥- تنظيم المعلومات الاحصائية:

بعد جمع المعلومات ورجوع الاستمارات الاستبيانية الى دائرة البحث مملوءة بالمعلومات المطلوبة تجري عليها العمليات التالية:

أ- التأكد من صحة الإجابات الموجودة في ورقة الاستبيان Editing.

بعد وصول أوراق الاستبيان إلى دائرة البحث يقوم موظفو الدائرة بتدقيق هذه الاستمارات للتأكيد من أن لكل سؤال جواب، وأن الإجابات متسقة وغير متناقضة وكاملة.

ب- الترميز Coding

وهي العملية التي بواسطتها يرمز الباحث إلى جميع الإجابات التي يذكرها المبحوث Respondent . والرمز يكون على شكل رقم أو حرف. وهذا الرقم أو الحرف يساعد الباحث على تبويب وتعداد المعلومات وإدخالها في جداول احصائية لتكون جاهزة للتحليل الإحصائي[١] . والترميز يكون على ورقة الترميز Code Sheet هذه الورقة التي تقسم عادة إلى ثلاث أعمدة الأول منها يخصص الى تسلسل الأسئلة والثاني إلى الإجابات التي يذكرها المبحوث والثالث إلى رمز الاجابات. وبعد عملية تحويل الإجابات الى رموز في ورقة الترميز تنقل الرموز الى بطاقات خاصة تسمى I.B.M وكل بطاقة منها تحتوي على ثمانين درجة أو نقطة وكل درجة تخصص إلى سؤال معين. وللنقطة أو الدرجة عشر احتمالات من الأجوبة التي يمكن ان يذكرها المبحوث. ونقل المعلومات الى هذه البطاقات يتم استعمال آلة التثقيب Puncher التي تتولى وظيفة تثقيب البطاقة. وكل ثقب في

---

(١)Maris, A. The work of a coding section. In readings in market research. The British market research bureau, London . ١٩٥٦.

البطاقة يدل على جواب معين ذكره المبحوث. وبعد اكمال عملية نقل الأجوبة الى البطاقة المخصصة نشاهد عدة ثقوب على البطاقة الواحدة، وهذه الثقوب تشير إلى إجابات المبحوث على الأسئلة الموجهة إليه.

تكوين الجداول الإحصائية Tabulation of Data

بعد إجراء عملية تثقيب بطاقات I.B.M تنقل إلى ماكنة التفريق والتعداد. Counter- Sorter لكي تصنف البطاقات حسب الإجابات التي ذكرها المبحوثون بعد توجيه الأسئلة إليهم. وبعد تصنيفها إلى مجاميع تقوم نفس الماكنة بعملية تعدادها[١]. فالماكنة تفرق البطاقات التي تحتوي على الإجابات السلبية مثلا عن البطاقات التي تحتوي على الإجابات الإيجابية لسؤال معين ثم تعد البطاقات الإيجابية والبطاقات السلبية. وعند الانتهاء من عمليتي التفريق والتعداد توضع المعلومات في جدول إحصائي يوضح الإجابات السلبية والاجابات الإيجابية بالنسبة لسؤال معين، فالجدول قد يشير إلى أن (٤٠) طالبا، أجابوا على سؤال معين بالنفي ٨٠ طالبا أجابوا على نفس السؤال بالإيجاب، ونفس الجدول يوضح مجموع عدد الطلبة الذين تمت مقابلتهم. وبعد تكوين الجداول الإحصائية المتعلقة بإجابات المبحوثين على الأسئلة التي وجهت اليهم يقوم الباحث بتحليلها إحصائيا للحصول على النتائج النهائية للبحث.

٧- عملية التحليل الإحصائية Statistical Analysis

تتعلق هذه العملية بتحليل البيانات الإحصائية المثبتة في الجداول تحليلا يتوخى الوصول إلى النتائج النهائية للبحث الميداني. هذه النتائج التي يستعملها الباحث في كتابة دراسته أو بحثه أو تقريره أو أطروحته[٢]. وفي مرحلة التحليل الإحصائية يهتم الباحث باستخراج النسب المئوية أو العشرية للبيانات التي يجمعها من الميدان الاجتماعي. أو يستخرج الوسط الحسابي أو الهندسي التي قد تتعلق

---

(١)Yates, F. Sampling methods for census and surveys, griffin, London , ١٩٥٣, pp.٤ -٦ .

(٢)ibid., See Chapter٥.

بالأجور أو الأعمار أو عدد أفراد الأسرة. أو يستخرج قيمة الانحراف المعياري للأجور أو قيمة الانحراف الربيعي وهكذا.

كما قد يهتم بإجراء الاختبارات الاحصائية على بياناته كإجراء اختبار أهمية الفرق المعنوي بين الوسط الحسابي للعينة والوسط الحسابي لمجتمع البحث أو إجراء اختبارات (كا٢) لفحص أهمية الفرق المعنوي بين العمال والموظفين من حيث صرف أجورهم ورواتبهم أو من حيث نشاطات الفراغ التي يمارسونها. وقد يستعين بمعامل الارتباط والانحدار لكشف ماهية العلاقة بين المستوى الثقافي للمبحوثين ودخولهم الشهرية أو السنوية[١]. ومثل هذه التحليلات الإحصائية تساعد الباحث على فهم البيانات والحقائق الاجتماعية التي حصل عليها من الميدان الاجتماعي. إضافة إلى أهميتها في تزويده بالنتائج النهائية للبحث، هذه النتائج التي تمكنه من تكوين الفرضيات والنظريات التي تطور العلم وتنميه في نفس الوقت تساعد على حل المشكلات التي تواجه الإنسان والمجتمع.

٨- كتابة التقرير أو الأطروحة:

بعد جمع وتصنيف وتحليل البيانات الإحصائية واستخراج النتائج النهائية للبحث يقوم الباحث بالتعليق عليها وتفسيرها تفسيرا علميا منطقيا يخدم أغراض البحث. والتعليق على النتائج الإحصائية يكون على شكل تقرير أو دراسة تتضمن التفسيرات والمبررات المنطقية التي تهم موضوع البحث بصورة مباشرة أو تتعلق بفحص العلاقة بين المتغيرات التي يدور حولها البحث[٢]. وكتابة التقرير أو الدراسة التي تتضمن النتائج النهائية للبحث تمكن القارئ المختص أو غير المختص من فهم الموضوع واستيعاب نتائجه النهائية.

(١)Speigel, M. Statistics: Theory and problems , Schaum publishing Co. New York , ١٩٦١, P. ٢٤١.

(٢) Kapp. R. O. the presentation of technical information. Constable London, ١٩٤٨, pp. ١٠-١٢.

الفصل الرابع
الجذور التاريخية والفلسفية لعلم الاجتماع

لابد أن نستعرض هنا المراحل التاريخية التطورية التي شهدها الفكر والنظرية الاجتماعية عبر تاريخها الطويل الذي يبدأ بالحضارات القديمة كحضارتي وادي الرافدين ووادي النيل ويمر في الحضارات الاغريقية والرومانية ثم الحضارة العربية الإسلامية وأخيرا ينتهي في الحضارة الأوروبية التي لازالت حضارة فاعلة وداينميكية في تطوير وتقدم الفكر الاجتماعي وإنماء المعرفة الاجتماعية وزيادة قدرتها على فهم واستيعاب الظواهر الحضارية والسلوكية المعقدة ومجابهة المشكلات الاجتماعية التي تواجه الإنسان والمجتمع. إن الفكر الاجتماعي عبر هذه الحقب التاريخية قد شهد تطورات كثيرة تجسدت في قابليته على شرح وتفسير جميع العمليات والتفاعلات الاجتماعية التي تأخذ مكانها في المؤسسات البنيوية للمجتمع. إضافة الى نجاحه في اعتماد المناهج البحثية التي مكنته من جمع الحقائق والمعلومات وصياغة الفرضيات والنظريات التي تعالج قضايا السلوك الإنساني والعلاقات الاجتماعية والنظم المؤسسية في هذه المراحل التاريخية التي شهدها تطور الفكر الاجتماعي والنظرية الاجتماعية ظهر العديد من المفكرين والفلاسفة والمحللين الاجتماعيين الذين وهبوا الشيء الكثير إلى بلورة ونمو وتشعب المفاهيم والنظريات الاجتماعية بحيث أصبحت هذه تدرس جميع ما يتعلق بالمجتمع وأثره في الجماعة والفرد.

في هذا الفصل سوف لا ندرس المعالم المميزة للفكر الاجتماعي لكل مرحلة تاريخية فحسب بل سندرس أيضا المساهمات الفكرية لنخبة من الفلاسفة والمفكرين الاجتماعيين الذين برزوا خلال المراحل التاريخية المشار إليها أعلاه. علما بأن المساهمات الفكرية والنظرية لهؤلاء الفلاسفة والمفكرين هي التي تشير إلى الاتجاهات النظرية والمنطلقات الاجتماعية التي ظهرت في كل مرحلة حضارية

تاريخية. فقد ظهـر في الحضارة الاغريقيـة افلاطون وأرسطو في الحضارة الرومانيـة سنيكا وشيشرون وفي الحضارة العربية الاسلامية الفارابي وابن رشـد وابن خلـدون والمسـعودي وفي الحضارة الأوروبية هربز ولوك وروسو وكونت وهيجل وماكس فيبر وباريتو واميل دوركهـايم وزميل وكارل منهايم. الخ.

وفي هذا المجال علينا دراسـة تاريخ تطور الفكر الاجتماعـي مركزين عـلى الهبـات الفكرية لعدد من الفلاسفة والمفكرين وعلماء الاجتماع المذكورين أعلاه.

١- الفكر الاجتماعي في الحضارات القديمة:

ظهرت في الحضارات الشرقية القديمة كحضارة وادي الرافدين ووادي النيل والحضارة الهندية والصينية طوائف من الحكماء والفلاسفة والمشرعين والمصلحين الاجتماعيين والمفكرين الذين عالجوا موضوعات الفلسفة والفكر الاجتماعـي معالجـة لا تقل أهميـة عـما عالجـه فلاسفة اليونان[١]. فنجد في العراق القديم مثلا فلسفات وشرائع وحكما اجتماعية على جانب كبير من الرقي والتقدم، وترك فلاسفة حضارة وادي الرافدين وصايا وإرشادات لا تـزال حتى الآن من مقومات الحياة الاجتماعية[٢]. فقد قام حمـورابي بإنشـاء أول مسـلة عرفها التـاريخ دونت فيها الشرائع والقوانين والحكم والوصايا التي نظمت شؤون المجتمع المختلفة وحددت المثل الفلسفية التي يجب ان يسير عليها كل من الملك وأفراد الشعب وذلك برسم واجبات وحقوق الملك تجاه الشعب وحقوق وواجبات الشعب تجاه الملك والدولة، ثم تكلمت عـن العدالة والمساواة والإخاء الاجتماعي الـذي يجب ان يسود في المجتمع لكي يعم الخـير والسعادة والرفاهية. بعد ذلك قسمت المجتمع الى طبقات اجتماعية مختلفة كـل طبقـة تخصصت بواجبات وأعمال معينة ثم تكلمت بشيء من الايجاز عـن العلاقة بـين هـذه الطبقات وأخيرا احتوت هذه المسلة على سلسلة من

---

(١) الخشاب، مصطفى (الدكتور)، علم الاجتماع ومدارسه، الكتاب الأول، مكتبة الانجلو المصرية، ١٩٧٥، ص١١.

(٢) Hegel, G. Lectures On the history of philosophy , vol. ١١, London , ١٩٥٦.

التعليمات الدقيقة التي تتعلق بالميراث والوصايا وشؤون الزواج والطلاق وعمليات المقايضة والبيع والشراء والمؤسسات الثقافية وطرق التربية التي يجب ان تطبق فيها وهكذا.

أما ألوان التفكير الاجتماعي عند قدامى المصريين فتتمثل بالآثار التي تركوها.

فمعتقدات المصريين الدينية وعنايتهم بدفن موتاهم وحبهم لإظهار عظمتهم وتسجيل فتوحاتهم قد أمدتنا بمصادر صحيحة عن حياتهم الاجتماعية والاقتصادية والسياسية والدينية. وامتاز المصريون القدامى بحسن السياسة وفن الإدارة واستطاع الحكام بفضل ذلك ان يسيطروا سيطرة تامة على أمور بلادهم. وكان النظام العائلي من أهم الموضوعات التي تطرقوا إليها فقد أشادوا بفضل هذا النظام في دعم الحياة الاجتماعية. وتكلموا في الواجبات الأسرية وناقضوا كثيرا من أصول الأخلاق الاجتماعية والآداب العامة. واحتلت نظرية الطبقات قدرا من تفكيرهم. وكانت هذه النظرية مرتبطة الى حد كبير بالأفكار السياسية.

فنجدهم يتكلمون عن طبقتين في المجتمع: الطبقة المقدسة وتشمل الفرعون وأعضاء عائلته وكهنته. وطبقة العوام وهي طبقة عامة الشعب (من زراع وتجار وجنود). وقد أدى اندماج رجال الدين والحكام في طبقة واحدة إلى ظهور نظرية عبادة الفرعون ودعم سيادته ونشر سلطانه واستقرار الوحدة الدينية والسياسية. غير أن ظهور قادة وزعماء من أبناء الشعب أدى الى انشقاق الطبقة المقدسة وأصبح مجتمعاً مكونا من ثلاث طبقات: الحكام ورجال الدين وعامة الشعب[١].

أما الحضارة الهندية فقد وجدت فيها أقدم التشريعات، وتتألف هذه التشريعات من (٢٦٨٥) بيتا من الشعر وهي منسوبة الى شخصية خرافية تصورها النصوص في صورة إله صغير تلقى الوحي عن براهما نفسه. ويبدو ان هذه

(١) الخشاب، مصطفى (الدكتور)، علم الاجتماع ومدارسه، الكتاب الأول، ص١٥.

القوانين من وضع جماعة البراهمة قصدوا من تدوينها الحرص على تعليم الأجيال القادمة أوضاع الحياة الاجتماعية وقواعد السلوك الاجتماعي. وكانت تبين هذه التشريعات أن سلطة حكام الهند كانت سلطة دكتاتورية لا يحدها إلا تدخل طبقة رجال الدين من البراهمة نظرا لما يستحقونه من مركز اجتماعي عال.

ويمتاز النظام الاجتماعي في الهند القديمة بأنه طبقي حدد الدين وقواعده ورسم حدوده بدقة ونظم علاقات كل طبقة مع الطبقات الاجتماعية الأخرى ولهذا التقسيم الطبقي نتيجتان لازمتان:

أولهما: وراثة وجمود الوضع الاجتماعي الذي لا يمكن ان يتغير من الأصول إلى الفرع.

وثانيهما: الخضوع لما تفرضه التقاليد والعرف والدين على أفراد كل طبقة من التزامات ووظائف اجتماعية.

والنظام الطبقي الهندي هو من وحي الإله براهما نفسه وأن كل طبقة تمثل جزءا من اجزائه الخالدة[1] فقد أرادت مشيئته القدسية أن ينقسم المجتمع الهندي إلى أربع طبقات:

١- طبقة البراهمة وهي طبقة رجال الدين.

٢- طبقة الكشتريه وهي طبقة المحاربين.

٣- طبقة الفياز وهي طبقة التجار والصناع.

٤- طبقة الودرا وهي طبقة العبيد والارقاء.

وهذا يشبه إلى حد كبير ما ذكره افلاطون من أن الطبقات الأربع تتكون من أربعة معادن مختلفة في جوهرها وهي الذهب والفضة والنحاس الأصفر والنحاس الأحمر والحديد.

(١)M. Fatton Jaste in India, (Cambridge; university press, ١٩٦٤). ١٩٢-٣.

٢- الفكر الاجتماعي في اليونان القديمة:

ظهرت عدة دراسات وبحوث موضوعية في اليونان عبرت عن الفكر الاجتماعي والنظرية الاجتماعية عند المفكرين والفلاسفة الاجتماعيين في ذلك البلد. ولم يكن بحث جمهورية افلاطون البحث الأول الذي يدرس قضايا المجتمع دراسة مفصلة بل كانت هناك مجموعة من البحوث اهتمت بدراسة الجوانب الاجتماعية للمجتمع اليوناني دراسة فلسفية ادبية تتميز بالدقة والموضوعية ومن أهم هذه البحوث:

١- ديوان الأعمال والأيام المنسوب الى الشاعر اليوناني القديم (هزيود) الذي كان بمثابة اول شاعر تعليمي عرض في ديوانه فكرة العدالة ووصل الى تقرير طائفة من القواعد العامة التي ينبغي ان تقوم عليها الحياة الاجتماعية الصحيحة.

٢- الاشعار المنسوبة الى طائفة يطلق عليها اسم الشعراء الحكماء وقد جاءت اشعارهم محتوية على كثير من الحكم والأمثال التي تدعو الى العدالة الاجتماعية وتقرير المعايير السوية للعلاقات والمعاملات بين الناس.

٣- النظم القضائية التشريعية والدستورية التي وصفها المشرعون الاجتماعيون والسياسيون القدامى وأشهرهم زالوكوس وفيالاوس وصولون. هذه هي أهم البحوث التي عالجت شؤون المجتمع قبل جمهورية افلاطون. غير أنها لم تعالج هذه الأمور بصفة أساسية ولم تصورها تصويرا علميا يستحق الدراسة والبحث ولذلك سنجد عند أفلاطون وأرسطو لأول مرة في تاريخ الفكر اليوناني دراسات اجتماعية منظمة تمثل وحدة فكر ووحدة منهج. وسنجد عندهما الدعائم النظرية للتفكير الاجتماعي.

افلاطون ٤٢٧-٣٤٧ق.م

هو تلميذ سقراط وأهم فلاسفة اليونان ومؤسس أول جامعة في العالم سميت بالجامعة الافلاطونية التي كانت تدرس فيها ثلاثة مواضيع هي الفلسفة والرياضيات والموسيقى.

والكتاب الشهير الذي ألفه هو جمهورية أفلاطون الذي كان هدفه وضع الأسس المثالية التي يجب أن يرتكز عليها المجتمع الإنساني خصوصا العدالة الاجتماعية التي حاول أن يعرفها في كتاب " الجمهورية" إذ قال بأنها من أهم الأهداف التي يجب ان تسعى الدول من أجل تحقيقها. وذكر بأن خريجي الجامعة الأفلاطونية يجب أن يكونوا قادة وحكام المجتمع حيث أنهم أعرف من غيرهم بالسبل والغايات التي تجلب الخير والرفاهية والسعادة لمجتمعهم[١].

وهذا يعتمد على غزارة المعلومات التي يحملها هؤلاء الخريجون إذ قال بأن الفضيلة والكمال هي العلم والشخص المتعلم هو الشخص الفاضل والكامل الذي يستطيع نشر وتحقيق الفضيلة في المجتمع[٢].

يمكن تلخيص آراء أفلاطون الاجتماعية والفلسفية بالنقاط التالية:

١- كان افلاطون أول من قال بأن المجتمع مكون من أنظمة متصلة الواحدة بالأخرى وهذه الأنظمة هي النظام السياسي والاقتصادي والديني والعائلي، وأضاف بأن أي تغير في أحد هذه الأنظمة لابد أن ينعكس على بقية انظمة المجتمع. والمجتمع يمكن تشبيهه بالكائن الحيواني من حيث تكوينه من أجهزة وأنظمة متشعبة ومتكاملة في آن واحد.

٢- وضح أفلاطون العلاقة بين الفرد والدولة بقوله أن رئيس الدولة (الذي يجب أن يكون خبيرا بالفلسفة) يجب أن يضحي بنفسه من اجل خدمة

(١)Plato, the republic, translated by H. Lee (pengun Books Ltd., Middlesex, ١٩٦٣).p.١٧٤.

(٢)Ibid, P. ١٨١.

المجموع. كما نادى بأن المجتمع المثالي لا يمكن تحقيق أهدافه دون قيام الفرد بالتفاني من أجل خدمة أبناء الشعب جميعهم.

٣- قسم أفلاطون في كتاب الجمهورية المجتمع اليوناني الى ثلاث طبقات اجتماعية متمايزة وهي طبقة الإداريين التي تتولى مهمة القيادة والحكم وتتغلب صفة العقل والحكمة والمنطق على أرواح أفراد هذه الطبقة. والطبقة العسكرية التي تتولى الدفاع عن الجمهورية وقت تعرضها للعدوان والتحدي الخارجي وتسيطر على أرواح أعضاء هذه الطبقة صفة العاطفة والانفعال والتضحية في سبيل الغير. أما الطبقة الثالثة فهي الطبقة العمالية التي يعهد إليها الإنتاج والتي يكون مركز ثقلها الغرائز والرغبات البايولوجية.

٤- يقول أفلاطون في كتابه الجمهورية بأن العدالة الاجتماعية لا تتحقق في المجتمع دون اعتماده مبدأ تقسيم العمل والتخصص فيه إذ أن كل فرد في الطبقات الثلاثة يجب أن يقوم بالعمل الذي هو مؤهل فيه من الناحية الوراثية والجسمانية. وينبغي على كل طبقة القيام بعملها الخاص دون التدخل بواجبات وأعمال الطبقات الأخرى.

أرسطو ٣٨٤-٣٢٢ ق. م:

كان أرسطو من أكبر المفكرين والفلاسفة الاغريق وكان متضلعا في عدة حقول دراسية منها الأدب والفلسفة والسياسة والاقتصاد والقانون والرياضيات والفيزياء والكيمياء، وكان أحد تلامذه أفلاطون وقد تخرج من الجامعة الافلاطونية الا انه كان منتقدا لآراء استاذه افلاطون. وأفكاره التي تتعلق بالفكر الاجتماعي تدور حول نشأة المجتمع ومقوماته، الأسرة والتربية والأخلاق وخصائص المجتمع الفاضل الذي يكون على غرار جمهورية أفلاطون.

إن أول نقطة عالجها أرسطو هي كيفية تكوين الجماعات السياسية. يعتبر أرسطو أن الأسرة هي أول خلية اجتماعية وهي أول اجتماع تدعو إليه الطبيعة لأن

هناك ضرورة أولية تؤدي الى اجتماع كائنين لا غنى لأحدهما عن الآخر. وأن الحياة الإنسانية لا يمكن أن تتحقق على وجه صحيح إلا في الأسرة التي وظيفتها القيام بالحاجات اليومية. ومن اجتماع عددة أسر تنشأ القرية وهي وحدة اجتماعية أوسع نطاقا وتقوم بوظائف اكثر تنوعا من الأسرة إلا أن طبيعة تكوينها تسمح بتقسيم العمل ومن اجتماع عدة قرى تتكون المدينة أو الدولة، وهي اكمل الوحدات الاجتماعية وأتمها وأوضحها قصدا تكفي نفسها بنفسها وتضمن للأفراد وسائل العيش.

أما آراؤه في التربية فتنص على أنه لا يستطيع احد أن ينكر ان التربية ينبغي أن تكون أحد الموضوعات الرئيسية التي يعنى بها المشرع. فحينما يكون نظام التربية مهملا تصاب الدولة بالانحلال. وذلك لأن أخلاق الأفراد وعاداتهم ومظاهر سلوكهم في كل مجتمع هي الكفيلة بأن تكون قوام الدولة. وهي في مجموعها تعطي الدولة مفهومها الصحيح. فالأخلاق الديمقراطية هي التي تحفظ الديمقراطية والأخلاق الدكتاتورية هي التي تثبت دعائم الدكتاتورية. وكلما كانت الأخلاق أظهر كلما كانت الدولة اثبت[1].

وقد وضع أرسطو دعائم مجتمعه الفاضل على غرار ما تصوره أستاذه افلاطون في الجمهورية. وذهب إلى أن المجتمع هو أرقى صور الحياة الأساسية. أما المركبات السياسية المترامية الأطراف كالامبراطورية الفارسية مثلا فهي مركبات غير متجانسة يستحيل عليها تحقيق الغاية من الاجتماع الإنساني وهي توفير سعادة المواطنين. والمجتمع الفاضل في نظره هو المجتمع الذي يستطيع فيه كل مواطن بفضل القوانين ان يعمل وفق هذه القوانين ويكفل لنفسه أكبر قسط من السعادة. وهو في ذلك شأنه شأن الفرد الذي لا يقدر له النجاح في حياته إلا إذا

(١) علم الاجتماع ومدارسه، مصطفى الخشاب، الكتاب الأول، ص٥٩.

تسلح بأسلحة الحكمة والفضيلة. فمتى حقق الفرد هذه الأشياء وجمع بينها يسمى معتدلا وكذلك الحال بصدد المجتمع.

٣- الفكر الاجتماعي عند الرومان:

لم يهتم الفلاسفة والمفكرون والعلماء الرومان بإيجاد نظريات ومدارس جديدة تعمل على تطوير الأفكار الفلسفية والاقتصادية والسياسية الأكاديمية التي عبر عنها الحكماء الإغريق في كتاباتهم إذ أنهم اعتقدوا بأن النظريات الفلسفية والرياضية التي اكتشفها الإغريق كانت كافية للأغراض التي احتاجها مجتمعهم. لكنهم كانوا بحاجة ماسة لتطبيق الأفكار والنظريات الفلسفية والعلمية الاغريقية على أمور الإدارة والعدل والاقتصاد والحياة الاجتماعية بغية تطويرها نحو الأحسن[١]. وكان الفكر الاجتماعي الروماني فكرا رواقيا. فقد زحفت الرواقية الى روما بيد أنها في هذا الزحف قد تجردت من خشونتها وجفانها الفلسفي وتأثرت في هذا الصدد بالطابع الروماني وبملابسات الحياة في روما وأصبحت النزعه السائدة في الفلسفة عن الرومان نزعة اخلاقية. هذا إلى أنها أضافت الى الأخلاق نزعة دينية ترمي إلى الوصول بالإنسان إلى اسمى مراتب كماله وترسم له افضل السبل التي ينبغي الالتجاء اليها لتحقيق هذه الغاية. وقد اسندت الاخلاق الرواقية الرومانية مبادئ القانون الروماني وظهر أثرها واضحا في تلك الرسالة الإنسانية التي زعمت روما أنها أنيطت للقيام بها. هذا وقد تأثرت المعاملات الاجتماعية الرومانية بهذه الروح الأخلاقية السامية التي أشاعتها الفلسفة الرواقية في جو روما. ولعل أول ظاهرة اجتماعية تأثرت بهذه النزعة الانسانية ظاهرة الرق. فقد ألغى مارك اوبل ما كان يحيط بهذا النظام من ظلم وتعسف واضطهاد وأضفى على الرقيق شخصية أخلاقية فأصبح عضوا في المدينة يرفع قضاياه أمام محاكمها. وقد أشاع هو وغيره من الفلاسفة الرواقيين أن نظام الرق نظام لا تقبله الفطرة الإنسانية فيجب إلغاؤه أو

(١)S. Maus, A Short History of Sociology (New York, ١٩٤٩), PP. ٢٦-٢٩,

على الأقل التضييق من نطاقه الى القدر اللازم. وتأثرت المعاملات العائلية كذلك بالروح الرواقية لا سيما ما يتصل من ذلك بسلطة الأب.

فقد قضت التشريعات الرواقية على ما كان يتمتع به الأب من نفوذ مطلق على أفراد أسرته وأتاحت لأفراد الأسرة بعض الحرية في نطاق الأسرة. فلم يعد الابن ملكا لأبيه كما يملك الحاجات ولم تعد الزوجة غريبة كل الغرابة عن الأسرة. ولا بأس من أن نعرض بكلمة موجزة لأشهر فلاسفة الرومان الذين عالجوا المسائل الأخلاقية والاجتماعية وهم سنيكا وشيشرون.

سنيكا:

ولد سنيكا بمدينة قرطبة عام ٤.ق.م من أسرة رومانية على قسط كبير من الغنى والجاه. اتجه منذ نعومة أظفاره الى الفلسفة فقصد روما وتلقى دروسه الأولى على اعلام الفيثاغورية وتشبع بها إلى حد انه فضل حياة العزلة والفلسفة. غير أنه مال إلى المحاماة فاشتغل بها حينا، يمكن تلخيص آراء سنيكا بالنقاط التالية:

١- اعتقد بأن الملكية المادية للإنسان هي التي تحدد طبقته ومنزلته الاجتماعية إذ لا يمكننا الفصل بين الملكية والطبقة الاجتماعية.

٢- قال بأن الثروة التي يمتلكها الإنسان هي التي تعطيه المجال للحصول على القوة والسلطة السياسية. فأغنياء المجتمع غالبا ما يكونون حكامه الشرعيين.

٣- نادى بأهمية فصل السلطة السياسية عن السلطة الدينية وقال بأن رجل الدين يجب أن لا يتأثر بأحكام السلطة السياسية في البلاد[1].

---

(١) الحسن، احسان محمد (الدكتور)، علم الاجتماع، دراسة نظامية، بغداد، مطبعة الجامعة، ١٩٧٦، ص٢١.

شيشرون:

يمكن حصر آراء هذا المفكر الروماني بالنقاط التالية:

١- اعتقد بضرورة تكوين الدولة المثالية التي يجب ان تكون على غرار جمهورية أفلاطون، إلا أنه ذكر بأن المجتمع الروماني يجب أن لا يسعى وراء المثالية لانه مجتمع خير وليس فيه ما يدل على وجود التعسف والظلم الاجتماعي.

٢- أكد على أهمية الحياة الاجتماعية وذلك لما تقدمه من قوانين للأفراد الذين يشاركون فيها ووضح أضرار العزلة الاجتماعية التي لا تعطي المجال للإنسان الانتفاع من قدراته وطاقاته.

٣- قال بأن المجتمع يرتكز على قاعدة سايكولوجية اساسها العواطف والرغبات والمصالح الذاتية وأضاف بأن العوامل الذكائية والحيوانية هي التي تدفع الإنسان الى تكوين العلاقات الاجتماعية[١].

٤- الفكر الاجتماعي عند العرب والمسلمين:

ساعد الإسلام على تحقيق الوحدة القومية في بلاد العرب خلال فترة زمنية وجيزة وهي الوحدة التي لم يستطع العرب من قبل أن يحققوها بالرغم من توفر ركائزها من حيث وحدة العادات والتقاليد والاعياد القومية والتاريخ المشترك ووحدة اللغة والأصل المشترك.

والإسلام دين اجتماعي، والنظام الاجتماعي في الإسلام جزء من الدين. فقد اهتم هذا الدين بالعقائد والعبادات واهتم بوضع تشريعات دقيقة ومنظمة لكثير من النظم الاجتماعية كالزواج والطلاق والمواريث والزكاة والرق والأضاحي والقرابين " الحج" " الصوم" والضوابط الاجتماعية ونظام الحكم الشوري والعدالة الاجتماعية

(١) نفس المصدر السابق، ص٢٢.

والمساواة والحرية والتكافؤ الاجتماعي وحقوق الإنسان وما الى ذلك من النظم الاجتماعية[1].

وحث الإسلام على التفكير والاجتهاد وطلب العلم. وانشغل المفكرون الأوائل في عهد الخلفاء الراشدين بجمع القرآن الكريم وتفسيره ورواية الحديث وجمعه وتبويبه وبالمسائل الفقهية. أما في العصر الأموي فقد زاد الاهتمام بالدراسات والموضوعات الفقهية. وفي العصر العباسي كانت محاولات الفكر واسعة النطاق وذلك لاتساع حركة النقل والترجمة وزيادة العناية بكل روافد الثقافة فشملت هذه الحركة العلوم الكونية والفلكية والرياضية والطب والكيمياء والفن. كما شملت كذلك الدراسات السياسية والقانونية والإدارية والاجتماعية وسائر فروع الثقافة مقرونة بنهضة وافرة في كل ميادين العمران. فقد ازدهرت الحضارة وتألقت دور العلم وزاد العطاء للعلماء والنابهين. وأغدقت الأرزاق على المبعوثين الوافدين من مختلف أجزاء الامبراطورية العربية. ونعمت الامبراطورية العربية بعهد من السلام وتمتعت بثمرات الحضارة من التفنن في الترف والنزوع إلى الملذات والكماليات لا سيما وقد تعاظمت الثروات واستجادت الصناعات وزاد التأنق في المسكن والملبس واقتناء الأثاث والرياش.

وقد عني المفكرون بدراسة داينميكية الحياة الاجتماعية وحللوا عوامل التطور والطفرة التي أدت إلى التغير الاجتماعي السريع الذي لم يكن تشهده أمة أخرى في تلك الفترة الوجيزة التي قطعتها الدولة العربية الإسلامية في وصولها إلى قمة مدارج الحضارة. بيد أن ما قدمه لنا المفكرون العرب لا يعدوا دراسات سطحية غير مترابطة جاء بعضها مختلطا بالدين وبعضها الآخر مختلطا بالفلسفة باستثناء دراسات ابن خلدون فقد جاءت اكثر موضوعية واكثر تصويرا لدراسة الواقع العربي.

(١) الخشاب، مصطفى (الدكتور)، علم الاجتماع، الكتاب، الأول، ص١١٢.

فكانت الدراسات الاجتماعية عند العرب تنظم بمظهرين:

المظهر الأول فلسفي ديني وخير من يمثله الفارابي في كتابه آراء أهل المدينة الفاضلة. والمظهر الثاني وصفي تحليلي وخير من يمثله العلامة ابن خلدون والجغرافيون العرب. وسأتكلم فيما يلي عن ابن خلدون والفارابي.

ابن خلدون (١٣٣٢-١٤٠٦)

كان هذا الكاتب العربي مهتما بفروع دراسية كثيرة منها الأدب والفلسفة والتاريخ والجغرافية وعلم الاجتماع الذي سماه بعلم العمران البشري والذي قال بأنه العلم الذي يدرس ما استطاع الإنسان أن ينجزه في البيئة الحضرية من معالم المدينة والتراث الحضاري وباقي الفنون الحياتية التي سهلت امور الحياة للإنسان[1].

ودرس ابن خلدون المجتمع دراسة تاريخية إذ قال بأن المجتمع يمر في مراحل تاريخية متباينة وكل مرحلة حضارية متصلة بالمرحلة الحضارية التي سبقتها. وذكر ابن خلدون ان دراسة الماضي ترشدنا الى فهم الحاضر والتنبؤ عن مستقبل المجتمع وهذا النوع من الدراسة يمكن ارجاعه الى موضوع فلسفة التاريخ ذلك الموضوع الذي برز فيه ابن خلدون قبل غيره من العلماء والفلاسفة في العالم. فنظام الفلسفة التاريخية الذي استعمله ابن خلدون في دراسة المجتمع كان ينطوي على فكرة تقسيم المجتمعات في العالم الى أنواع مختلفة تبعا لدرجة تقدمها الحضاري والاقتصادي والفني حيث قال ان العالم الاجتماعي يمكن مشاهدة نوعين من المجتمعات البشرية. النوع الاول هو المجتمع الريفي الذي سماه بمجتمع البدو والذي يتميز بظاهرة العصبية التي هي دعامة المجتمع القبلي. وهذا المجتمع هو مجتمع ذو كثافة سكانية قليلة وهناك قوة وتماسك في العلاقات الاجتماعية التي تربط أفراد الأسرة مع القرابة. ويعتمد هذا المجتمع في معيشته على الزراعة والأعمال اليدوية الأخرى.

(١) ارجع الى كتاب مقدمة ابن خلدون، دار العلم، بيروت، ١٩٧٨، ص٤١-٤٣.

ولا تتوفر فيه معالم المدنية الحديثة كتوفر درجة عالية من العمران او توفر المدارس والمصانع والمستشفيات وبقية وسائل الحضارة الاخرى ويكون مستوى العيش فيه واطئا ولا يعتمد على مبدأ تقسيم العمل والتخصص فيه. وينتقل او يتحول هذا المجتمع القبلي او البدوي الى المجتمع الحضري الذي يتميز بمستوى اقتصادي عالي وبدرجة كبيرة من التقدم الثقافي والصحي والعمراني. وتكون العلاقات الاجتماعية بين أعضائه ضعيفة بذلك لأنها رسمية ومحددة بالقوانين الشرعية والرأي العام. كما تكون العناصر السكانية فيه كثيرة وتتوفر فيه درجة عالية من الكفاءة السكانية.

ويضيف ابن خلدون قائلا بأننا لا نستطيع فهم طبيعة المجتمع الحضري دون دراسة المجتمع القبلي الذي هو مصدر انبثاق المجتمع الحضري[١].

ان فلسفة ابن خلدون التاريخية وتطبيقها على المجتمعات الانسانية كانت هامة جدا لفهم المراحل التاريخية التي يمر بها المجتمع الإنساني. استفاد ابن خلدون من هذا النوع من الدراسة واستخلص لنا قانونا أساسيا يحكم حركة المجتمعات الانسانية وهو قانون الاطوار الثلاثة للمجتمع، فكل مجتمع لابد أن يسير في الطريق الطبيعي. طور النشأة والتكوين ثم طور النضج والاكتمال وأخيرا طور الهرم والشيخوخة حيث يقوم على انقاض مجتمع اخر يسير في المراحل نفسها التي سار فيها المجتمع السابق. فالحركة الاجتماعية كما يقول ابن خلدون في دورة مستمرة وتؤدي وظيفتها بشكل آلي فهي لا تنقطع.

والمجتمعات الإنسانية لا تقف والموت الاجتماعي أو فناء نظم المجتمع هو نقطة نهاية وبداية. فحيث ينتهي مجتمع ما لابد أن يستأنف السير مجتمع آخر. والمجتمعات الإنسانية ولو أنها تخضع حتما لهذه الأدوار المتتابعة غير أنها تختلف في مدى احتمالها لمرحلة دون اخرى. أي أن هذا القانون يختلف في شدته ودرجته

(١) ارجع الى المصدر السابق.

باختلاف التجمعات الانسانية فمنها ما يبقى مدة طويلة في دور النضج ومنها ما يقاوم الشيخوخة ومنها ما يموت يافعاً.

ولا يكتفي ابن خلدون بأن يقرر أن المجتمع حقيقة يجب ان تدرس وأن علم الاجتماع هو الذي يدرس المجتمع البشري وما يلحقه من العوارض. بل يحاول اكثر من ذلك إذ يحلل الضرورة الاجتماعية ويكشف عن الدعائم التي تقوم عليها. فيقول ان الاجتماع الإنساني ضروري لأن الإنسان مدني بطبعه ويسير في شرح هذه القضايا على وتيرة من سبقه من المفكرين كأرسطو والفارابي. ويقرر ان عدم كفاية الفرد لنفسه يدفعه الى التعاون والاشتراك في حياة الجماعة ومن ثم ينشأ التضامن الذي يعتبر أقوى الدعائم التي يقوم عليها المجتمع.

هذا وما فطر عليه الإنسان من شعور نحو الجماعة يدفعه الى الاستكمال بغيره ليستكمل بذلك خواصه النوعية والجنسية فضلا عن حاجاته الضرورية . فالمجتمع في نظر ابن خلدون شيء طبيعي وهو لهذه الصفة يخضع لقوانين عامة، مثله في ذلك مثل الظواهر الفردية وظواهر الحياة في الكائنات الحية. ولذلك يبذل قصارى جهده في تفسير مبادئها وتحليلها والكشف عن العوامل التي تؤثر في نشأته وتعمل على ثباته واستقراره.

وثمة نقطة يجدر الإشارة اليها وهي أن ابن خلدون كان يدرس الظواهر الاجتماعية في حالة استقرارها وفي مظاهر تطورها. وإذا جاز لنا أن نعبر عن ذلك بالمصطلحات العلمية الاجتماعية الحديثة نقول ان ابن خلدون كان يدرس الظواهر من الناحيتين الاستاتيكية والديناميكية أي انه فطن الى اهمية الدراسة الداينماتيكية
(التطورية) الى جانب عنايته بدراسة الظواهر من الناحية التشريحية أي الحالة التي هي عليها في مكان وزمان معينين.

فقد عنى ابن خلدون في دراسته لكل طائفة من طوائف النظم العمرانية بأن يمزج بين هاتين الناحيتين. فكان يدرس عناصر الظاهرة وأجزائها ووظائفها وما

إلى ذلك من مسائل الدراسة الستاتيكية ويدرس في الوقت نفسه تطورها والقوانين التي تخضع لها في هذا التطور.

والطريقة التي سار عليها ابن خلدون في هذا السبيل طريقة سليمة لانه من المتعذر في علم مثل علم الاجتماع ان نفصل في دراستنا بين الناحيتين التشريحية والتطورية كما فعل اوجست كونت فيما بعد وأدى به هذا الفصل الى اخطار كثيرة وهنت عظمة بحوثه وقللت من شأنها.

وأخيرا أكد ابن خلدون على أهمية الفصل بين الحقائق الطبيعية والاجتماعية من جهة والقيم الأخلاقية والمثالية من جهة أخرى وقال بأن الكاتب والمفكر الاجتماعي ينبغي عليه الفصل بين الحقيقة والخيال لكي يستطيع القارئ أو التلميذ مسك الحقائق والتعرف على القيم والمثل إن وجدت والعالم الاجتماعي الحقيقي يجب أن يكون مهتما فقط بوصف وتحليل وعرض الحقائق كما هي مع عدم إدخال أهوائه ومقاصده ونزعاته النفسية في كتاباته الاجتماعية والسياسية.

الفارابي:

الفارابي هو احد المفكرين المسلمين المشهورين في مواضيع السياسة والاجتماع والفلسفة. ولد في عام ٨٧٠م وتوفي عام ٩٥٠م ومن أهم مؤلفاته كتاب يدعى " السياسات المدنية" وكتاب " أهل المدينة الفاضلة". والكتاب الاخير هو من أشهر مؤلفاته وكان على غرار كتاب جمهورية افلاطون الذي ألفه افلاطون خلال عصرـ الامبراطورية الاغريقية. وغاية الفارابي من تأليف هذا الكتاب " اهل المدينة الفاضلة" هي تكوين مجتمع فاضل وجمهورية مثالية شبيهة بجمهورية افلاطون وكتاب مدينة الفارابي الفاضلة يعتمد على أسلوبه الفلسفي كما اعتمد افلاطون على أسلوبه الفلسفي في الكتابة حول الجمهورية المثالية. وقد قسم كتابه هذا إلى قسمين قسم يهتم بدراسة الأسس الفلسفية التي تستند عليها المدينة الفاضلة، ويهتم بذكر صفات الله سبحانه وتعالى وأهميته في خلق الموجودات والكائنات. وهنا اعتمد الفارابي مبادئ الدين الإسلامي وتكلم أيضا عن أجزاء النفس الإنسانية او أجزاء

الروح ووظائفها وتناول قضايا تتعلق بالإرادة والاختيار. أما القسم الثاني من الكتاب فقد وضح فيه المبادئ التي تقوم عليها المدينة الفاضلة وهنا تأثر الفارابي بكل من آراء أفلاطون وأرسطو. وأهم المسائل التي عالجها الفارابي تحليل حقيقة الاجتماع الإنساني أي دراسة كيفية تأسيس ونشوء المجتمع وتقسيم المجتمعات وأسس المدينة الفاضلة وصفات قائدها.

بدأ الفارابي بحوثه الاجتماعية بتحليل حقيقة الاجتماع الإنساني والدوافع الأساسية الى قيامه ولاشك انه رجع في هذا الصدد الى ارسطو عندما قال ان الانسان حيوان اجتماعي بطبيعته أي انه يحتاج إلى أشياء كثيرة لا يستطيع الحصول عليها بمفرده، فهو لابد له من التعاون مع أعضاء جنسه لكي يستطيع الوصول الى الكمال، والكمال الذي يقصده الفارابي هو السعادة وهي فكرة منقولة كذلك عن ارسطو. ولا يتم للفرد تحقيق السعادة في نفسه عن طريق التعاون المادي فحسب بل لابد له من التعاون الروحي أو الفكري لأن السعادة تتصل بتحقيق الأشياء المادية والروحانية التي يسعى اليها الإنسان.

ويقوم الفارابي بتقسيم المجتمعات ويقول بأنها نوعان: مجتمعات كاملة ومجتمعات ناقصة أي غير كاملة والمجتمعات الكاملة هي المجتمعات التي يتحقق فيها التعاون الاجتماعي والتي تستطيع جلب السعادة للإنسان اما المجتمعات الناقصة فهي المجتمعات التي لا يتوفر فيها التعاون الاجتماعي ولا تستطيع تحقيق السعادة للإنسان.

المجتمعات الكاملة تقسم الى ثلاثة أقسام: المجتمعات العظمى وهي حسب آرائه اجتماع العالم كله في دولة واحدة وتحت سيطرة حكومة واحدة ومجتمعات وسطى مثل اجتماع أمة في جزء من الأرض ومجتمعات صغرى مثل اجتماع سكان مدينة معينة.

والمجتمعات الناقصة هي اجتماع اهل القرية واجتماع أهل المحلة ثم اجتماع أعضاء عائلة واحدة في منزل أو بيت.

وقد تكلم الفارابي بإسهاب عـن المدينـة الفاضلة وهي المدينـة التـي يتعاون أفرادها واحدهم مع الآخر لغرض نيل السعادة. كما يجب على كـل واحـد مـنهم القيـام بعمل معين والاختصاص به وهذا العمل يجب أن يكـون مطابقا مـع طبيعـة الشخص واستعداده للقيام به.

وأهم وظائف المدينة وأكبرها خطرا هـي وظيفـة الرئاسـة. وذلك لأن الرئيس هـو منبع السلطة العليا وهو المثل الأعلى الـذي تتحقـق في شخصيته جميـع معـاني الكمال وهو مصدر حياة المدينة ودعامة نظامها ومنزلة الرئيس بالنسبة للأفراد كمنزلـة القلب بالنسبة لسـائر أنحـاء الجسـم. ولـذلك لا يصلـح للرئاسـة الا مـن زود بصفات وراثيـة ومكتسبة يتمثل فيها أقصى ما يمكن أن يصل إليه الكمـال في الجسـم والعقل والعلـم والخلق والدين. وهنا يذكر الفارابي بأن رئيس المدينة الفاضلة يجب أن يتصف بالصفات التالية:

١-   أن يكون الرئيس تام الأعضاء سليم الحواس.

٢-   أن يكون جيد الفهم والتصور لكل ما يقال أمامه.

٣-   أن يكون ذكيا.

٤-   أن يكون حسن العبارة وقوي اللسان.

٥-   أن يكون محبا للعلم والعلماء.

٦-   أن يكون صادقا ومحبا للصدق.

٧-   ان يكون محبا للعدل ويكره الظلم.

٨-   أن يكون كبير النفس محبا للكرامة.

٩-   يجب أن لا يهتم بجمع المال.

١٠- ان يكون قوي العزيمة عـلى الشيء الـذي يـرى أنه ينبغي أن يفعل، جسـورا مقداما غير خائف ولا ضعيف النفس.

وقد ذكر الفارابي صفات المدينة الفاسقة والتي قال بأنها تكون على أشكال منها:

١- المدينة الجاهلة وهي المدينة التي ينغمر أفرادها بالترف والملذات البدنية.

٢- المدينة الضالة وهي المدينة التي يصل اهلها بالدين ويذهبون بصدد تفسير العقائد والطقوس تقصيرا فاسداً غير مستقيم.

٣- المدينة الفاسقة وهي التي يعرف أهلها آراء واتجاهات المدينة الفاضلة ولكنهم يعملون ضدها.

٤- مدينة الاباحية وهي المدينة التي ليس فيها ضوابط اجتماعية وأخلاقية تستطيع السيطرة على سلوك أفرادها.

٥- الفكر الاجتماعي في أوروبا:

تطورت البحوث والدراسات الاجتماعية في أوروبا تطورا ملحوظا خصوصا بعد عصرـ النهضة الأوروبية الذي شهد حركة احياء العلوم القديمة والاكتشافات الجغرافية وتحرر فكر الفرد من القيود والضغوط الدينية واللاهوتية التي فرضتها عليه الكنيسة البابوية. وقد عكف على البحوث والدراسات الاجتماعية طوائف من المفكرين والعلماء الذين يمثلون مختلف المدارس الفلسفية التي ظهرت في عصور الانتقال العلمي وكانت تعاني من عقم وتخلف القرون الوسطى انتقلت الى تقدم وفاعلية وداينميكية العصرـ الحديث. وإذا استثنينا من هذه المدارس اصحاب البحوث الاجتماعية الطوباوية، فإن المدارس الأخرى تعتبر ممهدة لظهور علم الاجتماع كعلم مستقل عن العلوم الطبيعية والعلوم الانسانية. فقد خدم اصحابها ميدان الدراسات الاجتماعية خدمة صادقة وجليلة لا تقل في شأنها عما قدمه ارسطو وابن خلدون.

ولذلك تعتبر هذه المدارس من وجهة النظر العامة المقدمة العلمية الحقيقية لقيام علم الاجتماع المعاصر. وأهم هذه المدارس وأقواها شأنا هي:

أ- مدرسة التعاقد الاجتماعي.

ب- مدرسة فلسفة القانون.

ج- مدرسة فلسفة التاريخ.

د- مدرسة الاقتصاد.

والآن نقوم بدرس افكار ومبادئ وتعاليم هذه المدارس الاجتماعية الكلاسيكية التي ظهرت في أوروبا بعد حركة احياء العلوم القديمة في القرن السادس عشر مركزين على افكار ومساهمات بعض الكتاب والمفكرين الاجتماعيين الذين أسسوا وقادوا وطوروا الأفكار الفلسفية والاجتماعية لهذه المدارس.

أ- مدرسة التعاقد الاجتماعي او العقد الاجتماعي:

في نهاية القرن السادس عشر أخذت الدول القومية في النشأة والتكوين، وأخذت النظرية القومية تحل محل النظرية الامبراطورية، وأخذت نظرية التوازن بين الدول المتعددة تحل محل نظرية التركيز او التوحيد السياسي. وقد أعطت هذه الظواهر السياسية الفرص لظهور الملكيات القومية التي أصبحت مصدرا للسلطة والتشريع. غير أن بعض هذه الملكيات جنح الى الاستبداد بينما ظل البعض الآخر يمارس حكما مستنيراً. فكان من الطبيعي أن تظهر دراسات سياسية حول منشأ السلطة في المجتمع. ومن ثم ظهرت النظريات التي تناقش فلسفة الدولة في نشأتها وفي طبيعتها وفي وظيفته١٨ وفي حقوقها والتزاماتها من قبل الدول الأخرى. وكان من الطبيعي ان يدرس الفلاسفة السياسيون اصل الاجتماع الانساني وتطوره وغاياته كمقدمة لدراسة فلسفة الدولة. وكانت أول النظريات الاجتماعية ظهورا في هذا الميدان نظريات التعاقد الاجتماعي التي حمل لواءها الفيلسوفان الانكليزيان توماس هوبز وجوك لوك ثم بعد ذلك الفيلسوف الفرنسي جان جاك روسو.

يجمع مفكرو مدرسة العقد الاجتماعي على ان الإنسان بطبيعته حيوان اجتماعي[١]. ففي البداية كان معزولا عن ابناء جنسه ومدفوعا لسد حاجاته الاساسية بغض النظر عن مصلحة وحاجات المجتمع. لكن سعي الانسان لتأمين مصالحه وحاجاته الذاتية أدى به إلى الاصطدام والاقتتال مع الآخرين. وهذه الحالة سببت قصر عمر الانسان وحدوث الفوضى والاضطراب داخل المجتمع. وفي خضم الفوضى والاضطراب كان القوي يسلب أموال وحقوق الضعيف ويتمتع بها لفترة من الزمن. ولكن سرعان ما يضعف القوي ويصبح عاجزا عن الدفاع عن ممتلكاته وحقوقه، وفي هذه الحالة يتعرض لعدوان القوي الذي ينتهي بسلب أمواله وحقوقه بل وحتى قتله وانهاء حياته[٢]. إن حالة كهذه ادت الى ظهور قانون شريعة الغاب The law of nature الذي يؤمن بأن الحق للقوة ومن لا يتمتع بالقوة لا يمكن ان يتمتع بالحق. وقانون شريعة الغاب هذا نتج في شيوع الفوضى والاضطراب بين البشر لفترة طويلة من الزمن. لكن ظهور هذه الحالة العدوانية واللااجتماعية واستمراريتها في حكم العلاقات بين الناس دفعتهم الى انهائها والوقوف ضدها وذلك عن طريق الاتفاق الجماعي. وهذا الاتفاق يلزم الناس جميعا على انهاء قانون شريعة الغاب وإزالة اسباب المنافسة والصراع بينهم والتوقيع على عقد اجتماعي Social Contract يهدف الى اختيار فئة حاكمة من بين الناس تتولى حكمهم وتمشية امورهم والدفاع عن حقوقهم ونشر مبادئ المساواة والعدالة الاجتماعية بينهم. وهذه الفئة الحاكمة هي الدولة التي يختارها الافراد بطريقة الاستفتاء الحر. وبعد اختيار السلطة بطريقة الاستفتاء تتولى توزيع الواجبات والحقوق على

(١)Mackenzie, J. S. Outlines of Social Philosophy , London, George Allen and Uniwin,, ١٩٦١, P. ٤٦.

(٢) الحسن، احسان محمد (الدكتور)، علم الاجتماع، دراسة نظامية، بغداد، مطبعة الجامعة، ١٩٧٦، ص٩٧.

الافراد وتتحمل مسؤولية اداء الخدمات الى المواطنين"[1]. وعندما تتكون مؤسسات احصائية تهتم بأداء الخدمات للمواطنين تظهر العلاقات بين الحكام والمحكومين. وهنا تتولد العلاقات بين الدولة التي يمثلها الحكام والشعب الذي يمثله المحكومون وتظهر معالم المجتمع بأوضح صورها. لكن هناك اختلافا بين أقطاب العقد الاجتماعي يدور حول حقيقة العامل الذي دفع الناس الى التوقيع على العقد الاجتماعي وإنهاء حالة الفوضى والاضطراب التي حلت بين الأفراد والجماعات نتيجة وجود قانون الغاب الذي يقف موقفا معاكسا لحقوق وطموحات الانسان. فهوبز يقول بأن خوف الانسان من أخيه الانسان دفعه للتوقيع على العقد الاجتماعي واحلال الوئام والسلام والطمأنينة بين الأفراد. بينما يعتقد لوك بأن رغبة الانسان في الحفاظ على ممتلكاته هي التي دفعته للتوقيع على هذا العقد. بينما يعتقد روسو بأن سبب توقيع الانسان على العقد الاجتماعي يرجع إلى رغبته في نشر مبادئ العدالة الاجتماعية وتعزيز المصلحة الجماعية[2].

ب) مدرسة فلسفة القانون:

إن مؤسس هذه المدرسة المفكر الفرنسي منتسكيو الذي نظر إلى القانون نظرة تنشأ من طبيعة الاجتماع الإنساني. بمعنى أنه لا يرجع إلى أصل قدسي أو مثل دينية وأخلاقية ولكنه يرجع إلى أصل أرضي دنيوي ألا وهو المجتمع نفسه. وبذلك يكون مونتسكيو قد خدم ناحية هامة من نواحي الدراسات الاجتماعية وهي الاجتماع القانوني. وضمن بحوثه في هذا الصدد كتابة الشهير "روح القوانين" وكان منتسكيو واقعياً في بحوثه ودراساته فلم يقتنع بالبحوث الخيالية والآراء الفطرية التي أثارها أصحاب نظريات العقد الاجتماعي بل اتجه إلى الدراسة العلمية القائمة على الوصف والتحليل في ظل البحث التاريخي محاولاً الوصول إلى حقائق الأشياء .

---

(١) نفس المصدر السابق، ص٩٨.

(٢) الخشاب، مصطفى (الدكتور)، علم الاجتماع ومدارسه، الكتاب الأول، ص٢٠٠.

وكانت بحوثه تدور حول فكرة اعتنقها وهي أن المشرع الذي يصنع القوانين لا يعمل وفق إرادته وبمقتضى غرضه ولكنه محكوم في هذا الصدد بأمور خارجة عن ذاته، وهذه الأمور هي التي تحدد الطبيعة الموضوعية والاجتماعية للقوانين. ويرجع مونتسكيو هذه الأمور أو العوامل إلى ثلاثة طوائف هي:

(١) طائفة تتعلق بنظم الحكم وأشكال الحكومات التي تشرع القوانين في ظلها .

(٢) طائفة ثانية تتعلق بالبيئة والموقع الجغرافي والمناخ ومساحة الدولة وعدد سكانها.

(٣) طائفة ثالثة تتعلق بالظواهر الاجتماعية السائدة كالدين والعادات والتقاليد وطرق المعيشة والظروف الاقتصادية .

وبذل مونتسكيو قصارى جهده في كشف أثر هذه العوامل في القوانين الوضعية التي تربطها. ومجموعة هذه العلاقات في نظره تسمى" روح القوانين". ويبدو أن هذا ما دعاه إلى تسمية كتابه بهذا الاسم. ودرس مونتسكيو كذلك أصل القوانين الوضعية وقرر أن الغاية منها هي تنظيم علاقات الأفراد في الاجتماع الإنساني وحملهم على ما ينبغي أن يكونوا عليه في معاملاتهم الاجتماعية.

كما تهتم مدرسة فلسفة القانون بدراسة العلاقة بين الدولة والقانون والمجتمع. فهناك من يقول بأن الدولة أعلى من القانون ولا يمكن إن تخضع له ما دامت أنها خالقة القانون. وهناك من يقول بأن العكس هو الصحيح أي إن الدولة تخضع للقانون خضوعاً تاماً. فإذا كانت الدولة تخضع لحكم القانون، فمن هو الذي يشرع القانون؟ أهو الشعب ام المجتمع أم أية وجهة أخرى. أن الدولة في جميع الظروف والأحوال يجب أن تخضع لقانون معين يحدد سلطاتها وحقوقها وواجباتها تجاه المجتمع[1]. ولكن لكي نتمكن من تقييد أو إخضاع الدولة للقانون يجب أن يكون مصدر هذا القانون خارج سلطان الدولة ويسبقها في الوجود ويعلوا عليها لكي

---

(١) الخشاب، مصطفى (الدكتور) علم الاجتماع ومدارسه، الكتاب الأول، ص ٢٠٠.

يستطيع إخضاعها لأوامره وبنوده"[1]. ولا يمكن اعتبار القانون الطبيعي هو القانون الذي يقيد سلطات وصلاحيات الدولة لأن هذا القانون هو قانون ميتافيزيقي يبعد كل البعد عن الحقيقة والواقع ولا يمكن أن يقيد ويراقب صلاحيات ونفوذ الدولة. إن مصدر القانون الذي يمكن أن يقيد الدولة ويخضعها للمراقبة والحساب هو مصدر موضوعي، بمعنى أن القانون يجد مصدره أو قيمته في ذاته وليس في إرادة الدولة أو إرادة حكامها. وذات القانون هو ذات اجتماعية صرفة لأنها تتماشى مع متطلبات العدالة والتضامن الاجتماعي[2]. فالقاعدة القانونية تملك قيمتها في ذاتها فهي ملزمة لا بسبب ارادة الحكام بل بسبب تماشيها وانسجامها مع متطلبات ومقتضيات التضامن الاجتماعي. إن التضامن الاجتماعي ينشأ بين أفراد الجماعة أو المجتمع وهذا التضامن ملزم للجميع ولا مفر منه. لكن التضامن لا يمكن أن يتحقق دون وجود قواعد اجتماعية وأخلاقية يسير عليها الأفراد في حياتهم اليومية. وهذه القواعد الاجتماعية والأخلاقية هي مصدر القوانين التي تخضع لمشيئتها كل من الدولة وأبناء المجتمع في تعاملهم الواحد مع الآخر.

جـ) مدرسة فلسفة التاريخ :

نظر المفكرون المحدثون إلى التاريخ نظرة أوسع نطاقاً من النظرة القديمة. فلم يعد التاريخ في نظرهم مجرد سرد الوقائع وقص الحوادث وتفسيرها وتحليها. ولكنه فوق ذلك صورة حية يقرأ فيها المتأمل طبيعة الإنسانية ودستورها الشامل بعيداً عن تجديدات الزمان والمكان. ويستطيع الباحث أن يلمس في هذه الصورة المراحل التطورية المختلفة التي مرت بها الإنسانية ومبلغ تقدمها في كل مرحلة منها أو مدى الترابط الذي يوجد بين مختلف المراحل ونصيب النظم الاجتماعية من كل ذلك .

---

(١) الشاوين منذر(الدكتور) ، القانون الدستوري (نظرية الدولة) ، بغداد، دار القادسية للطباعة، ١٩٨١، ص٣٣٠.
(٢) نفس المصدر السابق، ص٣٣٢.

ويبدو أن أصحاب هذا الاتجاه رأوا أن السير المستمر للإنسانية لا يمكن أن يكون اعتباطاً أو خاضعاً للمشيئات الفردية وللأهواء والمصادفات العابرة ولكنه يسير نحو غاية عقلانية ووفق قوانين محددة كامنة في طبيعة الحوادث والحركات الإنسانية[1]. وأن وظيفتهم الكشف عن هذه القوانين. أي أن الهدف الذي ترمي إليه فلسفة التاريخ هو تفسير تاريخ الإنسانية ونظمها العمرانية وكشف القوانين العامة التي تخضع لها في عموميته. ولما كان تاريخ الإنسانية هو عبارة عن تاريخ الوجود الاجتماعي والنشاط الاجتماعي في كل مظهر من مظاهر الحياة أصبحت فلسفة التاريخ عبارة عن دراسة فلسفية للحياة الاجتماعية ومظاهر نشاطها ومراحل تطورها ومبلغ تقدمها.

انتقل موضوع فلسفة التاريخ الذي وضع حجر الزاوية له العلامة ابن خلدون إلى أوروبا منذ بداية القرن السادس عشر الميلادي. فالعالم الألماني فون هردر Von Herder وسع وطور الأفكار والمعلومات التي طرحها ابن خلدون في سياق نظريته التاريخية الفلسفية، حيث ألف كتاباً عن تاريخ حياة الإنسان أشار فيه إلى أن كل شيء في الحياة ينمو ويتطور وفي كتابه الموسوم "أفكار في(فلسفة تاريخ البشرية) حاول هردر الإشارة إلى أن تقدم الإنسانية ينبع من عملية واحدة لها هدف واحد وتتعلق بجميع الأمم.

وقد تعشق هيجل الفيلسوف الألماني هذه الأفكار الفلسفية التاريخية ووهب لها شيئاً جديداً إلا وهو مذهبه الدايلكتيكي الذي اعتبره مفتاحاً لفهم تاريخ الإنساينة واستيعاب معظم المشكلات التي تعترض موضوع الفلسفة . ويقول هيجل أن التاريخ يمكن تفسيره بواطسة القانون الدايلكتيكي للتقدم ، ذلك التقدم الذي لا يساعدنا على نبذ وطرد المتناقضات والأضداد في العالم بل يساعدنا على دمجها وتوحيدها والتوفيق بينها وتكوين مجموعة غنية لها شرعيتها وقانونيتها النسبية[2]. ويضيف

---

(١) الحسن ،إحسان محمد (الدكتور) ، علم الاجتماع ، دراسة نظامية ،ص٣٤.

(٢) Hegei, G.Lectures On the Philosophy of History, Vol.٣, London, ١٩٥٦.

هيجل قائلاً بأن في التقدم ثلاثة مراحل هي الفكرة والفكرة المضادة ومزيج من الفكرتين . وهذا المزيج يكون الفكرة الثالثة التي هي وليدة التوفيق بين الفكرتين. فالفرد حسب تعاليم هيجل لا يمكن تحقيق ذاتيته دون علاقته بالآخرين. والدول لا يمكن تحقيق ذاتيتها دون علاقتها بالدول الأخرى ، والفكرة لا يمكن أن تكون فكرة دون إرجاعها إلى الفكرة المضادة لكي تخرج منها فكرة ثالثة تحل التناقض والتضاد بين الفكرتين حلاً وسطاً يعتمد على قوانين الدايلكتيك أو قوانين الجدل. علماً بأن الصراع كما يخبرنا هيجل هو مرض مزمن في التقدم .

والتاريخ كما يعرفه هيجل هو تقدم يكمن في وعي الحرية العقلانية. ويقتضي- هيجل تاريخ الإنسانية ويقول بأنه يبدا في الشرق القديم ويعني به حضارات وادي الرافدين ووادي النيل والحضارة الهندية والصينية. ثم يمر في المدينة الإغريقية والرومانية حيث يظهر فيهما القانون قوة مؤثرة في علاقات وسلوك الأفراد .بعدها يدخل التاريخ في الحضارة العربية الإسلامية التي يلعب فيها الدين الدور الكبير في رسم القوانين وتنظيم شؤون السياسة والإدارة .وأخيراً يظهر التاريخ في أوروبا بعد انهيار النظام الإقطاعي وبروز حركة إحياء العلوم القديمة . وفي التاريخ الأوروبي يلعب الشعب الألماني الدور القيادي في تحديد طبيعته ومسيرته وصيرورته .

ويفسر هيجل أصل الاجتماع الإنساني والدولة في كتابه "فلسفة الحق" يعتقد هيجل بأن الدولة وليدة العائلة وأن المجتمع المدني وليد العائلة أيضاً. لكن العواطف الطبيعية عند الإنسان هي التي تدفعه إلى الزواج وتكوين العائلة. والعائلة البشرية تعتمد على عاطفة الحب وتعتمد على الإرث والملكية المشتركة. ولا توجد في المجتمع عائلة واحدة وإنما توجد عائلات متعددة تجتمع فيما بينها وتكون المجتمع المدني الذي نعرفه [1]. وعندما توجد عدة عائلات في بقعة واحدة تشترك في لغة

(١) فرانسواشاتليه، هيجل ، ترجمة جورج صدقي، دمشق ، ١٩٧٦، ص١٧٤.

وتاريخ وعادات وتقاليد مشتركة ولها مصالح اقتصادية مختلفة فإن الصراع لا بـد أن ينشب بين الأفراد والعائلات وفي نفس الوقت تتولى القيام بعدة وظائف للأفراد والجماعات. يقول هيجل إن ما هو موجود أولاً هـو العائلة التي تتجسد فيها الإرادة وتفرض الذاتية بملء رضاها. والعواطف الطبيعية هي اساس تكوين الأسرة . وفي الواقع لا توجد أسرة واحدة بل هناك أسر تنـتظم في قلب صراع البقاء ووجود الأسرة يعتمـد على وجود المجتمع الذي يزودها بمقومات المعيشة والبقاء ويدافع عنها ضد الأخطار التي تهدد كيانها. وصراع الأسر أو العائلات ينـتج في ظهور الدولة التي تحل الصراع وتضمن الخير والعدالة في المجتمع.

د) مدرسة الفلسفة الاقتصادية :

ظهرت في القرنين الثامن عشر والتاسع عشر نظريات اقتصادية كان لها شـأن كبير في توجيه الفكر الاقتصادي الحديث. وقدم اصحابها وهم بصدد دراسة ظواهر الاقتصاد خدمات جليلة لميدان البحـث الاجتماعي لأن الناحية الاقتصادية هـي أهم مظهر مـن مظاهر النشاط الاجتماعي. وأهـم هـذه المدارس المدرسة الفيزيوقراطيـة الفرنسية واتباعها في انجلترا أمثال آدم سميث وتوماس مالتوس وديفيد ركاردو وجون ستيوارت مل. الخ . ولا بأس من التنويه بـبعض أفكارهم لنقـف عـلى مقدار تمهيدهم لعلم الاجتماع. تعـرف المدرسة الفيزيوقراطيـة في تاريخ المـذهب الأقتصادية بمدرسة الحرية الاقتصادية وكان أول زعيم لها المفكر الفرنسي كيناي الذي كتب بحثاً اقتصادياً عنوانه "الجدول الاقتصادي" درس فيه كيفية تـداول الـثروات في جسم المجتمع وشبه هذا التداول بدوره الدم في جسم الإنسان. لكن النتائج التي ترتبت عـلى هـذه النظرية هي إشاعة الروح الفردية واعتبار الفرد دعامة المجتمع وسر تفوقه الاقتصادي. لـذا شجعت النظرية الأفراد على ممارسة شتى أنواع الأنشطة الاقتصادية وحثت الدولة عـلى إزالة الموانع والمعوقات التي تحول دون قيام التجارة الحرة بين الأقطار.

يمكن اعتبار دراسة توماس مالثوس من أهم الدراسات السكانية والاقتصادية المعروفة في اوائل القرن التاسع عشر. ففي عام ١٧٩٨ نشر مالثوس كتابه المشهور مقالات حول السكان " والذي من خلاله عبر عن أفكاره ونظرياته التشاؤمية التي كانت تدور حول العلاقة الكمية بين السكان والموارد الطبيعية. ترتكز نظرية مالثوس على مبدأين اساسيين. المبدأ الأول ينص على أن الطعام ضروري لحياة الإنسان ولا يمكن الاستغناء عنه. والمبدأ الثاني هو أن الغريزة الجنسية تحكم ميل كل من الجنسين إلى الآخر. فالمبدأ الأول يبين حاجة الإنسان الأساسية والضرورية إلى الطعام، في حين يبين المبدأ الثاني مقدرة الإنسان على زيادة أبناء جنسه .

ويخلص من ذلك بنتيجة مفادها بأن السكان يزداد بموجب المتوالية الهندسية في حين تزداد موارد العيش بموجب المتوالية العددية(١) . وهذه الحقيقة لا بد أن تحدث فجوة بين كمية الغذاء المعروضة وكمية الطلب عليها. أي إن الطلب على المواد الغذائية سيزيد على العرض. وهنا ترتفع أسعار المواد الغذائية وتحل المجاعات بين السكان وتتفشى الأوبئة والأمراض وتندلع نيران الحروب المدمرة. وجميع هذه الأمور تؤدي إلى ارتفاع نسب الوفيات وبالتالي هبوط كمية السكان.

ولكن لكي لا يزداد السكان زيادة كبيرة بالنسبة لزيادة المواد الغذائية دأب مالثوس إلى نصيحة السكان بتأجيل مواعيد الزواج أو عدم الزواج نهائياً وأوصى الأشخاص المتزوجين باستعمال طرق تحديد النسل بغية تقييد السكان. وأشار إلى أن الحروب المدمرة والكوارث الطبيعية كالفيضانات والزلازل والبراكين والأمراض السارية كالطاعون والسل والجدري والكوليرا هي أشياء نافعة ومفيدة لأبناء الجنس البشري لأنها تقضي على نسبة عالية من السكان سنوياً وبالتالي تحقق المساواة بين عنصر السكان وعنصر الموارد الطبيعية في المجتمع.

(١) Mathus, T. Esays On Poputation , Book ١, Ch.٢, ٢ nd Edition London, ١٩٤٠.

والحقيقة هي أن نظرية مالثوس لم تكن صحيحة خلال القرنين التاسع عشر- والعشرين حيث أنه تنبأ حدوث المجاعات وتفشي الأمراض واندلاع الحروب خلال هذه الفترة وذلك نتيجة لشحة وموارد الأرض وأرتفاع نسبة السكان ارتفاعاً مخيفاً. فالمجاعات لم تحدث والأمراض المهلكة لم تصب الإنسان بل على العكس حدث الرخاء الاقتصاد وقلت حوادث الأمراض السارية نتيجة الاكتشافات الجغرافية والاختراعات العلمية والتكنولوجية وتقدم الإنسان في حقول الطب والصحة العامة

لم يكن مالثوس وحده هو المتشائم من زيادة السكان بل كان يشاطره هذا التشاؤم الاقتصادي الانكليزي ديفيد ريكاردو. وقد عبر ريكاردو عن هذا التشاؤم في سياق عرضه لنظرية الأجور إذ كان يرى بأن العمل سلعة قابلة للزيادة وفق رغبات الانتاج ومن ثم فإن سعره الحقيقي يتحدد بواسطة قوانين العرض والطلب. وقد شاهد ريكاردو تكاثر أبناء الطبقة العاملة بنسبة تزيد على نسبة المواد الغذائية وهذا بالطبع يؤدي إلى ارتفاع أسعار المواد الغذائية وفي نفس الوقت انخفاض أجور العمال إلى حد الكفاف. وانخفاض الأجور بسبب ارتفاع نسب الوفيات بين هذه الطبقة من العمال مما يقلل من عرضهم فترتفع أجورهم حتى تصل إلى حدها الطبيعي. لكن الأحداث والوقائع لم تبرهن صحة نظرية حد الكفاف التي نادى بها ديفيد ريكاردو. فسكان بريطانيا وإن كانوا قد ازدادوا اربع مرات عما كانوا عليه في عهد مالثوس إلا أن اجورهم لم تنخفض إلى حد الكفاف بل على العكس ازدادت إلى أضعاف ما كانت عليه في ذلك الوقت حتى ولو أخذنا ارتفاع مستوى الأسعار في الحسبان[*] .

الفصل الخامس

الاتجاهات النظرية لعلم الاجتماع

تشتق النظرية المعاصرة لعلم الاجتماع من ثلاثة اتجاهات فكرية مختلفة هي أولاً الاتجاه التحولي والتطوري الذي حمل لواءه كونت في فرنسا وهو بهوس في بريطانيا[1]. فكونت (١٧٩٥-١٨٥٧) يؤكد على المراحل التطورية التي يمر بها المجتمع والتي تؤثر في أفكار الناس من خلال الظروف البيئية والحضارية التي تتواجد فيها. وقد قسم كونت هذه المراحل التطورية إلى ثلاثة أنواع هي المرحلة اللاهوتية والمرحلة الفلسفية والمرحلة العلمية الواقعية وقال بأن هناك اتصالاً وتسلسلاً في التطور والتقدم. وأضاف بأن لكل مرحلة بنيتها الدينية والسياسية التي تميزها عن المراحل الأخرى . وبادر هوبهوس (١٨٦٤-١٩٢٩) في انكلترا إلى تطوير هذه الدراسة التحولية وذلك من خلال الأفكار التنموية التي طرحها في جميع مؤلفاته التي أشهرها"الأخلاق في حالة تطور" و "النمو الاجتماعي" و"النمو الأخلاقي" .. الخ. إن فضل هذا الاتجاه الفكري يتلخص بدراسة تطور المؤسسات القانونية والأخلاقية في مجتمعات ما قبل الثورة الصناعية، إضافة إلى أهميته في تطوير المقارنة التي يعتمدها علم الاجتماع في دراساته وأبحاثه.

اما الاتجاه الفكري الثاني الذي شهدته النظرية الاجتماعية فيتجسد في نظريات إميل دوركهايم (١٨٥٨-١٩١٧) التي تأثرت بأفكار كونت من الناحية الموضوعية وبأفكار هربرت سبنسر من الناحية التحليلية. يطرح دوركهيام على بساط البحث عدة مواضيع دراسية منها الطبيعة النادرة التي تتميز بها الحقائق الاجتماعية خصوصاً عندما تكون خارجة عن نطاق الفرد وفي الوقت نفسه تقيد حريته، وبحث موضوع استقلال علم الاجتماع عن علم النفس والعناصر الوظيفية

(١) معجم علم الاجتماعن تحرير البروفسور دينكن ميشيل وترجمة الدكتور إحسان محمد الحسن، بيروت، دارالطليعة للطباعة والنشر، ١٩٨١، ص٢٢٩.

للبناء الاجتماعي وأخيراً درس النماذج المختلفة للتماسك الاجتماعي. إن لهذه الدراسات والأفكار التي طرحها دوركهايم بالغ الأثر في تطوير النظريات والتطبيقات الاجتماعية والانثروبولوجية.

أما الاتجاه الفكري الثالث الذي أثر في تطوير النظرية الاجتماعية فينعكس في نظريات كل من كارل ماركس (١٨١٨- ١٨٨٣) وماكس فيبر (١٨٦٤-١٩٢٨). إن علم الاجتماع الذي دونه واعتقد به فيبر كان مليئاً بالمفاهيم السسيولوجية العامة التي لا تنكر فائدته في تطوير النظرية الاجتماعية. لكن فيبر اكتشف عدة أساليب منطقية لتفسير الطبيعة البشرية للإنسان خصوصاً سلوكه الاجتماعي، إضافة إلى اعتماده أسلوب النموذج المثالي للسلوك الاجتماعي في تفسير بعض الظواهر الاجتماعية التي أراد إيجاد معلومات تحليلية عنها[1]. كما أنه عرف الفعل الاجتماعي بعد أن تكلم عن أنواعه الرئيسية ووضع العناصر العقلانية التي تكمن خلف نماذجه المتنوعة. واستفاد فيبر من دراسته هذه في تحليلاته السسيولوجية للنظام البيروقراطي، أما دراساته المتعلقة بعلم اجتماع الدين فتستعمل طريقة المقارنة والطريقة التحليلية التي توضح دور الدين في الحياة الأقتصادية وتفسر أهمية الصفات الكرزماتيكية لبعض الظروف الدينية والسياسية المعقدة. إن جميع دراسات فيبر كانت تفصل بين الحقائق الموضوعية التي تدور حول الظواهر والعلاقات الاجتماعية وبين القيم الاجتماعية والأهواء النفسية التي غالباً ما تسيطر على ذهنيه الكاتب فتشوه الحقائق والمعلومات التي يدرسها ويتخصص بكتابتها. بعد جميع هذه الدراسات الاجتماعية العلمية الهادفة التي قام بها فيبر يمكن اعتباره من أشهر وأعمق علماء الاجتماع في أوروبا وذلك لما قدمه من فضل كبير في نمو وتطوير النظرية الاجتماعية في مجالات وضروب شتى.

(١)Weber. Max. Theory of Scocial and Economic Organization. New York, The Free press. PP. ١٥٥- ١١٦.

بعد دراسة أهم الاتجاهات الفكرية في علم الاجتماع يجب علينا دراسة مجموعة من علماء الاجتماع البارزين الذي يمثلون هذه الاتجاهات الفكرية الثلاثة ودراستنا لهم تنطوي على شرح تاريخ حياتهم والمساهمات العلمية التي قدموها في تطوير النظرية الاجتماعية. وهؤلاء العلماء هم أوجست كونت وهربورت سبنسر وكارل ماركس واميل دوركهايم.

١- **الفكر الاجتماعي عند اوجست كونت (١٧٩٨-١٨٥٧).**

اوجست كونت هو فيلسوف وعالم اجتماعي فرنسي- شهير، يعتبر من أوائل علماء الاجتماع الكلاسيكيين الذين مهدوا السبيل لنشوء واستقرار علم الاجتماع بعد فصله عن العلوم الطبيعية والإنسانية وتثبيت حدوده العلمية وإحراز استقلاليته المنهجية والموضوعية[١]. وأوجست كونت يعد من علماء الاجتماع التاريخيين الذين حاولوا دراسة المجتمع الإنساني دراسة تطورية تهدف إلى اقتفاء المراحل التاريخية الحضارية التي تمر بها المجتمعات وتدرس صفات وخصوصيات ومشكلات كل مرحلة على انفراد ثم تشتق القوانين الشمولية التي تفسر- طبيعة مسيرة المجتمعات والقوى الموضوعية والذاتية التي تؤثر فيها .

استغل المفكر كونت مع سانت سيمون خلال الفترة الزمنية (١٨١٧-١٨٢٣) وتراسل مع الفيلسوف الانكليزي جون ستيوارت مل. وكان كونت أو ل من أطلق على الاجتماع أسم السوسيولوجي Sociology أي علم دراسة المجتمع البشري دراسة وصفية وتحليلية يطغى عليها الجانب العلمي والموضوعي[٢]. كما أنه أول عالم اجتماعي محترف يرجع إليه الفضل في بناء وتطوير النظرية الاجتماعية المعتمدة على الأسلوب النظامي والمنهج التجريبي العلمي الذي أطلق عليه الطريقة الوضعية The positive Method.

---

(١) الحسن، إحسان محمد (الدكتور) ، قراءات في علم الاجتماع الحديث، مطبعة الحرية، بغداد ، ١٩٦٨، ص٥٠.
(٢) Hinkle, R. The Development of Modern Sociology, New York, Random House, ١٩٦٣, P.٤.

إن سبب تخصص كونت في دراسة الاجتماع يرجع إلى رغبته الجامحة في دراسة وفهم واستيعاب طبيعة ومشكلات المجتمع الفرنسي إبان عصر الثورة الفرنسية ووضع قيم ومقاييس ومثل جديدة يسير عليها المجتمع الثوري بعد القضاء على القيم والممارسات القديمة التي رافقت العهود الملكية المقبورة التي أدت دورها الكبير في تخلف وجمود المجتمع الفرنسي. والقيم والمثل والمقاييس الجديدة التي أراد كونت وضعها ونشرها في المجتمع تنطبق مع روح العصر والمفاهيم الجديدة التي انتشرت في أوروبا بعد حركة الإصلاح الديني التي قام بها لوثر ومؤيدوه وأنصاره. لكن كونت بالرغم من مرافقته وعمله مع سانت سيمون لم يتأثر بأفكاره وطروحاته الاجتماعية والسياسية كما ادعى في عدة مناسبات، إذ قال بأن أفكاره وتعاليمه وخططه الاجتماعية لم تتأثر قط بتعاليم وفلسفة سانت سيمون.

استعمل كونت اصطلاح(وضعي) و(وضعية) Positivism في جميع المقالات والأبحاث والطروحات العلمية التي كتبها حول البناء الاجتماعي وتغير المجتمع. وكان يعتقد بضرورة استعمال هذا الاصطلاح في دراسة وتحليل مواضيع السياسة والفلسفة والاجتماع. وأهمية استعمال الاصطلاح تكمن في رغبته الملحة في تحويل العلوم الاجتماعية هذه من علوم أدبية وفلسفية إلى علوم واقعية وموضوعية تهتم بدراسة الظواهر والحقائق الاجتماعية والحضارية دراسة مشتقة من طبيعة المحيط الذي تشتق منه هذه الظواهر والحقائق ودراسة تبتعد عن أسلوب التكهن والحزر الفلسفي والميتافيزيقي[1]. إن حقائق ونظريات الاجتماع والسياسة والفلسفة حسب رأي كونت يجب أن تكون حقائق ونظريات واضحة وسلسة ومنطقية بحيث يمكن لمسها والشعور بوجودها وتجربتها وتدوينها بأسلوب علمي يفصح عن طبيعتها وأهميتها الأكاديمية والتطبيقية. كما يضيف كونت بأن الحقائق والظواهر الاجتماعية يمكن دراستها وتحليلها وتصنيفها بنفس الطريقة التي تدرس

(١) الحسن، إحسان محمد (الدكتور) ، علم الاجتماع، دراسة نظامية، بغداد، مطبعة الجامعة، ١٩٧٦، ص٣٧.

وتحلل فيها الظواهر الطبيعية والمادية كالظواهر الفيزيائية والكيميائية والبايولوجية والاقتصادية

وانتقد اوجست كونت مناهج دراسة علم الفرد أو علم النفس الفردي لكون هذه المناهج غير قادرة على جمع وتدوين الحقائق عن طبيعة الفرد السلوكية والتفاعلية نتيجة لتعقيد وغموض العقل الباطني عند الفرد وعدم مقدرة المحلل النفسي على فهمه واستيعابه للقوى والعمليات السيكولوجية التي تكمن فيه. لهذا ينبغي إهمال علم النفس الفردي وتعويضه بعلم النفس الجماعي أو علم الجماعات طالما أن هذا العلم يهتم بجمع وتحليل الحقائق والظواهر المتعلقة بالجماعات، وصحة هذه الحقائق والظواهر الجمعية تكون ثابتة وعالية لكونها مشتقة من عدة أفراد وليس من فرد واحد كما اعتقد كونت[١]. واهتم العالم الفرنسي أيضاً بدراسة السلوك الاجتماعي وحاول إيجاد نظرية مستقلة بالعلوم الاجتماعية تتوخى معرفة واستيعاب علاقات وتصرفات الأفراد عن طريق دراستهم دراسة علمية، ومثل هذه الدراسة يمكن القيام بها بتوجيه الأسئلة إليهم والتعرف على إجاباتهم وتدوينها بقالب نظري علمي له أهميته في تفسير علاقاتهم وسلوكهم اليومي وتشخيص مشكلاتهم الآتية والمستقبلية. كما ويمكن استعمال أسلوب المشاهدة في اشتقاق مثل هذه المعلومات القيمة عن الحياة الاجتماعية للأفراد والجماعات إذن ينبغي أن تحل النظرية الوضعية والدراسات الاجتماعية العلمية محل اللاهوت وفلسفة ما وراء الطبيعة.

إن الثورة الفرنسية ومؤثراتها السياسية والاجتماعية التي عاشها كونت قد حفزته على وضع الأسس النظامية للمجتمع الجديد الذي يجب على فرنسا اعتماده والالتزام بتقاليده وقيمه ومثله. ومثل هذا المجتمع الجديد يجب أن يتكيف مع روح وتطلعات العصر ونفسية الشعب الفرنسي وطبيعة مشكلات المجتمع والمبادئ

(١) نفس المصدر السابق ، ص ٣٨.

الثورية والتحولية التي تسيطر عليه وترسم أطر اتجاهاته المادية والمثالية. لهذا وضع كونت قوانين اجتماعية وأخلاقية وشرعية جديدة يمكن أن يسير عليها المجتمع الفرنسي، ومثل هذه القوانين اشتقها من عدة علوم أهمها السياسة والاقتصاد والقانون وعلم النفس. وقد كونت هذه القوانين الصرح المنهجي والموضوعي للعلم الجديد الذي وضع أسسه ومنهجيته ومضمونه المفكر الفرنسي والذي أطلق عليه اسم السسيولوجي علم دراسة المجتمع والقوانين التي تسيره[1]. لكن كونت اعتقد بأن العلم الجديد الذي ابتدعه يجب أن تتوفر فيه الشروط التالية:

١-أن تكون المعلومات والحقائق التي يتكون منها علم الاجتماع متكاملة ومتناسقة وعلى درجة كبيرة من الدقة والموضوعية

٢- على العلم الجديد التفتيش عن طرق جديدة يمكن اعتمادها في البحث العلمي، هذا البحث الذي يساعد على تثبيت وتطوير نظريات العلم وقوانينه الشمولية.

٣- ينبغي على علم الاجتماع تزويدها بقاعدة نظامية وأسس علمية لدراسة وتحليل عمليات التفاعل الاجتماعي .

٤- يجب أن يكون العلم الجديد قادراً على شرح وتوضيح نظريات وقوانين الأديان السماوية والمثل والأخلاق والقيم.

٥- على النظريات الاجتماعية أن تكون قادرة على التبدل والتحور تبعاً لتغيير الظروف والظواهر الاجتماعية والسلوكية. وهذا يعني ضرورة تميز نظريات الاجتماع بالنسبية والمرونة وابتعادها عن صفة التعصب والتحيز والتحجر. يشير كونت إلى أن نظريات الاجتماع تتبدل بتبدل الإنسان والإنسان يتبدل إذا تبدل محيطه علماً بأن المحيط يتأثر بالمعطيات المادية والمثالية وبدرجة التقدم العلمي والتكنولوجي الذي شهده المجتمع. وهذا ما

(١)Broom, L. and P. Selznick, Sociology , New York Harper and Row,١٩٦٨,P.٤.

حصل في معظم المجتمعات الأوروبية بعد الثورة الصناعية خلال القرنين الثامن عشر والتاسع عشر الميلادي.

اما آراء كونت حول موضوع التغير الاجتماعي فهي آراء واضحة وموضوعية وتعبر عن منهجه التاريخي الذي اقتفاه في دراساته الاجتماعية يعتقد كونت بأن المجتمع البشري يمر بثلاثة مراحل حضارية مختلفة هي :

١-المرحلة اللاهوتية الدينية Theological State:

والتي تتميز بأهمية وأثر الدين الواضع في الحياة الاجتماعية، وسيطرة الدين على تفسيرات علوم الحياة والعلوم المادية والإنسانية[1]. وخلال هذه المرحلة التي يعيشها المجتمع الإنساني تتغلب على أفكار الرجال العواطف والشعور بالخوف من قوة سماوية هائلة. كما أن المرحلة وما يجول فيها من قيم وأفكار تجعل الفرد يحس بضعفه وصغره وعدم قدرته على التأثير والتبديل. وبعد فترة من الزمن تحولت هذه المرحلة إلى مرحلة أرقى من المرحلة الأولى وهي المرحلة الفلسفية المثالية Metahysical Stage.

٢-المرحلة الفلسفية المثالية:

تسمى أحياناً بمرحلة ما وراء الطبيعة التي تتميز بالتفكير الموزون والأمثال الحية والحكم والبلاغة الفكرية والمآثر التي يطغى عليها الطابع الفلسفي الطوبائي الذي يختلف عن الطابعين الديني والعلمي الواقعي بأسلوب الدراسة والتحليل والأهمية البرغماتيكية والتطبيقية. لكن المفكرين في هذه المرحلة من التطور البشري انشغلوا بدراسة الكون والأجرام السماوية ومواهب الإنسان وقدراته الخلاقة وأفكاره التي تحكم إدخال هذا العلم في برج العلوم ووضعه في قمة البرج نظراً لحداثته وتعقده وأهميته في دراسة الإنسان وبيئته.

---

(١) الخشاب، مصطفى ، علم الاجتماع ومدارسه ، الكتاب الأول، القاهرة، مكتبة الأنجلو المصريةن ١٩٧٥، ص٢٤٠.

لكن لبرج العلوم كما يشير كونت تاريخ قديم يوضح الفترات الزمنية والتاريخية التي وجدت خلالها هذه العلوم. ذلك أن العلوم القديمة كعلم الفلك والرياضيات تقع في قاعدة البرج وتكون أساس بنائه وهكيلة المتجه نحو الأعلى ، فيما تقع العلوم الأخرى كالفيزياء والكيمياء فوق العلوم التي تشكل القاعدة، وتأتي بعدها علوم الحياة كعلم الحيوان والنبات، ويأتي علم الاجتماع في قمة هذا البرج[1]. إن العلوم التي تحتل قاعدة البرج هي علوم بسيطة وسلسه وواضحة من ناحية حقائقها ومعلوماتها وفروضها ونظرياتها وقوانينها الشمولية بيد أن العلوم تصبح أكثر تعقداً وصعوبة كلما ارتفعت عن قاعدة البرج نظراً لكثرة معلوماتها وحقائقها وتعقد أسباب ونتائج ظواهرها وتشعب فروضها ونظرياتها. ومن الجدير بالذكر هنا أن طبقات العلوم في البرج مربوطة واحدتها بالأخرى ، وربطها هذا يشير إلى تكامل العلوم ووحدتها وأهميتها في تذليل مشكلات الإنسان والمجتمع. لكن علم الاجتماع يشغل قمة البرج وذلك لأهميته في بناء النظريات والقوانين التي تفسر الظواهر الاجتماعية وترسم أحكام السلوك والعلاقات وتوضح عوامل سكون وداينميكية المجتمع وتعليل مشكلات الجماعات وكيفية حلها. أما الطرق المنهجية التي يعتمدها علم الاجتماع في الدراسة والتحليل فهي نفس الطرق التي تعتمدها العلوم الطبيعية في جمع الحقائق وتصنيفها وبناء الفروض والنظريات وحل المشكلات التي تواجه حقولها التخصصية. والطرق التي تستعملها العلوم الطبيعية كالفيزياء والكيمياء وعلم الأحياء هي طريقة المشاهدة وطريقةالمقارنة وطريقة المسح الميداني.

واستعان كونت في نظريته الاجتماعية تعدد من المصطلحات العلمية مثل السكون أو الثبات الاجتماعي Social Static والداينميكية أو التغير الاجتماعي social Dynamic. يعني كونت بالسكون الاجتماعي العلاقة بين الظواهر

(١) الحسن ، إحسان محمد (الدكتور)، علم الاجتماع، دراسة نظامية، ص٤٠.

والعمليات الاجتماعية وتكامل بعضها مع البعض خلال نقطة زمنية محددة وتداخل المؤسسات وأداء كل منها وظائفه المحددة خدمة لاستمرارية الكل الاجتماعي[١]. وتكامل المؤسسات يتجسد في اجتماعها وتظافرها من أجل خدمة الأفراد والجماعات، وإذا ما حدث هذا فإن أجزاء المجتمع تكون متماسكة ومترابطة بحيث يكون المجتمع موحداً وقوياً وقادراً على تحقيق أهدافه القريبة والبعيدة . ويعني كونت بالداينميكية أو التغير الاجتماعي تغير مؤسسات المجتمع بمرور الزمن نتيجة تبديلات وتحويرات تحدث في بعضها أو جميعها بسبب عوامل طبيعية أو إنسانية مقصودة أو غير مقصودة. إن تغير مؤسسة معينة كما يشير كونت لابد أن يؤثر على بقية المؤسسات الأخرى إذ يتبدل البناء الاجتماعي ويمر المجتمع من مرحلة حضارية إلى مرحلة أخرى تتسم بالتقدم والنمو والفاعلية كتقدم المجتمع من المرحلة الفلسفية إلى المرحلة العلمية الواقعية.

ويرى كونت بأن التضامن الاجتماعي Social Cohesion لا يمكن أن يتحقق بصورة كاملة إلا إذا وجه المسؤولون عنايتهم واهتماماتهم بإصلاح ثلاثة نظم اجتماعية أساسية وهي نظام التربية والتعليم ونظام الأسرة والنظام السياسي. فالتعليم يضبط الغرائز الفطرية ويهيمن عليها ويحول طاقاتها نحو منافذ تخدم الحضارة والمجتمع. كما أنه يهذب المشاعر الإنسانية ويسمو بمدركات الفرد وتصوراته وأحكامه ويصقل عنده نظامه القيمي والأخلاقي الأمر الذي يحد من أنانية الفرد ويدفع الإنسان على تقوية علاقاته الاجتماعية بالآخرين بحيث تعيش الجماعة في وئام وسلام. أما الأسرة فتقوم بتقوية عاطفة حب الغير وتحول أنانية الفرد إلى حب الجماعة من خلال عمليات التنشئة الاجتماعية والتربية الأخلاقية التي تتعهد بها[٢] كما أنها مصدر زيادة السكان عن طريق نظم الزواج ومصدر

(١)Martindale, d. The Nature and Types of Sociologecan Theory , Boston, Houghton Miftli, ١٩٨١, P. ٧٨.

(٢) الخشاب، مصطفى (الدكتور)، علم الاجتماع ومداسة، الكتاب الأول، ص٢٤٦.

تنظيم الحياة الجنسية في المجتمع . والنظام السياسي يكون مسؤولاً عن عدة واجبات أساسية أهمها تحديد واجبات وحقوق الحاكم بالنسبة للشعب، وتنظيم الخدمات التي تقدمها الدول للأفراد والإشراف على العلاقات بين الدول والتوقيع على المعاهدات وقرارات إعلان الحرب والنفير العام. كما تتعهد الدولة بإنهاء النزاع بين أفكاره وأفكار العالم الاجتماعي الفرنسي كونت الذي سبق أن درسناه.

٢- هربرت سبنسر (١٨٢٠-١٩٠٣).

هربرت سبنسر هو عالم اجتماعي ومهندس وأديب انكليزي تخصص في عدة علوم واختصاصات أدبية في آن واحد حيث برز في حقول الفيزياء والرياضيات وعلم الأحياء والفلسفة وعلم الاجتماع والأدب الانكليزي وألف فيها وطورها في ضروب مختلفة. لكننا في هذا المقام نهتم بما ألفه سبنسر من كتب وما قام به من دراسات وأبحاث في علم الاجتماع كان لها الفضل الكبير في دراسة المجتمع وتطوير العلم وتنميته في مجالات كثيرة. فأهم مؤلفات سبنسر في علم الاجتماع كتابه " مبادئ علم الاجتماع" وكتاب "السكون الاجتماعي" ، وكتاب "دراسة علم الاجتماع" ، وكتاب "التطور الاجتماعي" . وفي جميع هذه المؤلفات أكد على نقطتين أساسيتين هما الدراسة العضوية للمجتمع والتكامل الاجتماعي بين المؤسسات البنيوية، النقطة الأخرى الذي أغناها سبنسر هي التطور الاجتماعي أي المراحل الحضارية التطورية التي يمر بها المجتمع نتيجة تشعبه وتعقد الحياة فيه[١]. وهنا يجب أن نشير إلى التشابه بين أفكاره وأفكار العالم الاجتماعي الفرنسي- كونت الذي سبق أن درسناه وحللنا أفكاره الاجتماعية وهباته الفكرية. فكلا العالمان يدرسان المجتمع دراسة سكونية ودراسة داينميكية في آن واحد ويعتقدان بحتمية التحول الاجتماعي التلقائي .

---

(١) Hinkle, R. The Development of Mdern Socioloty. P.٦.

قبل دراسة النظرية الاجتماعية لسبنسر وتوضيح مضامينها الفكرية وأبعادها التطبيقية ينبغي علينا القول بأن سبنسر قد عاش ظروفاً شاذة وغريبة أدت دورها الفاعل في تحديد المفاهيم والطروحات النظرية والمبدئية التي التزم بها طيلة حياته. فسبنسر لم يداوم طيلة حياته في المدارس النظامية ولم يكتسب معلوماته من المعلمين والأساتذة ولم يعتقد بصلاحية المناهج النظامية التي تدرس في المدارس والمعاهد. ذلك أنه كان يعتقد بأن المدارس والمناهج التي تدرس فيها تقيد وتحدد الحرية الفكرية والتأملية والإبداعية للتلاميذ وتقتل روح الخلق والتفكير والاستنتاج عندهم وتحولهم إلى آلات مسيرة في أيدي المربين والأساتذة الذين يضعون المناهج الدراسية ويشرفون على تنفيذها. وعندما لم يتعلم سبنسر في المدارس النظامية ولم يحصل على معلوماته منها فإنه اعتمد على خاله في تعلم المبادئ الأساسية للعلوم والآداب واعتمد على قدراته الذاتية في متابعة الدراسة والتخصص العلمي .

لهذا كان سبنسر من أنصار حرية الفكر ومن أنصار حرية التجارة وكان منتقداً لاذعاً لسياسة حماية التجارة وسياسة تدخل الدولة في شؤون الأفراد والجماعات[1]. حيث أن مثل هذه السياسة تعرقل أمور الأفراد وتتعارض مع حركة تقدم المجتمع وتقف موقفاً معاكساً لحرية الأفراد وحقوقهم المدنية. فالأفراد بالنسبة له يعرفون مصلحتهم قبل الدولة. لذا يجب على الدولة ترك أمورهم وشأنها والقيام فقط بمهام الحفاظ على الأمن والنظام الداخلي وحماية حدود القطر من العدوان الخارجي. لكن مثل هذه الأفكار الفردية لم يكتب لها النجاح في ظل ظروف وملابسات المجتمع حيث تعقدت الحياة وتضاعفت مطاليبها وأصبح الأفراد عاجزين عن الاهتمام بأمورهم الخاصة والعامة. لذا كان لا بد من الدولة أن تتدخل وتنقذ الأفراد من جشع الطامعين والمستغلين وتنظم الأمور الاقتصادية وتبني الاقتصاد القومي على أسس رصينة وتقضي على ظواهر الكساد والمضاربات الاقتصادية.

(١) الحسن، إحسان محمد (الدكتور) قراءات في علم الاجتماع الحديث، ص٥٦.

إضافة إلى اهتمامها بالأمور الاجتماعية والصحية والسكنية والثقافية للمواطنين على اختلاف شرائحهم الاجتماعية ومستوياتهم المهنية والمادية. وتدخل الدولة في شؤون المواطنين جاء بعد الثورات الصناعية التي اجتاحت أوروبا إبان القرنين التاسع عشر والعشرين وبعد المساوئ والشرور الاجتماعية التي تعرض لها العمال والمستخدمون. فأرباب العمل كما هو معروف يهتمون بجني الربح المادي أكثر مما يهتمون بتحقيق المصلحة الجماعية في حين تهتم الدولة برعاية المواطنين وجلب الطمأنينة والرفاهية لهم أكثر مما تهتم بجني الربح وتحقيق المصالح الفردية. إن الأفكار والمفاهيم الفردية التي كان سبنسر يحملها هي التي جعلته يعتقد بحتمية التحول والتطور الاجتماعي فالتحول الاجتماعي بالنسبة له هو عملية تلقائية لا بد من حدوثها حيث أنها تسير نحو هدف معين ولا يمكن لأية قوة في العالم التأثير على مجرى تيارها أو الحد من فاعليتها. لذا اعتقد سبنسر التحول الاجتماعي التلاقائي ولم يعتقد قط بالتحول الاجتماعي المخطط أو الغائي طرح هربرت سبنسر في كتابه علم الاجتماع نظريته الاجتماعية التي تتمحور حول نقطتين أساسيتين هما:[١]

١) النظرية العضوية للمجتمع

٢) نظرية التطور الاجتماعي

وبعد تفسير نظريته الاجتاعية التي تعتمد على الأصول العلمية والمنهجية للعلوم الطبيعية كالفيزياء والكيمياء وعلم الأحياء أطلق عليه المفكرون الاجتماعيون اسم العالم الاجتماعي البايولوجي الذي يدرس المجتمع دراسة عضوية تأخذ بعين الاعتبار أجزاء المجتمع ومكوناتها ووظائفها وتكاملها وطرق واتجاهات تحولها وتطورها من شكل لآخر. إن فضل سبنسر في تطوير العلوم الاجتماعية شبيه بفضل دارون في تطور العلوم الطبيعية. ففي بداية المطاف استعان سبنسر

(١) martindale , D. The Nature and Types of Sociological theory P. ٨٣.

بمجموعة مصطلحات فنية وعلمية اشتقها من علـم البـايولوجي كمصـطلح تركيب،ووظائف وجهاز ، ونشوء وارتقاء.. الخ. واستعملها في دراسة وتفسير المجتمع من خلال الاعتماد عليها في صياغة الفروض والنظريات الاجتماعية التي تفسر المجتمع تفسيراً عضوياً وارتقائياً.. مـن المفاهيم والمصطلحات البايولوجية استطاع سبنسر بناء نظريته البايو اجتماعية بعد تطبيقها على دراسة المجتمع البشري بغية فهمه وإدراك مشكلاته الذاتية والموضوعية ومعرفة أسباب تحوله من طور لآخر.

إن نظريـة سبنسرـ البـايو اجتماعيـة أو العضـوية تحـاول تشبيه المجتمع بالكـائن الحيواني الحي[1]. فكما يتكون الكائن الحيـواني الحي مـن أجهـزة وأعضاء كالجهاز الهضمي وجهاز التنفس وجهاز الدوران والجهاز العصبي، وهـذه الأجهزة والأعضاء مترابطة ومكملة بعضها لبعض فإن المجتمع يتكون مـن أجهـزة اجتماعيـة تسمى بالمؤسسات ومن كيانـات اجتماعية تسمى بالمنظمات. فمؤسسات المجتمع تختلف الواحدة عـن الأخرى مـن ناحيـة الهـدف كالمؤسسـات الاقتصـادية والمؤسسـات الدينيـة والمؤسسـات الثقافيـة والتربويـة.. الخ والمنظمات تكون على أنواع مختلفة كالعائلة والجامع أو الكنيسة والنادي والمجتمع المحـلي والمزرعة والمصنع... الخ . وبالرغم من اختلاف المؤسسات والمنظمات فإنها تتشابه في كياناتها وأنشطتها وقوانينها وديمومتها وفي درجة تكاملها الواحدة مع الأخرى.

وتشبيه المجتمع بالكائن الحيواني الحي لا يقف عند حد الأجـزاء التـي يتكـون منهـا الكائنان بل يتجـاوز هـذا إلى الوظـائف والتكـامل والتغير. إن لأجـزاء المجتمع أو مؤسسـاته وظائف جوهرية تساعد على ديمومة وتقدم المجتمع. فالمؤسسـات الاقتصادية تـؤدي عـدة وظائف للمجتمع أهمها الانتاج والتوزيع والاستهلاك،

(١) Ibid., P.٨٤.

والمؤسسات السياسية تؤدي وظائفها المهمة التي تتلحى بقيادة المجتمع والهيمنة على شؤونه من أجل العدالة والصالح العام.

والمؤسسات العائلية مسؤولة عن وظيفة الانجاب والتربية الاجتماعية والخلقية وتنظيم العلاقات الجنسية. وهذه الوظائف شبيهة بالوظائف الفيزيولوجية التي تؤديها الأجهزة والأعضاء للكائن الحيواني الحي . ومن الجدير بالإشارة أيضاً أن مؤسسات المجتمع مكملة الواحدة للأخرى، فالمؤسسات الاقتصادية مكملة للمؤسسات السياسية والأخيرة مكملة للمؤسسات الثقافية والتربوية. وهذا التكامل في المؤسسات البنيوية شبيه بالتكامل العضوي بين الأجهزة الفيزيولوجية للكائن الحيواني الحي[١]. ويمكننا برهان التكامل المؤسسي- بين بني أو تراكيب المجتمع بالذهاب إلى مبادئ التطور والتغير، فعند تغير المؤسسة الاقتصادية أو السياسية فإن هذا التغير لا بد أن ينعكس على بقية المؤسسات البنيوية وبالتالي يحدث ما يسمى بالتغير أو التحول الاجتماعي.

وتركز نظرية سبنسر الاجتماعية على موضوع التطور والارتقاء الاجتماعي، وهذا الموضوع مستعار من علم الأحياء وسبق أن استعمله دارون في مؤلفه "أصل الأنواع" عندما تكلم عن التطور الفيزيولوجي للكائنات الحيوانية عبر العصور، إذ اشار إلى أن الكائنات الحية بضمنها الإنسان تتحور وتتطور على مر العصور من شكل بسيط إلى شكل معقد ومن وضعية متخلفة إلى وضعية متقدمة وراقية. لكنه بالإرتقاء الاجتماعي يعني سبنسر تقدم الحياة على الأرض خلال عملية واحدة تسمى بالارتقاء Evolution[٢]. وهذه العملية يمكن تلخيصها بنقطتين أساسيتين هما:

(١)Spencer, H. First Principles of A New Systme of Philosophy, New York, Dewitt Revolving Fund, ١٩٥٨, Sections ٢٣١-٢٣٢.
(٢) Ibid., P. ٣٩٤.

١- توجد في مظاهر التقدم المتعلقة بالحياة العضوية والحياة الاجتماعية عملية تنويع تنبعث منها مظاهر مختلفة وكثيرة تميز الحياة العضوية والحياة الاجتماعية.

٢- هناك اتجاه عام للتقدم بواسطته تنبعث مظاهر تركيبية أكثر تعقيداً من المظاهر التي كانت تميز الحياة العضوية والاجتماعية.

ونظرية سبنسر التطورية التي اعتمدها في تفسير وتحليل حركة المجتمع وطبقها على نمو وارتقاء الحضارات لم يستطع برهان صحتها لا هو ولا غيره من العلماء والمفكرين الذين أيدوها وانضموا تحت لوائها. لذلك قوبلت بانتقاد وتحدي لاذع من قبل الكثير من المفكرين الكلاسيكيين والمحدثين. ومع هذا يتطلب منا دراسة أفكاره التطورية وتوضيح كيفية تطبيقها على عملية فهم الظواهر والتفاعلات الاجتماعية. يعتقد سبنسر بأن مذهب الارتقاء يمكن تفسير أصل تكوين ونمو المجتمع وعلم الاجتماع يمكن أن يساعد في اقتفاء مثل هذه الدراسة علماً بأنه العلم كما أشار سبنسر الذي يدرس الارتقاء والتطور في أعلى مظاهرهما المعقدة.

ومذهب الارتقاء الذي انتهجه سبنسر في جميع دراساته الاجتماعية ساعد المفكر على تقسيم المجتمعات الإنسانية إلى أنماط مختلفة حسب درجة تقدمها ورقيها الحضاري والمادي.

لكن تصنيف سبنسر ـ للمجتمعات الإنسانية إلى انواع مختلفة حسب تقدمها وارتقائها الحضاري يشبه تصنيف العالم البايولوجي للحيوانات والنباتات إلى فصائل وأنواع مختلفة. إذن يعتمد تقسيم سبنسر ـ للمجتمعات الإنسانية على نظريته الارتقائية. هذه النظرية التي تنص على أن المجتمعات في حالة حركة مستمرة وسائرة نحو هدف معين، وهذه الحركة تمر من صيغة بسيطة وواطئة إلى صيغة معقدة ومتشعبة. يقسم سبنسر ـ المجتمعات الإنسانية إلى أربعة أنواع هي: المجتمع البسيط والمجتمع المركب والمجتمع المركب تركيباً مضاعفاً والمجتمع المركب

تركيباً ثلاثياً[1]. كما قام سبنسر بتقسيم هذه الأنماط الأربعة من المجتمعات إلى أنواع فرعية ومتشعبة يصعب علينا ذكرها في هذا المقام. ويجب علينا هنا شرح هذه الأنماط الأربعة من المجتمعات شرحاً وافياً لكي نتعرف على خصائص المجتمعات وأسباب انتقالها وتحويلها من شكل لآخر علماً بان سبنسر أرجع أصل نشوء المجتمع إلى عامل التكاثر السكاني الذي يستلزم إعماد قوانين التخصص وتقسيم العمل ثم نشوء الفروع المختلفة للحياة الاجتماعية التي تنظمها الأعراف والقوانين الاجتماعية.

المجتمع البسيط هو من أول أنماط المجتمعات الإنسانية ولهذا المجتمع بناء وظيفي يتكون من أجزاء متناسقة ومتكاملة. وقد يكون للمجتمع جهاز مركزي قادر على تحقيق أهدافه العامة. والمجتمعات البسيطة يمكن تقسيمها إلى أقسام مختلفة تبعاً لنوعية أجهزتها المركزية والإدارية. فهناك مجتمعات بسيطة ليس فيها رئيس بل فيها مجلس إداري. وهناك مجتمعات بسيطة فيها رئيس مؤقت وهناك مجتمعات بسيطة تتوفر فيها رئاسة مستقرة. كما يمكن تقسيم المجتمعات البسيطة حسب درجة استقرارها الجغرافي ، فهناك المجتمعات البسيطة المتنقلة كالمجتمعات البدوية والمجتمعات الرعوية. وهناك المجتمعات البسيطة المستقرة كالمجتمعات الزراعية وهكذا. وهذه المجتمعات لا تعتمد اعتماداً كبيراً على نظام تقسيم العمل وتجهل القوانين المدونة، ويكون مستواها المعاشي واطئاً ودرجة تطورها الحضاري محدودة[2].

ويتحول المجتمع البسيط إلى المجتمع المركب بعد زيادة عدد السكان واعتماد أساليب تقسيم العمل. والمجتمع المركب هو المجتمع المتكون من جماعات مختلفة لكل جماعة منها قائد يخضع إلى قائد عام. والمجتمع المركب ينقسم إلى نمطين المجتمع المركب تركيباً مضاعفاً وهو المجتمع الذي تقوده الحكومة ويؤمن

(١) الحسن ، إحسان محمد (الدكتور) ، علم الاجتماع ، دراسة نظامية ، ص١٠٣.

(٢) نفس المصدر السابق، ص١٠٤.

بدين معين له أهميته في تنظيم علاقات وسلوك الافراد وتحديد أخلاقية الجماعة. ويكون نفوذ العادات والتقاليد في هذا المجتمع قويا وقد تتحول هذه العادات والتقاليد إلى قوانين شرعية معقدة تعتمدها الحكومة في نشر ـ العدل والاستقرار والطمأنينة في ربوع المجتمع. وهذه المجتمعات تكون متقدمة في مهن الزراعة والصناعة والتجارة ولها نظام اقتصادي جيد. كما تبرز في الفنون الجميلة والفلسفة والعلوم الأخرى. ونتيجة لهذه الفعاليات نمت وتطورت المدن الكبيرة فيها وتأسست طرق المواصلات التي تربط بينها، كما وضعت الحدود التي تفصل بين المدن وأقاليمها.

أما المجتمعات المركبة تركيباً ثلاثياً فهي المجتمعات المعقدة والراقية والتي نشأت فيها حضارات عريقة مثل حضارة وادي الرافدين وحضارة وادي النيل والحضارة الرومانية والإمبراطوريات الموجودة في أوروبا إبان القرن التاسع عشر كالإمبراطورية البريطانية والألمانية والفرنسية والروسية. وتكون لهذه المجتمعات أو الإمبراطوريات حكومات مختلفة تخضع لحكومة مركزية واحدة. وتتميز المجتمعات المعقدة بارتفاع أنماط المعيشة وارتقاء ونضوج النظم السياسية والاجتماعية فيها وتطور أساليبها الإنتاجية المعتمدة على مبدأ تقسيم العمل وتقدمها في المجلات العلمية والفلسفية والتكنولوجيا وكبر وعظمة جيوشها العسكرية التي تضمن هيبتها وتعزز سلطانها في الأصقاع التي تسيطر عليها[1].

وقد أكد سبنسر في سياق حديثه عن نظرية التطور والارتقاء على حتمية تحول وتطور المجتمعات الإنسانية، حيث اشار إلى أن المجتمع البسيط عن طريق التقدم والارتقاء يتحول إلى مجتمع مركب تركيباً مضاعفاً والأخير يتحول إلى مجتمع مركب تركيباً ثلاثياً. إن التطور هذا هو تطور لا بد منه وإن الإنسان مهما بذل من قوة ونشاط لا يستطيع الوقوف بوجه هذا التحول الجارف الذي لا يمكن عكس تياره ولا يمكن منعه من تحقيق اهدافه التي يسير نحوها، كما لا يستطيع

(١) نفس المصدر السابق، ص١٠٥.

الإنسان مقدماً التخطيط للمجتمع ووضع الأهداف الغائبة له. ذلك أن تطور وارتقاء المجتمع هما حركة طبيعية وحتمية يعجز الإنسان عن معرفة ما تتوصل إليه من نتائج وما تحققه من أهداف قد تتماشى أو تتعارض مع طموحات وأماني الأفراد. لكن آراء سبنسر هذه التي تعبر عن التحول الاجتماعي التلقائي أو الحتمي تتعارض كل التعارض مع آراء علماء الاجتماع المحدثين الذين يعتقدون بأهمية الهندسة والتخطط الاجتماعي الذي يضع أهدافاً غائية وبراغماتيكية لا يمكن إنجازها دون وضع السبل التي من خلالها يمكن الوصول إلى الأهداف. إذن تتناقض أفكار سبنسر التي تعبر عن حتمية التحول الاجتماعي وعدم إمكانية التخطيط المسبق للمجتمع مع أفكار علماء الاجتماع الحديث التي تؤمن بضرورة تشخيص أهداف وغايات المجتمع ووضع السبل التي تكفل تحقيق الأهداف ونيل الطموحات.

٣- كارل ماركس (١٨١٨-١٨٨٣):

كارل ماركس هو من أشهر وأهم علماء الاجتماع الألمان الذين وهبوا الشيء الكثير لنمو وتطور علم الاجتماع وتحوله من علم فلسفي غير دقيق إلى علم واضح المعالم والأسلوب والمنهجية والأهداف. ولد في ألمانيا عام ١٨١٨ وأكمل دراسته في جامعة جينا الألمانية ، وبعد تخرجه من الجامعة وحصوله على شهادة الدكتوراه عمل صحفياً ونشر العديد من المقالات السياسية والاقتصادية التي يطغى عليها الأسلوب الراديكالي الثوري[١]. ومن خلال مقالاته الصحفية كان يدعو للتغير والثورة وقلب نظام الحكم في ألمانيا بالقوة ونقل السلطة من الملك إلى الشعب. ومثل هذه الكتابات دفعت الحكومة الألمانية إلى طرده من البلاد، فذهب إلى فرنسا وبلجيكا بعد حصوله على اللجوء السياسي هناك ولكن سرعان ما طردته الحكومتان الفرنسية والبلجيكية عندما علمتا بأفكاره الثورية التي تريد قلب نظام الحكم عن طريق اعتماد أساليب العنف والقوة التي لا تعرف المساومة وأنصاف الحلول.

(١)Marx and Engles through the Eyes of their contemporaries, Moscow, progress publishers. ١٩٧٨. p.١٣.

فذهب بعد ذلك إلى انكلترا التي دخلها عام ١٨٥١ بعد حصوله على حق اللجوء السياسي ومكث فيها طيلة حياته. وكان يعمل مكتبياً في مكتبة المتحف البريطاني ويتلقى المساعدات المالية المستمرة من رفيقه فردريك إنجلز. وفي مكتبة المتحف البريطاني استطاع كتابة معظم مؤلفاته التي أهمها مؤلفه الشهير رأس المال Capital الذي يقع في ثلاثة أجزاء.

عاش ماركس معظم حياته في اجواء يسيطر عليها الفقر والحرمان والاضطهاد نتيجة للأفكار الثورية التي كان يحملها والكتابات الاستفزازية الجريئة التي كان ينشرها في الصحف بين حين وآخر وكبر حجم عائلته وعدم انتظام مصادر رزقه. توفي ماركس في مدينة لندن عام ١٨٨٣ متأثراً بالصدمات التي أصابته نتيجة وفاة زوجته ومعظم أولاده ودفن فيها بعد أن أرسى الأسس الوطيدة للحركة الشيوعية الدولية وتنظيماتها الحزبية[١].

استطاع ماركس عبر حياته الأكاديمية والفكرية والكفاحية تأليف عدة كتب شهيرة أثرت في الحركات الثورية والتنظيمية في العالم ورسمت المعالم الرئيسية للنظم السياسية والاجتماعية للعديد من الأقطار في القارة الأوروبية وفي قارة آسيا وإفريقيا وفي أمريكا الوسطى والجنوبية وأهم هذه الكتب كتاب "انتقاد في الاقتصاد السياسي" وكتاب "بؤس الفلسفة" وكتاب "الأديولوجية الألمانية" وكتاب"رأس المال " الذي يقع في ثلاثة أجزاء وكتاب "الثورة الاشتراكية" الذي ألفه مع فردريك انجلز كراس " بيان الحزب الشيوعي " الذي ألفه مع فردريك انجلز أيضاً. وقد عبرت جميع هذه المؤلفات عن أفكار ماركس الفلسفية والاجتماعية والاقتصادية والسياسية ووضحت طبيعة نظرياته وطروحاته وقيمه الثورية التي كان يحملها والتي أراد من خلالها تبديل النظم الاجتماعية والسياسية القائمة في العالم وتعويضها بنظم راديكالية وانقلابية، نظم تنحاز إلى الطبقة العاملة، نظم تتميز بالتقدمية والاشتراكية، نظم

(١)Ibid ., P.٢٢٥.

تدعو إلى إلغاء الطبقية وتبشر بالأممية. لكن جميع مؤلفات ماركس وتعاليمه وطروحاته قد تأثرت بطبيعة الأحداث والمفاجآت التي عاشها وتلونت بالأفكار الفلسفية السائدة في ألمانيا، القطر الذي نشأ وترعرع وتعلم فيه ماركس وبالكتابات الاقتصادية والسياسية للمفكرين الانكليز وبالخطب والأفكار والممارسات التي اعتمدتها الثورة الفرنسية[١]. إن ماركس قد تأثر في كتاباته العلمية بالفلسفة الألمانية خصوصاً فلسفة فخته وهيجل، فمن فخته تعلم الأفكار المثالية التي تدعو إلى ضرورة قيام الفرد بالتفاني من أجل خدمة المجموع، وتقدم روح الجماعة عل روح الفرد وتعتبر الفرد خادماً للجماعة ومستسلماً لإرادتها وفلسفتها ولغتها ودينها وقيمها ومقاييسها. ومن هيجل استعار ماركس القوانين الشمولية التي ترسم المسارات التاريخية لحركة المجتمعات وتربط بين الماضي والحاضر والمستقبل ربطاً علمياً موزوناً. فالتاريخ كما يقول هيجل ويعترف به ماركس هو عملية الخلق الذاتي للإنسان، ولكن هذه العملية كما يؤكد ماركس في معظم كتاباته تتأثر بالقوى الدافعة للعمل البشري Human Labour أي بعلاقات الإنتاج والملكية [٢]. كذلك أخذ ماركس من هيجل مذهب الدايلكتيك أو الجدل هذا المذهب الذي لا يعترف بصورة كلية ومطلقة بالفكرة ولا بنقيضها بل يعترف بنصف صحة الفكرة Thesis وينص صحة نقيضها Antisthesis ويجمع بينهما ويستخرج فكرة ثالثة Synthesis توفق بين الفكرتين وتحل معضلة التناقض بينهما. وقد أعتمد هيجل على المذهب الدايلكتيكي في فهم تاريخ الإنسانية وإدراك الحوادث التي وقعت فيه والربط بينها ربطاً علمياً موزوناً. والتاريخ كما يعرفه هيجل هو تقدم يطرأ على وعي الحرية العقلانية، وهذا الوعي يمس جميع المجتمعات والحضارات[٣]. فتاريخ الإنسانية

(١) الحسن، إحسان محمد (الدكتور) ،علم الاجتماع، دراسة نظامية، ص١١٣.

(٢)Marx On Economics, edited by R.Freed -Man, A pelican book, Niddlesex, England, ١٩٦٨,PP.٣-٥.

(٣) شاتليه، فرانسوا ، هيجل ، ترجمة جورج صدقي ، دمشق ، منشورات وزارة الثقافة والإرشاد القومين ١٩٧٦، ص١٩٥.

كما يعتقد هيجل يبدأ في الشرق القديم أي في حضارتي وادي الرافدين ووادي النيل والحضارة الهندية والصينية ثم يمر في المدينة الإغريقية والرومانية التي يظهر فيهما القانون كقوة مؤثرة في علاقات وسلوك الأفراد ثم يدخل التاريخ في العالم العربي بعد أن يأخذ طابعاً حضارياً وعلمياً متطوراً. بعدها ينتقل إلى أوروبا التي فيها يعلب الشعب الألماني الدور القيادي في تحديد دوره وطبيعته

لكن فضل هيجل في تطوير علم الاجتماع لا يكمن بما منحه من دراسات موضوعية تعالج مشكلات أكاديمية جابهت دراسة المجتمع الإنساني بل يكمن بالآثار التي تركها في أفكار علماء اجتماع كان لهم الفضل الكبير في تقديم ونمو دراسة هذا الموضوع خصوصاً المفكر كارل ماركس. اقتبس ماركس من هيجل قانون الدايلكتيك الذي استعمله في تفسير حركة المجتمع تفسيراً تاريخياً مادياً. وهذا القانون ساعد ماركس على رسم مسيرة التحول الاجتماعي التي تشهدها المجمعات البشرية. فالمجتمعات في نظره تتحول من المشاعية البدائية إلى العبودية وتنتقل إلى الإقطاع ثم إلى الرأسمالية والاشتراكية. وهذا التحول يعزيه ماركس إلى القوى المادية التي سرعان ما تغير روح المنافسة والانقسام والصراع والثورة الاجتماعية التي تنقل المجتمع من شكل لآخر[١].

وتأثر ماركس في تعاليمه وكتاباته بفكر وأدب وممارسات الثورة الفرنسية وبخطبائها ومفكريها وقادتها خصوصاً ميرابو وفولتير ورسو وانتهج نفس الأساليب الثورية والأرهابية التي انتهجتهما الثورة الفرنسية في تبديل نظام الحكم وهياكل المجتمع. فقد دعا إلى ضرورة قلب أنظمة الحكم الرجعية في العالم خصوصاً في أوروبا وحبذ استعمال أساليب العنف الثوري في مواجهة أعداء الطبقة العاملة وتقويض الركائز المادية التي تعتمد عليها النظم الاقطاعية والرأسمالية وتحطيم نفوذ وتسلط الطبقات المستغلة والظالمة على جماهير الشعب والوقوف بوجه الظلم

(١)Marx, K and F. Engles. Seclected work, Moscow, Progress Publishers, ١٩٧٥, PP. ٣٥-٣٦.

والاستبداد والقهر الطبقي الذي يمارسه الحكام المتجبرون والطاغون وفي نفس الوقت كان يدعو إلى المساواة والعدالة الاجتماعية والحرية والديموقراطية التي ينبغي أن تتمتع بها الشعوب المغلوبة على أمرها لكي تتمكن من تحقيق الرفاهية والسعادة والاستقرار. وكذلك تأثر ماركس بالمفكرين الاقتصاديين الإنكليز كآدم سميث وريكاردو وجيرمي بنتام وجون ستيوارت مل. فمنهم تعلم الشيء الكثير عن عناصر الإنتاج وقوى التوزيع والاستهلاك والقيمة وفائضها والتجارة الداخلية والخارجية والنقود ووظائفها وعلاقتها بثبات الأسعار وتحديد قيم الأشياء وتبادلها . ولو قرأنا كتابات ماركس الأكاديمية لشاهدنا بأنها كتابات يطغى عليها الأسلوب الاقتصادي وتكثر فيها المصطلحات الاقتصادية وتتجسد فيها ذات النظريات والأفكار الاقتصادية التي طرحها رجال الأقتصاد في إنكلترا ولكنها تتناقض معها في حججها ومبرراتها وطروحاتها واتجاهاتها . فهي تدعو إلى ضرورة تبديل علاقات الانتاج وعلاقات الملكية والقضاء على الاحتكار والاستغلال والفقر والحرمان الذي تتعرض إليه الطبقة العاملة. هذه هي أهم المصادر الفكرية البراغماتيكية التي تأثر فيها ماركس بحيث لونت كتاباته العلمية وأعطتها طابعاً متميزاً تتجسد فيه روح المثالية الطوبائية وروح الثورة والتغيير وروح التناقض والصراع.

نظرية ماركس الاجتماعية والسياسية.

تعبر نظرية ماركس الاجتماعية والسياسية عن التعاليم والطروحات النظرية التي عبر عنها في مؤلفاته وأبحاثه الأكاديمية والتي بدون شك تعكس طبيعة ظروفه وقوة تفكيره وتحليله المنطقي والأحداث والمفاجآت التي شهدها طيلة حياته. لكن نظرية ماركس الاجتماعية والسياسية يمكن أن تجزأ إلى أربعة محاور رئيسية هي كالآتي:

١) العلاقة الجدلية بين البناء أو الأساس المادي والبناء الفوقي للمجتمع .

٢) الاغتراب والصراع الاجتماعي .

٣) الطبقات الاجتماعية والصراع الطبقي

٤) الثورة الاجتماعية

والآن نقوم بشرح هذه المحاور بالتفصيل.

١) العلاقة بين الأساس المادي والبناء الفوقي للمجتمع:

كان ماركس من أول العلماء والمفكرين الذين أكدوا على أهمية العامل المادي في تقديم المجتمع ونهضته وفي تبديل الأفكار والقيم والمقاييس والعادات والتقاليد. والعامل المادي يتجسد في ظروف الإنتاج ومعطيات الطبيعة وقدرة الإنسان على استثمارها لصالحه ورفاهيته الاقتصادية والاجتماعية. كما يظهر العامل في الملكية وطرق السيطرة عليها وحيازتها والاستفادة منها. إضافة إلى أهمية التوزيع والاستهلاك في المستويات الاقتصادية التي يتمتع بها الأفراد والجماعات. ولكن العمل والتخصص فيه وتقسيمه على العمال يعتبر مصدراً مهماً من مصادر الكسب والرزق والربح المادي، ومثل هذه الأمور تؤثر بطريقة أو أخرى على مستويات المعيشة وتقنيات الحياة.

لكن ماركس يعتقد بأن البناء المادي للمجتمع أي موارده الطبيعية والبشرية ومصادر رزقه ووسائل استغلاله الطبيعية هو الذي يحدد ماهية البناء الفوقي للمجتمع أي يحدد أفكار وأديولوجيه وفلسفة ودين وقيم وأخلاقية المجتمع[١]. واذا ما تغير البناء المادي لسبب أو آخر فإن هذا لا بد أن يترك انعكاساته وآثاره على البناء الفوقي وبالتالي يتغير البناء الاجتماعي من نمط لآخر ويدخل المجتمع في مرحلة حضارية تاريخية لم يشهدها المجتمع من قبل . إن أفكار ماركس هذه يعبر عنها بقوله: "واقعنا الاقتصادي والاجتماعي هو الذي يحدد وعينا وليس وعينا يحدد واقعنا". ويبرهن ماركس أفكاره هذه بالذهاب إلى تاريخ المجتمعات إذ يقول بأن علاقات الإنتاج والملكية في المجتمع الإقطاعي تنتج في ظهور أفكار وقيم ومثل

(١)Marx, K. Selected Writings in Sciology and Sociol Philosophy, A Pelican Book, Hiddlesex England , ١٩٦٧, P. ٣٩.

اجتماعية تنمي العمل الزراعي وتحترم رجال الدين والفئة العسكرية وتقيم الملكية الزراعية الواسعة وفي نفس الوقت تهين العامل والعالم وتحتقر المرأة وتحارب مفاهيم الديمقراطية والتقدم. ولكن عندما يسقط النظام الإقطاعي ويحل محله النظام الرأسمالي تتبدل أنماط الإنتاج ومستويات المعيشة ونوعية المهن وهذا التبدل يحلم معه قيماً ومقاييس ومثلاً جديدة تحترم العمل الصناعي والتجاري وتقيم العلم والمخترعات الحديثة وتفضل استقلالية الفرد على تماسك ووحدة الجماعة. لكن مثل هذه الأفكار الماركسية ساهمت مساهمة مجدية في تطور ونمو علم الاجتماع إذ أكدت على دور القوى والعلاقات الاقتصادية في قيم أفكار سلوك الإنسان. كما ويعتقد بأن الظروف والعلاقات الاقتصادية هي التي تحدد طبقة الفرد الاجتماعية وترسم اهتماماته وانتماءاته السياسية وتفرز القيم والممارسات الأخلاقية والمثالية التي يؤمن بها. وقد عزز ماركس طروحاته الفكرية هذه بدراسة العلاقة الدايلكتيكية بين الفرد والمجتمع. ويتفق البروفسور النمساوي جوزيف شمبيتر مع آراء ماركس المادية عندما يقول في كتابه الموسوم "الرأسمالية والاشتراكاية الديمقراطية" أن عملنا اليومي يقرر ما نعتقد به ومركزنا بالنسبة لقوى الإنتاج يحدد آراءنا حول الحياة وظروفها وملابساتها.

٢) الاغتراب والصراع الاجتماعي:

استعمل ماركس اصطلاح الاغتراب الاجتماعي في نظريته العامة عندما أراد تفسير عوامل المنافسة والصراع والتناقض بين طبقات المجتمع. والاغتراب بالمفهوم الماركسي- هو ظاهرة اجتماعية يشعر فيها الإنسان مغترباً وبعيداً عن الشيء الذي أوجده وخدمه وضحى من أجله. يشعر العامل مثلاً مغترباً عن رب العمل أي يشعر بالحواجز النفسية والاجتماعية التي تفصله عنه كما يشعر بالاغتراب عن السلعة التي أنتجها وخلقها وصرف الجهود والأتعاب عليها طالما أنها لا تعود إليه بل تعود إلى رب العمل الذي يمتلك وسائل الانتاج. واغتراب العامل لا يقتصر على ابتعاده عن رب العمل والسلعة التي أنتجها فحسب بل يتعدى

ذلك إلى اغترابه عن جهوده أيضاً[1]. فالعامل بأنه لا يملك نفسه ولا جهوده وجهوده تباع وتشتري في سوق العمل لقاء أجر زهيد. وبمرور الزمن يجد العامل نفسه بأن جهوده التي يبذلها في الإنتاج تقف ضده وتضيق حرياته وتقتل عنده روح العمل والخلق والإبداع. ذلك أن جهود العامل يرجع مردودها إلى رب العمل وليس إلى العامل. فالعامل غالباً ما يبذل جهوداً تزيد قيمتها عن الأجر أو المكافأة المادية الممنوحة له. مثلاً جهود العامل في إنتاج السلعة تقدر قيمتها بسبعة دنانير ولكن العامل يتقاضى دينارين فقط والفرق بين قيمة الجهود وقيمة ما يتقاضاه العامل يسمى بفائض القيمة Surplus Value الذي يذهب إلى المنتج الرأسمالي[2]. وبمرور الزمن يتضاعف هذا الفائض ويجد رب العمل نفسه ميسوراً إلى درجة يستطيع فيها توسيع القاعدة الانتاجية وزيادة كميات الانتاج لكن تراكم رأس المال عند المنتج يؤدي بالنهاية إلى اغتراب العامل عن المنتج ونشوء الصراع والمنافسة بينهما.

كما يطبق ماركس ظاهرة الاغتراب على السياسة فيقول بأن الفرد هو الذي يخلق الدولة لتنظيم أموره وفض النزاع بينه وبين الآخرين ولكن سرعان ما يعتقد بأنه مغترب عنها وذلك للهوة التي تفصل بينه وبين الدولة. فيبدأ بالخوف منها والابتعاد عنها شيئاً فشيئاً ويعتبرها قوة تقيد عمله وفعالياته وحرياته. لكنه في الحقيقة يتجسد وجود الدولة وأنشطتها في خدمة الأفراد ورعاية شؤونهم . لذا يؤكد ماركس في معظم كتاباته بأن الاغتراب غالباً ما يؤدي إلى الصراع بين المغترب والشيء المغترب عنه. وهذا الصراع قد يؤدي إلى الثورة والغليان وتحول المجتمع من صورة إلى صورة أخرى.

---

(١) Ibid ., P. ١٧٧.

(٢) Marx, K and F. Enles., Selectd Works Progress Publishers moscow,

٣) **الطبقات الاجتماعية والصراع الطبقي:**

من اهم المحاور التي ركز عليها ماركس دراسته للطبقات الاجتماعية والصراع الطبقي دراسة علمية تحليلية. ودراسته للطبقات تطغى على جميع التحليلات والأبحاث التي أجراها حول المجتمع والدولة والاقتصاد والسياسة فقد ذكر بأن تاريخ البشرية هو تاريخ الصراع الطبقي الاجتماعي[١] فالطبقات الاجتماعية موجودة بصورة جلية في المجتمعات القديمة والإقطاعية والرأسمالية. ووجودها يرجع إلى العامل المادي فهذا العامل هو الذي يقسم أبناء المجتمع إلى طبقتين اجتماعيتين متخاصمتين طبقة تملك وسائل الإنتاج وطبقة لا تملك وسائل الإنتاج بل تتملك الجهود البشرية التي تعرضها إلى الطبقة المالكة لوسائل الإنتاج أو الطبقة المسيطرة. وقد اعتمد ماركس على مبدأ الدايلكتيك في تفسير التحول الاجتماعي تفسيراً تاريخياً مادياً واعتبر ظاهرة الطبقات الاجتماعية من أهم الظواهر المؤدية للصراع والثورة والتحول الحضاري والاجتماعي. ومفهوم الطبقة الاجتماعية بالنسبة لماركس مجموعة من الأفراد تتميز عن غيرها بأساليب معاشية واجتماعية وثقافية متشابهة لها أهميتها في تماسكها ووحدتها وتكثيف نضالها ضد الطبقات الأخرى خصوصاً إذا كانت معرضة للظلم والتعسف والقهر الطبقي.

ويقتفي ماركس الأنظمة الطبقية في العالم ويدرس أسباب نشأتها والمراحل التاريخية التطورية التي مرت بها فيقول بأن الأنظمة الطبقية تتحول من نمط لآخر تبعاً لتحول المجتمعات والحضارات ومرورها في فترات تاريخية تعطيها طابعها المعين وظروفها الخاصة. ففي المجتمع العبودي الذي كان سائداً في الحضارات القديمة وفي الحضارة الأغريقية والرومانية توجد طبقتان اجتماعيتان متخاصمتان هما طبقة الأحرار وطبقة العبيد. فالأحرار يمتلكون العبيد ويتصرفون بهمكما يشاؤون والعبيد يباعون ويشترون في اسواق العبيد وليس لهم أية حريات ما عدا

(١)Marx, K. Selected Writings. Edtited by T. Betterone and B. Rubel , P. ٢٠٧

إطاعة الأحرار طاعة عمياء. ومثل هذا الاستغلال والاستهتار بكرامة الإنسان دفعاً العبيد إلى التكتم والوحدة بعد ظهور الوعي الطبقي بينهم. وسرعان ما قام العبيد بثورة اجتماعية ضد الأحرار نتجت في تحررهم وانعتاقهم من سلطة الأحرار بعد سقوط المجتمع العبودي وتحوله إلى مجتمع إقطاعي[1]. لكن الصراع بين الأحرار الذين يشكلون الفكرة Thesis والعبيد الذين يشكلون الفكرة المضادة سبب دمار وتحطيم كلا الفئتين المتخاصمتين . فلاكهما لم ينجح في حكم المجتمع والسيطرة على مقدراته. فالمجتمع بعد ثورة العبيد تحول إلى مجتمع إقطاعي يسيطر عليه مالكو الأرض أو الاقطاعيون الذين يشكلون في المجتمع الاقطاعي الفكرة. ولكن من الفكرة ظهرت الفكرة المناقضة أي ظهر الفلاحون لتحدي رجال الإقطاع ومالكي وسائل الانتاج. إذن المجتمع الاقطاعي يتكون من طبقتين اجتماعيتين متخاصمتين هما طبقة أصحاب الأرض طبقة الفلاحين . ونتيجة الصراع المستمر بينهما يسقط المجتمع الاقطاعي الذي كان ماثلاً في معظم الدول الأوروبية إبان فترة القرون الوسطى ويتحول إلى مجتمع رأسالي لا يحكم فيه أصحاب الأرض والفلاحون.

المجتمع الرأسمالي هو المجتمع القائم على مهنتي الصناعة والتجارة وهذا المجتمع ينقسم إلى طبقتين اجتماعيتين متناقضتين هما طبقة أصحاب العمل والعمال.

فأصحاب العمل يمتلكون وسائل الانتاج ويتمتعون بمعنوية عالية ونفوذاً اجتماعياً كبيراً في حين لا يمتلك العمال أي شيء عدا الجهود البشرية التي يعرضونها للبيع في سوق العمل بأجر زهيد. لكن أصحاب العمل يشكلون في المجتمع الرأسمالي الفكرة والعمال يشكلون الفكرة المضادة وبقوانين الدايلكتيك التي تحكم مسيرة المجتمع وتحدد مراحله الحضارية المستقبلية لا بد أن يسقط المجتمع

(١)Ibid., P. ٢٠٨.

الرسمالي ويتحول إلى مجتمع اشتراكي كما سقط المجتمع العبودي وتحول إلى مجتمع إقطاعي وكما سقط المجتمع الأخير وتحول إلى مجتمع رأسمالي.

إذن العوامل المادية وحسب آراء ماركس هي التي تؤدي إلى انقسام المجتمع إلى طبقتين اجتماعيتين متخاصمتين. والوعي الطبقي الذي يظهر بين أبناء الطبقة المحكومة والمظلومة كطبقة الفلاحين في المجتمع الإقطاعي وطبقة العمال في المجتمع الرأسمالي هو الذي يسب التماسك الطبقي، وإن هذا التماسك كما يعتقد هو الذي يقوي الطبقة ويدفعها إلى اعلان الثورة والتمرد ضد الطبقة المستغلة. وهنا يسقط المجتمع ويتحول إلى نمط آخر يتميز بالتحرر والتقدم الاجتماعي بالنسبة لما كان عليه سابقاً . فحقوق العامل في المجتمع الرأسمالي أكثر من حقوق الفلاح في المجتمع الاقطاعي وحقوق الأخير تفوق حقوق العبد في المجتمع العبودي. لهذا يعتقد ماركس بأن الكفاح هو المفتاح الذي يساعدنا على فهم التاريخ وفهمنا للتاريخ يمكننا من معرفة المراحل الحضارية التطورية التي تمر بها المجتمعات.

٤) الثورة الاجتماعية.

يعتبر كارل ماركس أول عالم اجتماعي درس الثورة الاجتماعية دراسة علمية وتحليلية، ذلك أنه كان يعتقد بأن المجتمع لا يمكن تغييره نحو الأحسن والأفضل ولا يمكن إزالة الظلم والتعسف الاجتماعي عنه إلا من خلال الثورة الاجتماعية[١]. والثورة الاجتماعية بالنسبة لماركس هي تغيير شامل يعتري النظام والمؤسسات الفوقية والتحتية تقوم به الطبقة المظلومة والمغلوبة على أمرها بعد تعرضها للاستغلال والظلم والهوان وجرح الكرامة. والثورة الاجتماعية التي يمكن أن تقوض أركان نظام الحكم وتقضي على العنجهية والاستبداد هي الثورة التي تتميز بأسلوب القوة والعنف الذي يستعمل ضد مصادر التخلف والشر والظلام .

(١) Ibid., p.٤٠.

إن ماركس كان يدافع عن مصالح وأماني ومستقبل الطبقة العامله في المجتمع الرأسمالي وكان يعتقد بأن هذه الطبقة لا يمكن إن تتخلص من الظلم والاستبداد وتنال حقوقها كاملة إلا من خلال الثورة. فالثورة البروليتارية يمكن أن تحرر المجتمع من سيطرة وجبروت الطبقات الارستقراطية والبرجوازية. وإن الديمقراطية والعدالة الاجتماعية لا يمكن أن تتحققا في المجتمع دون قيام الطبقة البروليتارية بحكم المجتمع والسيطرة على مقدراته ومستقبله بعد تونيها ديكتاتورية بروليتارية لها الحق المطلق بقيادة المجتمع والتصرف في شؤونه الداخلية والخارجية[1]. ولكن الطبقة البروليتارية في المجتمع الرأسمالي لا يمكن أن تقوم بهذه الثورة وحدها وذلك لكثرة أعدائها وعدم تنظيمها وقلة مفكريها وفلاسفتها وتعرضها للظلم والحرمان وجرح الكرامة لفترات زمنية طويلة وانخفاض مقدراتها الاقتصادية والاجتماعية. لهذا لا بد لها أن تفق اتفاقاً تكتيكياً وليس استراتيجياً مع الطبقة البرجوازية الصغيرة منها والكبيرة وللوقوف بوجه الطبقة الارستقراطية وتدمير مصالحها ونفوذها. وبعد انتصارها على هذه الطبقة وتدمير كيانها تتفق الطبقة البروليتارية مع الطبقة البروجوازية الصغيرة للوقوف ضد الطبقة البرجوازية الكبيرة وحين قيامها بالثورة ضدها وانتصارها عليها تعلن الطبقة البروليتارية العداء المكشوف بوجه الطبقة البرجوازية الصغيرة. وعند الانتصار عليها يستطيع البروليتاريون والمنظرون الاجتماعيون الذي يقفون بجانبهم تكوين دكتاتورية بروليتارية يمكن أن تحكم المجتمع برمته وتقرر مستقبله. وهنا تلغى طبقات المجتمع كافة ويظهر مجتمع عديم الطبقات الذي حسب آراء ماركس تسيطر عليه مبادئ الديمقراطية والعدالة الاجتماعية والتقدم وفي مثل هذا المجتمع يعمل الإنسان حسب طاقته ويكسب حسب حاجته، إذن الثورة، كما يرى ماركس، هي

(١) Ibid., P.٤٢.

مفتاح التقدم لكن حدوثها لا يمكن أن يتم دون وجود الطبقات المتناقضة والمتصارعة ودون وجود الظلم والعنجهية والفساد.

بعد عرض آراء ومفاهيم ماركس الاجتماعية والسياسية يمكننا تقييمها تقييماً مشتقاً من واقع المجتمعات وتجاربها. أن ماركس بالغ في أهمية العامل المادي واعتبره العامل المحرك للعلاقات وسلوك الأفراد والجماعات في حين اعتبر الفلسفة والاديولوجية والدين والأخلاق والقيم البناء الفوقي للمجتمع الذي يتلون ويتأثر بالعمل المادي. إن الحقيقة والواقع لا يؤكد أن هذه المفاهيم التي طرحها ماركس ذلك أن العامل المادي لا يمكن اعتباره العامل الأساس في عمليات ووظائف المجتمع ولا يمكن اعتماده في تفسير الوجود الاجتماعي بأركانه الذاتية والموضوعية بل يمكننا القول بأن هناك علاقة جدلية وتفاعل مستمر بين العالمين المادي والمثالي أو القيمي. فتجارب المجتمعات تدلل على أن العامل الفكري والقيمي والايديولوجي قد يؤثر على مسيرة وزخم وفاعلية العاملين المادي والتكنولوجي . ذلك أن الحضارة العربية الإسلامية بشقيها المادي وغير المادي تأثرت تأثراً كبيراً بالأفكار والتعاليم والأوامر التي جاء بها الدين الإسلامي. إذن الدين كان المحرك الأساسي لحركة النهضة المادية والعلمية التي شهدتها الدولة العربية الإسلامية خصوصاً خلال العهدين الأموي والعباسي وليس العامل المادي الذي أكد أهميته وفاعليته كارل ماركس إذن الفكر هو الذي يرسم خطط التنمية الاقتصادية ويسخر العوامل الطبيعية والمادية في خدمة الإنسان.

ومن جهة ثانية نستطيع توجيه الانتقاد لنظرية ماركس الطبقية ونظريته حول الصراع الطبقي. ففي المجتمعات لا توجد طبقات اجتماعية متخاصمة فالحدود بين الطبقات ليست واضحة طالما أن هناك ظاهرة الانتقال الاجتماعي. والصراع لا يكون بين الطبقات ليست واضحة طالما أن هناك ظاهرة الانتقال الاجتماعي. والصراع لا يكون بين الطبقات بل يكون بين أبناء الطبقة الواحدة كما أشار إلى ذلك المفكر الألماني ماكس فيبر حين قال بأن الصراع يكون بين الأدوار

الاجتماعية وليس بين الطبقات[1]. فالمهندس يتنافس مع المهندس والضابط يتنافس مع الضابط والعامل يتنافس مع العامل للوصول إلى المراكز الاجتماعية العليا وهكذا. كما أن منشأ الطبقات الاجتماعية لا يرجع إلى المادة فحسب كما ذكر ماركس بل يرجع إلى الثقافة والتربية والتعليم ويرجع إلى المهنة ولقب الأسرة والمنطقة السكنية التي يعيش فيها المواطن . وأخيراً لا يمكن تفسير سقوط المجتمعات كالمجتمعات العبودية والاقطاعية والرأسمالية بعامل الصراع الطبقي كما أدعى ماركس. فسقوط المجتمعات وانهيارها كانهيار المجتمع الاقطاعي يرجع إلى عدة عوامل رئيسية أهمها ظهور المدن وتوسعها بعد شيوع ظاهرتي التحضر-والتصنع، تداول النقود وارتفاع أهميتها، قوة الدولة وتعاظم سلطانها، تغير روح العصر-وتطور مفاهيمه الاجتماعية والقيمية وأخيراً اضمحلال قوة الاقطاعيين وأصحاب الأراضي وعدم سيطرتهم على الفلاحين . جميع هذه العوامل كانت مسؤولة عن انهيار المجتمع الإقطاعي يرجع إلى عدة عوامل رئيسية أهمها ظهور المدن وتوسعها بعد شيوع ظاهرتي التحضر والتصنع، تداول النقود وارتفاع أهميتها، قوة الدولة وتعاظم سلطانها، تغير روح العصر وتطور مفاهيمه الاجتماعية والقيمية وأخيراً اضمحلال قوة الاقطاعيين وأصحاب الأراضي وعدم سيطرتهم على الفلاحين. بينما ماركس لجأ فقط إلى عامل الصراع الطبقي واعتبره العامل الأوحد في سقوط وتحول المجتمع الاقطاعي إلى مجتمع رأسمالي.

وأخيراً يمكن انتقاد أفكار ماركس التي تعتقد بأن قيم الديمقراطية والعدالة والتقدم لا يمكن أن تنتشر في المجتمع دون قيام الطبقة العمالية بتكوين دكتاتورية تحكم المجتمع وتقرر مصيره. وان انتقال مقاليد الحكم من طبقة إلى طبقة أخرى لا يمكن أن يوفر أجواء الديقراطية والحرية والعدالة الاجتماعية طالما إن طبقة معينة تقهر الطبقات الأخرى وتتحكم بمصيرها ومستقبلها. فلماذا يعطي ماركس حق الحكم

(١) Weber, Max. Theory ofSocial and Economic Organization, PP.٤٢٤-٤٢٦.

للطبقة العاملة وينكر هذا الحق عن الطبقـات والفئـات الأخرى؟ وعنـدما ينحـاز مـاركس لطبقة أو فئة دون الطبقات والفئات الأخرى فإنه يكون قد وقف ضـد الديمقراطيـة والعدالـة التي يتشدق بها.

وأخيراً يدعو ماركس إلى الأممية باعتقاده الجازم بضرورة وحدة الطبقات العماليـة في العالم لذلك قال" يا عمال العالم اتحدوا" كما إنه انتقد فكرة القومية واتهمها بالبروجوازية واعتبرها مسؤولة عن الحروب والأزمات والكراهية والخصومات بين الشعوب .

ردنا على هذه الادعاءات الطوباوية بأن الأممية فكرة مثالية لا يمكن إن تتحقق بـين الشعوب فكيف نستطيع تحقيق وحدة المجتمعات الانسانية وأن هناك فروقاً واضحة بيها في اللغات والتاريخ والأجناس والعادات والتقاليد ودرجـة التقـدم والنضـج الحضـاري . كما أننا كيف نتهم القومية بأنها فكرة برجوازية في الوقت الذي تلعب فيه الـدور الريـادي في توحيد أبناء الأمة وجمع شتاتهم للوقوف بوجه التحديات والأخطار الخارجيـة المحدقـة بهـم. فأبنـاء الأمة العربية مثلاً لا يستطيعون الوقوف بوجه الاستعمار والصهيونية وبوجه عوامل التخلـف والأمية والجهل والفساد إلا عند وحدتهم . ووحدتهم هذه لا يمكن الوصـول إليهـا إلا بفضـل القومية العربية التي تبعث عندهم شعور التفاعل والتقارب والتعاون والمحبة. إذن لا يمكن اتهام القومية بالفكرة البرجوازية كما فعل ماركس ولا يمكن تحقيـق الأمميـة في وقـت توجـد فيه فوارق شاخصة بين الأقوام والشعوب.

٤- إميل دوركهايم (١٨٥٨-١٩١٧)

يعتبر إميل دوركهايم من أهم وأشهر علماء الاجتماع الفرنسيين وذلك لما وهبـه مـن أفكار ونظريات اجتماعية علمية وما نشره من أبحـاث ومؤلفـات ودراسـات قيمـة في حقـول الاجتماع والفلسفة والتربية استطاعت أن تؤثر فيما بعد على أفكار وطروحات عدد كبير مـن علماء الاجتماع الفرنسيين والأوروبيين علـى حـد سـواء. ويمكن اعتبار العـالم دوركهـايم مـن أقطاب المدرسة الاجتماعية الفرنسية التي كانت

لا تثق بالدراسات والأبحاث الفردية التي أجراها علماء النفس وتشكله في صحتها نظراً لعدم مقدرتها على دراسة وفهم طبيعة الفرد فهماً حقيقياً طالما أنها لا تنتهج الطرق الموضوعية في الدراسة والتحليل ولا تستطيع الدخول إلى عقل الفرد الباطني من اجل كشف حقيقته وتعرية أسراره وخفاياه[1]. استطاع دوركهيام تكملة دراساته الأولية والعليا في المعاهد والجامعات الفرنسية، وبعد نجاحه في نيل الشهرة العلمية عين بروفسوراً لمادة علم اجتماع التربية في جامعة السوربون وأشغل هذا الكرسي حتى وفاته في عام ١٩١٧، وخلال عمله العلمي استطاع دوركهايم تأليف عدة كتب أشهرها كتاب " أحكام الطريقة الاجتماعية " وكتاب "الأشكال البدائية للحياة الدينية" وكتاب "علم الاجتماع والفلسفة" وكتاب "الانتحار".

تأثر دروكهايم بتعاليم وكتابات المفكر كونت فمنه استعار عدة مفاهيم ومصطلحات اجتماعية استطاع تطويرها واعتمادها في نظريته الاجتماعية الجمعية. ومن أهم هذه المفاهيم مفهوم الوضعية Postitivism ومفهوم الاجتماعية Sociologism. لكن الفرق بين الاتجاهات والميول الفكرية التي كان يحملها كل من كونت ودوركهايم هو أن كونت ركز اهتماماته على مشكلات التغير والداينميكية الاجتماعية في حين ركز دوركهايم على دراسة المشكلات السكونية للبناء الاجتماعي والسيطرة الاجتماعية. وعلم الاجتماع بالنسبة لدوركهايم هو ذلك العلم الذي يهتم بدراسة وفهم وتحليل الظواهر الاجتماعية[2]. ووظيفة العالم الاجتماعي تتجسد في تشخيص وفرز الحقائق والتفاعلات الاجتماعية التي تكمن في العلوم الاجتماعية التي تتخصص في دراسة وفهم جوانب الحياة المختلفة كالجوانب الاقتصادية والدينية والأسرية والثقافية والتربوية والسياسية. . الخ . أراد دوركهايم أن يحول علم الاجتماع من موضوع أدبي فلسفي إلى موضوع وصفي وعلمي. ومحاولته هذه ألزمته إلى اقتفاء منهجية وضعية تعالج الحقائق الاجتماعية وكأنها

---

(١) الخشاب، مصطفى (الدكتور)، علم الاجتماع ومدارسه، الكتاب الأول، ص ٣٠٠-٣٠١.

(٢) المصدر السابق، ص ٢٢٧.

أشياء خارجية تقيد سلوكية وعلاقات الأفراد، وأن الأفراد لا حول ولا قوة لهم في تبديل أو تحوير الحقائق والظواهر الاجتماعية هذه كاللغة والدين والزواج والعادات والتقاليد الاجتماعية وهكذا[1]. فالفرد منذ ولادته كما يخبرنا دوركهيام يجد نفسه محاطا بأحكام وقوانين اجتماعية تعبيرية لا يستطيع تفسيرها او التقليل من أهميتها كما لا يستطيع انتقادها أو التهجم عليها أو التهرب منها. والشيء الوحيد الذي يستطيع الفرد القيام به هو إطاعة هذه القوانين والاستسلام إلى أوامرها ونصوصها دون أي تردد أو تأخر وإلا لا يمكن أن يكون الفرد مقبولاً من لدن الجماعة ومنطوياً تحت لوائها.

ويضيف دوركهايم قائلاً بأن الفرد يكتسب لغته ودينه وعاداته وتقاليده ومقاييسه وطموحاته من الجماعة أو الجماعات التي يحتك فيها ويتعامل معها. واكتسابه لهذه الظواهر والتجارب الاجتماعية يكون من خلال عمليات التنشئة الاجتماعية التي يتلقاها من العائلة والمدرسة والمجتمع المحلي . ومصادر التنشئة الاجتماعية هذه تصب في عروقه وأخلاقية وقيم ومقاييس ومثل المجتمع بحيث تتجسد عنده شخصية المجتمع الكبير ويكون ممثلاً له تمثيلاً حقيقياً[2]. إذن يعمل المجتمع من خلال جماعاته المرجعية Reference Groups على صب السمات الأساسية للشخصية النموذجية في عروق الفرد منذ الصغر بحيث ينشأ الفرد وهو يحمل الشخصية النموذجية لمجتمعه. ومثل هذه الآراء تعني بأن الفرد يذوب وسط الجماعة والمجتمع المحلي بحيث لا يستطيع التأثير فيهما أبداً. والفرد حسب تعاليم دوركهايم لا يمكن دراسته دراسة موضوعية وتحليلية طالما أنه يحمل مزايا وصفات المجتمع . فلغته ودينه وأفكاره وقيمه ما هي بالحقيقة إلا لغة ودين وأفكار المجتمع. لذا ينبغي علينا دراسة المجتمع وعدم دراسة الفرد ولما كان علم الاجتماع هو علم دراسة المجتمع وعلم النفس هو علم دراسة الفرد فإن علم الاجتماع الذي

(١)Durkheim , E. The Rules of Sociological Method, The Free Press, ١٩٥٠, P.٥٧.

(٢) الحسن ، إحسان محمد (الدكتور)، قراءات في علم الاجتماع الحديث، بغداد، مطبعة الحرية، ١٩٦٨، ص٦٤.

يجب ان يضطلع بدراسة المجتمع والجماعة ووحدتها التكوينية ولما كان علم الاجتماع يجب أن يضطلع بدراسة المجتمع والجماعة ووحدتها التكوينية. أما علم النفس فليس له مكاناً بين العلوم الإنسانية والطبيعية، لذا يجب إلغاءه وتعويضه بعلم الاجتماع الذي يدرس المجتمع وعناصره التكوينية وأدواره الوظيفية. إن مثل هذه الأفكار التي يحملها دوركهايم جعلته ينكر وجود علم النفس وينفي وظائفه وأغراضه.

ويعتقد دروكهايم بأن الحقائق الاجتماعية لا يمكن تفسيرها إلا بالحقائق الاجتماعية التي تعززها وتكتمل معها. كما لا يمكن اختزال الحقائق الاجتماعية بالظواهر النفسية والسيكولوجية أبداً بل العكس هو الصحيح. فظاهرة الانتحار مثلاً لا يمكن تفسيرها بعوامل نفسية بحته كتعرض الفرد إلى التوتر والقلق والخوف...الخ. بل يمكن تفسيرها بعوامل اجتماعية شاخصة كفشل الفرد في الدراسة أو السياسة أو الحب أو تعرض جماعته إلى كارثة أو أزمة تحز في نفسه أو انعزاله عن المجتمع لسبب من الأسباب أو تبدل أساليب المعيشة وقيم الحياة.. الخ. جميع هذه الأسباب أو بعضها تدفع الفرد إلى إنهاء حياته بنفسه[1]. كما أن الزواج كظاهرة اجتماعية لا يمكن تفسير وجوده بعوامل نفسية كالعاطفة والرغبة والإرادة.. الخ. بل يمكن تفسيره وتعليل وجوده بعوامل اجتماعية بحته كتوليد العلاقات الاجتماعية الصميمية مع الجنس الآخر والحفاظ على الجنس البشري من الانقراض وزيادة حجم السكان والتعاون والتآزر بين البشر وتكوين الأسرة التي تعتبر أساس الاستقرار والهدوء والطمأنينة ..الخ وتكامل الحقائق والظواهر الاجتماعية يدلل على تكامل المؤسسات البنيوية، إذ يشير دوركهايم إلى أن المؤسسات تكمل بعضها بعضاً وأي تغيير يطرأ على أحدها لا بد أن يؤثر على بقية المؤسسات وبالنهاية يحدث ما يسمى بالتغيير المؤسسي Social Change.

(١) Martindale. D. The Nature and Types of sociological Theory , PP. ١٠٢-١٠٣.

أما نظرية دوركهايم حول التغير الاجتماعي وتصنيف المجتمعات فإنها تأخذ بعين الاعتبار العامل الأساسي الذي يكمن خلف حركة التغير والمراحل الحضارية التاريخية التي تمر بها المجتمعات البشرية. فالمجتمعات برأي دوركهايم تتحول من مجتمعات ميكانيكية إلى مجتمعات عضوية[1]. والمجتمعات الميكانيكية Mechanical Societies تتميز بصفات تختلف عن تلك التي تميز المجتمعات العضوية Organic Societies. وفي تصنيف المجتمع يعتمد دوركهايم على عامل تقسيم العمل والتخصص فيه. فالمجتمع الميكانيكي هو المجتمع البسيط الذي لا يعتمد نظام التخصص في العمل بينما المجتمع العضوي هو المجتمع المعقد والمشعب والمجتمع الذي يعتمد على تقسيم العمل ومفهوم التعاقد، وهنا يدخل دوركهايم الى دراسة العامل المسؤول عن عملية التشفير التغير من المجتمع الميكانيكي إلى المجتمع العضوي يعتمد على زيادة معدلات السكان بالنسبة لمساحة الأرض وكميات الموارد الطبيعية. والزيادة السكانية تفرض على السكان التخصص في العمل. وعندما يتحول المجتمع. من مجتمع غير متخصص في العلم إلى مجتمع متخصص فإن التماسك الاجتماعي فيه يتحول من نمط التماسك الميكانيكي إلى نمط التماسك العضوي.

بعد هذه الحقائق التي يزودنا بها دوركهايم عن تصنيف وتحول المجتمعات يقوم بتحديد السمات التي تميز المجتمعات الميكانيكية والمجتمعات العضوية إذ يقول بأن المجتمعات الميكانيكية هي المجتمعات الصغيرة الحجم والمجتمعات البسيطة التي لا تعتمد على تقسيم العمل. وهذا معناه بأن مستوياتها الإنتاجية والمادية واطئة ودرجة تقدمها العلمي والتكنولوجي مختلفة، والعلاقات الاجتماعية فيها قوية ومتماسكة ووسائل ضبطها الاجتماعي تتمحور حول العادات والتقاليد والأديان والأعراف والعاطفة والانفعال، وروح المودة والشفقة مسيطرة على عقول أبنائها.

---

(١)Ibid., P.١٠٠.

أما المجتمعات العضوية فهي المجتمعات المتشعبة التي تعتمد على مبدأ تقسيم العمل الاجتماعي وهذه المجتمعات تتمتع بمستوى إنتاجي ومعاشي عال، وتكون فيها مهن الزراعة والصناعة والتجارة متطورة. أما درجة تقدمها العلمي والتكنولوجي فتتميز بالنضوج والفاعلية. ووسائل الضبط الاجتماعي التي تتبناها تحدد بالشرائع والقوانين والرأي العام وقوات الشرطة والأمن. ويكون المجتمع العضوي مجتمعاً تعاقدياً عقلانياً وبعيداً عن العاطفة والانفعال إذ تسود العلاقات الاجتماعية الرسمية وتضمحل الروح الجماعية والعشائرية ويعطي الفرد حريات العمل والتفكير واتخاذ القرار فيما يتلاءم مع مصالحه وأهدافه.

وبصدد دراسة الهبات الفكرية والعلمية التي قدمها دوركهيام لعلم الاجتماع ينبغي علينا توضيح وتحليل أهم بحث قام به ألا وهو الانتحار. فدراسته للانتحار كانت توضح منهجيته العلمية الاجتماعية التي اعتمدها في دراسة الظواهر الاجتماعية ومشكلاتها وتشير إلى عقد علم النفس الفردي أو علم النفس الطبي في تفسير الظاهرة وملابساتها كما تعرف الدراسة مفهوم الانتحار وتصنيف أنواعه وتحلل عوامله السببية على نحو من العلمية والموضوعية.

ظهرت دراسة دوركهايم عن موضوع الانتحار في كتابة الموسوم "الانتحار" الذي نشره في عام ١٨٩٧ والذي ترجم إلى اللغة الانكليزية في عام ١٩٥٢. وقد بدأ دوركهايم دراسته هذه بقوله أن الحقائق الاجتماعية يجب النظر إليها ودراستها كظواهر خارجة عن إطار ومحيط ومقاصد وميول واتجاهات الفرد. وأن النظم الاجتماعية كالعائلة والزواج والدني والمؤسسات الثقافية والتربوية والعادات والتقاليد هي قوة اجتماعية تعلو على الفرد وتقيد حرياته الشخصية وقواه التفكيرية والإدراكية[1]. وعلم الاجتماع ينبغي أن يكون موضوعاً علمياً يهتم فقط بدراسة الحقائق والأدلة الموضوعية كما هي ويبتعد عن الأهواء والنزاعات

(١) الحسن ،إحسان محمد (الدكتور)، علم الاجتماع، دراسة نظامية، ص٣٨٤.

والمقاصد الذاتية التي تفسد درجة صدق وثبات الحقائق الاجتماعية والانتحار هو ظاهرة اجتماعية يجب أن يهتم بدراستها العالم الاجتماعي وليس المحلل النفساني أو المختص بالأمراض الفيزيولوجية لأنها أقرب إلى اختصاصه طالماً أنها تتعلق بالمحيط الذي يعيش فيه الفرد ويتعامل معه. وبالرغم من أن عملية الانتحار هي عملية شخصية بحتة إلا أنها لا تخرج عن نطاق المجتمع الذي يعيش فيه الشخص المنتحر إذ أن القوى الاجتماعية المحيطة بالفرد وليس حالته النفسية هي التي تدفعه إلى قتل ذاته.

يقول دروكهايم بان لكل مجتمع ميل أو اتجاه جمعي يدفع بعض أفراده إلى الانتحار وهذا الميل أو الاتجاه يعبر عنه بواسطة معدلات الانتحار في المجتمع والتي لا تتغير إلا بتغيير طبيعة وظروف المجتمع. ويضيف دوركهايم قائلاً بأن التناقضات والأخطاء التي قد تسيطر على البناء الاجتماعي لابد أن تكون عاملا من عوامل هاقم تشكله الانتحار فكلما كان الأفراد منسجمين مع المجتمع ومتكيفين لعاداته وتقاليده وظروفه وملابساته كلما تنخفض نسبة الانتحار فيه والعكس بالعكس إذا كان الأفراد غير متكيفين مع المجتمع ويعانون من مشكلات عدم التكامل وعدم الانسجام. لهذا السبب نرى بأن نسب الانتحار عالية في المجتمعات الصناعية المعقدة وواطئة في المجتمعات الزراعية البسيطة التي تتكون من جماعات تربط أفرادها علاقات ايجابية وصميمة. لهذا يشير دوركهايم إلى أن نسب الانتحار تكون عالية في المدن ومنخفضة في القرى والأرياف وتكون عالية ين العزاب وواطئة بين المتزوجين خصوصاً هؤلاء الذين لديهم أطفال. وتكون عالية بين المسيحيين والبروتستانت ومنخفضة بين اليهود والمسلمين. وأخيراً تكون نسب الانتحار بين العسكريين أعلى من نسب الانتحار بين المدنيين.

ويقوم دوركهايم بتمييز ثلاثة أنواع من الانتحار، وهذا التمييز يعتمد على طبيعة اختلاف التوازن الذي يطرأ على العلاقة بين الفرد والمجتمع ، وأنواع الانتحار الثلاثة التي يدرسها دوركهايم هي:

١- انتحار الوحدانية أو العزلة الاجتماعية Egoistic Suicide:

يظهر هذا النوع من الانتحار كنتيجة لانعزال الفرد عن المجتمع لسبب يتعلق بالفرد أو يتعلق بالمجتمع. فالفرد لا يستطيع تكوين علاقة طبيعية مع المجتمع لعدم تذوقه لقوانين وعادات وتقاليد المجتمع وسخطه على نظامه ووضعه العام. والمجتمع مـن جانبه لا يعطي المجال للفرد بالتفاعل معه والانتماء إلى مؤسساته البنيوية نظراً لتناقض ميوله واتجاهاته ومصالحه وأهدافه وقيمه مع تلك التي يتمسك ويؤمن بها الفرد، لذا يشعر الفرد بالبعد والاغتراب عن المجتمع. وهنا يفقد آماله وطموحه ويضيع كل شيء له علاقة بالمجتمع ويفشل في تذوق ثمرة عمله وجهوده. لذا تنعدم عنده معاني الحياة السامية ويفقد مقاييسه ومثله وقيمه. بعد ذلك يصاب بمرض نفسي خطير قد يؤدي به إلى الانتحار. وهذا النمط مـن الانتحار دائماً ما يصيب الأشخاص المعدمين والمحرومين والذين يعانون مـن الأمراض النفسية والعقلية.

٢- إنتحار التضحية في سبيل الآخرين Altrustic Suicide:

يعتبر انتحار التضحية في سبيل الآخرين مناقضاً من حيث أسبابه ودوافعه لانتحار الوحدانية أو العزلة الاجتماعية. فهو ناتج عن شدة تماسك وانسجام الفرد مـع جماعتـه وقوة علاقته الاجتماعية معها. ذلك أن جماعته كما يعتقد لها أهميتها وفاعليتها في وجوده وكيانه فهو لا يستطيع العيش دون وجودها ويكون معتمداً عليها ومتأثراً بتعاليمها وفلسفتها وأساليبها السلوكية كما يكون مستعداً للتضحية بماله ونفسه من اجل بقائها واستمرارها إذا تعرضت للخطر والتهديد. وعندما تتعرض الجماعة هذه لخطر العدوان أو التفكك فإنه يقوم بالدفاع عنها بكل ما يملك من قوة وبأس وفي أحيان كثيرة ينتهج الصيغ الانتحارية لانقاذها من مأزق التشتت والانقراض. وإذا فشل في إنقاذ الجماعة من الخطر فإنه يقوم على الانتحار علماً منه بأنه لا يستطيع العيش بدونها ولا يريد مشاهدة وضعها البائس والمشتت بعد فشلها في درء الأخطار والتهديدات. وما العمليات الانتحارية التي قام بها الضباط

الطيارون اليابانيون ضد قوى الحلفاء إبان الحرب العالمية الثانية إلا مثال حي لهذا النوع من الانتحار.

٣- **انتحار التفسخ الاجتماعيAnomic Suicide:**

يظهر هذا النوع من الانتحار عندما يفشل المجتمع في السيطرة على سلوك وعلاقات أفراده وعندما تتفسخ الأخلاق والآداب والقيم وتضعف العادات والتقاليد وتعم الفوضى والفساد في ربوع المجتمع وهو يفقد الفرد آماله وطموحاته وتضعف أو تنعدم عنده الرغبة في التفاعل مع الآخرين والانسجام معهم. وعندما يشعر الفرد بعدم قدرته على وضع حد لهذه الحالة المتفسخة والشاذة وعدم تغيير المجتمع نحو الأحسن فإنه يصاب باليأس والقنوط وانعدام الآمال والأهداف. ومثل هذه الحالة تلحق به المرض النفسي والكآبة والاشمئزاز من الحياة، وجميع هذه العوامل قد تقوده إلى قتل نفسه والتخلص من الحياة[١]. إذن التفسخ الاجتماعي Anomic الذي يعبر عن نفسه في ارتباك موازين الحياة واضطراب قيمها ومقاييسها وتشتت آمال وأهداف الفرد وتناقض مصالح الفرد مع مصالح المجتمع لا بد أن يدفع عدداً غير قليل من أبناء المجتمع على الانتحار، والأفراد الذين يتعرضون لهذا النمط من الانتحار هم المطلقون والمطلقات والمسنون والمسنات الذين يعتقدون بقيم ومقاييس ومثل معينة اكتسبوها من وسط المجتمع الذي عاشوا فيه وتفاعلوا معه. وعندما تغير هذا المجتمع وتغيرت معه القيم والمقاييس والمثل لم يستطع الأفراد المسنون تغيير قيمهم ومثلهم القديمة وإدخال القيم والمثل الجديدة التي دخلت المجتمع مؤخراً. وهنا يتعرض هؤلاء إلى عدم التكيف والانسجام مع المجتمع الجديد، فيفقدوا طموحاتهم وأهدافهم ويصبحوا من انقاض المجتمع والثائرين عليه. وعندما يفشلون في تغييره أو إصلاحه فإنهم يصابون بخيبة الأمل واليأس ومثل هذه الحالة المأساوية قد تدفعهم إلى الانتحار للتخلص من الحياة ومنغصاتها.

(١) المصدر السابق، ص ٣٨٦.

الفصل السادس

التحليل البنيوي والوظيفي للمجتمع

لكل مجتمع بشري بني ونظم اجتماعية أساسية تشكل هيكلة وإطاره الخارجي وتحدد علاقات وممارسات وتفاعلات أعضائه وترسم نموذج جوهره الداخلي وعناصره المثالية والروحية التي تسبب تماسكه وديمومته ونموه وتطوره. وبني ونظم المجتمع تكون على أشكال مختلفة تبعاً لطبيعة الوظائف التي تقدمها للإنسان والمجتمع[١]. مثلها مثل الأجهزة العضوية والفيزيولوجية التي يتكون منها الكائن الحيواني الحي كجهاز الدوران والجهاز الهضمي والجهاز العضلي والجهاز العصبي... الخ . هناك البنى الاقتصادية وهناك البنى السياسية والبنى العائلية ، ولكل من هذه البنى وظائف أساسية تخدم استقرار وتقدم وصيرورة المجتمع. لكن هذه البنى ما هي بالحقيقة إلا أحكام وقوانين اجتماعية مدونة أو متعارف عليها تحدد سلوكية وأخلاقية الأفراد وترسم أنماط علاقاتهم وتفاعلاتهم الاجتماعية وتضع أيديولوجية المجتمع وأسس نظامه الكلي وفروعه الجانبية وتصمم أنماط علاقات أجزائه بعضها ببعض[٢]. وكما يتجزأ البناء الاجتماعي إلى بني فرعية كالبنى الاقتصادية والدينه والعائلية والسياسية فإن بناء الفرع الواحد Sub-Social System كالبناء السياسي مثلاً يتجزأ إلى بنى ثانوية وفرعية يطلق عليها المؤسسات السياسيةPolitical Institutions كالأحزاب السياسية والسلطات والجماعات الضاغطة Pressure Groups. وكذلك تتكون المؤسسة السياسية

(١) Gerth, H. and C. Mills. Character and Social Structure, London, Routledge and Kegan Paul, ١٩٥٤, P.٢٥.

(٢) Maclver, R. and C. Page. Society, Losndon, macmmillan, ١٩٦٢, P.١٦.

الواحدة كالحزب السياسي من أدوار اجتماعية Social Roles مكملة بعضها لبعض، ومختلفة بوظائفها ومنازلها الاجتماعية وحقوقها المادية والمعنوية[١].

في هذا الفصل سنركز انتباهنا على مفهوم البنية الاجتماعية ومفهوم الوظائف الاجتماعية ومفهوم البنائية الاجتماعية وسنطبق هذه المفاهيم على المؤسسات والمنظمات السياسية والاقتصادية والأسرية ونكشف علاقة هذه ببقية المؤسسات البنيوية للمجتمع.

١- البنية الاجتماعية:

يعتبر اصطلاح البنية الاجتماعية من الاصطلاحات الأساسية التي تستعملها المدرسة الوظيفية البنائية كمدرسة مهمة من مدارس علم الاجتماع والانثروبولوجيا الاجتماعية.

يستعمل علماء الأنثروبولوجيا الاجتماعية اصطلاح البنية الاجتماعية بصورة مترادفة مع اصطلاح المنظمة الاجتماعية Social Organization غير أنه يستعمل بصورة خاصة في تحليل مؤسسات العائلة والقرابة والمؤسسات السياسية والشرعية في المجتمعات البدائية. لكن البروفسور فيرث Firth لا يستعمل اصطلاح بناء ليعني به المنظمة الاجتماعية. ففي مؤلفاته "عناصر المنظمة الاجتماعية" و"التحول الاجتماعي في تكوبيا" حاول التمييز بين هذين المصطلحين. فالمنظمة تهتم بالقرارات والأحكام التي تحدد نمط العلاقات الاجتماعية الحقيقية الداخلة في أجزاء البناء الوظيفي للمجتمع[٢]. بينما البناء الاجتماعي يشير إلى العلاقات الاجتماعية الجوهرية التي تحدد الشكل الأساسي للمجتمع وتبين الطريقة التي بواسطتها تنفذ الأعمال والفعاليات الروتينية والنظامية. أما البروفسور فورتس

---

(١) الحسن ، إحسان محمد (الدكتور)، علم الاجتماع السياسي، مطبعة جامعة الموصل ١٩٨٤، إرجع إلى الفصل السابع (الأحزاب السياسية).

(٢)Michell, Duncan. Dictionary of Sociology, London, Routledge and Kegan Paul, ١٩٧٣, . ١٨٦.

Fortes. فيعتقد بأن البناء الاجتماعي هو ذلك التركيب المنظم والمنسق للأجزاء المختلفة التي يتكون منها المجتمع كالمؤسسة والجماعة والعملية والمركز الاجتماعي. أما إيفانز بريجارد Evans Pritchard فيقول في كتابه "النيور" بان البناء الاجتماعي هو نسيج العلاقات الاجتماعية التي تقع بين الجماعات الأولية والثانوية التي يتكون منها المجتمع. بينما يقول البروفسور ليتش Leach. في كتابه "الأنظمة السياسية في مرتفعات البرما " بأن البناء الاجتماعي هو مجموعة الأفكار والآراء التي تهتم بتوزيع النفوذ والقوة بين الأشخاص والجماعات. اما رادكلف براون Redeliffe-Brown فقد حاول دراسة الفروق الأساسية بين الحضارة والبناء الاجتماعي. ففي كتابة الموسوم "العلم الطبيعي للمجتمع" أشار إلى أن حضارة المجتمع تنعكس في أنماط سلوكية أفراده وفي تفكيرهم وشعورهم، بينما البناء الاجتماعي هو شبكة العلاقات الاجتماعية التي تربط الأفراد خلال نقطة زمنية معينة. ويؤكد رادكلف براون في دراسته هذه على ضرورة دراسة الحضارة دراسة علمية من خلال النظر إلى البناء الاجتماعي، فالأنماط الحضارية ما هي إلا انواع من العلاقات الاجتماعية[١].

وقد شاع استعمال الاصطلاح في علم الاجتماع مؤخراً. إلا أنه لم يكن دقيقاً ومضبوطاً من ناحية المعنى والأهمية. ففي بعض الأحيان يستعمل اصطلاح البناء الاجتماعي ليعني انتظام السلوكية الاجتماعية وذلك لتكرارها بين فترة وأخرى واتخاذها نفس النماذج والظواهر الفعلية. وأحياناً يستعمل الاصطلاح في صورته الواسعة ليعني التنظيم الشامل للعناصر والوحدات التي يتكون منها المجتمع كالمنظمات والمؤسسات[٢]. كما يستعمل الاصطلاح بكثرة في النظرية البنائية الوظيفية التي تعتبر من النظريات الحديثة لعلم الاجتماع المعاصر. والاصطلاح يعني هنا العلاقة المتداخلة بين المراكز والأدوار الاجتماعية. فالتفاعل الذي يقع بين

(١)Radeliffe- Brown, E. Natural Science of Society , London , ١٩٥٦, See theIntroduction.

(٢) راجع، الحسن، إحسان محمد، البناء الاجتماعي والطبقية ، بيروت، دار الطليعة للطباعة والنشر، ١٩٨٥.

الأشخاص داخل النظام الاجتماعي يمكن التعبير عنه من خلال المراكز والأدوار الاجتماعية التي يشغلونها.

٢- المؤسسات والأدوار البنيوية:

لكن البنية الاجتماعية تتكون من المؤسسات البنيوية الأساسية التي تحدد طبيعة المجتمع. والمؤسسات البنيوية تتكون من تكامل الأدوار الاجتماعية لأعضائها ومنتسبيها[١]. والأدوار الاجتماعية لا يمكن أن تكون ثابتة ومترسخة إلا بعد إسنادها وتبريرها من قبل السلطة المؤسسية التي تنتمي إليها وتخضع لأحكامها وقوانينها. فالأدوار الاجتماعية في العائلة لا تعتبر شرعية ولا يمكن قبولها إذا لم تتبناها السلطة الأبوية في العائلة. والأدوار الاجتماعية في الدولة أو الحزب السياسي لا يمكن أن تكون شرعية ومقبولة إذا لم يتبناها قائد الدولة ورئيسها أو مؤسس وقائد الحزب السياسي. وعندما تكون الأدوار الاجتماعية مدعومة من قبل السلطة ومقبولة من قبل الأفراد الذين يشغلونها تتحول إلى مؤسسة اجتماعية لها قيادة وأحكام وقوانين معينة تحدد سلوكية وعلاقات أفرادها ومنتسبيها. إذن المؤسسة الاجتماعية هي من التنظيمات الأساسية التي تساعدنا على فهم الفرد بعد فهم طبيعته وسلوكه وعلاقته مع الآخرين. لذا يمكن اعتبار الأدوار الاجتماعية بمثابة الوحدات البنائية لتكوين المؤسسة ويمكن اعتبار المؤسسات الاجتماعية بمثابة الوحدات البنائية لتكوين البناء الاجتماعي ولكن يمكن اعتبار البناء الاجتماعي بمثابة علاقات متداخلة تربط مؤسسات المجتمع بعضها ببعض بل يمكن اعتباره احكاماً وقوانين تحدد سلوكية الأفراد وعلاقاتهم الاجتماعية. ويمكن تقسيم المؤسسات الاجتماعية Social Institutions حسب الأغراض والأهداف والوظائف التي تقوم بها . فالمؤسسات السياسية تهتم بتوزيع النفوذ والقوة على الأفراد والجماعات وترسم معالم الإدارة السياسية في المجتمع وتحدد حقوق وواجبات رئيس الدولة بالنسبة

---

(١) الحسن ، إحسان محمد، دراسات تحليلية في المجتمع المعاصر، بغداد، مطبعة دار السلام، ١٩٧٢، ص٥١.

لابناء الشعب وحقوق وواجبات أبناء الشعب بالنسبة للرئيس. وتعين واجبات السلطات الثلاث التشريعية والتنفيذية والقضائية وتفصل بينها. وتحدد طبيعة الايديولوجية السياسية التي تتبناها الدولة إضافة إلى قيامها برسم نمط العلاقات الدولية التي تربطها بالدول الأجنبية . والمؤسسات الاقتصادية تتبنى عدة وظائف للمجتمع أهمها تحديد نماذج النشاطات الاقتصادية للمجتمع والإشراف على الانتاج والتوزيع والاستهلاك والمحافظة على مستويات العملة الوطنية بالنسبة للعملات الأجنبية والسيطرة على شؤون التجارة الداخلية والخارجية ورسم السياسة الاقتصادية التي تتبناها المشاريع الانتاجية في المجتمع وبناء القاعدة المادية للإنتاج القومي مع تحديث القطاعات الأساسية للاقتصاد كالصناعة والزراعة والتجارة. أما المؤسسات العسكرية في المجتمع فتشرف على تدريب وتسليح القوات المسلحة وتحديد الظروف التي تعلن فيها حالة النفير العام والحرب وشرعية قتل الأعداء[١]. كما تضع الأحكام والقوانين التي تمكنها من إدارة وتطوير منظماتها وتشكيلاتها العسكرية وتحقيق الوحدة النفسية والاجتماعية بين أعضائها بحيث تكون منظمات وتشكيلات موحدة ومستعدة على تنفيذ الأوامر التي تصدر إليها من القيادة السياسية.

٣- الوظائف البنيوية:

هناك معنيان أساسيان في علم الاجتماع لاصطلاح الوظيفة المعنى الأول هو الواجبات والفعاليات والنشاطات التي تقوم بها المنظمة الاجتماعية والتي تشارك مشاركة فعالة في إشباع حاجات الأفراد وتلبية طموحاتهم الذاتية والاجتماعية فالوظائف الاجتماعية للمؤسسات السياسية هي الواجبات التي تقوم بها المنظمات السياسية في المجتمع والتي من خلالها يستطيع كل من الفرد والمجتمع تحقيق أهدافه الأساسية وفي نفس الوقت إنجاز وحدة وتكامل جماعاته ومنظماته المختلفة. والوظيفة الاجتماعية كما يقول العالم روبرت ميرتن Merton هي نتيجة

(١) Gerth, H. and C. Mills. Character and Social Structure, P. ٢٦.

موضوعية لظاهرة اجتماعية يلمسها الأفراد والجماعات وقد تكون ظاهرة Manifest Function أو تكون كامنة وغير متوقعة Latent Function[1].

الوظيفة الظاهرة هي نتيجة موضوعية للنظام الذي توجد فيه ، وتكون هذه مقصودة ومعترف بها من قبل الأشخاص الذين يقومون بها كوظيفة تحقيق الفكرية لأعضاء الحزب السياسي. أما الوظيفة الكامنة فهي الوظيفة غير المتوقعة وغير المقصودة من قبل أعضاء المنظمة الذين ينفذونها، فقد يتخذ الحزب السياسي مثلاً بعض الاجراءات لتحقيق الوحدة الايديولوجية بين أعضائه ولكن هذه الاجراءات لا تنتج بتحقيق الوحدة المنشودة بل تنتج بظهور الانقسام والتكتل داخل الحزب السياسي. ولكي نميز بين النشاطات التي تساعد على بقاء النظام الاجتماعي والمحافظة عليه والنشاطات التي تسبب اختلاله واضطرابه يجب علينا النظر إلى الوظائف البناءة التي تتماشى مع النظام وتحقق أهدافه وطموحاته Eufunciton والوظائف الهدامة التي تتناقض معه وتحول دون تحقيق أهدافه Dysfunction ومن الجدير بالإشارة هنا إن الوظائف الظاهرة والكامنة قد تكون بناءة أو هدامة بالنسبة للنظام الاجتماعي الذي توجد فيه.

ويستعمل اصطلاح الوظيفة في معنى ثان يقصد به الترابط والتكامل. ففي علم الرياضيات نقول مثلاً أن المتغير (س) مكمل للمتغير (ص) أي أن تغيير في (س) لا بد أن يسبب تغييراً مماثلاً في (ص). وبالرغم من اختلاف الاستعمالين لاصطلاح وظيفة (الاستعمال الاجتماعي والرياضي) فإن كليهما مرتبطان ويكمل أحدهما الآخر. لهذا نستطيع القول بأن للوظيفة ظواهر اجتماعية تساعد على استمرارها في القيام بعملها وأن لا بد إن يؤثر في جميعها. إذن هناك علاقة مباشرة بين الوظيفة التي هي نتيجة لنظام اجتماعي معين والوظيفة التي هي ترابط بين متغيرات مختلفة.

(١)Merton, R.K.Social Theory and social Structure, New York, The Free Press, ١٩٦٧, PP.٦٠-٦٢.

إن جذور الدراسة الوظيفية في علم الاجتماع تمتد إلى فترة القرن الثامن عشر التي ظهر خلالها مفكرون اجتماعيون بارزون أمثال فولتير وروسو وهوبز الذين اعتنقوا مبدأ العلاقة الوظيفية بين متغيرين أو عاملين أحدهما مستقل والثاني معتمد. يقول فولتير مثلاً بأن الاعتقاد بالله سبحانه وتعالى هو اعتقاد وظيفي أساسي بالنسبة للإنسان، فطالما هناك إنسان فلا بد أن تكون هناك فكرة الاعتقاد بالله سبحانه وتعالى حيث إن الإنسان والعقيدة بالله هما شيئان متلازمان ومترابطان. ظهر الدافع الحقيقي لاستعمال اصطلاح "وظيفة" نتيجة ظهور علماء اجتماع القرن التاسع عشر مثل اوجست كونت وهربرت اسبنسر الذين شبهوا المجتمع الإنساني بالكائن الحيواني من حيث الأجزاء البنائية والوظائف وقد استعلموا كلمة وظيفة محل كلمة غاية أو غرض طالما أن وجود الظواهر الاجتماعية لا يعتمد على النتائج التي تحدثها[1].

إلا أن الاتجاهات الوظيفية الأولى قد انعكست في علم الاجتماع الحديث من خلال التطورات السسيولوجية الحديثة التي ظهرت خلال الفترة الزمنية ١٩٢٠- ١٩٤٠ فقد شهدت فترة العشرينات تغيرات فكرية جذرية في ميدان علم الانثروبولوجيا الحضاري والاجتماعي. ومثل هذه التغيرات الفكرية انعكست في كتابات وبحوث العالم الأنثروبولوجي البولندي الأصل والبريطاني الجنسية البروفسور برونسلا ومالتوفسكي الذي وضع أسلوبه الآلي واستعمله في تحليل المجتمات البدائية إلى عناصرها الاولية. وقام بتفسير المؤسسات الاجتماعية بالنسبة لعلاقتها بالمؤسسات الأخرى في المجتمع البشري الواحد ووضح أهميتها في إشباع وسد الحاجات الضرورية خصوصاً الحاجات البايولوجية لأعضاء المجتمع. لكن أهمية مالتوفسكي كعالم اجتماعي وظيفي تقل عن أهمية العالم الاجتماعي الانكليزي رادكلف براون بالنسبة لتفسيرات المشاكل النظرية التي تواجه المدرسة الوظيفية

(١) Hinkle, R. The Development of Modern Sociology, New York, Random House, ١٩٦٣, PP.٤-٥.

البنائية. فرادكلف براون شبه الحياة الاجتماعية بالحياة العضوية ، غير أنه حاول تجنب آراء دوركهايم التي تؤكد على أهمية إشباع حاجات الكائن الاجتماعي واستعمل محلها الظروف الضرورية لوجود وبقاء الكائن الاجتماعي. وكان هذا بدافع من رغبته بتجنب المدلولات الغائية للأشياء كفكرة الروح الموجهة أو القوة الغامضة في الحياة الاجتماعية. وفي الفترة الزمنية التي نحن بصددها ١٩٢٠-١٩٤٠ اهتم علم الاجتماع اهتماماً متزايداً بالفكرة المجردة للأنظمة الاجتماعية. هذه الفكرة التي لم تنظر إلى المجتمعات البشرية نظرة ضيقة بل نظرت إليها نظرة شمولية عامة إذ اعتبرتها أنظمة متصلة ومكملة الواحدة للأخرى. وقد اعتمد العالم الاجتماعي تالكت بارسنز Talcott parsons هذا الأسلوب الدراسي في جميع بحوثه وتحليلاته الاجتماعية. ففي كتابة "تركيب الفعل الاجتماعي" الذي نشره عام ١٩٣٧ يبرز هذا الأسلوب التجريبدي الذي اعتمده في تفسير نظرته البنائية الوظيفية التي لعبت دوراً كبيراً في تحويل الوظيفة الاجتماعية إلى فكرة نظامية وعقلانية متطورة قادرة على تفسير المجتمع وظواهره ملابساته.

غير أن بارسنز وصف أسلوبه الوظيفي هذا بالأسلوب الغائي الذي يختلف عن الأسلوب الغائي الذي اتبعه علماء اجتماع القرن التاسع عشر من حيث درجة موضوعيته وخلوه من التناقض والجدل. وبالأسلوب الغائي يعني بارسنز دراسة العلاقة بين الواسطة Means والغاية End، فالنشاطات والظروف الاجتماعية قد تساعد على تطوزير ونمو النظام الاجتماعي أو قد تقف موقفاً معاكساً لنموه وتطوره. لكن الوظيفة البنائية Structural Functionalism تتميز بالمزايا التالية على حد قول بارسنز:

١- قيامها بتثبيت الحدود بين النظام الاجتماعي والأنظمة الأخرى كالنظام الحضاري والبايولوجي ونظام الشخصية مثلاً.

٢- قدرتها على وضع الحدود التجريبية والتاريخية بين الوحدات البنائية الرئيسية للنظام الاجتماعي مع التاكيد على العلاقات النظامية بين هذه الوحدات

٣- اهتمامها المتزايد بالظروف والعوامل التي تساعد على استقرار وتكامل وفاعلية النظام الاجتماعي المطلوب دراسته.

إن جميع الاتجاهات والأفكار الموظيفية تتصف بهذه المزايا ولكن من أهم هذه الاتجاهات والأفكار وأكثرها تأثيراً فكرة الضرورات الوظيفية Functional Imperatives هذه الفكرة التي تشير إلى أربع مشاكل أساسية لكم في النظام الاجتماعي وتواجه بقية الأنظمة الاجتماعية الفرعية في المجتمع[١]. لذا ينبغي على المجتمعات مواجهتها بصورة فعالة وحازمة أما الضرورات الوظيفية الأربع فهي:

١- قابلية النظام على تكييف نفسه للأنظمة الأخرى وللبيئة الطبيعية التي يوجد فيها.

٢- تحقيق الأهداف الرئيسية للنظام

٣- قابليته على تحقيق الوحدة بين أعضائه.

٤- قدرته على المحافظة على الاستقرار والانسجام.

لكن فكرة الضرورات الوظيفية ليست هي نفس فكرة المتطلبات الوظيفيةFunctional Prevequisites على الرغم من التشابه الموجود بينهما. ففكرة المتطلبات الوظيفية تشير إلى تحقيق وإنجاز الظروف الأساسية التي تساعد النظام الاجتماعي على البقاء والاستمرار والتطور، ومن هذه الظروف تنشئة الأطفال تنشئة اجتماعية، اللغة المشتركة وطريقة توزيع الأدوار الاجتماعية على أبناء المجتمع أو الجماعة. وأخيراً توزيع المكافآت والحقوق على الأفراد بطريقة تعتمد على طبيعة الواجبات التي يقومون بها في المجتمع. أن لجميع المنظمات

(١) Martindale . D. The Nature and Tupes of sociological Theory, Boston, Miflin co., ١٩٨١. P. ٤٧٩.

الاجتماعية كالدولة والعائلة والجامع أو الكنيسة، الأحزاب السياسية، السلطات والجماعات الضاغطة... إلخ وظائف اجتماعية مهمة تساعد النظام على تحقيق أهدافه وطموحاته وتنتج في توازن وتكامل أجزائه البنيوية[١]. والنظرية الوظيفية التي تكلمنا عنها أعلاه هي منهج لتطوير الظواهر الاجتماعية والسياسية من خلال الكشف عن طبيعة وظائفها وقدرتها على تحقيق الأهداف والطموحات. فدراستنا للأحزاب السياسية مثلاً تدفعنا على توضيح الوظائف التي تؤديها للمجتمع كترجمة حاجات الأفراد والجماعات إلى سياسات واضحة يمكن الاستفادة منها في رسم معالم شكلية المجتمع ومسيرته المستقبلية، وإذا كانت الأحزاب السياسية تعبر عن طموحات الأفراد وضمير الأمة ومستقبلها فإنها تشارك مشاركة فعالة ومجدية في نهوض المجتمع وتقدمه. كما أن الطريقة الوظيفية تمدنا بالأدوات اللازمة للبحوث السياسية والاجتماعية إذ أنها تمكننا من طرح التساؤلات الرئيسية عن موضوع البحث ومشكلته كأن نتساءل مثلاً كيف يستطيع الحزب السياسي التعبير عن مصالح الأفراد والجماعات؟ وإذا لم تكن هناك أحزاب سياسية فكيف يمكن التعبير عن المصالح المتصارعة والمتناقضة للناس. وما هو أسلوب اتباعها؟ وهكذا تكون الطريقة الوظيفية طريقة للتفسير وطريقة للبحث في الوقت ذاته إضافة إلى استعمالها لمجموعة من المفاهيم والمصطلحات العلمية التي تستخدم في صياغة فروضها ونظرياتها وقوانينها. إن الدراسة الوظيفية للأحزاب السياسية لا تتطرق فقط إلى الوظائف الأساسية التي تقوم بها الأحزاب لاعضائها وللمجتمع الكبير فقط بل إنها تحاول الربط بين الأحزاب السياسية وبقية مؤسسات المجتمع.

(١) MacIver. R. and C. Page . Society, P. ٤٩٤.

٤- التحليل الوظيفي للبنية السياسية :

إن المؤسسات السياسية جزء من البناء الاجتماعي، وكما نستطيع تحليل البناء الاجتماعي إلى عناصره ومكوناته الأساسية فإننا نستطيع تحليل البنية السياسية إلى عناصرها الأولية. لكن قبل قيامنا بتحليل المؤسسات السياسية يتبغي علينا تحديد ماهية المنظمات السياسية التي تخضع لقوانين وأحكام البناء الاجتماعي. كذلك ينبغي أن نوضح الفروق الجوهرية بين المؤسسات والمنظمات السياسية، المؤسسة السياسية هي مجموعة الأحكام والقوانين التي تحدد علاقات وسلوكية الأفراد في المنظمات السياسية كالأحزاب والسلطات والجماعات الضاغطة والمنظمات السياسية السرية... الخ. أما المنظمة السياسية Political Organization فإنها جمعية أو منشأة ينتمي إليها الأفراد لتحقيق أهدافهم ومأربهم السياسية. فالأفراد في المجتمع ينتمون إلى المنظمات السياسية ولا ينتمون إلى المؤسسات السياسية حيث أن المؤسسات هي أحكام وقوانين وأعراف سلوكية وانضباطية تحدد أعمال وواجبات المنظمات التي توجد فيها[(١)]. فلو أخذنا الحزب السياسي مثلاً وحللناه تحليلاً اجتماعياً علمياً لوجدنا بأنه يتكون من أدوار اجتماعية مختلفة بواجباتها ووظائفها ومختلفة بمنازلها الاجتماعية وسمعتها وامتيازاتها المادية والمعنوية. فدور زعيم أو قائد الحزب يختلف عن دور عضو الفرع أو الشعبة ودور الأخير يختلف عن دور العضو العامل ودور العضو العامل يختلف عن الأدوار الاجتماعية التي يتكون منها الحزب، فإن كل دور منها مكمل للأدوار الأخرى حيث أن الادوار الاجتماعية التي تقع في القمه والتي تشكل المراكز القيادية للحزب تكمل الأدوار الاجتماعية التي تقع في القاعدة. وهذا يدل على إن القيادة تعتمد على القاعدة والقاعدة تعتمد على القيادة ولا يمكن وضع الحدود الفاصلة

(١)Ibid., P.١٨.

بينهما لأن مثل هذه الحدود تعرقل سير العمل الحزبي وتمنع الحزب من بلوغ أهدافه وطموحاته القريبة والبعيدة الأمد.

هذا ما يتعلق بتحليل البنية السياسية إلى مكوناتها الأولية. أما طبيعة البنية السياسية فتتميز بالقوة الشرعية ، هذه القوة التي تعتبر المحرك الأساسي لجميع المنظمات السياسية في المجتمع. فالبنية السياسية تتولى مهمة السيطرة على مدخلاتها أي المعطيات التي تساعدها على العمل والفاعلية Political Inputs كالمستلزمات المادية والخدمية (البنايات، الأجهزة، والمعدات، وسائل النقل، النقود، الكادر الخدمي والوظيفي ..الخ)، وسائل تنظيم السلوك السياسي، المشاركة في الفعاليات السياسية عن طريق الانتخابات ، الامتثال للقوانين والقرارات الصادرة عن السلطة السياسية...الخ. وتحاول البنية السياسية الاستفادة من هذه المدخلات وتشغيلها وتحويلها إلى مخرجات Political Outputs تساعد على تحيق أهداف النظام الاجتماعي وتمكنه من الاستقرار والتكامل[1]. ولكن بدون القوة الشرعية التي تتمتع بها البنية السياسية في المجتمع لا تستطيع المنظمات السياسية من تسخير مدخلاتها وتشغيلها وتحويلها إلى مخرجات تسهم في الاستقرار والنمو السياسي الذي يحتاجه المجتمع المتحضر ـ إذن ترتبط جميع الإمدادات والمدخلات التي تدخل إلى البنية السياسية وكذلك جميع المخرجات والطاقات التي تصدر عنها بممارسة السلطة. والسلطة في هذا السياق تعني استخدام أساليب القوة والعنف وبقية القواعد الملزمة قانونياً على إرغام الفئات الخارجة عن النظام بإطاعة الأنظمة والقوانين واحترام السلطة وتنفيذ أوامرها وتعليماتها. أما الخروج عن الشرعية وعدم تقبل القوانين والقرارات المعبرة عن إرادة السلطة فإنه يعرض النظام السياسي إلى الاضطرابات والقلاقل التي قد تؤدي إلى انهياره وسقوطه. والنظام السياسي شأنه

(١) محمد، محمد علي (الدكتور)، دراسات في علم الاجتماع السياسي، دار الجامعات المصرية، الاسكندرية، ١٩٧٧، ص٩٩.

شأن بقية الأنظمة الاجتماعية الأخرى يتفاعل مع البيئة الاجتماعية ويدخل معها في علاقات متبادلة تشير إلى تكامل واتحاد جميع الأنظمة الفرعية للمجتمع.

أما أهم المدخلات أو التكاليف التي تضمن فاعلية وديمومة وداينميكية البنية السياسية والتي لا يمكن الاستغناء عنها بأية صورة من الصور فيمكن درجها بالنقاط التالية:

١- المنشآت والنقود والخدمات. المنظمات السياسية تحتاج إلى بنايات خاصة بها تستطيع من خلالها القيام بواجباتها ومهامها الأساسية، وهذه البنايات تحتاج إلى الأثاث وبقية الأجهزة والمعدات التي يحتاجها العاملون فيها. وتتطلب المنظمات السياسية أيضاً الكادر الإداري والفني والعلمي والدبلوماسي الذي يضمن سير العمل وتنفيذه. إضافة إلى حاجتها إلى المواد المالية التي تنفقها على دفع رواتب وأجور موظفيها ومستخدميها وشراء الأجهزة والمعدات التي تحتاجها.

٢- الترتيبات التي تتخذها المؤسسات السياسية في تنظيم السلوك السياسي في المجتمع كإجراء الانتخابات العامة وتحديد واجبات وحقوق السلطات الثلاثة وتنظيم العلاقة بين الدولة والأحزاب السياسية وتحديد فعاليات الأحزاب السياسية... الخ.

٣- تهيئة الجماهير على المشاركة في الفعاليات السياسية كالطلب اليهم بأشغال المراكز الإدارية والدبلوماسية في المنظمات السياسية شريطة تمتعهم بمواصفات مهنية وعلمية معينة. وإتاحة المجال أمام الجماهير بالمشاركة في الانتخابات العامة ومنحهم الحريات الكافية بالتعبير عن آرائهم حول القضايا السياسية المهمة التي تقرر مصير ومستقبل بلدهم..الخ.

٤- الامتثال للقوانين والقرارات الصادرة عن السلطة السياسية وعدم الاعتراض عليها أو التهرب من تنفيذها مع ضرورة دفع وتسديد الضرائب المفروضة على الأفراد أو الشركات أو الجمعيات .

وقد ميز أيستون Easton في كتابه " مدخل إلى تحليل الأنظمة السياسية" ثلاثة نماذج من المدخلات السياسية تمثل الدعامات الأساسية للبنية السياسية وهذه هي:

١- ضرورة مشاركة كل فرد من أفراد المجتمع في النسق السياسي بحيث يكون هذا النسق متكاملاً وقادراً على الإيفاء بالتزاماته تجاه المجتمع.

٢- تكوين البنية السياسية للنظام الحاكم The Regime التي تتألف من عدد من التنظيمات الرسمية التي تتولى عملية صنع القرارات السياسية ومتابعة تنفيذها وترجمتها إلى واقع عمل حي. وهذه التنظيمات تشمل عادة السلطات الثلاثة وهي السلطة التشريعية والتنفيذية والقضائية.

٣- تشخيص مراكز السلطة وتعيين الأشخاص لأشغالها وأداء واجباتها علماً بأن قرارات وأوامر شاغلي هذه المراكز يجب الالتزام بها وإطاعتها من قبل أبناء المجتمع[١].

هذا ما يتعلق بأحكام البنية السياسية، أما الوظائف البنيوية السياسية أي وظائف مكونات وعناصر النظام السياسي للمجتمع فتعتمد على طبيعة وأهمية وفاعلية المنظمات السياسية ذاتها كالأحزاب والسلطات السياسية والجماعات الضاغطة... الخ. ووظائف المنظمات السياسية تعتمد على أحكامها وقوانينها ودرجة ارتباطها بمنظمات المجتمع الأخرى. كما تعتمد على حجمها وسعتها ودرجة نضجها التاريخي وطبيعة الأدوار الاجتماعية الوظيفية الموجودة فيها.

(١)Easton. D. An Approach to the Analysis of Political Systems, in "World Politics", Vol.٩, ١٩٥٦, P.٧٥٠.

إن النظرية الوظيفية في علم الاجتماع توضح لنا كيفية قيام المنظمات السياسية بوظائفها والتزاماتها وذلك بعد تحليل هذه المنظمات إلى عناصرها الأولية[1]. فالحزب السياسي الذي هو منظمة اجتماعية يتكون من أدوار اجتماعية مختلفة من حيث واجباتها وعلاقاتها الاجتماعية ومنازلها وقوتها الاجتماعية. ولكل دور اجتماعي التي تكون على أنواع مختلفة كالعلاقات العمودية والعلاقات الأفقية والعلاقات الرسمية وغير الرسمية. فواجبات وحقوق عضو الحزب تحدد له من قبل قانون أو دستور الحزب الذي قد يكون مدوناً أو غير مدون. عندما يتصل عضو الحزب بالنصير أو المؤيد أو بعض الشعبة أو الفرع فإن اتصاله هذا يسمى بالاتصال العمودي لأنه يقع بين أدوار اجتماعية تختلف بواجباتها وحقوقها الاجتماعية. وعندما يتصل العضو بعضو آخر فإن اتصاله هذا يسمى بالاتصال أو العلاقة الأفقية لأنها تقع بين شخصين يحتلان مركزاً وظيفياً واحداً. وزفي حالة اتصال عضو الحزب بعضو آخر ويكون الاتصال هذا حول الامور التنظيمية والحزبية او السياسية فإن هذا الاتصال يسمى بالاتصال أو العلاقة الرسمية. في حين إذا كان الاتصال بين هذين العضوين حول الأمور الشخصية التي تهمهم كأمور العائلة والأطفال والأمور الثقافية والترفيهية فإن الاتصال أو العلاقة هذه تسمى بالعلاقة غير الرسمية وهكذا.

إن معظم العلاقات والتفاعلات الاجتماعية بين القيادة والقاعدة في الأحزاب السياسية تكون رسمية أي أنها تحدد بقوانين رسمية مدونة أو غير مدونة. وفي حالات كثير تكون العلاقات الاجتماعية بين القيادة والقاعدة غير رسمية أي أنها لا تحدد بقوانين وأحكام رسمية. وكلما كانت العلاقات الاجتماعية التي تربط أعضاء الحزب غير رسمية كلما كانت قوية ومتماسكة، وكلما كانت العلاقات الاجتماعية التي تربط القيادة بالقاعدة رسمية كلما كانت هذه العلاقة ضعيفة وهامشية. وإذا

(١) Davis, K. Human Society, New York, Macmillan Co. ١٩٦٧.PP.٤٨٩-٤٩٠.

كانت العلاقات الاجتماعية التي تربط أعضاء الحزب رسمية وضعيفة فإن الحاجز الاجتماعي والسيكولوجي سرعان ما يظهر بين قيادة وقاعدة الحزب.

وهذا الحاجز لا بد أن يقود إلى تصدع كيان الحزب وعدم وحدة أفراده ومنتسبيه. وعندما لا يكون الحزب موحداً فإنه يكون عاجزاً عن تحقيق أبسط أهدافه وطموحاته. لذا والحالة هذه ينبغي أن تتحول العلاقات الاجتماعية التي تربط قيادة الحزب بقاعدته مـن علاقات رسمية تتسـم بالضـعف والجمـود والسكون إلى علاقات غـير رسمية تتميز بـروح الصداقة والحب والإخاء والتعاون والإيثار. واذا كانت العلاقة الإنسانية التـي تـربط قيـادة الحزب بقاعدة غير رسمية فإن الحاجز الاجتماعـي والنفسيـ الـذي قـد يفصل القيـادة عـن القاعدة سيزول عـاجلاً أم آجـلاً. وفي حالـة زوال هـذا الحاجز فإن الحـزب سيكون منظمـة اجتماعية موحدة. ووحدة المنظمة هذه ستمكنها من تحقيق أهدافها وطموحاتها.

هذا ما يتعلق بتحليل العناصر والعلاقات والفعاليات الداخليـة للمنظمـة السياسـية كالحزب مثلاً. أما الوظائف العامة التي يقوم بها النظام السياسي في المجتمع فيمكن تقسيمها إلى خمسة وظائف أساسية هي:

١- ترجمة الأفكار والمبادئ والقيم والمثل السياسـية التـي يـؤمن بهـا المجتمـع إلى سياسات عملية تلعب الدور الكبير في نمـو المجتمـع وتقدمـه وفي نفس الوقـت تحقيق أهداف وطموحات أفراده.

٢- تشريع وتنفيذ القوانين المتعلقة بتنظيم شـؤون وفعاليـات المؤسسـات البنيويـة التي يتكون منها البناء الاجتماعي مع تحديـد واجبـات وحقـوق الشـعب تجـاه الدولة وواجبات وحقوق الدولة تجاه الشعب.

٣- التصدي للأخطار الداخليـة والخارجيـة التـي تهـدم النظام الاجتماعـي وتعرقل مسيرة المجتمع كالانقسامات السياسية الداخلية، الصراع بين الأقليـات القوميـة، الصراعات الاجتماعية والطبقيـة. أو التصـدي للعـدوان الخـارجي الـذي يـداهم المجتمع ويتحدى وجوده وقوميته وتراثه

ومقدساته. وهنا تلعب القوات المسلحة التي تسيطر عليها البنية السياسية الدور الكبير في التصدي للعدوان الخارجي وتصفية آثاره السلبية.

٤- قيام النظام أو النسق السياسي على تشجيع الأفراد بالمساهمة في شؤونه وأشغال الأدوار المهمة فيه بعد الحصول على التدريب والمهارة والكفاءة الإدارية والمهنية مع مكافأة شاغلي هذه الأدوار وتحفيزهم على تقديم المزيد من الخدمات والفعاليات المفيدة والبناء والتي من شأنها أن تطور نوعية العمل السياسي في المجتمع.

٥- العمل على تكييف النظام السياسي برمته إلى طبيعة البيئة الاجتماعية التي يوجد فيها مع ترجمة أديولوجية النظام الاجتماعي إلى واقع عمل يسهم في تحقيق أهداف القيادة السياسية.

الفصل السابع

المؤسسات العائلية والقرابية

ماهية وطبيعة العائلة البشرية

العائلة هي عبارة عن منظمة اجتماعية تتكون من أفراد يرتبطون ببعضهم بروابط اجتماعية وأخلاقية ودموية وروحية وهذه الروابط هي التي جعلت العائلة البشرية تتميز عن العائلة الحيوانية. فالعائلة الحيوانية عديمة العنصر الروحي والأخلاقي والاجتماعي وتخضع لأحكام ودوافع الغرائز والميول البايولوجية غير المهذبة وتكون درجة نظمها وعلاقاتها وسلوكها بسيطة وجامدة ومتحجرة . في حين تتمتع العائلة البشرية بأنظمة وعلاقات وطقوس سلوكية متطورة يقرها المجتمع ويبرر وجودها[١]. ومثل هذه الأنظمة والعلاقات والطقوس تلعب الدور الكبير في تطوير الإنسان والجماعة والمجتمع وتساهم في تحقيق الأهداف التي ينشدها الأفراد على كافة خلفياتهم وانحداراتهم العنصرية والقومية والطبقية. إن الإنسان اجتماعي بالطبع فهو يميل دائماً إلى الاجتماع ولا يستطيع العيش منعزلاً عن الآخرين وإنه دائماً يتوخى ايجاد الروابط والتفاعلات مع أبناء جنسه فيكون بذلك حلقات وجماعات اجتماعية متنوعة ومتداخلة أبسطها حلقة العائلة وأوسعها حلقة الإنسانية الشاملة والمتنوعة[٢]. إن للعائلة اليوم مكانة بارزة في المجتمع بل هي الركن الأساسي في كيان المجتمع الحديث. فهي توسع أفكار الفرد وتدفعه نحو العمل والتقدم بعد أن تمنحه التنشئة الاجتماعية التي يحتاجها وتدافع عنه عندما تداهمه المشاكل والمصاعب ويتعرض إلى الأخطار التي تكمن في مجتمعه المعقد[٣]. إن العائلة هي كتلة اجتماعية، والجوامع والنوادي والمؤسسات السياسية وكافة الهيئات

(١) Davis, K. Human Socierty, New York, ١٩٦٧, P. ٣٩٧.

(٢) Ginsberg, M. Sociology, London, ١٩٥٠, PP. ٩٩-١٠٠.

(٣) Goodsell, W.A. History of Marriage and Family, New York, ١٩٥٥, p. ٢٣.

الاجتماعية الأخرى، والمجتمع الكبير مسؤول تجاه العائلة وله صلات وعلاقات وثيقة معها[١].

وليس لاصطلاح العائلة تعريفاً ومعنى واضحاً يتفق عليه العلماء بالرغم من أن العائلة هي من الوحدات الأساسية التي يتكون منها البناء الاجتماعي ولكن العائلة حسب تعريف أوكبرن ونيمكوف هي عبارة عن منظمة دائمية نسبياً تتكون من زوج وزوجة مع أطفال أو بدونهم أو تتكون من رجل وأمرأة على انفراد مع ضرورة وجود أطفال[٢]. وتربط هؤلاء علاقات قوية ومتماسكة تعتمد على أواصر الدم والمصاهرة والتبني والمصير المشترك. أما مكايفر فيعرف العائلة بأنها وحدة بنائية تتكون من رجل وامرأة تربطهما علاقات روحية متماسكة مع الأطفال والأقارب، ويكون وجودها قائم على الدوافع الغريزية والمصالح المتبادلة والشعور المشترك الذي يتناسب مع أفرادها ومنتسبيها[٣]. بينما يعرفها وستر مارك بأنها تجمع طبيعي بين أشخاص انتظمتهم روابط الدم فألفوا وحدة مادية ومعنوية تعتبر من أصغر الوحدات الاجتماعية التي يعرف المجتمع الإنساني[٤]. أما برجس ولوك وهارفي فيعرفون العائلة بأنها جماعة من الأفراد تربطهم روابط قوية ناجمة عن صلات الزواج والدم والتبني وهذه الجماعة تعيش في دار واحد.

ويعرف كنكزلي ديفيز العائلة بأنها جماعة من الأفراد تربطهم روابط دموية واجتماعية متماسكة[٥]. إلا أن تعريف ديفيز للعائلة هو تعريف ناقص خصوصاً بالنسبة للعائلة الغربية التي تتميز في بعض الحالات بالروابط الدموية حيث أن انتماء بعض أفرادها يكون عن طريق التنبني. وفي حالة المجتمعات البدائية تعتمد

---

(١) الحسن ،إحسان محمد (الدكتور) العائلة والقرابة والزواج، دار الطليعة ، بيروت ، ١٩٨٦، ص١٠.

(٢) Ogburn, W. and Nimkoff, M. A. Handbook of Sociology, New York< ١٩٥٨. P.٤٨٨.

(٣) Maclver, R. and Page, C. Society, London , ١٩٦٢, P.٢٣٨.

(٤) Westermarch, E. A Short History of Marriage and the Family, London, ١٩٢٦, PP.٤-٥

(٥)Burgess, E., Locke, H., Thomas, M.The Family from Tradition to Companionship, ٤th Edition, New York, PP.

الصلات والروابط العائلية على الاعتراف الاجتماعي ولا تعتمد فقط على الانجاب، فالعوائل في هذه المجتمعات قد تقبل أعضاء فيها بعض الأشخاص الدين تحبهم وتثمنهم. وفي بعض أجزاء جزيرة ميلنزيا(*) لا تعتبر ولادة الطفل في العائلة العالم الأساسي الذي يحدد انتماءه لها بل أن هناك اعتبارات أخرى تحدد مبدا الانتماء فالرجل الذي يدفع نفقات عملية الولادة يعتبر الأب الشرعي للطفل (**) وزوجته تعتبر أماً للطفل الوليد[1]. وفي أجزاء أخرى من هذه الجزيرة يصبح الرجل أباً عندما يزرع شجرة السيكاس أمام داره(***) وهناك مجتمعات أخرى يعتبر فيها أبن المرأة أبناً لزوجها حتى ولو مكان أبوه شخصاً آخراً.

إن تعريف برجس للعائلة يتميز بالضعف وارتباك وذلك لعدم تمييزه بين عوائل مجتمع ما وعوائل المجتمعات الأخرى. فتعريفه ينطبق فقط على العائلة النووية Nuclear Family التي تتكون من الأب والأم والأطفال الصغار. هذه العائلة التي تعتبر وحدة مستقلة عن وحدات المجتمع المحلي. إن العائلة النووية هي عائلة توجد في المجتمع الصناعي الحديث وهي تعبر عن ظروف هذا المجتمع وتنسجم مع مميزاته ومشكلاته، والمجتمع الذي تتواجد فيه العائلة النووية يتسم بالصفات التالية:

شرعية تمتع الأفراد بحقوق الملكية، وجود القانون الكوني الذي يطبق على جميع الأفراد، وجود درجة عالية من الانتقال الجغرافي والاجتماعي، تدخل الدولة في شؤون الأفراد وقيامها بمساعدة العوائل... الخ. والعائلة النووية هي من أهم

(*) تقع جزيرة ميلنزيا في المحيط الهادي وبالقرب من قارة أستراليا وهي من أحد جزر الهاواي

(**) إن صلة الدم بالمولود هي صلة بايدلوجية أو دموية اما صلة الأب بالمولود فهي صلة اجتماعية تعتمد على الأعراف والتقاليد ولا تعتمد على الروابط الدموية.

(1) Mitchell D. A. Dictionary of Sociology, London , ١٩٧٣, P.٧٧.

(***) شجرة السيكاس هي شجرة شبيهة بشجرة السرخس أو النخل وهي شجرة مقدسة في جزيرة ميلنزيا لأنها رمز الطهارة والحب والجمال والأخلاص.

الظواهر الاجتماعية التي تميز المجتمعات الصناعية[١]. وتتسم هذه العائلة بصلابة العلاقات الاجتماعية بين الزوجين ووجود المصالح والأهداف المشتركة بين الآباء والأبناء[٢]. والعلاقة الاجتماعية بين أفراد العائلة النووية تكون قوية جدا خصوصا عندما يكون الأطفال صغاراً لكن سرعان ما تضعف هذه العلاقة بعد بلوغ ونضج الأطفال الذين غالباً ما يتأثرون بجماعات وفئات المجتمع التي يحتكون معها في حياتهم اليومية. وقد تقطع علاقات الأبناء بالآباء بعد زواج الأبناء خصوصاً في حالة انتقالهم الجغرافي أو الاجتماعي[٣].

ولا تظهر العائلة النووية بصورة بارزة في المجتمعات البدائية البسيطة أو المجتمعات الزراعية الريفية نظراً للتناقض الواضح بينها وبين هذه المجتمعات. وفي حالة ظهورها فإنها تعتبر وحدة اجتماعية ثانوية ملحقة أو متصلة بالعائلة المركبة أو الممتدة. والعائلة الممتدة حسب تعريف بيل وفوكل هي العائلة التي لها تنظيم اجتماعي أكبر من التنظيم الاجتماعي للعائلة النووية. أما جي. ميروخ فيميز في كتاب الموسوم "التركيب الاجتماعي" الذي نشره عام ١٩٤٩ بين نوعين من العوائل المركبة، النوع الأول هو العائلة الممتدة التي تتكون من عائلتين نوويتين أو أكثر تربطهم علاقات اجتماعية قوية ناتجة عن العلاقة القائمة بين الآباء والأبناء والنوع الثاني هو عائلة الزوجات المتعددات التي تتكون من عائلتين نويتين او اكثر تربطهم أساسها الأب المشترك الذي تزوج من عدة نساء وكون عوائل نووية مترابطة[٤].

بعد التحديد العلمي لمفهوم العائلة نود أن نشير هنا بأن هناك ثلاثة علماء يهتمون بموضوع العائلة اهتماماً متزايداً، وهؤلاء العلماء هم العالم الاجتماعي

---

(١) Johnson , H. Sociology: Systematic Introduction, London , ١٩٦١, P. ١٥٥.

(٢) Ibid., P. ١٥٧.

(٣) Ibid., P. ١٧٧.

(٤) Murdock, G. Social Structure , The free Press, New York, ١٩٤٩, PP.٥٠-٥٢.

والعالم السياسي والعالم السكاني. فالعالم الاجتماعي يهتم بموضوع العائلة بسبب كون المجتمع يتكون من مجموعة عوائل كل عائلة تعتبر الخلية البنائية للتركيب الاجتماعي، والأفراد الـذين يشغلون ادواراً اجتماعية مختلفة ينتمون إلى عوامل المجتمع ، وانتمائهم إلى هذه العوامـل لا بد أن يؤثر في طبيعة مؤسساتهم الوظيفية التي يعملون فيها ويتفاعلون معها. كما أن اهتمام العـالم الاجتماعـي بموضـوع العائلـة يرجـع إلى كـون العائلـة مسـؤولة عـن عمليـة التنشـئة الاجتماعيـة للأفـراد هـذه العمليـة التـي تـزرع عنـد الأفـراد قـيم ومقـاييس ومثـل أخلاقيـة المجتمع[1]. وبعد زرع هذه الخصائل عنـد الأفـراد يصـبحون قـادرين عـلى أشـغال أدوارهـم الاجتماعية وتحمل المسؤوليات الوظيفية الملقاة على عاتقهم من قبل المجتمع. ويرجع سـبب اهتمام السياسي بالعائلة إلى حقيقة مسؤوليتها عن نوعية السكان فالعائلة من خلال ظروفهـا المادية والاجتماعية ومن خلال مواقفها وقيمهـا الحياتيـة تسـتطيع ان تمـنح افرادهـا التربيـة الجيدة وتدفعهم نحو اكتساب المهارة والخبرة والكفاءة. وهذا يساعد على رفع نوعية السكان وبالتالي تطور المجتمع في شتى المجالات والميادين.

وحقيقة كهذه يرتاح لها السياسي لأنها تسـاهم في رفـع قيمـة وإسـم المجتمـع الـذي يحكمه ويمثله في الأوساط الدولية[2]. أما إذا كانت العائلة غير قادرة على تربية أطفالها تربيـة جيدة ولا تعتقد بضرورة دفعهـم نحـو اكتسـاب المهـارة والخـبرة والتـدريب بسـبب ظروفهـا الموضوعية أو قيمها ومواقفها الاجتماعية فإن سـكان المجتمـع سيكون واطـئ النوعيـة نظـراً لافتقاره إلى الكفاءة والمهارة. وهذا ما يلحـق الضرـر بـالمجتمع ويجعـل السـياسي غـير مرتـاح للمجتمع الذي يحكمه ويمثله حيث أن نوعية سكانه لا تتوازى مع نوعية سـكان المجتمعـات المتقدمة اما اهتمام العالم السكاني بالعائلة فيرجع إلى مسؤوليتها عن كمية السـكان، فالعائلـة من خلال نظام الزواج تستطيع إنجاب الأطفال الشرعيين الذي يرفعون حجم السـكان بحيـث يكون

(١) Johnson, Harry, Sociology: A Systematic Introduction, P. ١٢٢.

(٢) إحسان محمد الحسن (الدكتور)، علم الاجتماع، دراسة نظامية، بغداد، ١٩٧٦، ص١٨٧.

كافياً لاستغلال الموارد الطبيعية التي يملكها المجتمع[1]. وفي حالة تعادل كفة السكان مع كفة الموارد الطبيعية فإن المجتمع سيكون قادراً على إحراز التقدم والأزدهار[2]. بينما إذا اختل التوازن بين حجم السكان وحجم الموارد الطبيعية فإن المجتمع سيتعرض إلى الفقر والاضطراب. وهنا يمكن أن تلعب العائلة من خلال نظام الزواج الدور المؤثر في تحقيق التوازن الأمثل بين حجم السكان وحجم الموارد الطبيعية.

ماهية وتطور نظام الزواج:

ليس هناك تعريفاً وافياً وشاملاً لنظام الزواج يمكن الاعتماد عليه في تحليل مفهومة الاجتماعي والأخلاقي وتوضيح أنواعه وتفرعاته واستيعاب أسبابه ومضامينه الحضارية والإنسانية. لكن المعني العريض للزواج أنه مؤسسة اجتماعية مهمة لها نصوصها وأحكامها وقوانينها وقيمها التي تختلف من حضارة إلى أخرى. والزواج هو علاقة جنسية تقع بين شخصين مختلفين في الجنس (رجل وامرأة) يشرعها ويبرر وجودها المجتمع، وتستمر لفترة طويلة من الزمن يستطيع خلالها الشخصان المتزوجان البالغان إنجاب الأطفال وتربيتهم تربية أجتماعية وأخلاقية ودينية يقرها المجتمع ويعترف بوجودها وأهميتها[3]. وقوانين الزواج تنص على ضرورة ترسيخ واستمرار العلاقات الاجتماعية والجنسية بين الشخصين المتزوجين في حين لا تكون العلاقات الجنسية التي تقع خارج نظام الزواج شرعية ومدعومة من قبل الدين والقانون والأخلاق ، لذا فهي علاقات محرمة ومحظورة وعلاقات غير ثابتة ولا مستمرة.

ويستلزم نظام الزواج إنجاب الأطفال وتربيتهم تربية اجتماعية وأخلاقية يقرها المجتمع ويعترف بوجودها. ومثل هذه التربية تحتاج إلى جهود مضنية

(١) Hicks, M.C.The Social Framework , London ١٩٥١, P. ١٤.

(٢) Hanson, J.K. A textbook of Economics . ٥ th Edition , London, ١٩٧٠, P.١١٢.

(٣) Mitchell, D.A Dictionary of Sociology, P.١١٣.

ووقت طويل. ويلعب الوالدان الدور المباشر في هذه التربية إذ يقومان بتدريب أطفالهم على الاقتداء بالسلوك السوي والقيم والاعتقاد بالمثل والقيم والأهداف الكبرى التي يعتقد بها المجتمع. إن الزواج من الناحية البايولوجية والاجتماعية هو معاشرة جنسية بين رجل وامرأة تتبعها مسؤوليات أبوية وتربوية مهمة تتولاها العائلة الجديدة وتكون مهيأة للقيام بها وتنفيذها لهذا يعتقد البروفسور أدوارد وبسترمارك بأن الزواج متأصل بالعائلة أي أنه أساس تكوين ونشوء العائلة. أما المضمون الاجتماعي للزواج فإنه يتعلق بالموافقة الاجتماعية التي تكون على شكل عقد شرعي توقعه الأطراف المعنية التي تدخل في إطار الزواج. والزواج هو الذي يحدد العلاقة الاجتماعية والجنسية التي تقع بين الزوجين وهو الذي يحدد العلاقة الاجتماعية والروحية التي تقع بين الأبوين والأطفال [١]. وغالباً ما يرافق الزواج حفلة اجتماعية عامة تشهد وتؤيد وقوع الزواج بين رجل وامرأة وهذه الحفلة بجانب كونها حفلة اجتماعية فإنها حفلة دينية وشرعية وقانونية موقرة لها صفاتها الاجتماعية والأخلاقية التي يقرها المجتمع ويتمسك بها[٢].

وهناك أنواع مختلفة من نظم الزواج في العالم. فهناك النظام الأحادي للزواج ونظام تعدد الزوجات ونظام تعدد الأزواج. وهناك زواج يستقر في البيت الأصلي للزوج أو في البيت الأصلي للزوجة أو يستقر في بيت جديد[٣]. ومجتمعات العالم لا تعطي الحرية المطلقة للفرد باختيار شريكة حياته. فهناك القيود الاجتماعية التي تفرض على الفرد وتلزمه على الزواج من أمرأة معينة. وهذه القيود الاجتماعية قد ترجع إلى الحسب والنسب، الانحدار الديني والعنصري، القومية، والخلفية الاجتماعية. بيد أن الأحكام التي تلزم الفرد على الزواج من داخل جماعته وملته تسمى بأحكام الزواج الداخلي Rules of Endogamous Marriage. أما

(١) Schapera, I. Married Life in an Afrecan Tribe, New York, ١٩٤١, P.١٨.

(٢) Ibid., PP. ٢٣-٢٥.

(٣) Johnson, H. Socioigoy: A Systematic Introduction, P.١٥٦.

الأحكام التي تلزم الفرد على الزواج من خارج جماعته وملته فتسمى بأحكام الزواج الخارجي Rules of Exogamous Nmarriage . وتحرم القوانين الكونية والشمولية للزواج زواج الآباء ببناتهم أو زواج الأمهات بأولادهن. وهناك مجتمعات بشرية تحرم زواج أولاد العم ببنات العم أو الزواج بالأقارب.

لكن هناك اتجاهاً في معظم المجتمعات المتحضرة خصوصاً المجتمعات الغربية يعتبر الزواج على أنه مؤسسة يستطيع الرجال والنساء من خلالها إشباع وسد حاجاتهم العاطفية والجنسية. والحقيقة هي أن الزواج المثالي لا يستهدف فقط سد وإشباع الحاجات الجنسية للزوجين وإنجاب وتربية الأطفال وإنما يستهدف أيضاً ترسيخ وتعزيز الأواصر والروابط الاجتماعية والشرعية والقانونية والأخلاقية والاقتصادية بين الجماعات القرابية والفئات الأخرى التي تدخل فيه وتخضع لأوامره وشروطه ومتطلباته[١].

أما بالنسبة للدراسات الاجتماعية العلمية التي أجريت حول موضوع الزواج فهي قليلة جداً ونادرة ولا تتناسب مع أهمية وخطورة الموضوع. فالدراسات الأولى التي أجريت عن موضوع الزواج كانت تتركز حول بناء الأحكام والقوانين النظرية التي تفسر التطور والتحول التاريخي للزواج وتهتم بدراسة الفرضيات التي تفسر أصل نشوء الزواج وعلاقته بأصل نشوء العائلة. لكن هذه الدراسات والأبحاث كانت تهدف إلى تغيير طبيعة وأصل الزواج المسيحي الذي يقضي ضرورة زواج الرجل من امرأة واحدة. بيد أن الزواج المسيحي الذي يلزم الرجل على الزواج من امرأة واحدة هو وليد أنظمة مختلفة من الزواج شهدها المجتمع البشري خلال الحقب الزمنية التي سبقت ظهور الدين المسيحي. ودراسات الزواج الأخرى التي قام بها العلماء هو محاولة مقارنة المعاشرة الجنسية لأبناء الجنس البشري بالمعاشرة الجنسية للحيوانات خصوصاً الحيوانات الراقية ومقارنة نظم الزواج في

(١) Fishbein, M. and Burges, E. Successful Marriage, New York. ١٩٤٧. PP. ٢٠-٢٢

المجتمعات البدائية البسيطة مع نظم الزواج في المجتمعات المتطورة اجتماعياً ودينياً كالمجتمعات المسيحية والإسلامية مثلاً: فمثلاً حاول العالم الانثروبولوجي لويس موركن وضع نظام تطوري تاريخي للزواج أشار فيه إلى أن الزواج الأمي Matrilineal Marriage سبق الزواج الأبوي Patrilineal Marriage من الناحية التاريخية[1]. ونظام الزواج الأحاديMonogamy هو آخر مرحلة شهدها نظام الزواج البشري أما وبسترمارك فقد انتقد آراء موركن التي تشير إلى المراحل التاريخية الثلاثة التي مر بها نظام الزواج في العالم وأشار إلى أن الإنسان القديم ميال نحو الزواج بامرأة واحدة. وكان قوله هذا يعتمد على الدراسات الانثروبولوجية التي أجراها على سكان الانثروبيدز الذي يمارس مهنة الصيد والجمع[2].

أما الدراسات الاجتماعية الحديثة التي تدور حول موضوع الزواج فإنها تركز على باثوليوجية الزواج أي تركز على الطلاق الذي يشير إلى تحطيم الزواج وفسخ عقده من قبل الشخصين المتزوجين لأسباب اجتماعية وحضارية ونفسية تتعلق بهما. تشير الإحصائيات الاجتماعية إلى أن هناك زيادة ملحوظة في تكرار حالات الطلاق في المجتمعات الصناعية الحديثة. ومثل هذه الزيادة ترجع إلى عوامل بيئية وحضارية واجتماعية تتسم بها هذه المجتمعات وتقود عدداً غير قليل من الأشخاص المتزوجين على إنهاء حياتهم الزوجية عن طريق الطلاق. نلاحظ بأن الرجال والنساء في المجتمعات الصناعية الحديثة أخذوا يتزوجون في أعمار مبكرة ويكونون عوائل صغيرة ويتوقعون من زواجهم إن يمنحهم درجة عالية من الاقناع الشخصي والنفسي. كما أن مسألة إختيار الشريك في هذه المجتمعات أصبحت تعتمد على الشخص المتزوج نفسه ولا تعتمد على عائلته الأمر الذي جعل نظام الزواج يعتمد على مبدأ المثالية الرومانتيكية التي فعلت ما فعلت في تعريض

(١) Evans- Pritchard, E. Social Anthropology, London. ١٩٦٧. P.٣٢.

(٢) Westermarch, E. The History of Human Marriage. ١٩٠١. London , P.٩٥.

نظام الزواج إلى الفشل وعدم الاستقرار.

ماهية وطبيعة نظام القرابة:

القرابة هي علاقة اجتماعية تعتمد على الروابط الدموية الحقيقية أو الخيالية أو المصطنعة. ولا تعني القرابة في علم الانثروبولوجي وعلم الاجتماع علاقات العائلة والزواج وإنما تعني أيضاً علاقات المصاهرة بيد أن القرابة هي علاقة دموية والمصاهرة هي علاقة زواجية. فعلاقة الأب بابنه هي علاقة قرابية وعلاقة الزوج بزوجته هي علاقة مصاهرة[١]. والطفل هو وليد أبويه وعلاقته القرابية يمكن أن تقتفي من خلالهما. فانحدار الابن من خلال نسب ابيه يطلق عليه النسب الأبوي Patrilineal Lineage وانحدار الابن من خلال نسب أمه يطلق عليه النسب الأمي Matrilineal Lineage[٢]. وإذا كان انحدار الابن من نسب أبيه وأمه في آن واحد فإن النسب يطلق عليه بالنسب المشترك Joint Lineage[٣]. وهناك القرابة الأولية والقرابة الثانوية. القرابة الأولية هي العلاقة الدموية والاجتماعية التي تربط الوالدين بالأبناء كالعلاقة التي تربط الأب والأم بالأخ والأخت. بنيما القرابة الثانوية هي العلاقة الدموية والاجتماعية التي تربط الجد بالخال وتربط العم ببنت الأخ.

والروابط الدموية تشخص من خلال اقتفاء الجد المشترك. فالمنحدرون من جد مشترك هم اعضاء الجماعات الدموية والفرد الذي ينتمي إلى جماعات دموية مختلفة يمكن أن يحدد ويفرز النسب النهائي لأجداده. فانتماء الفرد لأبويه يخوله أن يكون عضواً في جماعتين دمويتين وعلاقته بأجداده تخوله إن يكون عضواً في عدد من الجماعات الدموية وهكذا. فالفرد يعتبر إذن في خط قرابي واحد إذا كان ينتمي

---

(١) Fox, R. Kinship and Marriage, A Pelican Book, Middlesex, England, ١٩٦٧, P.٢٧.

(٢) Ibid., P . ٤٩.

(٣) Ibid., P. ٥١

إلى جد مشترك[1].

وقد ينحصر مقياس الانحدار القرابي بالذكور فقط إذا كان هؤلاء ينحدرون من جد مشترك . ومثل هذه القرابة تسمى كما وضحنا أعلاه بالقرابة الأبوية. أما إذا كان النسب ينحدر من خط الإناث فإن القرابة تسمى بالقرابة الأمية Matrilineal Kinship وتكون القرابة ثنائية إذا أعطي المجال للفرد لاختيار أقاربه من خط الذكور أو الإناث وفي بعض المجتمعات كمجتمع باكو في نيجيريا يعطي الفرد حق تعيين انحداره القرابي، فقد يفضل نسب أبيه على نسب أمه أو العكس بالعكس.

وفي حالة وجود علاقة دموية بين الطفل وأمه وعدم وجود مثل هذه العلاقة بينه وبين أبيه فإن الأب يعتبر صهيراً بالنسبة لابنه. أما إذا كانت هناك علاقة دموية بين الطفل وأبيه وعدم وجود مثل هذه العلاقة بينه وبين أمه فإن الأم في هذه الحالة تعتبر صهيرة بالنسبة للابن[2]. وفي حالات كهذه تعتمد القرابة الأبوية والأمية على علاقات المصاهرة التي يقرها النظام الحضاري في المجتمع. ومن الاستعمالات الحضارية المهمة للروابط القرابية أحكام الميراث، التتابع، عضوية الجماعة والزواج ، فالميراث والتتابع يمكن أن يعتمدا على المبادئ والأحكام القرابية المشروحة أعلاه، بينما يمكن تشخيص الجماعات الاجتماعية على أساس نسبها أو انحدارها وقد تحدد الجماعة انتسابها للأعضاء الذكور أو الإناث وهذا ما يساعد على نشوء الجماعات الأبوية والأمية.أما إذا كانت هذه الجماعات تنحدر من جد مشترك فإنها تسمى جماعات ذات النسب المشترك. وتستطيع الجماعة ضم الاطفال الذكور والإناث لعضويتها بالرغم من الصعوبات والمشاكل التي تواجهها في معرفة النسب الحقيقي الذي ينحدر منه الطفل.

---

(١) Ibid., P. ٥٣.

(٢) Ibid., P. ٨٧.

لكن القوانين القرابية هي التي تحدد أحكام وقوانين وطقوس الزواج، هذه الأحكام والقوانين التي غالباً ما تحرم أو تمنع علاقات المصاهرة بين أفراد معينين.

العلاقة الوظيفية بين الفرد والعائلة والمجتمع.

تعتبر العائلة والقرابة من أهم المؤسسات الاجتماعية في المجتمع المعاصر نظراً لعلاقتها الوثيقة بالفرد والمجتمع والتي تتجسد في الوظائف الجوهرية التي يقدمها للمجتمع الكبير من خلال قيامها برعاية الفرد والسهر على تلبية ما يحتاج إليه من خدمات وعناية وإشراف. ولفهم طبيعة العلاقة بين العائلة والفرد والمجتمع من الضروري أن نبدأ دراستنا هذه بتوضيح العلاقة الوظيفية بين العائلة والفرد من جهة وبين العائلة والمجتمع من جهة أخرى.

العلاقة الوظيفية بين العائلة والفرد.

يهتم كل رجل وامرأة اهتماماً بالغاً بمسألة وشؤون العائلة التي ينتمون إليها، وهذا الاهتمام يتجسد في نوعية العلاقات غير الرسمية والمتماسكة التي تربطهم ببقية أعضاء العائلة والقرابة. وطبيعة العلاقات هذه تجعله يشعر بالارتياح والطمأنينة وبحمايته من العزلة الاجتماعية والأخطار الخارجية التي قد تهدد كيانه ومستقبله(١). لذا تلعب العلاقات الاجتماعية التي تربط الفرد بأفراد عائلته الدور المؤثر في تطوير وتنمية حالته الروحية والأخلاقية والإنسانية وهذا ما يساعده على تحقيق ذاتيته والاستفادة من قدراته وقابلياته إن العائلة تعتبر من أهم المؤسسات الاجتماعية التي تساعد على تحقيق ذاتية الإنسان وبناء شخصيته نظراً لما تقوم به من وظائف أساسية ومهام جوهرية ينتفع هو منها وبالتالي تستطيع تطوير وتنمية مجتمعه نحو الأحسن والأفضل ووظائف العائلة الأساسية تتلخص في انجاب الأطفال وتربيتهم تربية اجتماعية وأخلاقيه ووطنية، إشباع الحاجات الانفعالية والعاطفية للابوين ، تحضير دار وتأثيثه بالأثاث اللازم . إضافة إلى الوظائف

(١) Maclver. R.Society : A Textbook of Sociology , Rindhart and Co., New York, ١٩٤٨, PP. ٢١٢-٢١٣.

والخدمات الاقتصادية والدينية والتربوية والاجتماعية والترفيهية التي تقدمها لأبنائها وللمجتمع الكبير[١].

فالكنيسة الكاثوليكية مثلاً تمنع زواج أبن العم بإبنة عمه أو قبيلة ما تمنع رجالها بالزواج من نسائها ، أو قبيلة أخرى تمنع رجالها الزواج من نساء قبيلة أخرى وهكذا[٢]. وفي قبائل معينة قد يطلب من الرجل الزواج من إمرأة معينة كما هي الحالة بالنسبة لزواج ابن العم من إبنة عمة. في هذه الحالة إذن لا يمكن التمييز بين القرابة والمصاهرة فالأقارب يعتبرون أصهاراً والأصهار يعتبرون أقارباً.

ومن الواجب علينا هنا التمييز بين القرابة البايولوجية والقرابة الاجتماعية، والتمييز بينهما يعتمد على حالة التبني أي تبني الأطفال. فليس هناك ثمة علاقة بايولوجية بين الأب وطفله المتبني لأن العلاقة بينهما هي علاقة اجتماعية. وفي حالة الأطفال غير الشرعيين فإن هناك ثمة علاقة بايولوجية بينهم وبين آبائهم بالرغم من عدم وجود العلاقة الاجتماعية. لهذا دائماً ما يحاول علماء الانثروبولوجيا الاجتماعية التمييز بين الأب البايولوجي والأب الاجتماعي . ومع هذا فإن أغلب الأنظمة القرابية تعتمد على العلاقات البابولوجية التي تربط الآباء والأبناء.

إن الدراسات النظامية لموضوع القرابة هي دراسات حديثة العهد(*) بالرغم من اهتمام القضاة والحكام بها وبمواضيعها المتفرقة منذ فترة زمنية قديمة. ويعتبر البحث الأكاديمي الذي قام به العالم الانثروبولوجي الاسكتلندي مكلينن والذي كان بعنوان "الزواج البدائي" من البحوث الأولى التي أجريت حول هذ

(١) Ibid., P. ٢١٥.

(٢) davis, K. Human Society , PP. ٤٠١-٤٠٢.

(*) الدراسات النظامية لموضوع القرابة بدأت بعد الحرب العالمية الثانية خصوصاً دراسات مالينوفسكي وفيرث ويونك وولمت.

ا الموضوع[1](**). ثم يتبعه في الأهمية البحث الذي قام به العالم موركن والذي كان بعنوان "أنظمة الروابط الدموية والمصاهرة في العائلة البشرية". وفي هذا البحث وضح موركن معاني جميع المصطلحات القرابية التي استعملها علماء الانثروبولوجيا. أما دراسة العلاقة بين النسب والزواج والقرابة فقد قام بها العالم ريفرز Rivers عندما نشر كتابه الموسوم "القرابة والتنظيم الاجتماعي" في عام ١٩١٤. ثم قام بعده العالم رادكلف براون بتأليف كتابه الموسوم "البناء والوظيفة في المجتمع البدائي" والذي شرح فيه الأنظمة القرابية ووضح معاني المصطلحات المتعلقة بها.

وتتجسد أهمية العائلة بقيامها بوظيفة تنشئة الأطفال التي من خلالها تستطيع تلقينهم بأخلاق وقيم ومقاييس ومعتقدات وأهداف المجتمع الذي تعيش فيه وتتفاعل معه. لذا تساعد عملية التنشئة الاجتماعية التي تتبناها العائلة على تكوين الشخصية النموذجية عند الفرد والتي تعبر عن شخصية وأخلاقية وذاتية المجتمع الكبير. ولكن هذا لا يعني بأن التنشئة الاجتماعية هي العامل الوحيد الذي يؤثر في تكوين شخصية الفرد، فهناك عوامل أخرى تشارك مشاركة فعالة في بناء وصقل الشخصية ووضعها في قالب معين كالعوامل الوراثية المؤثرة في الشخصية والعوامل الاجتماعية التي تنعكس في الجماعات الاجتماعية المختلفة الحزب السياسي، التي ينتمي إليها الفرد فيتأثر ويؤثر فيها كالمدرسة والجامع أو الكنيسة، الصداقة ، المجتمع المحلي، الجماعات غير الرسمية .. الخ.

---

(١) E. Pritchard, Social Anthropology, P. P. ٢٩-٣٠.

(**) ظهر كتاب الزواج البدائي في منتص القرن التاسع عشر.

ومن جهة ثانية نرى أهمية الفرد لعائلته ، فهو الوحدة البنائية التي تتكون منها العائلة ومن خلال خدماته وواجباته تستطيع القيام بوظائفها وتحقيق أهدافها الجوهرية. بيد أن العائلة التقليدية كانت بمثابة الواسطة التي من خلالها تستطيع تحقيق وحدة تماسك أفرادها عن طريق أديولودجيتها المشتركة التي تعطي لهم أثناء مرحلة التنشئة الاجتماعية. وتلعب الاديولوجية المشتركة هذا الدور الكبير في حل المنازعات والقضاء على المشاكل التي تقع بين أفرادها نتيجة علاقتهم وتفاعلهم مع العالم الخارجي.

العلاقة الوظيفية بين العائلة والمجتمع:

يعكس تاريخ المجتمع المعاصر الدور الجوهري الذي لعبته العائلة الإنسانية في رسم معالم الجوهر الداخلي للمجتمع وتحديد طبيعته المادية وإطاره الخارجي. فالعائلة هي من أهم المؤسسات الاجتماعية التي يتكون منها البناء الاجتماعي للمجتمع، وتتفاعل مع بقية المؤسسات البنائية فتتأثر وتؤثر فيها. لكن العلاقة المنطقية بين العائلة والسياسية أو بين العائلة والدين أو بين العائلة والتربية تعكس طبيعة الصلات المشتركة بين مؤسسات المجتمع المختلفة. إن العائلة كما ذكرنا أعلاه هي حجر الزاوية لتنشئة الفرد وأساس أخلاقه ومقاييسه وقيمه وخبراته بل وحتى تدريبه ومؤهلاته العلمية والمهنية ولما كان المجتمع يتكون من مجموعة أفراد فإننا نستطيع الاستنتاج بأن العائلة هي التي تقرر الصفات النوعية للسكان، هذه الصفات التي يمكن الاعتماد عليها في تحديد وقياس درجة تقدمه ورقيه الاقتصادي والاجتماعي والأخلاقي.

والعائلة هي المنظمة الاجتماعية الوحيدة التي تتمتع بشرعية إنجاب الأطفال عن طريق مؤسسة الزواج، هذه المؤسسة التي تعتبر بحق القاعدة الأساسية لوجود العائلة. لكن قيم العائلة حول إنجاب الأطفال تقسم إلى قسمين: القيم المشجعة على الانجاب والقيم غير المشجعة. فالعائلة إما أن تعتقد بإنجاب عدد كبير من الأطفال أو تعتقد بإنجاب عدد محدود من الأطفال أو عدم الإنجاب مطلقاً. ومثل هذه القيم والمعتقدات تؤثر بدون شك في حجم السكان ونحن نعلم بأن هناك علاقة بين حجم السكان ودرجة التنمية الاقتصادية والاجتماعية في القطر. فحجم السكان ينبغي إن يكون متوازناً مع حجم الموارد الطبيعية إذا أراد المجتمع إحراز التقدم المادي والحضاري الذي يطمح إليه. بيد أن العائلة هي التي تحدد حجم ونوعية السكان

في المجتمع أي تحدد مقداره الإحصائي ودرجة تدريب وتأهيل وكفاءة أفراده. وهذا إن دل على شيء فإنما يدل على إن العائلة في الوقت الحاضر تلعب الدور القيادي في تحديد السمعة السياسية والاجتماعية للمجتمع الذي تعيش وتتفاعل معه.

اما تأثير المجتمع في العائلة فهو تأثير واضح ومنطقي. فالمجتمع الكبير هو الذي يزود العائلة بالأحكام القيمية والمقاييس والأديولوجية التي تعتقد بها. والتزام العائلة بهذه القيم والمقاييس والأخلاص يصل إلى درجة ناضجة لا تستطيع عندها تجزئة اخلاقية وأديولوجية المجتمع عن أخلاقية وأديولوجية العائلة. إذن العلاقة التي تربط المجتمع بالعائلة هي علاقة ضرورية ومنطقية. فأي تغيير يطرأ على معتقدات وأديولوجية وأخلاقية المجتمع لا بد أن يؤثر في معتقدات وأديولوجية وأخلاقية العائلة. حيث أن التغيير الذي يطرأ مثلاً على الوضع الأديولوجي والفكري للمجتمع كتغيير أديولوجيته من أديولوجية اقطاعية إلى أديولوجية رأسمالية أو اشتراكية لا بد أن يترك آثاره وانعكاساته في النظام العقائدي والقيمي للعائلة في طريقه واضحة ومنطقية .

إضافة إلى هذا نرى بأن درجة التنمية الاقتصادية التي وصل إليها المجتمع هي التي تحدد مراكز العوائل بالنسبة للبناء الاقتصادي والاجتماعي أو تحدد علاقات أفراد العائلة بقوى الانتاج. وهذا لا بد أن يؤثر في مستواهم الفكري ويحدد أديولوجيتهم. وحقيقة كهذه تؤيد مقولة ماركس الشهيرة بان الوعي لا يحدد الواقع الاجتماعي بل الواقع الاجتماعي هو الذي يحدد الوعي ويرسم صورته وإطاره الخارجي[1]. لذا فتغيير النظام الاقتصادي للمجتمع أي تغيير المجتمع مثلاً من مجتمع زراعي إلى مجتمع صناعي لا بد أن يترك آثاره وردود أفعاله في بناء ووظائف وأديولوجية العائلة. ولعل من المفيد أن نذكر هنا بأن المبحث القادم من هذا الكتاب سيعالج بشيء من التفصيل آثار التصنيع والتحضير في العائلة العراقية.

(١) Titmuss, R. M. "The Family as a Social Institution " British National Conference on Social work, ١٩٥٣, PP.٧-٩.

أي دراسة التغييرات الاجتماعية والأديولوجية والأخلاقية التي طرأت عليها بسبب تغيير الظروف الاقتصادية والمادية للمجتمع العراقي.

نظريات تطور العائلة البشرية:

هناك عدة نظريات تفسر أصل وطبيعة وتطور العائلة البشرية أهمها النظرية البنائية والنظرية الوظيفية التطورية والنظرية المادية التاريخية الدايلكتيكية والنظرية التفاعلية والنظرية الرمزية التفاعلية. . الخ فالنظرية البنائية مثلاً تعتقد بأهمية الترابط المنطقي بين المؤسسة العائلية وبقية المؤسسات الاجتماعية الأخرى كالمؤسسات الاقتصادية والسياسية والدينية والثقافية...إلخ. وتعتقد أيضاً بالترابط المنطقي بين الأدوار الاجتماعية الأساسية التي تتكون منها العائلة كدور الأب والأم والابن والبنت..الخ[١]. كما تركز على دراسة العائلة الإنسانية خلال نقطة زمنية محددة. أما النظرية الوظيفية لدراسة العائلة فإنها تدرس أثر وظائف العائلة في ديمومة وبقاء الكيان الاجتماعي وتختص بتوضيح الترابط الوظيفي بين المؤسسة العائلية وبقية مؤسسات المجتمع الأخرى. كما تركز على دراسة وظائف الأدوار العائلية لاستمرار وتطور العائلة، والجماعة والمجتمع الكبير. في حين تعتقد النظرية المادية التاريخية الدايلكتيكية لدراسة العائلة بأن العائلة هي خلية أساسية من خلايا المجتمع تتأثر بالظروف الاقتصادية والاجتماعية المحيطة بالمجتمع وتتحول من شكل لآخر اعتماداً على طبيعة تحول المجتمع[٢]. فالعوائل التي تعيش في المجتمع الاقطاعي مثلاً تقسم إلى عوائل حاكمة (عوائل النبلاء ورجال الدين وممتلكي الأراضي) وعوائل محكومة أي عوائل فلاحية كادحة. والصراع بين العوائل المحكومة والحاكمة يسبب سقوط المجتمع الاقطاعي وتحوله إلى مجتمع رأسمالي . والمجتمع الرأسمالي حسب آراء فردريك انجلز مقسم إلى عوائل

(١) Parsons, T. and Shils, E. Toward A General Theory Of Action, Harvard Univeristy Press, Cambridge , ١٩٥٢, P.٣٤٩.

(٢) Marx, K. Selected Writings in Sociolgy and Social Philosophy, Edited by Bottomore and Rubel, M.A. Pelican Book England, ١٩٦٧, P. ٨٤.

برجوازية وعوائل بروليتارية والتقسيم هذا يعتمد على حقيقة امتلاك أو عدم امتلاك هذه العوائل لوسائل الانتاج[١]. بعد هذه المقدمة عن أهم نظريات العائلة نود أن نركز على النظريات التطورية لدراسة وتحليل العائلة البشرية والتي طرحها كل من فردريك ليبلاي وفردريك إنجلز وأدورد وستر مارك وروبرب مكايفر.

أ- نظرية فردريك ليبلاي:

فردريك ليبلاي هو مهندس وعالم اجتماعي فرنسي عاش خلال الفترة (١٨٠٦-١٨٨٢) وقد تأثر بالظروف السياسية والعسكرية غير الهادئة التي رافقت عصره ومن الأبحاث الاجتماعية المهمة التي نشرها بحث "المنطقة السكنية ، العمل والعائلة" وبحث "العوامل العمالية الأوروبية". ومن خلال هذه الأبحاث استطاع طرح نظريته المهمة حول تطور العائلة البشرية[٢]. وفي هذه النظرية يعتقد ليبلاي بأن العائلة في المجتمع البشري تمر في ثلاثة أدوار أو مراحل تاريخية وحضارية، كل مرحلة تختلف عن المرحلة الأخرى من حيث صفات العائلة المتعلقة بعلاقاتها الاجتماعية، تركيبها ، وظائفها، مهنتها وأديولوجيتها[٣].

والمراحل الثلاثة التي تمر بها العائلة البشرية حسب تعاليم ليبلاي هي مرحلة العائلة المستقرة Stable Family ومرحلة العائلة الفرعيةStem Family ومرحلة العائلة غير المستقرة Unstable Family والآن نقوم بشرح طبيعة هذه المراحل الحضارية والإنسانية التي تمر بها العائلة البشرية.

١-مرحلة العائلة المستقرة:

العائلة المستقرة هي العائلة الكلاسيسكية القديمة ، العائلة العشائرية التقليدية التي تربط أعضاءها علاقات اجتماعية متماسكة. وتوجد هذه العائلة عادة في

(١) Marx and Engles. Selected Works, Moscow, ١٩٧٥, PP. ٤٥٠-٤٥٢.

(٢) Mitchell, D.A . Dictionary of Sociology, P. ١٠٨.

(٣) Fletcher, R.Family and Industrialization in the Twentieth Century, A Pelican Book, Middlesex, England ١٩٦١, PP. ٣٠-٣٢.

المجتمعات الزراعية الريفية كوجودها في المجتمع الأوروبي قبل الثورة الصناعية ووجودها في اليابان قبل عام ١٨٥٠ ووجودها في الصين قبل عام ١٩٠٠ ووجودها في الوطن العربي قبل عام ١٩٥٠ وهكذا . إي أن هذه العائلة توجد في مجتمع ما قبل التصنيع . وقد سميت هذه العائلة بالعائلة المستقرة لأن أفرادها يعتقدون بأديولوجية اجتماعية ودينية وأخلاقية واحدة ويشاركون في أداء مهنة واحدة وهذا يساعد على تشابه قيمهم وتقاليدهم وعاداتهم ومواقفهم وتشابه ظروفهم الاقتصادية والاجتماعية الأمر الذي يسبب استقرار العائلة وتماسك علاقات أفرادها[١]. إن الابن في العائلة المستقرة يعتقد بنفس القيم والمقاييس والعادات والمواقف التي يعتقد بها الأب ويزاول نفس حرفته، لذا تكون شخصية الابن مشابهة أو مطابقة لشخصية أبيه. كما أن العلاقات الاجتماعية التي تربطهما تكون قوية وصلدة وهذا ما يساهم مساهمة فعالة في وحدة أفراد العائلة، وهذه الوحدة تساعدها على تحقيق أهدافها وطموحاتها.

٢-مرحلة العائلة الفرعية أو الانتقالية:

وهي المرحلة الانتقالية التي تمر بها العائلة وهي في طريقها إلى التحول من عائلة مستقرة كلاسيكية تقليدية إلى عائلة غير مستقرة تتميز بالحداثة وصغر الحجم وتستند على أسس الديمقراطية والعدالة الاجتماعية وبحكم انتقال هذه العائلة من دور إلى آخر تميزت ببعض صفات العائلة المستقرة وبعض صفات العائلة غير المستقرة. ومرور العائلة بهذه المرحلة يساعدها على تهيئة نفسها للانتقال من عائلة مستقرة إلى عائلة غير مستقرة. أما الفترة الزمنية التي تحتاجها العائلة وهي في هذه المرحلة فتختلف من مجتمع لآخر ومن حضارة لأخرى، ولكنها بوجه العموم تتراوح بين ٥-١٥٠ سنة [٢].

فالعائلة الأوروبية مثلاً احتاجت فترة ١٥٠ سنة لكي تتحول من عائلة

(١) Le Play, F. The European Families and Work , London , ١٩٤٣, P. ٥٩.

(٢) إحسان محمد الحسن ، علم الاجتماع، دراسة نظامية ، مطبعة الجاعة ، بغداد، ١٩٧٦، ص ١٩٣.

مستقرة إلى عائلة غير مستقرة، بينما العائلة اليابانية احتاجت ١٠٠ سنة لكي تتحول إلى عائلة غير مستقرة يتوقع. أما العائلة العربية فإنها لا تزال في هذه المرحلة فقد دخلتها عام ١٩٥٠ وفي نهاية القرن يتوقع بعض علماء الاجتماع مرورها بمرحلة العائلة غير المستقرة.

٣-العائلة غير المستقرة:

وهي العائلة التي تمر بالمرحلة الحضارية الأخيرة بعد أن تنتقل من مرحلة العائلة الانتقالية أو الفرعية. وسبب تسميتها بالعائلة غير المستقرة يرجع إلى حقيقة اعتقادها بأديولوجيات وقيم وممارسات مختلفة. فالأبن يعتقد بأفكار وآراء وقيم ومقاييس تختلف عن أفكار وآراء وقيم أبيه، كما أنه يمارس مهنة تختلف عن مهنة الأب وتكون ظروفه الاقتصادية والاجتماعية غير متشابهة مع ظروف الأب[١]. وأمور كهذه تسبب عدم استقرار الأسرة أي عدم وجود العلاقات الاجتماعية القوية والمتماسكة التي تربط أفرادها وهذا ما ينتج عادة في فشل هذه الأسرة في تحقيق أهدافها الأساسية وذلك لعدم وجود الوحدة بين أفرادها ومنتسبيها. أما العلاقات القرابية التي تربط هذه الأسرة فتتميز بالضعف والبعثرة نظراً لكون هذه العلاقات تستند إلى الجانب الرسمي والمصلحي، فالزيارات بين العائلة النووية وأقاربها تكون محصورة على المناسبات أي مناسبات الأعياد والأفراح والمآتم . وتكون هذه العائلة صغيرة الحجم لأنها تستعمل برنامج التخطيط العائلي ولا تعطي المجال للأقارب بالسكن معها في بيت واحد. وهذه العائلة عادة ما تكون مسؤولة عن أداء الوظائف الأساسية كإنجاب الأطفال وتربيتهم وتنظيم العلاقات الجنسية في المجتمع وتحضير دار السكن . أما الوظائف الثانوية كالوظائف الاقتصادية والثقافية والصحية والترفيهية فتعطي عادة إلى مؤسسات احصائية تكون الدولة مسؤولة عليها. وقد تحولت العائلة البريطانية إلى عائلة غير مستقرة في عام ١٩٠٠ وكانت

(١) Le Play, F. Les Ouvriers Europeens, Paris ١٨٧٧, P.٢٠.

من أقدم العوائل البشرية التي تصل إلى هذه المرحلة الحضارية من التحول العائلي. بينما دخلت العائلة الأمريكية إلى هذه المرحلة الحضارية من التحول العائلي في عام ١٩٢٠ ، ودخلتها العائلة السوفيتية عام ١٩٥٠ ثم تبعتها العائلة اليابانية. وتعيش هذه العائلة عادة وسط بيئة صناعية وتجارية معقدة تعتمد على مبدأ تقسيم العمل والتخصص فيه، وتتمتع بدرجة اقتصادية رفيعة، وتكون عادة مرفهة مادياً واجتماعاً. إلا أن المشكلات الاجتماعية والحضارية التي تجابه هذه العائلة هي اكثر خطورة وأشد بأساً من المشكلات التي تجابه العائلة المستقرة والعائلة الانتقالية التي تكلم عنها ليبلاي قبل قليل.

ب-نظرية فردريك إنجلز:

إن الدراسات والأبحاث العميقة والمكثفة التي قام بها كل من كارل ماركس وفردريك إنجلز عن تطور الرأسمالية ونظمها الاجتماعية البنائية قد دفعتها إلى الاهتمام بموضوع نمو وتطور العائلة البشرية، وقد تبلور هذا الاهتمام وأصبح أكثر إلحاحاً بعد قيام العالم الانثروبولوجي الأمريكي لويس موركن بنشر مؤلفه الموسوم "المجتمع القديم" Ancient Society عام ١٨٧٧. اطلع ماركس على هذا الكتاب وكون حوله عدة آراء وملاحظات، ألا أنه لم يقم بنشرها أو تعميمها طيلة فترة حياته بيد أن إنجلز استطاع نشر مقالة مطولة عن الكتاب هذا بعد وفاة ماركس كانت بعنوان "أصل العائلة والملكية الخاصة والدولة"[1]. وقد اعتمد أنجلز في كتابة هذه المقالة على نظريات ماركس حول التاريخ الاقتصادي والاجتماعي وأفكار موركن حول التاريخ الجدلي لمؤسسات ونظم القرابة في العالم. يعتقد انجلز بان نظام العائلة يعتمد على نظام الزواج، ولا يمكن فهم النظام الأخير واستيعاب مضمونه الحضاري والإنساني دون دراسته دراسة تاريخية فنظام الزواج **حسب آراء انجلز يقسم تاريخياً إلى ثلاثة أقسام رئيسية هي:**

(١) Karl Marx and Engels, F. Seclected Work, Moscow, ١٩٧٥, P. ٤٦٦.

١-نظام الزواج الجماعي Plural Marriage الذي رافق مرحلة التوحش التي مر بها المجتمع البشري.

٢-نظام الزواج الثنائي Dual Marriage الذي رافق المرحلة البربرية التي مر بها المجتمع البشري.

٣-نظام الزواج الآحادي Monogamy الذي رافق مرحلة المدنية خصوصاً المرحلة الاقطاعية والمرحلة الرأسمالية.

وخلال تحول نظام الزواج من النظام الثنائي إلى النظام الآحادي شهد المجتمع البشري شيوع نظام تعدد الزوجات Polygamy في مجتمعات العبودية والاقطاع[١].

لكن نظام الزواج الآحادي بعد فترة القرون الوسطى أصبح يعتمد على الاعتبارات المادية والاقتصادية أكثر مما كان سابقاً لا سيما وبعد شيوع واستقرار نظام الملكية الخاصة وسيطرتها على الملكية العامة. فنظام الزواج خلال تلك الفترة الزمنية أصبح لا يعتمد على الصفات الشخصية والذكائية التي يتمتع بها الزوجان ولا يعتمد على الحب والرغبة الذاتية بالزواج نفسه بقدر ما كان يعتمد على الملكية والعوامل المادية التي يتمتع بها الرجل[٢]. إن الرجل الذي يسيطر على الملكية ووسائل الانتاج يستطيع الزواج من أية امرأة كانت حتى ولو كانت غيز راغبة بالزواج منه. والمرأة في ذلك الوقت لم تكن لديها حرية اختيار الزوج، فالزوج كان يفرض عليها من قبل أولياء أمورها. وفي حالة رفضه من قبلها فإنها تعرض نفسها إلى أقصى العقوبات من قبل المجتمع .

وخلال مرحلة المجتمع الرأسمالي تحول نظام الزواج إلى نظام تعاقدي تتساوى فيه من الناحية النظرية منزلة الرجل مع منزلة المرأة[٣]. ويعتمد على الحب وبقية الصفات الشعبية والذكائية التي يتمتع بها الزوجان الداخلان في العلاقات الزواجية. إلا أن علاقات الإنتاج البرجوازي بما فيها من ظلم وقهر وتعسف اجتماعي حالت دون ظهور العلاقات الزواجية التعاقدية بين رجال ونساء المجتمع الرأسمالي، هذه العلاقات التي كان ينادي بها المذهب البروتستانتي اللوثري وتدعمها حركة الاصلاح الديني التي ظهرت في أوروبا إبان القرن السادس عشر[٤].

---

(١) Ibid., P. ٥٠٧

(٢) Ibid., P. ٥٠٨

(٣) Ibid., P. ٥٠٣.

(٤)Ibid., P. ٥٠٦

فالملكية التي كانت تسيطر عليها الطبقة البرجوازية هي التي حددت العلاقات الزواجية بين أبناء المجتمع. حيث أن ابناء الطبقة البرجوازية يتزوجون من طبقتهم وأبناء الطبقة البروليتارية يتزوجون من طبقتهم أيضاً ونادراً ما يقع الزواج بين أبناء وبنات هاتين الطبقتين، أي أن الطبقة البرجوازية لا تتزوج من الطبقة البروليتارية والعكس بالعكس. وقد لاحظ إنجلز فساد وتحلل علاقات الزواج بين أبناء الطبقة البرجوازية فالرجل من خلال ملكيته أو ملكية عائلته أو من خلال لقب عائلته ونفوذها غالباً ما كان يفرض على بنت العائلة البرجوازية، وليس للبنت أية قوة تمكنها من رفضه وعدم الموافقة على الزواج منه. وهنا لا يعتمد مثل هذا الزواج على الحب والتفاهم والتضحية المشتركة بين الزوجين بل يعتمد على القوة والجبروت والقهر^(١). لهذا تنتشر حالات الخيانة الزوجية والفساد والتحلل الخلقي بين العوائل البرجوازية في المجتمع الرأسمالي. أما الزواج في العوائل البروليتارية فإنه في أغلب الحالات لا يعتمد على عامل الملكية والنفوذ الاقتصادي ولا يعتمد على القوة والجبروت والهقر بل يعتمد على الحب والتعاون والتضحية المشتركة بين الرجل والمرأة. فالمرأة البروليتارية حسب تعاليم انجلز لا تتزوج من الرجل بسبب ملكيته أو قوته ونفوذه الاقتصادي والاجتماعي، حيث أن هذا الرجل بحكم ظروفه الاقتصادية والاجتماعية المتردية والمتدهورة لا يملك القوة والنفوذ، بل

(١) Ibid., P. ٤٧٩.

تتزوجه بسبب حبها له وانسجامها وتعاونها معه. لهذا تندر حالات الخيانة الزوجية والفساد الخلقي والتحلل العائلي بين العوائل البروليتارية في المجتمع الرأسمالي (١).

ويختتم انجلز دراسته عن أصل العائلة بقوله إن العائلة الإنسانية يمكن أن تبلغ درجة الرفعة والكمال والفضيلة إذا أستطاع المجتمع الذي تعيش فيه تغيير علاقات الانتاج البرجوازي وإلغاء الفوارق الطبقية الاجتماعية والمساواة بين المرأة والرجل في الحقوق والواجبات(٢). وإذا استطاع ايضاً إلغاء نظام الزواج الذي يعتمد على الاعتبارات المادية والاقتصادية وتعويضه بنظام زواج يعتمد على الحب والتضحية والإخلاص والتفاهم والتعاون المشترك بين رجال ونساء المجتمع.

ج-نظرية أدورد وسترمارك:

ادورد وستر مارك (١٨٦٢-١٩٣٩) هو فيلسوف وعالم اجتماعي فنلندي استطاع أن يشغل مركزين أكاديميين في آن واحد. فقد أشغل مركز أستاذ الفلسفة الاخلاقية والاجتماعية في أكاديمية آبوفي هلنسكي ومركز أستاذ علم الاجتماع في جامعة لندن. أهتم وستر مارك اهتماماً متزايداً بدراسة العائلة البشرية دراسة تاريخية اجتماعية. واشتهر بانتقاده لنظرية النسب الأمي انتقاداً علمياً حيث كان يعتقد بأهمية النسب الأبوي تاريخياً على النسب الأمي. وانتهج الأسلوب المقارن والأسلوب التطوري في دراسة العائلة البشرية(٣). ومن أهم مؤلفاته في العائلة كتابه الموسوم " تاريخ الزواج البشري" الذي ظهر لأول مرة عام ١٩٢٦.

يذكر وستر مارك في كتابه "تاريخ الزواج البشري" بأن الزواج هو أساس تكوين العائلة، فبعد عقد الزواج بين الرجل والمرأة تتكون العائلة. ثم بعد ذلك تكبر حجماً وتزداد ترسخاً بعد إنجابها للأطفال (٤). والزواج حسب تعريف وسترمارك

---

(١)Smith , R. T. Comparative Structure in the International Encyclopedia of the social Seiences, Vol. ٥ the free press. ١٩٦٨, P. ٣٠٦.

(٢)Bebel . A. Society of the Future , Moscow. ١٩٧٦. P. ١٢٩.

(٣)Mitchell. D.A. dictionary of Sociaoloyg , P.٢٢٣.

(٤) Westermarch. E. A Short History of Marriage and the Family, London. ١٩٢٦. P. ١٤.

هو علاقة اجتماعية جنسية تقع بين شخصين مختلفين في الجنس(رجل وامرأة) يشرعها ويبرر وجودها المجتمع، وتستمر لفترة طويلة من الزمن يستطيع خلالها الشخصان المتزوجان إنجاب الأطفال وتربيتهم تربية اجتماعية وأخلاقية ودينية. ويعتقد وستر مارك بأن الإنسان منذ بداية الخليقة يميل نحو الزواج بإمراة واحدة [١]. وهنا ينتقد وستر مارك آراء موركن التي تشير إلى المراحل التاريخية الثلاثة التي مر بها نظام الزواج في العالم وهي مرحلة الزواج الجماعي ومرحلة تعدد الزوجات أو الأزواج وأخيراً مرحلة الزواج الآحادي[٢]. وبعد قيام وستر مارك بانتقاد آراء موركن يؤكد على أن نظام الزواج منذ البداية هو النظام الآحادي للزواج، وفي نفس الوقت يعترف بأن هناك ظروفاً استثنائية تدعو إلى ظهور نظام تعدد الزوجات أو نظام تعدد الأزواج أو نظام الزواج الجماعي. وهذه الظروف تفسر بعوامل قلة عدد سكان المجتمع أو قلة رجال المجتمع أو قلة نساء المجتمع أو التحضير للحروب والتوسع العسكري ... الخ.

ويقسم وستر مارك العوائل البشرية إلى ثلاثة أصناف:

١- العائلة البسيطة Simple Family التي تتكون من الأب والأم والأطفال فقط. وهذه العائلة تسكن في بيت واحد ولا تدع المجال للأقارب بالسكن في بيتها. وتوجد هذه العائلة في المجتمعات الصناعية والحضرية الراقية.

٢- العائلة المركبة Compound Family وهذه تتكون من العائلة البسيطة إضافة إلى الأقارب كالعم والجد والخال الذين يسكنون في بيت العائلة البسيطة. ومثل هذه العائلة توجد في المجتمعات الصناعية والزراعية على حد سواء[٣].

(١) Ibid., P.٢٣.

(٢) Ibid., P. ٤٩.

(٣) Ibid., P. ٧٣.

٣- العائلة المعقدة Complex Family وهذه العائلة تتكون من عائلتين أو ثلاثة عوائل بسيطة تعيش في بيت واحد. وهذه العوائل البسيطة التي تعيش في بيت واحد يجب أن تربطها العلاقات القرابية المتماسكة التي تسمح لها أن تحرز الألفة والانسجام والتعاون وتوجد هذه العائلة في المجتمعات القبلية والعشائرية وفي المجتمعات القروية الزراعية ويعتقد وستر مارك أيضاً بأن العائلة البشرية غالباً ما تتحول من عائلة بسيطة إلى عائلة مركبة ثم إلى عائلة معقدة. والتحول هذا يرجع إلى التحضر والتصنيع والتنمية الاقتصادية التي يشهدها المجتمع البشري[١].

أما بالنسبة لنسب العائلة Family Lineage فإن وستر مارك يعتقد بأن النسب الأبوي هو أهم لوحدة وتطور ورفاهية العائلة من النسب الأمي. ويشير أيضاً بأن النسب الأبوي هو أقدم تاريخياً من النسب الأمي. إلا أنه يقسم نسب العائلة إلى ثلاثة أقسام هي[٢]:

١- النسب الأبوي Patrilineal Descent:

ذكر وستر مارك بأن العائلة بدأت بدور أول عرف بعهد الأبوة، هذا العهد الذي لم ينحصر في أمه واحدة بل تناول جميع الأمم. فليس من أمة عريقة في التقدم إلا وقد مرت بهذا الدور الذي يقتضي النسب فيه إلى الآباء أي خط الذكور.

٢- النسب الأمي Matrilineal Descent:

وهو العلاقة القرابية التي ترجع الفرد إلى نسب امه وليس إلى نسب أبيه. وسبب ظهور النسب الأمي في المجتمع يرجع إلى قوة ونفوذ المرأة في المجتمع والى إمكانياتها الكبيرة في التأثير على سير الأحداث. والفترة الزمنية التي ظهر

---

(١) Ibid., P. ٨١.

(٢) إحسان محمد الحسن، علم الاجتماع، دراسة نظامية، ص١٩٠.

فيها هذا النسب حسب آراء وستر مارك كانت الفترة التي سبقت القرون الوسطى.

٣- العهد المشترك Joint Descent:

في هذا العهد أصبحت القرابة ذات حدين: نسب الأبوة وصلة الأمومة وأصبح الأبناء ثمرة الأبوين كليهما في النسب لهم عصبة في أقرباء الأب ورحمة في نسباء الأم.

د-نظرية روبرت مكايفر:

البروفسور روبرت مكايفر هو عالم اجتماعي أمريكي له عدة مؤلفات في حقل اختصاصه اشهرها مؤلفه الموسوم "المجتمع". وتفسيراته الاجتماعية للعلاقات والتفاعلات والسلوك الاجتماعي تعتمد على التعليلات السيكولوجية حيث أنه يرجع الحوادث من التفاعلات الاجتماعية إلى أصولها ودوافعها السيكولوجية لهذا يمكن أعتباره عضواً من أعضاء المدرسة السيكولوجية لعلم الاجتماع[١]. واشتهر مكايفر في كتاباته العلمية الدقيقة عن موضوع العائلة وعن تركيبها ووظائفها وتحولها التاريخي[٢]. حيث أشار في كتابه "المجتمع" بأن العائلة البشرية تقسم إلى قسمين أساسيين هما العائلة الممتدة Extended Family والعائلة النووية Nuclear Family والعائلة تتحول تاريخياً من مرحلة العائلة الممتدة إلى مرحلة العائلة النووية[٣]. العائلة النووية هي عائلة صغيرة الحجم إذ تتكون فقط من الزوج والزوجة والأطفال الذين لا يتجاوز عددهم عن أربعة أطفال. أما العائلة الممتدة فهي العائلة كبيرة الحجم حيث أنها تتكون من الزوج والزوجة والأطفال الذي يتجاوز عددهم على ٧-١٠ أطفال والأقارب الذين يسكنون مع العائلة الأصلية في بيت واحد.

توجد العائلة الممتدة في المجتمعات الزراعية الريفية وفي المجتمعات

(١) نفس المصدر السابق ، ص٩٩.

(٢) Hinkle, R. and at al. The Development of Modern Sociology, New York, ١٩٦٣, P. ٦١

(٣) MacIver R. and Page, C. Society . London, ١٩٦٢. PP. ٢٣٨-٢٣٩.

المحلية العشائرية والقبلية ، كما أنها تتوفر أيضاً في البيئات الاجتماعية العمالية والفلاحية. أما العائلة النووية فحسب تعاليم مكايفر توجد في الأقاليم الصناعية والحضرية المتطورة وتتوفر أيضاً في الأوساط المهنية والمتوسطة(١). ومن الصفات الأخرى التي تميز العائلة النووية سيطرة الجو الديمقراطي علها وذلك لتساوي منزلة الزوج مع منزلة زوجته. بينما يخيم الجو الديكتاتوري على العائلة الممتدة إذ إن الأب يحتل منزلة اجتماعية أعلى بكثير من منزلة الأم وينفرد في اتخاذ الإجراءات والقرارات التي تتعلق بمستقبل العائلة والأطفال . ومما يزيد من ديمقراطية العائلة النووية عدم تعرض الزوج إلى القيود التي تفرضها عليه سلطة الأقارب كسلطة الجد أو الأخ، هذه السلطة التي كانت تقرر مصير ومستقبل العائلة الممتدة سابقاً. والزوجة في العائلة النووية لا تحكم من قبل والدة زوجها ولا تخضع لإرادتها كما كانت عليه الحال في العائلة الممتدة. وعلاقة الزوج مع زوجته في العائلة النووية أقوى بكثير من علاقة الزوج بزوجته في العائلة الممتدة (٢). أما الأطفال في حالة العائلة النووية فيتولى الأبوان رعايتهم والعناية بهم والأقارب نادراً ما يساهمون في تولي مسؤولية تربية الأطفال. بينما في العائلة الممتدة يشارك كل من الوالدين مع الأقارب في تربية ورعاية الأطفال. وتتعرض العائلة النووية إلى فقدان التقاليد والعادات والقيم التي كانت تلعب الدور الأساسي في وحدة وتماسك العائلة الممتدة ولهذا تكون علاقاتها الاجتماعية والقرابية ضعيفة ومفككة.

ويشير مكايفر إلى التبدل الذي طرأ على وظائف الأسرة، فيقول بان العائلة الممتدة كانت تعتمد اعتماداً كلياً على نفسها في تقديم الوظائف المهمة لأفرادها والمجتمع الكبير(٣).

(١)Ibid., P. ٢٥٢.
(٢) Ibid., P. ٢٥٥.
(٣)Maclver, R. Society : A Textbook of Socilogy , Rinchart and Co., New York , ١٩٤٨, PP. ٢٢٠-٢٢١.

وهذه الوظائف يقسمها إلى قسمين الوظائف الأساسية التي تتعلق بإنجاب الأطفال وتربيتهم تربية اجتماعية وأخلاقية ووطنية، تنظيم العلاقات الجنسية بين أبناء المجتمع، وتحضير دار لسكن العائلة وتأثيثه بالأثاث اللازم. أما الوظائف الثانوية فهي الوظائف الاقتصادية كتوزيع الأعمال على أفراد العائلة وتلبية حاجاتهم الاقتصادية، الوظائف الصحية، الوظائف الدينية، الوظائف الترفيهية والوظائف الثقافية والتربوية. أما العائلة النووية التي ظهرت بعد تصنيع وتحضر المجتمع فإنها تختص بأداء الوظائف الأساسية التي تكلم عنها مكايفر والوظائف الثانوية في المجتمع الصناعي المتحضر لا تقوم بها العائلة بل تقوم بها الدولة. فالدولة مثلاً تخلق الأعمال الاقتصادية وتوزعها على أبناء المجتمع كل حسب كفاءته واختصاصه. وتسيطر على الانتاج الصناعي والزراعي وتنظم حركة التجارة الداخلية والخارجية وهكذا. كما أنها تفتح المدارس ودور العلم على اختلاف أنواعها ودرجاتها وتحرض أبناء العوائل على الدخول إليها والاستفادة من خدماتها. كذلك تقوم بتأسيس المستشفيات والمستوصفات والمراكز الصحية لمعالجة أبناء المجتمع مجاناً وهذا ما يسبب الرفاهية الصحية للمجتمع الكبير[1]. وهكذا بالنسبة للوظائف الأخصائية الأخرى التي تقدمها دوائر ومؤسسات الدولة لأبناء المجتمع كافة.

وبعد دراسة مكايفر للفوارق الحضارية والاجتماعية بين العوائل الممتدة والعوائل النووية في كتابه"المجتمع" يقوم بدراسة مفصلة لصفات العائلة المعاصر، أي العائلة النووية التي توجد في معظم المجتمعات الصناعية المتحضرة والراقية ويدرج هذه الصفات بالنقاط التالية:

---

(١) الحسن ، إحسان محمد (الدكتور)، علم الاجتماع السياسي، وزارة التعليم العالي والبحث العلمي، مطبعة جامعة الموصل، الموصل، ١٩٨٤، ص١٣٤.

١- يكون وجود العائلة الحديثة مبنياً على اتفاق الزوج مع زوجته. فهما اللذان يقرران بناء حياتهم الزوجية منذ ابتداء دخولهم لها.

٢- تتولى العائلة الحديثة تربية ورعاية أطفالها تربية عقلانية وعلمية.

٣- تدير العائلة الحديثة شؤونها بطريقة ديمقراطية بحته، فالزوج والزوجة يبحثان القضايا والأمور التي تتعلق بحياتهم الزوجية بطريقة تبتعد عن الديكتاتورية وتعتمد على النقاش البناء بين الزوجين .

٤- تنظم العائلة الحديثة أسس حياتها ومعيشتها وأهدافها بصورة شعورية اختيارية تعتمد على رغبات واتجاهات الزوج والزوجة.

٥- تعترف السلطات الحكومية بأهمية العائلة الحديثة والمسؤوليات الكبرى الملقاة على عاتقها. فهي تعمل على مساعدة العائلة علماً منها بأنها المدرسة الأولى التي يتعلم فيها الطفل شتى أنواع المهارات التي تساعده على بناء شخصيته واستقلاليته.

٦- إن العائلة الحديثة مستقلة استقلالاً تاماً من الناحية الاقتصادية عن أقاربها. فهي تعتمد على نفسها في تسيير أمورها الاقتصادية، وهي وحدة متكاملة تكافح من أجل إسعاد أفرادها وتحقيق أهدافهم وطموحاتهم الحياتية.

٧- تهتم العائلة الحديثة في الوقت الحاضر بتحديد النسل الذي يتفق عليه مقدماً الزوجان حيث أنه يساعد العائلة على تحقيق الموازنة بين مواردها المالية وعدد أفرادها ويمكنها في نفس الوقت من إعطاء التربية الجيدة والصالحة لأطفالها.

الفصل الثامن
المؤسسات الاقتصادية

١- تحليل البنية الاقتصادية

لا نستطيع فهم واستيعاب البنية الاقتصادية دون تحليلها تحليلاً بنيويا وظيفيا يستهدف تشخيص منظماتها ومؤسساتها وتوضيح أدوارها الفاعلة وعلاقتها بالمؤسسات الاجتماعية البنيوية الأخرى, إضافة إلى دراسة العوامل والمتغيرات الموضوعية والذاتية التي تؤثر في سكونها واستقرارها أو حركتها وداينمكيتها خلال فترة زمنية محددة. إن البنية الاقتصادية للمجتمع كما وضحنا قبل قليل لا توجد بمفردها بل توجد مع بقية البنى الاجتماعية وتتفاعل معها في طريقة عضوية تساعد المجتمع على تحقيق أهدافه القريبة والبعيدة. وفي الآونة الأخيرة خصوصا بعد شيوع معالم التحضر- والتصنيع والتنمية الشاملة بشقيها المادي والاجتماعي في معظم المجتمعات الفنية أصبحت المؤسسات الاقتصادية من أهم مؤسسات المجتمع إذ عليها يعتمد الإنسان في تطوير أحواله وظروفه العامة والخاصة ومنها يستمد مقومات معيشته ورفاهيته وفيها تكمن بعض أهدافه وطموحاته[1]. كما يعتمد عليها المجتمع في تحوله المادي ورفاهيته الحضارية واستقراره السياسي وسمعته الدولية.

لكن المؤسسات الاقتصادية هي مجموعة الأحكام والقوانين التي تحدد السلوك الاجتماعي والعلاقات الاجتماعية للأفراد في المنظمات الاقتصادية التي يعتمد عليها الاقتصاد القومي كالمنظمات الصناعية والزراعية والتجارية سواء كانت هذه المنظمات منظمات عامة أو اشتراكية أو منظمات خاصة. والمؤسسات الاقتصادية والمؤسسات السياسية تتكون من أدوار اجتماعية وظيفية, لكل دور حقوقه وواجباته الاجتماعية, الأدوار الاجتماعية الاقتصادية في المصنع مثلا تتجسد

(١) Lewis. Arthur. The Theory of Economic Groth, London, Georgé Allen and Unwin, ١٩٥٥, p. ٢٣.

في أدوار المدير العام ومدير الإنتاج ومدير المشتريات والمهندس ورئيس العمال والعامل... إلخ. ولجميع هذه الأدوار واجباتها وممارساتها وحقوقها وعلاقاتها الرسمية وغير الرسمية[1]. فللمهندس واجباته الوظيفية في المصنع التي تحدد أنماط سلوكه وممارساته اليومية كالاشراف على عمليات الإنتاج وصيانة المكائن واستثمارها إلى أبعد حدودها وتحفيز العمال على العمل الجدي والمثمر وتنسيق فعالياته مع المدراء والمهندسين في شعبته الإنتاجية وبقية الشعب الأخرى, وفي بعض الأحيان إجراء الدراسات والأبحاث العلمية التي تكفل زيادة الإنتاج وتحسين نوعيته وتسهيل عمليات الأداء بالنسبة للفنيين والعمال.

كما أن للمهندس حقوقه وامتيازاته المادية والمعنوية. فالحقوق المادية للمهندس تنعكس في الراتب الشهري أو السنوي الذي يتقاضاه والبيت الذي يعطى له قطعة الأرض والسيارة التي تخصص لنقله, إضافة إلى المكافآت المادية التي تقدم إليه بين فترة وأخرى تثمينا لجهوده وأتعابه. أما الحقوق المعنوية للمهندس فتتمثل بالاحترام والجاه والشرف الاجتماعي الذي يعطي إليه داخل وخارج العمل نتيجة للمنزلة الاجتماعية التي يحتلها. ومن الجدير بالذكر أن الحقوق الاجتماعية التي يتمتع بها المهندس هي التي تحدد مكانته الاجتماعية ثم شريحته أو طبقته التي ينتمي إليها. أما علاقات المهندس في المصنع فتكون على أربعة أنواع كما يخبرنا البرفسور موريس كينز بيرك Morris Ginsberg وهي العلاقات الاجتماعية العمودية والأفقية والرسمية وغير الرسمية. العلاقات الاجتماعية العمودية هي الفعل ورد الفعل والتجاوب المشترك الذي يقع بين شخصين يحتلان مركزين اجتماعيين مختلفين كعلاقة المهندس بالعمال وعلاقة المهندس بالمدير. والعلاقة الاجتماعية الأفقية هي الاتصال أو التفاعل الذي يقع بين شخصين أو أكثر يحتلون مراكز اجتماعية متكافئة كالعلاقة بين المهندس والمهندس أو العامل والعامل. أما

(1) الحسن, إحسان محمد (الدكتور), علم الاجتماع, دراسة نظامية, بغداد, مطبعة الجامعة, ١٩٧٦, ص ٤٦-٤٧.

العلاقة الاجتماعية الرسمية للمهندس فهي الاتصال الذي يحدث بين المهندس والعامل أو المهندس والمهندس حول أمور رسمية تتعلق بالمؤسسات الانتاجية, بينما العلاقات غير الرسمية للمهندس هي الاتصالات والتفاعلات التي تقع بينه وبين العمال أو المهندسين مثلا والتي تتعلق بالأمور الشخصية والذاتية له ولا تتعلق بأغراض أو قوانين المؤسسة, وكما للمهندس واجبات وممارسات وحقوق وعلاقات فإن للعامل نفس هذه الأشياء ولكنها تختلف من ناحية نوعية وطبيعة الواجبات وكمية الحقوق والامتيازات وقنوات الاتصالات الرسمية وغير الرسمية, الأفقية والعمودية التي يقوم بها داخل المؤسسة الإنتاجية أو خارجها. لذا فالبنية الاقتصادية تتكون من مجموعة المؤسسات والمنظمات الاقتصادية, والمؤسسات الاقتصادية تتكون من مجموعة الأدوار الوظيفية, وللأدوار الوظيفية واجبات وحقوق اجتماعية يقررها قانون المؤسسة المدون أو غير المدون.

ولعل من المفيد أن نشير هنا إلى حقيقة الترابط العلمي الجدلي بين الأدوار الاقتصادية الوظيفية والمؤسسات الاقتصادية من جهة وبين الأخيرة والمجتمع من جهة أخرى. إن أداء الأدوار الاقتصادية لوظائفها والايفاء بمسؤولياتها والتزاماتها تجاه المؤسسة الاقتصادية التي تعمل فيها تساعد الأخيرة على تحقيق أهدافها الأساسية التي تتجسد في زيادة كمية الإنتاج وتحسين نوعيته والاستمرار في عمليات الانتاج وتوسيع حجم الكفاءة والطاقة الإنتاجية وتحديث الأجهزة والمعدات والمكائن التكنولوجية... الخ, وقيام المؤسسة الإنتاجية بأداء واجباتها وتنفيذ المهام الإنتاجية الملقاة على عاتقها لابد أن يساعد المجتمع على إحراز الرفاهية والتقدم الاقتصادي من خلال توفير البضاعة في الأسواق التجارية وانخفاض أسعارها وقدرة المواطنين على شرائها واستهلاكها والحصول على أكبر كمية من الاشباع منها, إضافة إلى المضاعفات الاقتصادية الايجابية التي تولدها عملية زيادة الإنتاج وارتفاع معدلات دخل الفرد وزيادة حجم الاستهلاك والتوفير والاستثمار ثم زيادة الصادرات على الواردات وتحسن ميزان المدفوعات الخارجية.

ومن الجدير بالذكر أن الأدوار الوظيفية التي يشغلها الأفراد في المؤسسات الاقتصادية تعتمد على التدريب والتأهيل والخبرة والمهارة. فالمهندسون والفنيون والإداريون والمدققون لا يستطيعون إشغال أدوارهم الوظيفية هذه دون حصولهم على درجة من التدريب والكفاءة العلمية, إضافة إلى الخبرة والتجربة في أداء العمل والقيام بالتزاماته.

أما الأعمال الاقتصادية غير الماهرة فيشغلها العمال غير المدربين وغير المؤهلين على القيام بالعمل, لكن إنتاجية العمل اليدوي أو الخدمي تزداد وتتضاعف كلما كان العمال ماهرين ومدربين وقادرين على استخدام المكائن والآليات التكنولوجية في عمليات الانتاج التي توكل إليهم, وتنخفض إنتاجية العمل إذا كانت القوى العاملة في المجتمع غير مدربة ولا مؤهلة علميا ولا تستعمل الآليات في الانتاج الاقتصادي, ويجب علينا أن نركز على نقطة مهمة وهي أن القوى العاملة المدربة والمؤهلة على القيام بمهام الانتاج والخدمات العامة هي القوى التي تتقاضى الأجور والرواتب العالية نظرا لكون إنتاجيتها عالية ومتميزة[١]. أما إذا كانت الأيدي العاملة غير مؤهلة وتنقصها الخبرة والكفاءة فتكون أجورها ورواتبها واطئة لأن إنتاجيتها واطئة, لهذا تقتضي المصلحة العامة تدريب الكوادر الوطنية على مختلف المهن والأعمال التي يحتاجها المجتمع المتحول, ولكن كيف تستطيع البلدان النامية, ومنها وطننا العربي, تدريب مواردها البشرية على الإدارة والعلم والتكنولوجيا الحديثة وما المدة الزمنية التي تستغرقها عملية التدريب هذه؟

إن عملية تدريب الكوادر البشرية على حقول روافد العلم والتكنولوجيا والادارة والتنظيم هي من أشق وأصعب المهمات التي تقدم عليها الدول الفتية. فهي تحتاج إلى موارد مالية ضخمة وجهود حثيثة وجبارة وخبرات تخطيطية وإدارية ناضجة ومتطورة وأوقات طويلة تتراوح بين ١٥-٣٠ سنة. وعملية التدريب

(١) Benham, F. Economics: A General Indtroduction. London. Sir Isaac Pitnan, ١٩٥٧, p. ٣٥٤.

والتأهيل هذه قد تأخذ مكانها خارج البلدان النامية وداخلها. فالبلد النامي قد يرسل طلبة العلمية إلى الدول الصناعية المتقدمة على نفقته الخاصة للدراسة والتخصص في شتى الموضوعات الهندسية والتكنولوجية والعلمية والاقتصادية والإدارية. كما أنه يستطيع تأسيس المعاهد العالية والكليات والجامعات التي تتولى تدريب أبنائه على الفنون المختلفة للعلم والتكنولوجيا.

إن البنية الاقتصادية في المجتمع بكافة مؤسساتها وتراكيبها وأدوارها الوظيفية وأحكامها ونظمها تتحول من نمط لآخر بمرور الزمن, لكن تتغير البنية الاقتصادية لابد أن يؤثر في جميع قطاعات مؤسسات الدينية والقيمية والمؤسسات العائلية والمؤسسات العسكرية والسياسية... الخ. ويؤثر أيضا في تقاليده وعاداته الاجتماعية والحضارية وفي أسلوب وطراز حياته وفي تركيبه السكاني والعمري وفي استقراره الجغرافي ونوعية سكانه[1]. كما أن تغيير العلاقات الاجتماعية لقوى الانتاج مهما تكن القطاعات الاقتصادية التي تكتنفها تؤثر تأثيرا مباشرا في سلوكية وعلاقات الأفراد ليس في المؤسسات الاقتصادية فحسب بل في جميع مؤسسات المجتمع, لكن هذا لا يعني بأن تغير نمط العلاقات الاجتماعية في أية مؤسسة اجتماعية أخرى لا يترك آثاره وانعكاساته الواضحة على المؤسسات الاقتصادية للمجتمع. وهذا يدل بالضرورة على أن مؤسسات وتراكيب المجتمع مترابطة ومكملة الواحدة للأخرى.

بيد أننا نود أن نشير إلى أن التغير الاقتصادي الذي شهده المجتمع العربي منذ منتصف هذا القرن قد أثر وغير إلى درجة معينة طبيعة ونوعية وكمية الموارد البشرية لهذا المجتمع, فبعد أن كانت الأغلبية الساحقة لمواطني المجتمع غير كفوءة ولا مدربة على طرق الإنتاج الاقتصادي والتقني الحديث وتعوزها الخبرة

(١) Maerx On Economics, edited by R. Freed man, A Pelican Book, Middlesex, England, ١٩٦٨, p. ٥.

والاختصاص أصبح عدد لا بأس به من أفراد مجتمعنا يتمتع بقسط وافر من التأهيل والتدريب والكفاءة.

فبعد أن كانت كمية الموارد البشرية قليلة وغير كافية لاستثمار الموارد الطبيعة في الوطن العربي أصبحت الآن خصوصا بعد اكتشاف واستخراج البترول أكثر مما كانت عليه بفضل عامل الزيادة الطبيعية للسكان. وبعد أن كانت طرق التنشئة الاجتماعية التي تنتهجها العائلة العربية اعتباطية ومتخلفة وغير معتمدة على الأساليب التربوية الحديثة أصبحت الآن وبفضل انتشار الوعي الاجتماعي والحضاري وانتشار الثقافة والتربية والتعليم بين الجماهير تتميز بدرجة لا بأس بها من المسؤولية والعقلانية خصوصا بعد تحسين المستوى المعاشي للعائلة وتطوير بيئتها السكنية والايكولوجية. غير أننا يجب أن نعترف بأن درجة تطوير الموارد البشرية في المجتمع العربي لا زالت دون المستوى المطلوب نظرا لوجود السلبيات والمعوقات على المستويات الحضارية والتاريخية والسياسية والاجتماعية.

لكن البنية الاقتصادية المتشعبة التي تضم في هياكلها التركيبية الكوادر البشرية المدربة وغير المدربة غالبا ما تنتج في تعقد الاختلافات والفوارق الطبقية بين أبناء الشعب وتزيد من عدد المراكز والدرجات الاجتماعية المتباينة من ناحية الأدوار التي تشغلها والامتيازات التي تتمتع بها[1]، فهناك المديرون والموظفون والمخترعون والمنفذون والعمال وأصحاب العمل والحاكمون والمحكمون... الخ. وهؤلاء يختلفون الواحد عن الآخر في واجباتهم وأعمالهم ومقدار مدخولاتهم قوتهم ونفوذهم الاجتماعي. غير أن الاختلافات والفوارق في الامتيازات المادية والاجتماعية التي يتمتعون بها غالبا ما تسبب ظهور الوعي الطبقي والتضارب في الأهداف والمصالح خصوصا إذا كان المجتمع بعيدا عن تطبيق وانتهاج مبادئ العدالة الاجتماعية. وهذا ما يقود إلى اضطرابه وتعرضه إلى التناقضات

(١) Jonsonm H. Sociology: A Systematic Introduction, London, Routedge and Kegan Paul, ١٩٦١. p. ٤٨٩.

والانقسامات الفكرية والايدلوجية, تسبب زيادة عـدد المهـن والاختصاصات الوظيفية المختلفـة التـي تخلفهـا التنميـة الاقتصادية انقسامات خطيرة فـي الطبقـة الاجتماعيـة الواحدة كتقسيم الطبقة المتوسطة إلى ثلاث طبقات فرعية أو تقسـيم الطبقة العماليـة إلى ثلاث طبقات فرعية هي الطبقة العماليـة العليا والطبقة العمالية المتوسطة والطبقـة العمالية الواطئة. وهـذا مـا يزيد حـدة الاختلافات والتناقضات الفكرية بـين الأفراد والجماعات ويشق الوحدة الوطنيـة في المجتمـع ويعرض أفـراده للانقسامات الجانبيـة التـي لا تخدم مصلحة تحقيق أهدافه القومية والمصيرية.

٢- البناء الاقتصادي للمجتمع العراقي:

شهد الاقتصاد العراقي خلال الحقبـة (١٩٥٠-١٩٧٥) تغيرات جوهرية وتنمية كلية شملت جميع قطاعاته الرئيسية, وكانت هـذه المتغيرات نتيجة اسـتغلال ثرواته المعدنية خصوصا البترول والكبريت, وبناء صناعاته الانتاجية المختلفة الأنواع, إضافة إلى ازدياد حجم التجارة الداخلية والخارجية وانتعاش الزراعـة وتطوير أسـاليبها الإنتاجيـة والتسويقية.

ومما سـاعد عـلى تنميـة القطر اقتصاديا وجـود بعـض العوامـل غـير المادية كالاستقرار السياسي الذي سيطر على القطر بعد ثورة السابع عشر من تمـوز عـام ١٩٦٨, وانتشار القيم الاجتماعية التي شجعت عمليات التصنيع والتقدم الاقتصادي. فالتصنيع هو بمثابة الرد الحاسم على التخلف والجمود الاقتصادي والاجتماعي الذي كان مسيطرا على القطر حقبا طويلة, وهو الوسيلة الايجابية لرفع المستوى الاقتصادي والاجتماعـي للمواطنين. كـما أنـه مـن السبل الرئيسية المسـاعدة عـلى تحقيق التطور النـوعي في المؤسسات الاجتماعية للمجتمـع العراقـي كالمؤسسات العائليـة والاقتصاديـة والثقافيـة والسياسية [١].

---

(١) ارجع إلى كتاب التصنيع وتغيير المجتمع, تأليف, الدكتور إحسان محمد الحسن, بيروت, دار الطليعة للطباعة والنشر, ١٩٨١.

يمكـن اعتبـار الصـناعة البتروليـة مـن أهـم الصـناعات الموجـودة في القطر إذ ساهمت مساهمة فعالة في إحداث التغيرات الاقتصادية والاجتماعيـة الشاملة بـالرغم من كونها تحت السيطرة الاحتكارية الأجنبية لغاية عام ١٩٧٢. فقد ارتفع إنتاج البـترول بصورة محسوسه بعد عام ١٩٥٥ كما ارتفعت صادرات القطر مـن البـترول واستعملت المبالغ في تنفيذ خطط التنمية الاقتصادية والاجتماعية التي شرعتها حكومة الثورة بعـد عام ١٩٦٨, تلك الخطط التي استهدفت تنمية القطاعـات الاقتصادية إضافة إلى تنمية القطاعات الاجتماعية والصحية والثقافية[١].

وانعكست أرباح البترول العالية التي استطاع القطر الحصول عليها بعد التأميم عـلى الصـناعة العراقيـة. فالصناعة في العراق قبل الخمسينات كانت صـناعة بدائيـة ويدوية في طبيعتها وإنتاجيتها, إذ كانت بيد القطاع الخاص وتزاول في الدكاكين الصغيرة أو البيوت.

وكانت لا تعتمد على نظام تقسيم العمل والتخصص فيه ولا تخضع للأساليب العلمية والعقلانية والتكنيكية الحديثة. فلم تستعمل الآليـات أو المعدات الحديثة في الانتاج ولم تعتمد على القوى العاملة المدربة, وكانت تفتقر بل ولا تعرف نظام الانتاج الواسع, فالانتاج كان يزاول في البيوت. وأبناء الأسرة هـم الـذين كانوا ينجزون المهـام الصناعية لمهنتهم[٢]. غير أنه في منتصف هذا القرن ظهرت في العراق عدة مصانع حديثة شاركت الدولة في تأسيسها وديمومتها والسيطرة عليها, وقد اهتمت هذه المصانع بانتـاج البضائع الصناعية الاستهلاكيـة التـي يحتاجهـا أبنـاء الشـعب كالمنسـوجات القطنيـة والصـوفية, والطابوق والاسـمنت والمـواد الانشـائية الأخـرى, والصـابون, والخشـب, والعطور... الخ[٣]. وبجانب تأسيس المصانع التي

(١) Ibid., p. ١٦.
(٢) The Social and Economic Condition in Iraq, Ministry of Education, Baghdad, ١٩٥٦, p. ٩٦.
(٣) Grunwald, K. and Ronald, J. Hndusrialization in the Middle East, New York, ١٩٦٠, p. ٢٥٦.

تهتم بانتاج البضائع الاستهلاكية بادرت الدولة خلال الحقبة (١٩٤٠-١٩٥٠) إلى تشريع لوائح قانونية تستهدف تشجيع وتنمية الصناعة في العراق كحماية المنتجات الصناعية الوطنية من المنافسة الأجنبية وإلغاء الرسوم الكمركية على المكائن الصناعية المستوردة من الخارج وتقديم القروض المالية لرجال الصناعة العراقيين... الخ[١]. وخلال الحقبة نفسها خصصت الحكومة العراقية مبالغ مالية كبيرة لتنمية الصناعات العراقية وأسست المصرف الزراعي والصناعي الذي تخصص بتقديم القروض المالية إلى المشاريع الانتاجية[٢]. وهذا بسبب زيادة مدخولات القطر من صادرات البترول مكنت القطر من شراء المكائن والآليات الصناعية والمصانع والمواد الأولية، واستخدام الأيدي العاملة الفنية وشبه الفنية التي أدت دورا كبيرا في إرساء قواعد التصنيع في البلاد ودفع حركة التقدم الصناعي إلى الأمام. كما أن زيادة إنتاج البترول ساعدت المؤسسات الصناعية على الحصول على الطاقة التي تحتاجها في عملياتها الانتاجية والصناعية، ومن الجدير بالذكر أن قيمة صادرات العراق من البترول الخام خلال الحقبة ١٩٥٩- ١٩٧١ بلغت ٣٨٧٤ مليون دينار، في حين بلغت قيمة واردات القطر من البضائع والخدمات خلال الحقبة نفسها ٢٠١٣ مليون دينار فكان الفرق بين قيمة الصادرات والواردات ١٨٦٠ مليون دينار[٣]. وقد استثمر هذا المبلغ في توسيع الكفاءة الانتاجية للقطاعات الاقتصادية الرئيسية في القطر، ولولا الموارد المالية للبترول لكان ميزان التبادل التجاري في غير صالح العراق. فقد شكل البترول خلال الحقب ١٩٥٩- ١٩٧١٩ ٩٤% من مجموع صادراته بينما شكلت البضائع الأخرى المصدرة خلال الحقبة نفسها (٦%) فقط.

(١) Ibid., p. ٢٥٩, I.

(٢) Ismael, B. K. The Position of Iraqi Trade, in the Iraqi Economic Journal, No. I. Ist. Year March ١٩٧٥, p. ١١.

(٣) Al-Hassan, Ihsan M. Industralization in Iraq and its Impact On Socety, Iraq, Iraq Today Magazine, No, ٨٨, Vol, IV May, ١٩٧٧, pp. ٢٠-٢١.

إلا أن البترول بدأ يـؤدي الـدور الحاسـم والمـؤثر في اقتصـاد العـراق بعـد قيـام الحكومة بتأميم شركات البـترول الاحتكاريـة في عـام ١٩٧٢. فقبـل التـأميم كـان العـراق يحصل على (٥٠%) فقط من واردات البترول, بينما كانت الشركات الاحتكاريـة تحصـل على (٥٠%) من الأرباح. وبعد التأميم وتصـفية ممتلكـات الشركات الاحتكاريـة أصـبح العراق يحصل عـلى (١٠٠%) مـن أربـاح البـترول, أي أن مـدخولات العـراق مـن أربـاح البترول قد تضاعفت بعد عام ١٩٧٢. وفي عام ١٩٧٥ بلغت موارد العـراق مـن صـادرات البترول ١٥٠٠ مليون دينار, وقد استغل الاعتمادات المالية للمشاريع الصناعية الحكومية وتقديم القروض الزراعية والصناعية لرجال الزراعة والصناعة في القطر[١].

وبعد ثورة الرابع عشر من تموز ١٩٥٨ بادرت الحكومة إلى تخصيص مبالغ كبيرة لتمويل المشاريع الصناعية التي يمتلكها القطاع العام والقطاع الخاص, وتـدريب الأيـدي العاملة على فنون الانتاج الصناعي بمختلف عملياته وأصنافه, ووضع حجر الأساس لعدة مشاريع صناعية في طول القطر وعرضه. وخلال بضع سنوات من هذه المبادرة تم انجـاز العديد من هذه المشاريع الصناعية وتدريب عدد غير قليل من الكادر الصـناعي الفنـي الذي تولى عملية الانتاج الصناعي[٢]. وخلال الحقبة ١٩٦٤-١٩٧٤ كرس العـراق اهتمامـه المتزايد وبذل الجهود والأموال في سبيل تنمية القطاع الصـناعي وذلـك مـن خـلال مـنح وزارة الصناعة حرية العمل التي تمكنها من إرساء معالم التصنيع في القطـر بـأسرع مـدة ممكنة وتخصيص الأموال الكبـيرة والأيـدي العاملـة الفنيـة التـي تسـاعدها عـلى تنفيـذ مهامها الانتاجية والتكنيكية. أما المتغيرات التي حفزت القطر عـلى المضي قـدما في عـالم التصنيع والتكنولوجيا خلال هذه المدة الزمنية فتكمن في الاستقرار السياسي الذي شهده القطر بعد ثورة السابع عشر مـن تمـوز, زيـادة عائـدات البـترول بعـد تـأميم الشركـات الاحتكارية,

(١) Ismael, B. K. The position of Iraq Trade, p. ١٥.

(٢) Salman, M. H. Economic Evolution in Iraq. Vol. I. Beirut. ١٩٦٥, pp. ٢٠٢-٢٠٤.

وتوفر الأيدي العاملة الخبيرة بعد عودة الأعداد الكبيرة من طلبة البعثات من أوروبا بعد إنهاء دراساتهم العلمية والاخصائية, وأخيرا وجود الأسواق العربية التي تمتص قسما من البضائع المصنعة, ووجود مثل هذه المتغيرات الايجابية والمشجعة لحركة التصنيع والتقدم الاقتصادي في القطر سبب زيادة عدد المشاريع الصناعية إلى درجة أن القطر أصبح قادرا على صناعة مختلف السلع الصناعية كالأقمشة القطنية والصوفية والعقاقير والأدوية الطبية والآليات والمكائن الزراعية, والسلع البتروكيماوية, والمعدات الكهربائية ... الخ.

وازدادت نسبة القوى العاملة التي تشتغل في القطاع الصناعي من ٣% في عام ١٩٥٠ إلى زيادة ١٠% في عام ١٩٦٤, واستمرت بالزيادة إلى أن أصبحت ٢٥% في عام ١٩٨٠. [١]

وزيادة نسبة القوى العاملة التي تعمل في القطاع الصناعي قد رافقتها زيادة مماثلة في كميات الأموال الموظفة في المشاريع الصناعية. حيث خصص العراق ٥ ملايين دينار فقط للقطاع الصناعي في عام ١٩٥٠, وازداد هذا المبلغ إلى ٤٠ مليون دينار في عام ١٩٦٤. واستمرت الأموال المخصصة للصناعة بالزيادة إلى أن بلغت ١٥٠٠ مليون دينار في عام ١٩٨٠. [٢]

أما الزراعة فقد كانت من المهن الرئيسية للسكان في منتصف هذا القرن حيث كان يشتغل فيها بصورة مباشرة أو غير مباشرة حوالي ٨٠% من مجموع السكان. علما بأن خمس المساحة الجغرافية للعراق كانت صالحة للزراعة ونسبة ضئيلة من الأراضي الصالحة للزراعة كانت مستغلة فعليا, أما البقية الباقية من الأراضي فلم تكن مستغلة لأسباب تتعلق بالكفاءة الانتاجية للسكان [٣]. فنسبة الانتاج

(١) The Anuual Abstract of Statistics, ١٩٧٥, Ministry of planning-see the Appendix (The Ingustrial sector).

(٢) Ibid., Book ١١, Appendix of the Industrial Sector for ١٩٧٥, ١٩٨٠.

(٣) Bonné. A. The Economic Development of the Middle East, London ١٩٤٥. p. ٣٤.

الزراعي للفدان الواحد كانت ضئيلة بالنسبة لكميات الانتاج الزراعي للأقطار الأوروبية بل وحتى الأقطار المجاورة. وهذه الحقيقة تفسر انخفاض المستوى الاقتصادي للفلاح العراقي وتدهور الظروف الاقتصادية والاجتماعية للريف العراقي آنذاك. ويمكننا إجمال المشكلات الزراعية التي واجهها العراق خلال الخمسينات بما يأتي:

١. سيطرة النظام الاقطاعي على الريف العراقي, هذا النظام الذي حتم وجود طبقتين اجتماعيتين متناقضتين هما طبقة الشيوخ وأصحاب الأراضي وطبقة الفلاحين, وكانت طبقة الشيوخ وأصحاب الأراضي تمتلك وتسيطر على وسائل الإنتاج سيطرة تامة خدمة لمصالحها الذاتية, في حين لم تكن طبقة الفلاحين تمتلك شيئا سوى جهودها البشرية التي كانت تبيعها بأجر زهيد على طبقة الاقطاعيين والشيوخ[١]. وسوء الظروف الاجتماعية والاقتصادية للفلاحين مع تعرضهم للظلم والاستغلال على أيدي الاقطاعيين كان من بين العوامل الرئيسية التي قادت إلى قيام الثورة العراقية عام ١٩٥٨.

٢. عدم استغلال الأيدي العاملة في الريف استغلالا اقتصاديا يساعد على استثمار الأراضي الزراعية استثمارا زراعيا. كما أن الفلاحين والعمال الزراعيين لم يكونوا ماهرين ومدربين على استعمال الطرق الزراعية الفنية أو استعمال المكائن الحديثة في الأغراض الزراعية.

٣. الافتقار إلى مشاريع الري التي تزود الأراضي الزراعية بالمياه التي يحتاجها الفلاح وقت زراعته واستغلاله للأرض[٢].

(١) Al-Hassan, Ihsan., Lectures On Arabic Society, Baghdad, ١٩٧٨, p. ١١٦.

(٢) Bonné. A. The Economic Development of the Middle East, London p. ٣٧.

٤. عدم وجود الخدمات الثقافية والصحية والسكنية والاجتماعية والترفيهية التي يحتاجها سكان الأرياف والقرى أو ضعفها[١].

٥. افتقار الفلاحين إلى المعرفة العلمية والفنية المتعلقة بمحاربة الأمراض والآفات الزراعية واستعمال البذور المحسنة والأسمدة الكيماوية مما عرض الزراعة إلى الكوارث والنكبات.

٦. هجرة عدد كبير من الفلاحين والقرويين إلى المدن بسبب تكرار حوادث القتل والنهب والسلب في الأقاليم الريفية خصوصا تلك التي تحدث بين العشائر والقبائل المتخاصمة.

غير أنه خلال الحقبة (١٩٥٨-١٩٨٠) حدثت عدة تغيرات أساسية في القطاع الزراعي أهمها تشريع قوانين الإصلاح الزراعي للسنوات ١٩٥٨, ١٩٥٩, ١٩٧٠. وقد هدفت هذه القوانين إلى إلغاء النظام الاقطاعي للملكيات الزراعية وما رافقه من علاقات اجتماعية إقطاعية غير متكافئة بين أصحاب الأراضي والفلاحين. وهدفت أيضا إلى تصفية وإنهاء الاستغلال الاقتصادي والاجتماعي الذي كان يمارسه الاقطاعيون ضد الفلاحين. فقد أممت أراضي الشيوخ والاقطاعيون من قبل الدولة بعد أن حددت الدولة الحد الأعلى للملكية الزراعية التي يمكن أن تمتلكها الطبقة الاقطاعية, وقد قامت الدولة بدفع تعويضات مالية للشيوخ الذين أممت أراضيهم, وقسمت الأراضي المؤممة إلى قطع زراعية صغيرة ووزعت على الفلاحين إما مجانا أو بأسعار واطئة جدا.

بيد أن الفلاحين في البداية أخفقوا في استغلال الأراضي التي وزعت عليهم من قبل الدولة وذلك لأسباب عدة أهمها معارضة الشيوخ الاقطاعيين لقوانين الإصلاح الزراعي وعدم استجابتهم لها ووقوفهم ضد الفلاحين الذين قاموا باستغلال

(١)Al-Tahir. A Migaration of Population from Rural into Urban Regions. A research submited to the ٤th Arab Confernce on Sociological Studies held in Baghdad, March. ١٩٥٦.

أراضيهم وزراعتها. وعدم وجود مشاريع الري الكافية التي تزود أراضيهم بالمياه التي يحتاجونها وقت زراعتهم للأرض. إضافة إلى عدم وجود الإشراف والمتابعة والتفتيش الذي يحث الفلاحين على العمل والانتاج مع ميل الفلاحين للهجرة إلى المدن بعد منحهم حرية العمل والتنقل من محل لآخر.

وهذا العامل الآخر سبب قلة الأيدي العاملة في الريف بحيث تعذر تنفيذ العمليات الزراعية المطلوبة, وفي الوقت نفسه سبب تفاقم مشكلة ازدحام السكان في المدن وتردي الأحوال المعاشية والاجتماعية والصحية هناك.

ومنذ عام ١٩٧٠ قامت الدولة بمعالجة أهم هذه المشكلات والسلبيات التي أعاقت التقدم الزراعي في العراق. فقد بادرت الدولة بإصلاح ملايين الايكرات من الأراضي إما عن طريق تزويدها بالمياه المطلوبة أو التخلص من ملوحتها من خلال مشاريع البزل التي نفذتها الدولة في معظم الأراضي الزراعية الشديدة الملوحة, وضمت الأراضي المستصلحة إما إلى مزارع الدولة أو إلى المزارع الجماعية والتعاونية حيث أن سياسة الدولة الحالية ترمي إلى تشجيع وتوسيع مزارع الدولة والمزارع الجماعية والتعاونية مع تقليص المساحات الزراعية للقطاع الخاص. والنتيجة النهائية لهذه السياسة أنه في عام ١٩٧٣ بلغت مساحة الأراضي الصالحة للزراعة حوالي ٢٣ مليون إيكر كان منها ٨ إيكرات بيد القطاع الخاص والبقية الباقية من الأراضي الزراعية بيد الدولة والجمعيات التعاونية[(١)].

وتعهدت حكومة الثورة في العراق بعد عام ١٩٦٨ بتحويل الزراعة من مهنة بدائية وتقليدية إلى مهنة علمية وميكانيكية. فقد جنحت عن الطرق والأدوات البدائية إلى الطرق العلمية الحديثة والمكائن الزراعية والكفوؤة التي ساهمت مساهمة فعالة في رفع نوعية عمليات الانتاج الزراعي وأثرت تأثرا إيجابيا في تحسين

(١) The Political Report of the Report of the ٨th Regional Confernce of the Party held Baghdad in ١٩٧٤, p. ١١٥.

نوعية المحاصيل الحقلية وزيادة كمياتها المنتجة[١]. وبادرت الدولة إلى تعيين الخبراء والمشرفين الزراعيين الفنيين الذين تولوا مهمة إرشاد الفلاحين وتوجيههم نحو اتباع الطرق الزراعية العلمية واستغلال الأراضي اقتصاديا والاستفادة من عناصر الانتاج كالمياه والبذور والأسمدة والآليات بحيث يؤدي هذا إلى زيادة الكفاءة الزراعية للفلاحين ومضاعفة الانتاج الزراعي الذي يحتاجه سكان المدن حاجة ماسة. كما عينت الدولة المرشدين والباحثين الاجتماعيين وأرسلتهم إلى المناطق الريفية والقروية بغية مشاركتهم في تنمية المجتمع الريفي من خلال إرشاد الأسرة إلى الطرق الايجابية في التنشئة الاجتماعية, والمساعدة في تعليم القرويين, وإلى اعتماد الطرق الصحية الحديثة, وتقوية العلاقات الاجتماعية بين الأسر والأقارب وأخيرا تحفيز القرويين على نبذ القيم الرجعية والمتخلفة التي سيطرت على الريف العراقي حقبا طويلة من الزمن كالعصبية القبلية, والأخذ بالثأر والغزو والسرقات والطائفية والاقليمية ... الخ[٢].

إن جميع هذه الإجراءات التي اتخذتها الدولة مهدت لزيادة الانتاج الزراعي وتنمية المجتمع الريفي ورفع المستوى المعاشي والاجتماعي للفلاحين خصوصا بعد منحهم حق تكوين اتحاداتهم وجمعياتهم الفلاحية التي تدافع عن حقوقهم وتعمل على تحقيق أهدافهم وطموحاتهم. إلا أنه في عام ١٩٨٠ انخفضت نسبة القوى العاملة الزراعية خلال الحقبة ١٩٥٠-١٩٨٠ كان يعزى إلى عدة عوامل ومتغيرات أهمها هجرة سكان الأرياف إلى المدن بسبب المشكلات الاقتصادية والاجتماعية التي واجهها الفلاح في الريف, وكذلك إلى انتشار معالم التصنيع والتحضير في بيئات المدن, والمكننة الزراعية التي حتمت تقليص الأيدي العاملة المشتغلة في الزراعة.

(١) Iraqi New Five Year plan, ١٩٧٠-١٩٧٤, Baghdad Journal, Minisitry of Information, Dec., ١٩٧١.

(٢) Al-Hassam, Ihsan M. the Current Condoition of Agriculure in Iraq, An Baghdad Obser ver, A Political Daily Newspaper On the ٢٤th Nov. ٥, ٢٣٦٩.

وأخيرا ظهور عدد كبير من الوظائف المهنية والإدارية والفنية في المدن مما شجع سكان الأرياف على النزوح للمدن للتدرب عليها أولا ثم اشغالها[١].

٣- صدى التحولات الاقتصادية في المؤسسات البنيوية للمجتمع:

بعد عرض وتحليل أهم المتغيرات التي طرأت على القطاعات الاقتصادية الرئيسية في العراق نستطيع الآن دراسة وفحص طبيعة النتائج والانعكاسات التي تركتها هذه التغيرات على المؤسسات البنيوية للمجتمع كالأسرة والقرابة والزواج, وكذلك مستويات الحياة والمعيشة, والعمل والفراغ, المرأة, والتركيب السكاني والطبقي... إلخ. إن التحولات الاقتصادية والمادية التي شهدها العراق خلال الحقبة (١٩٥٠-١٩٨٠) والتي انعكست في التصنيع الشامل, وزيادة حجم الانتاج الزراعي, وتضخم حجم إنتاج وتصدير البترول وأخيرا تحقيق ظاهرة الاستخدام الكامل وظهور أنواع مختلفة من المهن والأعمال الفنية وشبه الفنية قد أثرت تأثيرا ايجابيا في رفع المستوى المعاشي والاجتماعي للأسرة العراقية بحيث أصبحت أكثر كفاءة وفاعلية في أداء واجباتها وخدماتها الوظيفية. تشير الإحصائيات الاقتصادية إلى أن الدخل القومي الكلي للقطر قد ارتفع من ٢٦٣ مليون دينار في عام ١٩٥٣ إلى أكثر من ٧٣٠٠ مليون دينار في عام ١٩٨٠, كما ارتفع المعدل السنوي لدخل المواطن العراقي من ٤٥ دينار في عام ١٩٥٣ إلى حوالي ٥٦٠ دينار في عام ١٩٨٠[٢]. والارتفاع المستمر والحثيث في المعدل السنوي لدخل الفرد خلال الحقبة (١٩٥٣-١٩٨٠) قد تساعد الأسرة على تطوير وتحسين ظروفها المعاشية والاجتماعية والثقافية والروحية بحيث أصبحت أكثر قدرة وكفاءة في خدمة حاجات الفرد والمجتمع عن ذي قبل.

(١) Iraq Today, A Journal Issued by the Iraqi Ministry of Information Vol. II, No. ٢٩, Nov., ١٩٧٦.

(٢) Haseeb, K. A. "Iraq's National Income, ١٩٥٤-١٩٦٣". And the Iraqi Annual Abstract of Statistoics, ١٩٧٥, ١٩٨٠.

ويمكننا توضيح التحسن في الأوضاع الاقتصادية والاجتماعية للأسرة العراقية من خلال عرض وتحليل ظروفها المادة والاجتماعية المتغيرة. فقد انخفض معدل عدد الأفراد الذين يعيشون في غرفة واحدة من ٣.٤ أشخاص في عام ١٩٥٠ إلى ١.٢ شخص في عام ١٩٨٠. وكان هذا الانخفاض في معدل عدد الأشخاص الذين يعيشون في غرفة واحدة يعزى إلى تطور صناعة البناء وتنفيذ المشاريع السكنية من قبل الدولة في طول القطر وعرضه وارتفع عدد السيارات لكل ١٠٠٠ مواطن من ٣.٩ سيارات في عام ١٩٥٠ إلى ٥٣ سيارة في عام ١٩٨٠ كما ارتفع معدل مصروفات الأسرة على المواد الغذائية للشخص الواحد من ٢.٤ دينار في عام ١٩٥٠ إلى ٢٥ ديناراً في عام ١٩٨٠ إلى ١٣ دينارا في عام ١٩٨٠. كذلك ارتفع معدل مصروف الأسرة على الإشراف الطبي والمعالجة والعقاقير والأدوية في الشهر من ٤٠٠ فلس في عام ١٩٥٠ إلى ٧ دنانير في عام ١٩٨٠ وازداد المعدل الشهري لمصروفات الأسرة على وسائل وأنشطة الترويح والفراغ من ٨٠٠ فلس في عام ١٩٥٠ إلى ٩ دنانير في عام ١٩٨٠ وأخيرا ازداد المعدل الشهري لمصروفات الأسرة على الكتب والمجلات والجرائد من ٣٠٠ فلس في عام ١٩٥٠ إلى ٤ دنانير في عام ١٩٨٠ [1].

ومن الجدير بالملاحظة أن تحسن الظروف المادية والاجتماعية للأسرة قد ساعدها على العناية بتربية أطفالها والإشراف عليهم إشرافا جيدا. فالآباء تحت الظروف المعاشية والاجتماعية المتطورة تمكنوا من تهيئة المتطلبات البيئية الجيدة التي يحتاجها أطفالهم كالسكن المريح والثقافة المدرسية, والتوجيهات والارشادات المفيدة, والعناية الصحية... الخ. وأمور كهذه جعلتهم يتسمون بشخصيات متزنة سوية كان لها أكبر الأثر في مقدرتهم على تحمل أعباء المسؤولية الاجتماعية الملقاة

(١)These Statistics are derived form the following Sources: A. Bonné, A. The Economic Development of the Midddle East.

B. The Economic Development of Iraq, a report written by I. B. R. D. in ١٩٥٢.

C. The Anuual Abstract of Statitstics for the ١٩٧٥, ١٩٨٠.

على عاتقهم من قبل المجتمع الكبير. كما أن الظروف الاقتصادية والاجتماعية المتطورة للأسرة ساعدتها على تكوين العلاقات الاجتماعية الجيدة بين أفرادها خصوصا بين الزوج والزوجة. هذا ما ساعد على تقوية وحدة الأسرة وتماسكها بوصفها منظمة اجتماعية مهمة من منظمات المجتمع(١). فالفقر الذي قد تتعرض إليه الأسرة غالبا ما يسبب سوء العلاقات الزوجية ثم ارتفاع حوادث الطلاق في المجتمع واضطراب أساليب التنشئة الاجتماعية والأسرية, وتبعثر أفراد الأسرة, بيد أن تحسن الظروف الاقتصادية والمادية لمعظم الأسر العراقية خصوصا بعد التقدم والازدهار الاقتصادي الذي أحرزه العراق مؤخرا ساعد على زيادة التوافق والانسجام بين الزوجين وتقوية الأواصر الأسرية والقرابية وتكوين الحياة الأسرية السعيدة, لكن هذا لا يعني بأي حال من الأحوال أن الأسرة العراقية في الوقت الحاضر هي أسرة متحررة من المشكلات والعقبات الحياتية التي تعترض سبيلها. فكلما تقدمت وارتقت معالم الحياة الاجتماعية والحضرية ازدادت مشكلات الأسرة وتعقدت.

وبدخول التصنيع والتحضر إلى المجتمع العراقي تحولت الأسرة من أسرة ممتدة إلى أسرة نووية. تشير الاحصائيات الاجتماعية إلى أن نسبة الممتدة في المجتمع العراقي كانت ٨٢% في عام ١٩٤٠, في حين كانت نسبة الأسر النووية في ذلك الوقت ١٨%. أما في عام ١٩٨٠ فقد انخفضت نسبة الأسر الممتدة إلى ٣٤% وارتفعت نسبة الأسر النووية إلى ٦٦%(٢). والسبب الأساسي لانخفاض عدد الأسر الممتدة وازدياد عدد الأسر النووية يرجع إلى التنمية الاقتصادية وشيوع معالم التصنيع في المجتمع منذ حقبة الخمسينات(٣).

(١) Ibid,. p. ٧٢(A).

(٢) Arbatov, G. A. Social and cultural Changes in Developing Countries, Moscow, ١٩٧٥, p. ٣٩.

(٣) Ibid., P. ٥٥.

فالأسر النووية تستطيع التكيف والانسجام مع البيئة الصناعية والحضرية أكثر من الأسر الممتدة, حيث أن صفاتها البنائية وعلاقاتها الاجتماعية والقرابية ووظائفها الاجتماعية تنسجم كل الانسجام مع ظروف التصنيع ومطالب المجتمع المتقدم اقتصاديا وحضاريا وحاجاته [١]. إن المجتمع الصناعي المتقدم يحتاج إلى مهارات وكفاءات الفرد, والفرد يشغل أدورا اجتماعية معينة لها مجموعة واجبات وحقوق تحددها قوانين المجتمع. وللفرد حق الانتقال من دور إلى آخر والانتقال من طبقة إلى أخرى تبعا لطبيعة مواهبه وانجازاته الاقتصادية والثقافية والمهنية. فالأسرة النووية تستطيع التكيف مع عمليات الانتقال الجغرافي والمهني والاجتماعي التي يتعرض إليها الفرد في المجتمع الصناعي, في حين لا تستطيع الأسرة الممتدة القيام بهذه المهمة, والأسرة النووية التي تقطن في البيئة الحضرية تسكن في بيت جديد ولا تسكن مع أقاربها. وهنا تضعف العلاقات القرابية وتزداد حالات الانتقال الاجتماعي والجغرافي.. إذن تلبي الأسرة النووية حاجات المجتمع الصناعي والحضري ومتطلباته أكثر من الأسرة الممتدة[٢].

وقيام الأسرة النووية بوظيفة تنظيم الجانب الانفعالي لأفرادها يخدم احتياجات التصنيع في ضروب مختلفة. فالعامل البسيط في المجتمع الصناعي لا يستطيع الحصول على درجة عالية من الاقناع في عمله, والمسؤول الكبير يكون تحت تأثير الضغوط والمطالب المتعددة والمتناقضة التي غالبا ما تسبب إنهاك قواه العقلية والجسمانية وتفتيت كفاءاته ومقدراته. وإن المصنع أو الدائرة البيروقراطية في المجتمع الصناعي لا تكون مسؤولة عن تنظيم الاتزان الانفعالي للشخص. ولا توجد أية منظمة مسؤولة عن هذه الوظيفة الأساسية سوى الأسر النووية[٣]. فالأسرة

(١) Goode. W. J. The Family, Prentice-Hall, Engleward, Chiffs, New Jersey, ١٩٦٤, p. ١٠٨.
(٢) Ibid., p. ١١٠.
(٣) Ibid., p. ١١٤.

النووية في المجتمع المعقد تستطيع السيطرة على المشكلات الانفعالية التي يتعرض إليها الفرد أكثر من أية مؤسسة أخرى في المجتمع.

وتنعكس آثار التصنيع والتنمية الاقتصادية في علاقات الأسرة وأديلوجيتها. فالمركز الاجتماعي للفرد في المجتمعات الزراعية التقليدية يتحدد بالعوامل الوراثية أي أن الفرد الذي ينتمي إلى أسرة عريقة في الحسب والنسب هو الذي يحتل المركز الاجتماعي العالي, في حين يكون المركز الاجتماعي للفرد الذي ينتمي إلى أسرة مجهولة النسب والحسب واطئا وغير محترم. أما المركز الاجتماعي للفرد في المجتمع الصناعي فيتحدد بطبيعة انجازاته الاقتصادية والثقافية والمهنية ولا يتحدد بمركز أسرته أو أقربائه. والانتقال الاجتماعي والجغرافي الذي تزداد حدته في المجتمع الصناعي يسبب ضعف العلاقات القرابية وتحطيم الجماعات التقليدية وظهور الأسر النووية التي تتلاءم مع طبيعة البيئة الصناعية والمجتمع المتقدم اقتصاديا[1]. هذه الحقيقة الاجتماعية يمكن ملاحظتها في المجتمع العراقي عندما تعرض نظاما الصناعة اليدوية والزراعية الاقطاعية إلى الاضمحلال والانقراض وحل محلها نظام المصنع ونظام الزراعة الجماعية والتعاونية,وبعد هذا التحول الاقتصادي الذي ترسخ في المجتمع لم تعد الأسرة مسؤولة عن مهمة تزويد أفرادها بالأعمال الاقتصادية إذ أعطيت هذه المهمة إلى مؤسسات متخصصة تشرف عليها الدولة وتوجهها, بوصفها من المؤسسات الاقتصادية المهمة والسياسية في المجتمع المعاصر[2]. وهنا تحطمت الاحتكارات التي كانت تمارسها بعض الأسر على بعض الأعمال والوظائف المهمة كالحياكة والنسيج والصباغة والحدادة والنجارة والتعليم والطب والمحاماة وغيرها. وقد نتج عن هذا قيام أفراد الأسرة الواحدة بممارسة

---

(١) Burgess, E. And et al. The Family Foerm Tradition to Comarionship, ٤th Ddition, New york, ١٩٧١. p. ٦٣.

(٢) Ogburn, w. f. The Changing Function of the Family, Selected Reading in Marriage and the Family, R. F. Winch and R. Mc Ginnis, eds. New York, Rinehart and Winston, ١٩٥٣, pp. ٧٤-٧٦.

أعمال مختلفة في آن واحد, في حين كان أفراد الأسرة الواحدة سابقا يمارسون مهنة واحدة ويتعاونون فيما بينهم في أداء مهماتها وواجباتها.

وبعد انتشار التصنيع ورسوخه بدأ أفراد الأسرة العراقية يتخصصون في أداء أعمال ووظائف مختلفة, فقد يمارس الأب مهنة التجارة ثم يمارس ابنه مهنة التعليم أو الهندسة أو الإدارة وهكذا. وهذه الحقيقة سببت اختلاف أفراد الأسرة في المستويات الاجتماعية وأسلوب الحياة, وكذلك في القيم والمقاييس والآراء, الأمر الذي أدى إلى ضعف العلاقات الاجتماعية بين الأفراد وارتباك العلاقات القرابية بين الأسرة الأصلية وأقاربها. وإن الأعمال والمهن المختلفة التي يمارسها أفراد الأسرة غالبا ما تسبب تسريع عملية الانتقال الاجتماعي والجغرافي, هذا الانتقال الذي يضعف من ترابط أفراد الأسرة ويصدع وحدتها خصوصا بين أجيالها. وخلال المراحل الأولى للتصنيع تكون الصراعات والتناقضات بين أجيال الأسرة أساسية وخطيرة نظرا لاختلاف مهن الأبناء عن مهن الآباء. إلا أن مضي المجتمع قدما نحو المراحل المتقدمة للتصنيع غالبا ما يقلل من حدة الصراعات والتناقضات بين الأجيال, وهنا يمكن أن تتكون الوحدة السيكولوجية والاجتماعية للأسرة ثانية[1].

وحتم التصنيع والتحضر دخول المرأة في شتى أنواع الأعمال والمهن من الأعمال الماهرة والفنية والأعمال شبه الماهرة والأعمال غير الماهرة. وجاء دخول المرأة إلى هذه الأعمال بعد تحررها من القيود الاجتماعية التقليدية والرجعية وبعد ارتفاع منزلتها الاجتماعية وبعد حاجة المجتمع الماسة إلى خدماتها, ولا سيما أنه دخل طور التصنيع, مما يستدعي حاجة شديدة إلى الأيدي العاملة على اختلاف أنواعها ودرجاتها مما أدى إلى خروج المرأة من البيت للعمل, فكان أن دخلت

(١) Moore W. E. International Encyclopedia of the Social Scinces New York, ١٩٦٥, Vol, V.p. ٣٣٥.

جميع المؤسسات الوظيفية في المجتمع كالمصانع والمزارع والمستشفيات والمدارس والكليات والجامعات والدوائر الحكومية وحتى القوات المسلحة(١).

وهكذا أصبحت المرأة في المجتمع الجديد تشغل دورين اجتماعيين متكاملين دور ربة البيت ودور العاملة أو الموظفة أو الخبيرة خارج البيت وهذا ما ساعد على رفع مكانتها الاجتماعية والحضارية في المجتمع.

للأسباب المذكورة أعلاه شهد العراق زيادة محسوسة في عدد النساء العاملات خلال الحقبة (١٩٥٠-١٩٨٠). فقد ارتفعت نسبة النساء العاملات في المجتمع العراقي من ١.٥% في عام ١٩٥٠ إلى ١٨% في عام ١٩٨٠ من مجموع القوى العاملة في البلاد(٢).

والنتيجة الحتمية للتوسع الكمي في النساء العاملات هي تسريع عملية التنمية الاقتصادية والاجتماعية التي يمر فيها القطر وذلك من خلال سد الحاجة إلى الأيدي العاملة. إن المرأة نصف المجتمع وحرمانها من العمل معناه حرمان المجتمع من نصف طاقاته المنتجة والخلاقة. لكن دخول المرأة إلى العمل كما حدث في القطر العراقي بعد منتصف هذا القرن لعب دورا كبيرا في إحداث التغير الاقتصادي والاجتماعي السريع, هذا التغير الذي لابد أن يضعه عاجلا أو آجلا في مصاف الدول المتقدمة والناهضة في العالم, كما أن عمل المرأة خارج البيت ساعد الأسرة على تحسين أوضاعها الاقتصادية والاجتماعية وذلك من خلال مساعدة زوجها في تحصيل موارد العيش والرزق. وهنا ارتفع الدخل الشهري للأسرة وبدأت تطلب الحاجات الأساسية والكمالية التي جلبت لها الرفاهية والسعادة والطمأنينة(٣). وبعد مشاركة الزوجة لزوجها في العمل الاقتصادي والكسب المادي

---

(١) UNESCO Women in Public Services and Function, Dec. ٨. ١٩٥٩. p. ٥ and p. ٣٣.

(٢) The Annual Abstract of Statistics. ١٩٧٥. The Iraqi Ministry of Planning, see also the Abstract of ١٤٩٨٠.

(٣) Jephcott. P. and et al. Married Women Working. London. ١٩٦٢, p. ١٤.

لم يعد الزوج قادرا على الادعاء بأنه الشخص الوحيد في الأسرة الذي يكسب موارد العيش والرزق , فزوجته تشاركه في هذه المهمة وهذا ما دفعه إلى احترامها وتقديرها, وبدأ في مساعدتها على أداء واجباتها وأعمالها المنزلية الأمر الذي رفع مكانتها في العائلة والمجتمع.

إلا أن عمل المرأة المتزوجة كما تشير الدراسات والأبحاث العلمية يترك آثاره السلبية في عملية تنشئة الأطفال وفي العلاقات الزوجية وفي تدبير عملها البيتي, وتظهر هذه الآثار السلبية جلية في الأسرة العراقية المعاصرة بالرغم من وجود رياض الأطفال والمدارس التي تشارك في عملية تربية الأطفال وتنشئتهم, وبالرغم من وجود الأجهزة واللوازم البيتية الحديثة التي تساعد على ادارة البيت وتدبير أموره.

وأثرت التحولات الاقتصادية والانتاجية التي شهدها المجتمع العراقي بعد دخوله في مجالات التصنيع والتحضير في نظرة أبنائه ومواقفهم حول التوازن بين أنشطة العمل وأنشطة الفراغ. فقبل الخمسينات من هذا القرن لم يميز السكان بين أوقات العمل وأوقات الفراغ إذ كان السكان في معظمهم مشغولين في أنشطة العمل, فما كان لهم بسبب من ذلك فرصة للتفكير بمجالات الفراغ وأنشطتها. إلا أنه بعد دخول معالم التصنيع الحديث إلى المجتمع وبعد ارتفاع مستويات المعيشة للأفراد تطورت أنشطة الفراغ والابداع وبدأت الفئات السكانية على اختلاف انحداراتها الاجتماعية والطبقية تتهافت عليها وتنغمس فيها وتستفيد من أهدافها واتجاهاتها الترويحية والسيكولوجية والتربوية. وبدأ الأفراد يميزون بين أوقات العمل وأوقات الفراغ ولا يحولون أوقات الراحة والاستجمام إلى أوقات عمل[1]. وهذه الحقيقة أصبحت واضحة وجلية بعد معرفة أغلب أبناء المجتمع علاقة نشاطات ومجالات

(١) Al-Hassan-Ihsan, Risc in Strandard of Living and Sociological Changes, Iraq Today -No. ٨٢, Vol. IV Feb-١٩٧٩, pp. ١٤-١٥.

الفراغ بزيادة الانتاجية وتطوير الشخصية[1]. ومن الجدير بالذكر أن علماء اجتماع العمل والفراغ استطاعوا مؤخرا التوصل إلى حقيقة مفادها بأن انغماس الانسان في مجال العمل يساعد على تحسين ظروفه الاقتصادية ويحقق له الرفاهية المادية. غير أنه لا يضمن له سعادته النفسية أو تحقق آماله الاجتماعية والروحية, لذا أصبح من ضرورات الحياة الأساسية, ولا سيما في المجتمعات الصناعية الراقية التركيز على مجالات وأنشطة الفراغ والابداع وتحفيز الإنسان على الانغماس فيها والتفاعل معها. ذلك أن ميل الإنسان إلى الدخول في ميدان العمل فقط وإهماله كليا ميادين الفراغ والابداع غالبا ما يقتل عنده طاقاته الجسمانية ومواهبه العقلية والذكائية وهذا ما يؤدي في النهاية إلى ضعف في قدرته على العمل وإلى تخلف في قواه الخلاقة والمبدعة[2]. وبعد دخول هذه المفاهيم الجديدة التي تعنى بضرورة التوازن بين العمل والفراغ إلى العراق قامت الدولة بانتهاج سياسة جديدة ترمي إلى زيادة ساعات الفراغ بتقليص ساعات العمل, ومضاعفة خدمات وأنشطة الفراغ ثم تشجيع الأفراد بمختلف مستوياتهم الاجتماعية والطبقية على الانغماز فيها والاستفادة منها ويمكن تلخيص النتائج لهذه السياسة بما يأتي:

أ. اختزال العمل من ٦٠ ساعة أسبوعيا في عام ١٩٥٠ إلى ٤٢ ساعة أسبوعيا في عام ١٩٨٠.

ب. مضاعفة أنشطة الفراغ والابداع التي تتلاءم مع مختلف الأعمار ومختلف الانحدارات الطبقية والاجتماعية.

ج. نشر ـ وتعميم خدمات وأنشطة اللهو والفراغ لتشمل جميع الفئات والعناصر السكانية بعد أن كانت قبل عام ١٩٥٨ تحت احتكار الطبقات العليا والبرجوازية في المجتمع.

د. زيادة كمية النقود التي تصرفها الأسرة المتوسطة الحال على نشاطات اللهو والفراغ من ٠.٨ دينار شهريا في عام ١٩٥٠ إلى ٩ دينار شهريا في عام ١٩٨٠.

---

(١) Anderson N. Work and leisure. Routledge and Kegan Paul, London, ١٩٦١, p. ١٨٢.

(٢) Ibid., p. ١٨٩.

لذا شجع تحسن الأحوال المعاشية للمواطنين على تقيم نشاطات اللهو والفراغ وتقدير أهميتها في تطوير شخصية الإنسان ورفع مكانته الاجتماعية, لكن الانغماز في مجال الفراغ والتفكير في وسائل اللهو والتسلية كان أمرا مستحيلا في المجتمع العراقي عندما كان الشعب يئن من الفقر والبؤس ومن التخلف الاجتماعي والحضاري ومن سيطرة الأمية والجهل ذلك الميراث التعيس الذي ورثه عن عصور الظلام أيام كان المجتمع العراقي تحت نفوذ الاستعمارين العثماني والبريطاني[1], ومن أجل ذلك ما كان المواطن الاعتيادي ليفكر بماهية أو أهمية وسائل اللهو والفراغ وضرورة مزاولتها. وبدأت الدولة تخطط لتنمية وسائل الفراغ وتشجيع المواطنين على ممارستها والتفاعل معها. ومن هنا ظهرت الحاجة إلى التمييز بين مجال العمل ومجال الفراغ وأصبح من الضرورة توزيع أوقات المواطن بين متطلبات العمل وحاجاته ومتطلبات الفراغ وحاجاته.

بيد انه ينبغي لمفهوم العمل في هذا الأمر أن يكون متصلا مع مفهوم ذلك أن كل واحد منهما مكمل للآخر طالما أن عمل الإنسان يساعده على تكوين الفراغ وخلقه بصورة مباشرة أو غير مباشرة. والفراغ الذي هو ابتعاد الإنسان عن العمل لساعات معينة يعمل على تقوية وتعزيز طاقاته الجسمانية والعقلية التي غالبا ما تمكنه من تلبية المتطلبات المتشعبة لعمله المعقد في هذا الزمن وانجازها, وبعد فهم هذه الحقيقة المتعلقة بالتفاعل المشترك بين العمل والفراغ وإدراكها بادرت الدولة إلى وضع الخطط والمشاريع التي تستهدف تطوير خدمات الفراغ وتنميتها لكي تتوافق مع حاجات المواطنين إليها. وقد استثمرت الأموال الطائلة من أجل تنفيذها ووضعها في متناول الأفراد. ويعد ظهور وسائل الفراغ المتشعبة في المجتمع كالتلفزيون, والراديو, والجرائد والمجلات, والكتب, والحدائق والمتنزهات العامة, والمكتبات العامة, والمتاحف الأثرية, والسياحية وأماكن الاصطياف, والنوادي

(١) Al-Hassan, Ihsan, Toward A Comprehensive Policy of Leisue and Recreational Services For the Elderly in Iraq. A Research sumitted to the International Conference on Leisure. Brusels-Belgium, April, ١٩٧٩, p. ١٠.

والجمعيات, والمسارح والسينمات, والمقاهي, والمسابح, والمناطق الأثرية... الخ. بدأ الناس يتذوقونها ويملون إلى الانغماز فيها والتفاعل معها. وهنا بدأ معظم الأفراد على اختلاف طبقاتهم ومشاريعهم الاجتماعية يدركون أهميتها ويحاولون تحقيق التوازن بين متطلبات العمل ومتطلبات الفراغ(١).

وقد أدت التحولات الاقتصادية والانتاجية التي شهدها المجتمع العراقي دورا أساسيا في مساعدة الطبقات العمالية والفلاحية بوجه خاص على إرسال أولادها إلى المدارس والكليات ومن ثم نجاحها في تحقيق الانجاز الاكاديمي الذي مكن أبناءها من احتلال المراكز الإدارية والمهنية التي كان يتبوؤها أبناء الطبقة المتوسطة. وهنا استطاع بعض أبناء الطبقات العمالية والفلاحية والكادحة الانتقال من الطبقة الكادحه الى الطبقة المتوسطة لذا ساعد انتشار الثقافة والتربية والتعليم بين الجماهير خصوصا بين أبناء الطبقات الكادحة. وديمقراطية التعليم على تسريع عملية الانتقال الاجتماعي والطبقي وفي الوقت نفسه قلل ذلك من الفوارق الطبقية الاجتماعية الكبيرة بين الطبقات(٢). وبالرغم من هذا فإن انتشار الثقافة والتعليم قد أدى الدور المؤثر في ضعف وحدة الطبقة الاجتماعية وتماسكها فانتشار الثقافة والتعليم بين أبناء الطبقات الكادحة قد ساعد عددا كبيرا من أبناء هذه الطبقات على الانتقال الاجتماعي إلى الطبقات المتوسطة ولكنه في الوقت نفسه, أضعف التماسك الأسري والطبقي لأبناء هذه الطبقات. فانتقال ابن الطبقة العاملة وحده من الطبقة العاملة إلى الطبقة المتوسطة بعد إنجازه العلمي والأكاديمي مثلا لابد أن يضعف علاقته الاجتماعية مع أسرته الأصلية. إذن ارتفاع المستوى المعاشي للمواطنين دائما ما يمكنهم من اكتساب الثقافة والتربية والتعليم وهذا بدوره يضعف تماسك الأسرة, ويؤدي في الوقت نفسه إلى خلخلة وحدة الطبقة الاجتماعية الواحدة.

---

(١) Ibid., p. ٤٠.

(٢) Al Hassan- Ihsan. Socialist Transfomation and the Reduction of Scial Class Differnces, an article written in Mustansiriyah Academic Journal, ١٩٧٢, Baghdad.

وأخيرا ساعد التقدم الاقتصادي والانتعاش في الوضع المعاشي للمواطنين على تضخم وزيادة حجم سكان العراق. إن تقدم القطر اقتصاديا وماديا ساهم مساهمة فعالة في زيادة معدلات الولادات وانخفاض معدل الوفيات, حيث أن ظهور وانتشار الخدمات الاجتماعية المتنوعة في القطر كخدمات الضمان الاجتماعي وخدمات الصحة العامة والخدمات الثقافية والتربوية, والخدمات السكنية, والمخصصات الأسرية (وكلها أمور تشير إلى التقدم والرفاهية الاقتصادية) قد شجع الأفراد على الزواج وإنجاب الأطفال وهذا بدوره رفع معدلات الولادة في القطر[1], ومن جهة ثانية نلاحظ أن التنمية والتقدم الاقتصادي قد ساعدا على ارتفاع معدل دخل الأسرة الاعتيادية. وبذلك تمكنت الأسرة من أن تعنى بمسألة المواد الغذائية التي تتناولها يوميا وأن تهتم بمسكنها واستقرارها البيتي ورعاية صحتها الجسمية والعقلية. وهذه الأمور جميعها سببت انخفاض معدل الوفيات وارتفاع معدلات توقع الحياة للمواطنين كافة.

إن معدلات توقع الحياة Average Expectation لكلا الجنسين, الذكور والإناث قد ارتفعت ارتفاعا ملحوظا في العراق خلال الحقبة (١٩٥٠-١٩٨٠) . ففي عام ١٩٥٠ كان معدل توقع الحياة للرجال حوالي ٤٤ سنة وللنساء ٤٨ سنة إلا أنه في عام ١٩٨٠ ارتفع معدل توقع الحياة لكلا الجنسين إلى ٥٩ سنة[2]. وهذا الارتفاع في معدل توقع الحياة يعزى إلى عدد من العوامل السببية المهمة كالتقدم الاقتصادي والاجتماعي الذي شهده القطر وهو أمر ينعكس في زيادة معدل دخل الأسرة ورفاهيتها المادية والاقتصادية وفي التقدم والرفاهية الاجتماعية التي تنعكس في المشاريع السكنية الحديثة التي نفذتها الدولة في أجزاء مترامية من القطر, وفي انتشار الثقافة والتربية والتعليم العالي بين المواطنين, وفي خدمات الضمان

(١) الحسن, إحسان محمد (الدكتور) التصنيع وتغيير المجتمع, دار الطليعة للطباعة والنشر, بيروت, ١٩٨١, ص ٧٢.
(٢) Arbatov, G. A. Social and Cultural Changes in Developing Countries, p. ١٠٣.

الاجتماعي التي آمنت القوى العاملة في البلاد ضد البطالة والمرض والحوادث المؤسفة التي قد يتعرضون إليها في أثناء العمل أو في وقت آخر. أما التقدم الصحي والطبي الذي شهده القطر وانتشار الثقافة الصحية بين المواطنين فقد لعب الدور الكبير في ارتفاع معدل توقع الحياة لجميع الفئات والعناصر السكانية بغض النظر عن انحداراتها القومية والطبقية والاجتماعية...

الفصل التاسع

النظم الطبقية في المجتمع البشري

شهد المجتمع البشري منذ بداية ظهوره ولحد الآن أنماطا مختلفة من الأنظمة الطبقية التي رافقتها ظواهر طبقية معقدة كالصراع الطبقي والقهر الاجتماعي والانتقال الاجتماعي. إن لكل مجتمع بشري مهما كانت المرحلة الحضارية التاريخية التي يمر بها نظاما طبقيا يتلاءم مع طبيعته الايكولوجية وظروفه المادية ودرجة نضجه التاريخي والمؤثرات الموضوعية والذاتية التي تؤثر في بنيته الاجتماعية وكيانه الحضاري. فالمجتمع كما يقول لبست وبندكز Lipest and Bendix يكون على شكل هرم توزع عليه الأدوار الاجتماعية المختلفة حيث توضع الأدوار الاجتماعية القيادية والحساسة والعليا في قمته, وتوضع الأدوار المهنية والروتينية والمتوسطة في منتصف اضلاعه بينما تضع الأدوار الاجتماعية الانتاجية والعاملة في قاعدته(١). وهذه الحقيقة الشاخصة التي ميزت المجتمع البشري منذ أقدم العصور ولا زالت تميزه هي اساس النظام الطبقي في المجتمع المعاصر. وترجع حقيقة أشغال الأفراد لأدوار اجتماعية مختلفة, هذه الأدوار التي تقرر مراكزهم الاجتماعية وانتماءاتهم الطبقية, إلى اختلاف قابلياتهم ومواهبهم ورغباتهم واستعداداتهم على أشغال الأعمال والمهن. فقابليات ومواهب الأفراد لا تكون متساوية وإن الأعمال والمهن التي يحتاجها المجتمع تكون مختلفة ومتشعبة, لذا والحقيقة هذه بتخصص أبناء المجتمع في المهن والأعمال التي يرغبون بها والتي تتلاءم مع قدراتهم وقابلياتهم(٢). من هنا تتحدد مراكزهم الاجتماعية ثم مواقعهم الطبقية. كما أن الظروف الاقتصادية والاجتماعية والسياسية المحيطة بالأفراد. إضافة إلى انحداراتهم الاجتماعية والطبقية تملي عليهم القيام بأعمال معينة

(١) Lipset, S. And Bendix. Social Mobility in Industrial, Heinemann, London, ١٩٥٩, p. ١.

(٢) Broom, L. and Selzniek. P. Sociology, ٤th, New York, ١٩٦٨, p. ١٥٣.

دون الأعمال الأخرى. هذه الأعمال التي تحدد أحوالهم الاقتصادية ومكانتهم الاجتماعية وحالتهم الفكرية والإدراكية والقيمية.

إلا أن الأنظمة الطبقية التي تعرفها المجتمعات البشرية لا تكون على نمط واحد. فلكل مجتمع بشري نظامه الطبقي، وهذا يتحدد بدرجة نموه المادي والحضاري وبالمرحلة التاريخية التي يمر بها وبظروفه البيئية والقيمية والفكرية والسياسية والقانونية[1]. لكن الأنظمة الطبقية في العالم، كما يقول كارل ماركس، تختلف باختلاف المراحل التاريخية التي يمر بها المجتمعات البشرية. فالنظام الطبقي كان ماثلا في المجتمع القديم كالمجتمع القديم كالمجتمع الإغريقي والمجتمع الروماني والنظام الطبقي الإقطاعي كان ماثلا في المجتمعات الاقطاعية الأوروبية خلال فترة القرون الوسطى والنظام الطبقي الرأسمالي هو النظام الذي كان ولا يزال ماثلا في المجتمعات الرأسمالية[2]. أما النظام الاشتراكي الموجود في المجتمعات الاشتراكية فيسعى نحو إلغاء أسباب الطبقية والتميز الاجتماعي والقضاء على ظاهرة الاستغلال الطبقي والصراع الاجتماعي وذلك من أجل نشر الحرية والعدالة الاجتماعية والديمقراطية في ربوع المجتمع، لكننا إذا أردنا مقارنة هذه الانساق الطبقية التي شهدتها المجتمعات البشرية منذ القدم فيجب علينا دراسة كل منها على انفراد لكي نطلع على طبيعتها وأسباب وجودها وماهية البيئة الاجتماعية والحضارية التي توجد فيها والعوامل الداينميكية التي تؤثر في تحولها واتجاهاتها. والآن يتطلب منا شرح أهم النظم الطبقية ومقارنتها لكي نقف على حقيقتها وملابساتها.

(١) Ossowski, S. Class Structure in the Sicial Consciunness, Londodon, ١٩٦٣. pp. . ٤-٦.

(٢) Marx, K. Selected Writing in Sociology and Social Philosophy, edited by. T. Bottomore and M. Rubel; A Pelicam Book. Moddlesex, England, ١٩٦٧, pp. ١٣٢-١٣٣.

١- النظام الطبقي العبودي:

يوجد هذا النظام الطبقي في المجتمعات العبودية كالمجتمع الاغريقي والمجتمع الروماني والمجتمع العربي الجاهلي والمجتمع الأمريكي خصوصا في الولايات الجنوبية لغاية مطلع هذا القرن. والمجتمع العبودي هو المجتمع القائم على الظلم والاستغلال والاستبداد والاستهتار بكرامة وحرمة وحرية الإنسان خصوصا الإنسان الذي فقد حريته وتحول إلى عبد يباع ويشترى كالسلعة من قبل المالك أو الحر أو السيد[١]. والنظام الطبقي العبودي هو من أبشع الأنظمة الطبقية التي عرفتها المجتمعات البشرية وذلك لظلمه وبطشه وتصفيته لطبقة العبيد التي لا حرية ولا كرامة ولا حقوق لها.

سنشرح في هذا الفصل أربعة أنظمة طبقية هي: النظام الطبقي العبودي, والنظام الطبقي الاقطاعي, والنظام الطبقي الرأسمالي, وأخيرا النظام الطبقي الطائفي الموجود في الهند.

المجتمع العبودي يقسم إلى طبقتين غير متكافئتين هما طبقة الأحرار Masters وطبقة العبيد Slaves. وقانون المجتمع العبودي الذي يستند على العادات والتقاليد والأعراف هو الذي يحدد حتمية وضرورة تقسيم المجتمع إلى هاتين الطبقتين ويحدد العلاقات الاجتماعية غير المتكافئة بينهما ويوضح حقوق الأحرار بالنسبة للعبيد وواجبات العبيد للأحرار[٢]. وعندما يكون الفرد عبدا فإنه يبقى عبدا طيلة حياته إلا إذا أراد مالكه وسيده أن يعتق حريته.

أما الحر أو السيد فيبقى حرا إذا لم يرتكب الجرائم ضد السلطة أو المواطنين. وهذا يشير إلى عدم وجود المرونة الاجتماعية بين طبقة الأحرار وطبقة العبيد, أي عدم مقدرة العبيد على الانتقال الاجتماعي إلى طبقة الأحرار وعدم انتقال

---

(١) Ginsberg, M. Sociology. Oxford University Press, London, ١٩٥٠, p. ١٦٥.

(٢) Marx. K. Selected Writing. P. ١٣١.

الحر إلى طبقية العبيد[1]. إذن المجتمع العبودي هو مجتمع مغلق Closed Society أي مجتمع مقسم إلى طبقات اجتماعية مستقرة وجامدة ولا يوجد حراك Mobility بين أعضائها. فعضو طبقة الأحرار لا ينخفض إلى طبقة العبيد والعبد ليس من حقه الانتقال إلى طبقة الأحرار حتى إذا كان ذكيا ومجتهدا ومتميزا على بقية أبناء مجتمعه. إذن الانتماء الطبقي في المجتمع العبودي هو انتماء وراثي وليس مكتسب[2].

قبل دراسة وتحليل أنماط العلاقات الاجتماعية غير المتكافئة بين طبقة الأحرار وطبقة العبيد في المجتمع العبودي ينبغي علينا فهم طبيعة الأسباب الداعية إلى الانتماء إلى طبقة العبيد. بمعنى آخر ما هي مصادر الانتماء إلى هذه الطبقة؟ إن هناك مصادرا كثيرة للانتماء إلى طبقة العبيد وهذه المصادر هي كالآتي:

١. أبناء وأولاد العبيد

٢. النساء المتزوجات من عبيد

٣. أسرى الحروب[3]

٤. المجرمون والمغضوب عليهم من قبل السلطة

٥. المدينون الذين فشلوا في رد ديونهم إلى الدائنين

٦. المجرمون بحق الشرع والقانون والدين[4]

أما العلاقات الاجتماعية غير المتكافئة بين الأحرار والعبيد فيمكن وصفها وتحليلها بالنقاط التالية:

١. لا يعتبر العبد من قبل مالكه أو من قبل أبناء المجتمع الكبير إنسانا وإنما يعتبر سلعة تباع وتشترى من قبل الأحرار. أما الحر أو السيد فهو الإنسان

---

(١) Westermarck. E. The Origine and Development of Moral Ideas London. ١٩٣٧. See Ch. ٢٧.

(٢) Barrow. R. Slavery in the Romman Empire. Londodn. ١٩٥٢. pp. ٢٣-٣٥.

(٣) Ibid., p. ٣٠.

(٤) Ibid., p. ٣٣.

الذي يتمتع بكامل حرياته الاجتماعية ويستطيع التحكم بحاضره ومستقبله كما يشاء[١].

٢. يرتبط العبد بالأرض الزراعية أو المكان الذي يعمل ويعيش فيه وليس من حقه الانتقال إلى مكان آخر إلا إذا حصل على موافقة مالكه الحر. وغالبا ما يباع العبيد مع الأراضي الزراعية أو أماكن العمل التي يشتغلون فيها[٢]. أما الحر فلا يرتبط بالأرض الزراعية ولا بأماكن العمل التي يشتغل فيها, فالحر يستطيع الانتقال من محل إلى آخر ومن عمل إلى آخر ويستطيع العمل أو عدم العمل حسب إرادته ومشيئته دون فرض أية قيود عليه مقابل السلطة.

٣. ليس للعبد حقوق مادية أو معنوية أو اجتماعية فعمله يكون مجانا ومنزلته الاجتماعية واطئة جدا وليس لديه أية ممتلكات. بينما يتمتع الحر بكامل حقوقه المادية والمعنوية والاجتماعية[٣].

٤. لا يحمي القانون حقوق وامتيازات العبد وإنما يحمي حقوق وامتيازات الحر.

٥. ليس للعبد حق الزواج دون الحصول على موافقة سيده كما أن زوجة العبد تخضع لأوامر ومطاليب سيد زوجها, وأطفال العبد هم عبيد لسيده.

٦. إن ممتلكات العبد المنقولة وغير المنقولة وهباته الذكائية والفطرية وقدراته المكتسبة هي ملك لسيده[٤].

٧. إذا استغل العبد مهاراته وإمكانيته في العمل الاقتصادي المربح فإن مردود عمله لا يعود إليه وإنما يعود لسيده أو مالكه.

(١) Ibid., p. ٤٠.
(٢) Ibid., p. ٤٢.
(٣) Ibid, p. ٤٤.
(٤) Ibid, p. ٥١.

٨. العائد الزراعي للعبد لا يعود إليه بل يعود إلى سيده إذا كان العبد يشتغل على الأرض الزراعية[1]. ولكن السيد يتعهد بإطعام وإكساء العبد وتقديم السكن الملائم له والدفاع عنه ضد الأخطار الخارجية التي تهدده. ويتطلب من العبد أيضا الدفاع عن مصالح سيده ودرء أعمال العنف التي قد يتعرض إليها وعدم إفشاء أسراره.

هذه هي أنماط العلاقات غير المتكافئة بين الأحرار والعبيد. إلا أن المفكر كيتو Kitto في كتبه "الإغريق" قد أشار إلى بعض الحقوق الواضحة التي كان يتمتع بها العبيد في اثينا وأسبارطة. فالعبيد هناك كان لهم حق الملكية وحق الزواج بالأحرار وحق التعلم واكتساب المعرفة والفنون[2], حيث ظهر الفلاسفة والشعراء والمفكرون والكتبة والأدباء والتجار بينهم, ومثل هذه المواهب والمهن المتميزة التي استطاع العبيد إشغالها قد حررت الكثير منهم. وعند ظهور الإسلام وقف المسلمون الأوائل ضد نظام العبودية وحاولوا بكل قوة وجدارة تبديل أنماط العلاقات الاجتماعية بين الأحرار والعبد. وحاربوا نظام الرق في كل مكان نظرا لتناقضه مع مبادئ وجوهر الدين الإسلامي. أما الدين الإسلامي فإنه شجع المسلمين على تحرير عبيدهم وأمر بتحقيق العدل والآخاء والمساواة بين كافة المسلمين مهما تكن خلفياتهم الاجتماعية والقومية والعنصرية وذلك لكون جميع المسلمين متساوين في علاقاتهم الواحد بالآخر ومتساوين في علاقتهم مع الله سبحانه وتعالى[3].

أما ماركس فقد تكلم عن حقيقة الصراع الطبقي في المجتمع العبودي, حيث قال بأن انقسام المجتمع العبودي إلى طبقيتين اجتماعيتين متصارعتين هما طبقة الأحرار التي تمتلك وسائل الانتاج وتمتلك الرق أنفسهم وتتحكم بمصيرهم وطبقة العبيد التي لا تعرف الحرية ومعنى الحياة الكريمة ولا تمتلك أية حقوق تذكر. ومثل

---

(١) Ibid., p. ٥٣.

(٢) Kitto, H. The Greeks, A Pelican Book, Middlesex, England, ١٩٦٢, pp. ١١-١٢.

(٣) Galwish, N. The Religion of Islam, Cairo, ١٩٤٠, pp. ٥٣-٥٤.

هذه الحالة الاجتماعية والمادية المزرية التي أحاطت بطبقة العبيد لفترة طويلة من الزمن ولدت الوعي الطبقي بين أفرادها, هذا الوعي الذي نتج في وحدتها وتماسكها ودفعها إلى إعلان التمرد والثورة ضد طبقة الأحرار(١). وفعلا استطاع العبيد كما أخبرنا ماركس القيام بثورة اجتماعية ضد الأحرار.

وقد تمخضت هذه الثورة عن سقوط المجتمع العبودي وتحوله إلى مجتمع إقطاعي يؤمن أيضا بالطبقية والتمايز الاجتماعي بين الأفراد.

٢- النظام الطبقي الاقطاعي:

يعتمد النظام الاقطاعي وبنائه الاجتماعي التحتي والفوقي على مبدأ التفاضل الاجتماعي والمراتب الاجتماعية وتقسيم المجتمع إلى طبقات متفاوتة في سمعتها وجاهها وشرفها الاجتماعي(٢). ويوجد النظام الاقطاعي في المجتمعات الزراعية التي تعتمد على الأرض والمهنة الزراعية التي تحتاج إلى الأيدي العاملة الكثيرة. وكان النظام الاقطاعي مسيطرا على دول أوروبا الوسطى والغربية كإيطاليا والنمسا وإنكلترا وفرنسا وهولندا وبلجيكا وإسبانيا والدانمارك وعلى بعض دول الشرق الأوسط خلال فترة القرون الوسطى وكان ماثلا كذلك في الصين واليابان قبل وقوع الانقلاب الصناعي فيهما أي قبل نهاية القرن التاسع عشر(٣). والنظام الاقطاعي في جميع هذه الدول هو نظام متجانس وواحد من حيث الأسباب المؤدية لظهوره, سماته الاجتماعية والحضارية, مؤسساته البنيوية, قوانينه وعاداته وتقاليده وأخيرا تناقضاته ومشكلاته الحضارية والانسانية. إن هناك ثلاثة عوامل تسبب نشوء النظام الاقطاعي وما يكتنفه من مظاهر طبقية اجتماعية تعطيه طابعه المتميز وصفاته الثابتة. وهذه العوامل هي كالآتي:

(١) Maex, K. and F. Engles, Selected works. Moscow, ١٩٧٥, p. ٥٣٠.

(٢) Ganshoff, H. Fedualism, New York, ١٩٥٥, p. ٣.

(٣) Ibid., p. ٨.

1. ضعف سلطة الدولة وانهيار سيادتها على أراضيها وعدم مقدرتها على نشر العدالة والسلام والطمأنينه بين الأفراد وعجزها عن تقديم أبسط الخدمات لمواطنيها ورعاياها[١].
2. ضعف وتدهور العائلة والقرابة والعشيرة والقبيلة بحيث لا تستطيع جميعها الدفاع عن حقوق منتسبيها وتقديم الوظائف الاقتصادية والاجتماعية والنفسية والعسكرية التي يحتاجون إليها في حياتهم اليومية.
3. تخلف الاقتصاد وعدم استعمال النقود في عمليات التبادل السلعي والابتعاد عن نظام تقسيم العمل والتخصص فيه في الانتاج الزراعي والصناعي وفي تقديم وعرض الخدمات[٢].

إن جميع هذه الأسباب أدت إلى ظهور النظام الاقطاعي الذي عبر عن نفسه في سلسلة العلاقات الاجتماعية التعاقدية التي نشأت بين النبلاء وأصحاب الأراضي الاقطاعيين Land Lords وبين الأقنان Serf أو التي نشأت بين الكهنة الكبار والكهنة الصغار في الكنيسة المسيحية[٣]. فالكهنة الكبار غالبا ما كانوا يدخلون في علاقات تعاقدية إقطاعية مع الكهنة الصغار حول استغلال الأراضي الواسعة والممتلكات الزراعية التي كانت تمتلكها الكنيسة, إن كل فرد في المجتمع الاقطاعي كان يبحث عن فرد آخر للدخول معه في علاقات زراعية تعاقدية. فالفلاح الصغير أو ابن طبقة العوام كان يبحث عن الاقطاعي أو مالك الأرض للدخول معه في علاقات زراعية تعاقدية, كما كان الاقطاعي نفسه يبحث عن الفلاح أو ابن طبقة العوام للدخول معه في علاقات زراعية تعاقدية لمصلحته الخاصة ومصلحة عائلته. والدخول في مثل هذه العلاقات الزراعية التعاقدية بين شخصين شخص يمتلك الأرض ووسائل الانتاج والسمعة الاجتماعية واللقب الرفيع وشخص آخر لا يتلك

(١) Ibid., p. ١٣.
(٢) Ibid., p. ١٤.
(٣) Bloch. M. Fedudal Socity, London, ١٩٥٦, Vol. P. ٥١.

أي شيء سوى الجهود والقدرات والخبرات الزراعية والدفاعية التي يعرضها على الإقطاعي مالك الأرض نتج في تقسيم المجتمع الاقطاعي إلى طبقتين اجتماعيتين مختلفتين طبقة أصحاب الأراضي والنبلاء ورجال الدين وطبقة المزارعين أو عوام الناس[1]. لكن العلاقات الانتاجية التعاقدية المبرمة بين أصحاب الأراضي والفلاحين لا تستند إلى مبادئ المساواة وتكافؤ الفرص والعدالة الاجتماعية أبدا بل تستند إلى التفاضل الاجتماعي والتمايز الطبقي والظلم الاستبداد. ومع هذا فإن الحقوق القانونية والاجتماعية والمادية التي يتمتع بها الفلاح القن هي أوضح من الحقوق والامتيازات التي يتمتع بها العبد في المجتمع العبودي وإن الكرامة الإنسانية للفلاح أكثر ترسخا وبلورة من الكرامة الإنسانية للعبد[2]. إن القانون في المجتمع الاقطاعي يعترف ببعض الحقوق والامتيازات التي يمتلكها الفلاح كحريته في اختيار العمل المناسب له وحريته في الدخول في علاقات زراعية تعاقدية مع مالكي الأراضي وحقه في الحصول على المكافآت المادية والمعنوية لقاء عمله وحقه في الانتقال من أرض زراعية إلى أرض زراعية أخرى وعدم بيعه وشرائه مع الأرض الزراعية كما يفعل بالعبيد في المجتمع العبودي ... الخ. وبالرغم من الحقوق التي يتمتع بها[3] القن في المجتمع الاقطاعي فإنه لا يقف على صعيد واحد مع مالك الأرض الإقطاعي. فمالك الأرض هو الذي يمتلك وسائل الانتاج ويحصل على القسم الأعظم من عائد الأرض وهو الذي يتحكم بالقضايا الخاصة والعامة التي تتعلق بخادم الأرض وهو الذي يحدد فعاليات ونشاطات وعلاقات خادم الأرض ببقية أبناء المجتمع ويسيطر على ممتلكاته الخاصة ويتصرف بشؤون عائلته وله حق إلغاء العقد الزراعي معه وطرده من أرضه الزراعية... الخ. ومثل هذه الحقوق والواجبات غير المتكافئة التي يتحملها كل من الاقطاعي والقن والتي تقرها القوانين

(١) Marx. K. and F. Engels. Selected Works, p. ٥٣.
(٢) Bennett. H. S. Life in the English Manor, Londodn, ١٩٥٨, p. ٤٣.
(٣) Ibid., p. ٤٦.

المرعية للنظام الاقطاعي هـي التـي تقـرر انقسـام المجتمـع إلى طبقيتـين اجتماعيتـين متناقضتين.

طبيعة العلاقات التعاقدية غير المتكافئة بين أصحاب الأراضي والفلاحين في المجتمع الإقطاعي:

تنص قوانين المجتمع الإقطاعي على ضرورة دخول الفلاحين أو الاقنان في علاقات تعاقدية مع أصحاب الأراضي وذلك ضمانا لمستقبلهم ومستقبل عوائلهم وضمانا لكسب معيشتهم والدفاع عن حقوقهم الشرعية التي قد يسلبها منهم الأقوياء والمنفذون من ابناء المجتمع وعندما يدخل خادم الأرض في علاقات تعاقدية مع صاحب الأرض فإنه يتعهد القيام بالواجبات الاقتصادية والاجتماعية والدفاعية التالية:

١. استثمار الأرض الزراعية المتعاقد على زراعتها واستغلالها من قبل القن بالاشتراك مع أفراد عائلته أو قيامه بتأجير الأرض إلى قن آخر يتكفل باستغلالها والاستفادة منها[١].

٢. القيام بتقديم القسم الأكبر من عائد الأرض إلى مالكها أو منحه ايجارا فصليا أو سنويا لقاء استثمار الأرض, مع اعطائه بين فترة وأخرى هدايا ومكافآت مادية وعينية.

٣. الدفاع عن مالك الأرض وصد الهجمات العسكرية التي قد يتعرض إليها من قبل مالكي الأراضي والاقطاعيات الزراعية.

٤. المحافظة على مصالح مالك الأرض وعدم إفشاء أسراره والوقوف بجانبه ضد الآخرين سواء كان معتديا أو معتدى عليه[٢].

(١) Ibid., p. ٥٠.
(٢) Ibid., p. ٥١.

أما الواجبات والالتزامات التي يجب أن يتعهد بها مالك الأرض بالنسبة للقن المتعاقد معه فيمكن أن تلخص بالنقاط التالية:

١. منح الأرض الزراعية والمعدات الانتاجية التي يحتاجها الفلاح في عمله الزراعي وبقية المستلزمات الزراعية الأخرى كالمياه ورؤوس الأموال إلى القن ليتسنى له المجال باستغلالها واستثمار خيراتها[١].

٢. تزويد القن مع بقية أفراد عائلته بالمعدات والأجهزة الدفاعية التي يستعملوها للدفاع عن مالك الأرض وعائلته.

٣. الدفاع عن الحقوق الشرعية والاجتماعية من التجاوزات التي قد يتعرض لها الأقنان من قبل بقية أبناء المجتمع, مع الدفاع عنهم قانونيا عندما يساقون إلى محاكم الاقطاعيات الأخرى[٢].

من دراستنا للواجبات التي يؤديها القن لمالك الأرض والواجبات التي يؤديها مالك الأرض للقن نستنتج بأن علاقات الانتاج الزراعي والعلاقات الاجتماعية العامة التي تربط الجانبين غير متكافئة حيث أن الحقوق والامتيازات التي يتمتع بها مالك الأرض لا يمكن مقارنتها بالحقوق والامتيازات التي يتمتع بها خادم الأرض (القن) أو لا يوافق. فمالك الأرض هو الذي يمتلك وسائل الإنتاج وهو الذي يوافق على شروط التعاقد الزراعي مع القن وهو الذي يتقاضى معظم الأرباح والمكافآت وهو الذي يستطيع إحالة القن إلى المحاكم في حالة مخالفته لشروط التعاقد أو وقوفه ضد مصالحه الاقتصادية والاجتماعية, بينما لا يملك القن الأرض ولا وسائل الإنتاج ولا يستطيع جني أرباح عمله الزراعي ولا يملك الحرية التي تمكنه من إلغاء العقد الزراعي الذي وقعه مع مالك الأرض ولا يستطيع التصرف بشؤون عائلته الخاصة كزواج ابنة أو ابنته أو امتهانهم الأعمال الاقتصادية الأخرى دون

(١) Ibid., p. ٥٤.
(٢) Ibid., p. ٦٠.

موافقة المالك. ولا توجد مرونة اجتماعية في ظل النظام الطبقي الاقطاعي. فالقن يبقى قنا مهما تكن ظروفه الاقتصادية أو الاجتماعية ومهما تكن إمكانياته وقدراته الجسمانية والعقلية, ومالك الأرض أو النبيل يبقى بمركزه الاجتماعي مهما تكن أحواله وظروفه، ويرجع هذا إلى حقيقة وراثة المهن والدرجات والألقاب الاجتماعية من قبل الأبناء حيث أن المنزلة الاجتماعية في المجتمع الاقطاعي هي منزلة وراثية Heredity Status وليس منجزة Achieved. وقد انهار النظام الإقطاعي خلال القرنين الرابع عشر والخامس عشر وتحول إلى نظام رأسمالي وذلك لتواجد العوامل التالية:

١. ظهور المدن الكبيرة في أواسط وغرب أوروبا وذلك بعد استقرار مختلف الصناعات المتطورة فيها ونمو التجارة والمؤسسات المالية والمصرفية, وقد سبب هذا العامل هجرة الفلاحين وخدام الأرض من المناطق الريفية والقروية إلى المدن لاستغلال فرص العمل الجديدة الموجودة فيها[١].

٢. تعاظم سلطان الدولة وسيطرتها على الخدمات الأساسية التي يحتاجها المجتمع إضافة إلى ارتفاع قوتها العسكرية ونمو إمكانيتها في المحافظة على الاستقرار والأمن في داخل أراضيها.

٣. تحويل الاقتصاد من اقتصاد بدائي يعتمد على نظام المقايضة في السلع والخدمات إلى اقتصاد متطور يعتمد على النقود والانتاج الواسع والعمليات التجارية المعقدة[٢].

٤. احتدام الصراع الاجتماعي بين طبقة الاقطاعيين والنبلاء ورجال الدين من جهة وبين طبقة الفلاحين والاقنان من جهة أخرى وذلك لتعرض الفلاحين إلى الظلم الطبقي والتعسف الاجتماعي والاستغلال المادي الذي أدى إلى

---

(١) Finn, M, An Economic Social History of Britin, Macmillan and Co., London ١٩٦١, p. ١٧.

(٢) Ibid., p. ٤٣.

ظهور الوعي الطبقي بينهم وزيادة درجة تماسكهم ووحدتهم الاجتماعية[١], وقد مكنهم هذا من الهروب إلى المدن والاستقرار فيها أو إعلانهم العصيان والثورة الاجتماعية ضد الاقطاعيين وأصحاب الأراضي. علما بأن هجرة الفلاحين والأقنان إلى المدن الصناعية والتجارية وقيامهم بالانتفاضات والحركات الاجتماعية والسياسية ضد أركان النظام الاقطاعي قد فوضت أسس النظام بحيث تحول المجتمع الاقطاعي برمته إلى مجتمع رأسمالي يختلف بسماته المادية والحضارية والاجتماعية عن المجتمع الذي سبقه تاريخيا.

٣- النظام الطبقي الرأسمالي:

منذ أواخر القرن الخامس عشر بدأ النظام الرأسمالي في الظهور والانتشار والاستقرار وذلك بعد سقوط واندثار النظام الاقطاعي لعدم ملاءمته للحياة التجارية والصناعية والعقلانية الجديدة التي شهدها المجتمع بعد نشوء المدن والأقاليم الحضرية ونمو رأس المال وازدحام السكان في المدن وزيادة الطلب على البضائع الصناعية وتطور طرق المواصلات وبروز ظاهرة الاستعمار والاستيطان خصوصا بعد حركة الاكتشافات الجغرافية والبحث عن مصادر المواد الأولية والأسواق التجارية التي تستوعب البضائع الصناعية الجاهزة[٢]. والنظام الرأسمالي, كما يقول ماركس, هو الوليد الشرعي للنظام الاقطاعي الذي انهار بعد تحرر الفلاحين من سيطرة الاقطاعيين وهجرتهم إلى المدن وبعد انخفاض أهمية الأرض والزراعة كمهنة أساسية يعتمد عليها المجتمع وبعد تحول الاقتصاد من اقتصاد يعتمد على المقايضة إلى اقتصاد يعتمد على النقود باعتبارها مصدرا من مصادر الثروة وواسطة لقياس قيم الأشياء وتبادلها.

---

(١) Marx, K, and F. Engles. Slected Works, p. ٥٣.

(٢) Birnie, A. An Economic Hisory of the British Isles, University Paper Backes, London, ١٩٦٣. p. ١٧١.

ويتسم النظام الرأسمالي بمجموعة صفات اقتصادية واجتماعية وحضارية تعطيه طابعه المتميز وصفاته الثابتة والمستقرة. فالصفات الاقتصادية للنظام الرأسمالي يمكن درجها بالنقاط التالية:

١. سيطرة القطاع الخاص على وسائل الانتاج الاقتصادية خصوصا رأس المال.

٢. اكتساب الثروة والمواد الأولية عن طريق عمليات السوق الحرة[١].

٣. بيع وشراء العمل في السوق الحرة.

٤. يهدف النشاط الاقتصادي الحصول على أكبر كمية من الأرباح[٢].

أما الصفات الاجتماعية والحضارية التي يتميز بها النظام الرأسمالي فيمكن درجها بالنقاط التالية:

١. تقسيم النظام الرأسمالي إلى ثلاث طبقات اجتماعية هي الطبقة الارستقراطية التي تمتلك الأراضي الواسعة والاقطاعيات الوراثية والألقاب العائلية العالية والمتميزة , الطبقة البرجوازية التي تمتلك وسائل الإنتاج الحديث والخبرات الصناعية والإدارية والتنظيمية, وأخيرا الطبقة العمالية الكادحة التي تمتلك الجهود البشرية الخلاقة والتي تعرضها في سوق العمل للطبقة الرأسمالية والبرجوازية[٣].

٢. وجود الصراع الطبقي والقهر الاجتماعي والاستغلال الاقتصادي في المجتمع الرأسمالي الذي غالبا ما يعبر عن نفسه بالكساد الاقتصادي, البطالة بين العمال, الاضرابات العمالية, ارتفاع الأسعار, عدم احترام

(١) Mitchell, D. A Dictionary of Sociology, London, Routledge and Kegan Paul, ١٩٧٣, p. ٢٣.

(٢) Ibid., p. ٢٤.

(٣) Galbrath, J. K. American Capitalism, London, ١٩٥٦. p. ١٢.

الطبقة العمالية من قبل الطبقة الرأسمالية. الأزمات السياسية والحروب المدمرة... الخ[1].

٣. سيطرة الطبقة الارستقراطية والرأسمالية على بنية المجتمع ومقدراته المادية والبشرية واندفاعها نحو المحافظة على أركانه الأساسية ومؤسساته البنيوية من التبدل والتغير الاجتماعي الثوري. لأن مثل هذه التغيرات ستضر بمصالحها وتزعزع سلطتها وجبروتها على أبناء الشعب.

٤. تطلع السلطة الرأسمالية والبرجوازية إلى الاستيطان والاستعمار والسيطرة على الشعوب الضعيفة واستغلالها ونهب ثرواتها المادية والبشرية وفرض واقع التجزئة والتخلف والمرض والقهر الاجتماعي والتسلط الطبقي عليها[2].

٥. ممارسة السلطة الرأسمالية والبرجوازية الأساليب العنصرية والشوفينية المتخلفة والرجعية في تعاملها مع الشعوب المستعمرة بغية التقليل من سمعتها وأهميتها وطمس مآثرها والاستهتار بحقوقها الإنسانية والاستهانة بأهدافها ومصالحها وطموحاتها المشروعة.

شهد القرنان الثامن عشر والتاسع عشر ظهور عدم مجتمعات اعتمدت النوع الكامل للرأسمالية التقليدية كإنكلترا وفرنسا وألمانيا وهولندا والولايات المتحدة الأمريكية وقد عكس النظام الرأسمالي لهذه الدول عدة ظواهر اقتصادية واجتماعية أثرت فيما بعد على شكليته الخارجية وجوهره الداخلي وعلى نمط تحوله من صورة إلى أخرى. ومن أهم هذه الظواهر وجود المشاريع الفردية, سيطرة المنافسة الحرة على عمليات العرض والطلب, توسيع رؤوس الأموال وتعاظم الأرباح الاقتصادية, والمساوئ الاجتماعية التي تعرض إليها العمال وسوء ظروف العمل, الطبقية والصراع الطبقي, حكم المجتمع من قبل الاقلية الراسمالية والبرجوازية ...

(١) Ibid., p. ١٥.

(٢) Marx, K. Capital, Vo. III, Moscow, ١٩٧٧, p. ٤٩١

الخ[١]. غير أن المفكر هنري بيرين H. Pirenne يقول بأن أغلب هذه الصفات الاقتصادية والاجتماعية للرأسمالية كانت موجودة في القرن الثالث عشر في عدد من الأقطار الأوروبية خصوصا فرنسا وإنكلترا وإيطاليا[٢].

أما ماكس فيبر Weber وسمبارت Sombart وغيرهم من مفكري التاريخ الاقتصادي والاجتماعي الحديث فيعتقدون بأن عناصر وصفات الرأسمالية كانت موجودة منذ فترة القرون الوسطى, إلا أنها تعمقت وتبلورت وأصبحت أديولوجية قائمة بحد ذاتها بعد الثورة الصناعية التي اجتاحت أوروبا الغربية خلال القرنين الثامن عشر والتاسع عشر[٣].

وقد شهدت الفترة الأخيرة تدخل حكومات الدول الرأسمالية في شؤونها الاقتصادية والاجتماعية رغبة منها في القضاء على السلبيات والنتائج الوخيمة التي جلبتها الرأسمالية لشعوبها كالكساد الاقتصادي والبطالة والتضخم المالي وارتفاع الأسعار والمنافسة القاتلة وسوء أحوال العمال وتفشي الاضرابات العمالية... الخ. كما برزت في النظم الرأسمالية ظاهرة اندماج المشاريع الاقتصادية الصغيرة بعضها مع بعض وظهور المشاريع الكبيرة ذات رؤوس الأموال الضخمة والخبرات العالية والكفاءة الانتاجية المتميزة, أما إدارة هذه المشاريع الكبيرة فقد أصبحت بأيدي موظفين أخصائيين يتقاضون رواتبا لقاء أعمالهم الإدارية والتنظيمية. بينما أصبح مالكو هذه المشاريع مساهمين فيها وليس من حقهم إدارتها واتخاذ القرارات بشأنها إلا إذا كانت لديهم المؤهلات الفنية والعلمية التي تؤهلهم على اشغال المراكز الإدارية فيها وتحمل مسوؤلياتها التنظيمية والفنية[٤].

---

(١) Ibid., p. ٥١١.

(٢) Prenne, H. Medieval Towns, London, ١٩٥٢, p. ٢٣.

(٣) Brinabaum, N. Conflicting Interpretation pf the Rise of Capitalism, Brith Journal Of Socilogy, IV, ٢, ١٩٥٣.

(٤) Burnham, J. The Managcrial Revalution, Londodon, ١٩٤١, pp. ٢٦-٢٨.

إن النظام الرأسمالي يستند إلى مبدأ الطبقية والتميز الاجتماعي نظرا لوجود رجال القوة والحكم والسياسة فيه ووجود الفئة الرأسمالية والبرجوازية التي تمتلك وسائل الإنتاج والخبرات التنظيمية والتكنولوجية وأخيرا وجود الفئة العمالية الكادحة المسؤولة عن عمليات الخلق والانتاج والابداع في المجتمع. إن أول مفكر اجتماعي درس النظام الطبقي في المجتمع الرأسمالي دراسة علمية وتحليلية هو كارل ماركس الذي أشار كتابه "رأس المال" بأن من الصفات الجوهرية للرأسمالية طبيعة العلاقات الاجتماعية للإنتاج وطريقة امتلاك وسائل الإنتاج والسيطرة عليها. فعلاقات الإنتاج بالنسبة لماركس هي السبب المباشر لنشوء الطبقات الاجتماعية والصراع الطبقي حيث أن المجتمع الرأسمالي يقسم إلى طبقتين اجتماعيتين متخاصمتين ومتناقضتين هما طبقة أصحاب العمل وطبقة العمال الكادحين أو طبقة البرجوازية والطبقة البروليتارية[١]. والظروف الاقتصادية الجوهرية المحيطة بالاقتصاد الرأسمالي تسمح للبرجوازية بمنح العمال أجورا لا تتوازى ولا تنطبق مع جهودهم الانتاجية. وهنا يستطيع البرجوازي الحصول على فائض القيمة Surplus Value الذي يؤدي إلى تراكم أرباحه وفي نفس الوقت يسبب فقر العامل وبؤسه وحرمانه. وتحت ظروف المنافسة الاقتصادية الحادة وهبوط الأرباح التي تشهدها المراحل التاريخية المتأخرة للرأسمالية تنخفض أجور العمال إلى حد الكفاف وتفشي البطالة بينهم ويخيم عليهم الفقر والشقاء. لكن وعيهم الاجتماعي الناجم عن ظروفهم الاقتصادية والاجتماعية والثقافية المشتركة يساعد على تماسكهم ووحدتهم وفي نفس الوقت يقودهم إلى إعلان الثورة والتمرد ضد الطبقة الرأسمالية, ومثل هذه الثورة حسب آراء ماركس ستنهي الوجود الرأسمالي وتحرر العمال من الظلم الاجتماعي والقهر الطبقي وبالتالي تعود إلى تحول المجتمع الرأسمالي إلى

(١) Marx, K. and F. Engles Slected Works, p. ٤١.

مجتمع اشتراكي تقل فيه الفوارق الطبقية أو تنعدم ويتساوى فيه الأفراد وتضمن حقوقهم الاقتصادية والاجتماعية.

غير أن تقسيم العمل والبناء الطبقي للرأسمالية الكلاسيكية التي درسها ماركس خلال القرن التاسع عشر يختلف اختلافا واضحا عن تفسيم العمل والبناء الطبقي للرأسمالية المعاصرة, والاختلاف يتحلى في تعقد نظام التقسيم الفني للعمل بالنسبة للرأسمالية المعاصرة[١], وقد صاحب تفرع وتشعب التقسيم الفني للعمل في الرأسمالية الحديثة تعقد العلاقات الاجتماعية والعلاقات الانتاجية بحيث أصبحت هذه العلاقات تختلف عن العلاقات التي كانت موجودة في الرأسمالية الكلاسيكية. وظواهر تفرع وتشعب علاقات الانتاج في الرأسمالية الحديثة تنعكس في الحقائق التالية:

١. إن نمو وتطور علاقات الملكية قد سبب ظهور أنواع مختلفة من الأجهزة البيروقراطية ذات التدرج الاجتماعي والوظيفي. وقد ظهرت هذه الأجهزة البيروقراطية في مختلف حقول وروافد الحياة الاجتماعية. ولكل من هذه الأجهزة وظائفه ومصالحه المستغلة التي تخدم مصالح الطبقة أو الفئة الرأسمالية بصورة غير مباشرة[٢].

٢. فقدان الطبقة الرأسمالية لوظائفها الاجتماعية الحقيقة وأشغالها دورا ثانويا في عملية الانتاج والتوزيع نظرا للفصل بين ملكية المشاريع الرأسمالية وإداراتها. ونتيجة لذلك أصبحت الطبقة الرأسمالية شبيهة بالطبقة الارستقراطية التي كانت ماثلة في النصف الثاني من القرن الثامن عشر عندما هبط مركزها وتغيرت أهمية دورها الاجتماعي[٣]. فالمركز الإداري البيروقراطي الذي يحاول الرأسمالي أشغاله اليوم هو شبيه بالمركز

---

(١) Schonfield, A. Modern Capitalism, ١٩٦٥, pp. London.

(٢) Ibid., p. ١٣.

(٣) Ibid., p. ٢٤.

الحكومي البيروقراطي الذي حاول الاستقراطي اشغاله في نهاية القرن الثامن عشر.

٣. في الوقت الذي تتقلص فيه نسبة رجال الأعمال والمنتجين والتجار الصغار في المجتمعات الرأسمالية تزداد نسبة العمال وموظفو قطاع الخدمات الذين يشكلون جزءا مهما من الاقتصاد الرأسمالي.

وبعد الدراسات التي قام بها ماركس عن الطبقات الاجتماعية والصراع الطبقي طرح العالم الاجتماعي ماكس فيبر نظريته عن الطبقات الاجتماعية في كتبه الموسوم "نظرية التنظيم الاجتماعي والاقتصادي" والتي أراد بها انتقاد المفاهيم الطبقية التي طرحها ماركس في سياق دراسته للنظام الاقتصادي والاجتماعي للرأسمالية. والانتقاد الذي وجهه فيبر نظرية ماركس الطبقية يتلخص في نقطتين أساسيتين هما: أولا الأسباب الحقيقة للطبقية, وثانيا مظاهر الطبقية والصراع الطبقي. فالعوامل المادية بالنسبة لماركس هي العوامل الأساسية لانقسام المجتمع الرأسمالي إلى طبقتين الطبقة البرجوازية التي تمتلك وسائل الإنتاج والطبقة البروليتارية التي لا تمتلك أي شيء سوى جهودها وأتعابها البشرية, في حين يعتقد ماكس فيبر بأن ماركس بالغ في التأكيد على أهمية العامل المادي في دراسته لأسباب الطبقية والتمايز الطبقي[١]. إن العامل المادي هو عامل مهم في تحديد الانتماءات الطبقية ولكنه ليس هو العامل الأوحد كما اعتقد ماركس. فهناك عوامل أخرى تحدد المنزلة الاجتماعية للفرد ومكانته الطبقية كالعوامل الثقافية والدينية والسياسية. إن العالم أو رجل الدين أو السياسي قد يحتل منزلة اجتماعية مرموقة ومتميزة في المجتمع بالرغم من عدم امتلاكه لوسائل الإنتاج, بينما الرأسمالي البرجوازي الذي يمتلك وسائل الإنتاج والملكية الواسعة قد يفشل باشغال المنزله

(١) Weber, Max. The Theory of Social and Economic Organization New York, The Free Press, ١٩٦٩. pp. ٦-٧.

والدرجة الاجتماعية السامية التي يتمتع بها العالم أو السياسي أو رجل الدين مثلا[1], وهذا معناه بأن المجتمع يحترم ويقدر العلم والسياسة والدين أكثر مما يحترم ويقدر المادة والملكية حسب اعتقاد ماكس فيبر.

أما الاختلاف الآخر بين نظرية ماركس الطبقية ونظرية ماكس فيبر الطبقية فيدور حول مظاهر الطبقات الاجتماعية نفسها. فبينما يعتقد ماركس بوجود طبقتين اجتماعيتين متناقضتين في المجتمع الرأسمالي, يعتقد ماكس فيبر بوجود أدوار اجتماعية مختلفة ومتفاوتة في واجباتها وحقوقها. يقول ماكس فيبر بأننا لا نستطيع مشاهدة وفرز الطبقات الاجتماعية في المجتمع ولا نستطيع وضع الفواصل أو الحواجز طالما أن مفهوم الطبقات هو مفهوم سيكلوجي معنوي أكثر مما هو مفهوم مادي وموضوعي كما تصوره ماركس[2]. ولا توجد في المجتمع الرأسمالي طبقتان متصارعتان بل توجد فئات وشرائح اجتماعية يشغل أفرادها أدوارا اجتماعية مختلفة. وأن الصراع كما يراه ماكس فيبر لا يقع بين الطبقات ذاتها بل يقع بين الأدوار الاجتماعية المتكافئة في المركز والشرف الاجتماعي.

فالمهندس كما يقول ماكس فيبر لا يتنافس مع العامل والعامل لا يتنافس مع المهندس وذلك لاختلاف أدوارهما ودرجاتهما الاجتماعية. إن التنافس في الحياة الواقعية يقع بين المهندس والمهندس أو بين العامل والعامل أو بين الضابط والضابط أو بين المعلم والمعلم للوصول إلى الدرجات والمناصب العليا في السلم الوظيفي[3]. **ودرس ج كول G. D. Cole** في كتابه الموسوم "دراسات في البناء الطبقي" النظام الطبقي في المجتمع البريطاني الذي هو مجتمع رأسمالي فبدأ دراسته بفحص طبيعة الأسباب الموضوعية والذاتية للانتماءات الطبقية في المجتمع البريطاني. فحصر الأسباب الموضوعية بالثقافة والتربية, المهنة, الدخل والملكية,

(١) Ibid., p. ٤٢٧.
(٢) Ibid., p. ٤٢٨.
(٣) Ibid., p. ٤٣٠.

وانحدار العائلة. أما الأسباب الذاتية فهي الأفكار والمعتقدات والقيم والمصالح والمواقف والأهداف التي تحملها الطبقات الاجتماعية والتي حسب تعاليمه تعتمد على الظروف المادية والاجتماعية لأبنائها[1]. كما ركز على عاملي الاعتراف الاجتماعي والوعي الطبقي في معرفة وتشخيص الطبقة الاجتماعية التي ينتمي إليها الفرد في المجتمع الرأسمالي. فعامل الاعتراف الاجتماعي يتلخص بتقييم المجتمع للفرد وتحديد موضعه وطبقته الاجتماعية. بينما عامل الوعي الطبقي يتلخص بتقييم الفرد لنفسه وشعوره بانتمائه الطبقي ومكانته الاجتماعية.

واعتمد كول في تقسيمه للطبقات الاجتماعية في المجتمع البريطاني على التقسيم الطبقي الذي قام به المسجل العام لإحصائيات السكان في بريطانيا, والذي قسم بموجبه المجتمع البريطاني إلى خمس طبقات أساسية معتمدا على عامل المهنة Occupation, إن الطبقة الاجتماعية الخمس التي يتكون منها المجتمع البريطاني هي كالآتي:

١. الطبقة الأولى التي تتكون من كبار الموظفين المدنيين وكبار الأساتذة وضباط الجيش والأطباء والمهندسين ومدراء الشركات والأعمال الكبيرة, وتشكل هذه الطبقة نسبة قدرها (٣.٣%)[2].
٢. الطبقة الثانية التي تتكون من الموظفين المدنيين والمعلمين وأصحاب المخازن والمزارعين والتجار ورؤساء الشعب والأقسام البيروقراطية ... الخ, وتشكل هذه الطبقة نسبة قدرها (١٤.٨%).
٣. الطبقة العمالية الماهرة التي تتكون من الكتبة وكتبة الطابعة, العمال الفنيين, المساحين, ورؤساء العمال... الخ, وتشكل هذه الطبقة نسبة قدرها ٥٢.٥%.

(١)Code. G. Studies in Class Strucure, Londodn, ١٩٥٥, pp, ٤٤-٤٧.
(٢) General Register Offiec of England and Wales. Census, ١٩٥١, Part, I and II. M. S. O. London.

٤. الطبقة العمالية شبه الماهرة التي تتكون من عمال يشغلون مهنا صناعية وزراعية وتجارية تحتاج إلى درجة من المهارة والخبرة العملية. وتشكل هذه الطبقة نسبة قدرها (١٦.٤%).

٥. الطبقة العمالية غير الماهرة التي تتكون من العمال الصناعيين والزراعيين غير الماهرين أي أشخاص ليس لديهم تدريب أو مهارة أو خبرة بالأعمال العضلية التي يقومون بها، وتبلغ نسبة هذه الطبقة (١٣%).

كما تطرق كول في كتابه هذا إلى تاريخ الطبقة الارستقراطية وتاريخ الطبقة المتوسطة وتاريخ الطبقة العمالية مستعرضا التحولات الاجتماعية والمادية والنفسية والسياسية التي طرأت عليها نتيجة للتحولات الصناعية والزراعية والفنية التي شهدها المجتمع البريطاني منذ الثورة الصناعية الأولى التي وقعت فيه خلال القرن الثامن عشر. إضافة إلى تحليله للوظائف الإنتاجية والسياسية التي تؤديها هذه الطبقات إلى المجتمع البريطاني وتوضيحه لأنماط التحولات المستقبلية التي ستطرأ عليها وأثرها في تبديل البنية الاجتماعية للمجتمع.

وهناك دراسة مهمة عن الطبقات الاجتماعية في المجتمع الرأسمالي استهدفت تحليل طبيعة العلاقة المتفاعلة والدايلكتية بين الظروف الاقتصادية والاجتماعية للطبقة وأحوالها الفكرية والعقائدية والقيمية والطبقية وقد قام بهذه الدراسة البروفسور آربسنترز Centers وظهرت في كتبه الموسوم "سيكولوجية الطبقات الاجتماعية" بدأ سنترز دراسته بتقسيم الطبقات الاجتماعية في المجتمع الرأسمالي إلى طبقتين أساسيتين هما الطبقة المتوسطة Middle Class والطبقة العمالية Working Class[1]. ثم درس واقع وظروف ومشكلات هاتين الطبقتين كل على انفراد وقارن بينهما مقارنة علمية استهدفت توضيح أنماط الحياة وطراز المعيشة, المنبهات الايكولوجية والاجتماعية, المهنة والمؤهلات الثقافية والعلمية وأخيرا

(١) Centeres, R. The Psychologyof Social Classes, New York, ١٩٥٩, pp. ١٩.

الظروف الاقتصادية والمادية لكل منهما. بعدها قام بتشخيص وتحليل أفكار وقيم ومعتقدات ومواقف ومصالح وأهداف هاتين الطبقتين ثم ربط بين واقع وأفكار كل طبقة ربطا علمياً موضوعياً مستنتجا حقيقة مفادها بأن واقع وظروف وملابسات الفرد هي التي تقرر أفكاره ومعتقداته ومواقفه وتتحكم بها. والنتيجة التي توصل إليها سنترز في دراسته هذه تؤيد مقولة ماركس الشهيرة "بأن الواقع الاجتماعي هو الذي يقرر الوعي الاجتماعي".

٤- النظام الطبقي الطائفي The Caste System :

يوجد هذا النظام في المجتمعات المغلقة والمتخلفة حضاريا وماديا أي المجتمعات التي لا تعطي أفرادها حق الانتقال الاجتماعي من طبقة إلى أخرى. والهند هي المجتمع الذي يعتقد بهذا النظام الطبقي خصوصا قبل استقلالها السياسي عام ١٩٤٧[١]. ويمكن إرجاع تخلف الهند في مجالات الحياة المختلفة لقرون عديدة قبل استقلالها إلى وجود مثل هذا النظام الطبقي المتخلف الذي سبب جمود وسكون هذا المجتمع لفترة طويلة من الزمن. فهذا النظام الطبقي يعتقد بضرورة تقسيم المجتمع إلى قبائل أو طوائف مختلفة لكل فرد أعمال وواجبات وظيفية معينة. ولكل قبيلة من هذه القبائل منزلتها وسمعتها الاجتماعية, هذه المنزلة تنسب إلى أفراد القبيلة منذ ولادتهم بحيث لا يمكن للفرد الواحد أن يشغل منزلة اجتماعية أعلى أو أوطأ من منزلته قبيلته. كما لا يحق له الانتقال من قبيلة إلى قبيلة أخرى.

فالمجتمع الهندي يقسم طبقيا إلى خمس قبائل تزاول كل واحدة منها وظيفة معينة وتتمتع بدرجة محددة من الجاه والاحترام والتقدير[٢]. فهناك القبيلة الدينية التي تحتل المكانة العليا في المجتمع (فئة البراهمة) إذ أنها تتمتع بسمعة اجتماعية عالية لا تتمتع بها أية قبيلة أخرى. وتعتبر قبيلة البراهمة قبيلة مقدسة حيث أنها

(١) معجم علم الاجتماع, تحرير البرفسور دينكن ميشيل وترجمة الدكتور إحسان محمد الحسن بيروت, دار الطليعة, ١٩٨١, ص ٢١٢.
(٢) Ginsberg, M. Sociology, p. ١٦٦.

مصدر الشرف والجاه والرفعة والسمو وهي التي تحدد المراكز الاجتماعية للقبائل الأخرى في المجتمع الهندي. ولا يجوز لأي عضو من أعضاء هذه القبيلة الانخفاض إلى القبائل الأخرى كما لا يجوز لأعضاء القبائل الهندية الارتفاع أو الانتقال إلى الطبقة أو القبيلة الدينية, وتأتي بعد القبيلة الدينية القبيلة العسكرية (الكاشتيرية) التي تحتل المرتبة الثانية في السمعة والشرف الاجتماعي نظرا للواجبات المهمة التي تقوم بها وهي الدفاع عن المجتمع ونظمه الحضارية والتراثية. إضافة إلى جسامة التضحيات التي تقدمها هذه الطبقة إلى الدين الهندوسي بالدفاع عن مبادئه والعمل على ترسيخه في نفوس الأفراد ونشره في داخل وخارج الهند[1]. وهناك القبيلة الزراعية التي تحتل المركز الثالث في السمعة والنفوذ الاجتماعي (قبيلة السودرية). وتأتي بعد القبيلة العسكرية ذلك أن الدين الهندوسي يرتاح لها ويميل إلى احترام أعمالها وطموحاتها.

فهي التي تزود الناس بالغذاء الذي هو أساس الحياة وهي رمز الهدوء والصفاء والبساطة[2].

وهناك القبيلة التجارية والصناعية (الغازية) التي تأتي بعد القبيلة الزراعية. وهذه القبيلة تضم جميع العمال اليدويين الماهرين والتجار الكبار والصغار. وتوجد هذه القبيلة في المدن والأقاليم الحضرية. أما القبيلة الزراعية فتقطن المناطق الريفية والقروية في الهند. وأخيرا توجد قبيلة العوام التي تضم كلا من الفنان والبائع المتجول والكناس والفراش... الخ. وهذه القبيلة هي من أوطأ القبائل التي يعرفها المجتمع الهندي لما لها من سمعة اجتماعية واطئة غير محترمة من قبل الهنود.

لكن السمعة والاحترام الاجتماعي الذي يعطي للقبائل الهندي من قبل المجتمع يعتمد على عاملين أساسيين: العامل الأول هو قربها من الدين الهندوسي

(١) Blunt, E. The Caste System of nothern india, London, Oxford University Press, ١٩٥١, p. ٣٥.

(٢) Ibid., p. ٣٨.

أي درجة قدسيتها الروحية الدنية, والعامل الثاني هو جسامة التضحيات التي تقدمها القبيلة للمجتمع ككل أي الواجبات والخدمات التي تمنحها للمجتمع والتي تنطبق مه مهاراتها واختصاصاتها ودرجة تمسكها بالأوامر والوصايا الدينية[1], لكل قبيلة من هذه القبائل الخمس مجلسها الإداري الشرعي والقانوني (البانجايات). وأعضاء نفس القبيلة يتمتعون بسمعة وشرف اجتماعي أعلى من ذلك الذي يتمتع به الأشخاص الاعتياديون, ويعتبر رئيس المجلس قائد القبيلة إذ يحتل المركز الأول فيها ويتمتع بسلطات دينية وقانونية وإدارية يجب احترامها من قبل الأعضاء. أما الفرد في القبيلة الواحدة فليس له حق الارتفاع أو الانخفاض الاجتماعي في حالة نجاحه أو فشله في إنجاز أعماله ومهامه, بينما تتمتع قبيلته بحق الارتفاع أو الانخفاض الاجتماعي تبعا لمقدار إنجازاتها وخدماتها للمجتمع الهندي[2]. فإذا برهنت القبيلة كفاءتها وإخلاصها في خدمة المجتمع, وكان المجتمع مقتنعا بفاعليتها ونزاهتها فإنها لابد أن ترتفع في السلم الاجتماعي بالنسبة للقبائل الأخرى, والعكس بالعكس إذا أخفقت القبيلة في خدمة المجتمع وارتبكت العمال المضرة والهدامة, وقد حاولت الحكومة الهندية بعد الاستقلال من الحكم البريطاني إلغاء النظام الطبقي الطائفي (نظام الكاست) وتعويضه بنظام الطبقات الاجتماعية Social Classes الذي يتميز بالمرونة والديمقراطية والتقدمية[3]. ذلك أنها اعتقدت بأن النظام الأول كان المسؤول عن تخلف الهند وجمودها في شتى المجالات والحقول الحياتية الحديثة. إلا أن محاولة الحكومة الهندية في إلغاء النظام الطبقي الطائفي قد باءت بالفشل نظرا للرصد الديني العالي الذي يتمتع به هذا النظام وتمسك الهنود تمسكا شديدا بمبادئ وممارسات دينهم.

---

(١) Ibid., p. ٣٩.

(٢) Russell, R. V. Tribes and Cates of the Central Proviness of India, London. Macmillan, Co., ١٩٦٠, p. ٧٥.

(٣) Ibid., p. ٧٦.

٥- الطبقات الاجتماعية في المجتمع العربي:

إن المؤسسات البنيوية في المجتمع العربي قائمة على مبدأ التباين في الأدوار الاجتماعية التي يتكون منها البناء الاجتماعي. فالأدوار الاجتماعية للمؤسسة الواحدة كالمؤسسة السياسية والعائلية والاقتصادية لا تكون متشابهة ومتساوية بل تكون مختلفة ومكملة الواحدة للأخرى. فالدور الاجتماعي الذي يحتله المهندس في المصنع يختلف عن الدور الاجتماعي الذي يحتله العامل إلا أن دور المهندس مكمل لدور العامل في المصنع ولا يستطيع أي دور من هذه الأدوار الاستغناء بأية صورة من الصور عن الدور الآخر[١].

وتباين الأدوار الاجتماعية في المؤسسة هو الذي يقرر تباين الأعمال والوظائف والواجبات التي تقوم بها هذه الأدوار ثم تباين حقوقها وامتيازاتها المادية والمعنوية. وتباين الحقوق والامتيازات المادية والمعنوية التي يحصل عليها الأفراد بعد أدائهم للعمل والواجب هو الذي يقرر مراتبهم ومنازلهم الاجتماعية. وعندما يشعر الأفراد بظروفهم الاقتصادية والاجتماعية والثقافية المتشابهة وبمشكلاتهم وطموحاتهم وأهدافهم المشتركة وأحاسيسهم وشعورهم الاجتماعي الواحد فإن وعيهم الطبقي الذي يظهر للعيان ويلعب الدور الكبير في تحديد شريحتهم أو طبقتهم الاجتماعية[٢].

وبموجب المعايير الموضوعية والذاتية لتحديد الانتماءات الطبقية يمكن تقسيم المجتمع العربي إلى ثلاث طبقات اجتماعية رئيسية هي:

أ) **الطبقة العليا:** وهي الطبقة التي تشكل الأقلية في المجتمع العربي وتمتلك أسباب القوة والنفوذ وتحتل مقاليد الحكم وغالبا ما تسيطر هذه الطبقة على الملكية

---

(١) الحسن, إحسان محمد (الدكتور), محاضرات في المجتمع العربي, بغداد, مطبعة دار السلام, ١٩٧٣, ص ٧٢.

(٢) Davis, K. Humman Socity, New York, ١٩٦٧. p. ٣٨٧.

وتسخرها بموجب مصالحها وأهدافها التي قد تكون في بعض الأحيان مصالح وأهداف المجتمع الكبير.

فالمدراء العامون وكبار ضباط الجيش والشرطة وكبار موظفو الدولة وقادة النقابات المهنية والعمالية والكوادر الحزبية المتقدمة وأصحاب المصالح الاقتصادية الخاصة ومالكو رأس المال والأراضي والعقار والمفكرون والكتاب الكبار هم أعضاء في هذه الطبقة, وتشكل هذه الطبقة نسبة لا تزيد على (٣%) من مجموع السكان.

ب) الطبقة المتوسطة: وهي الطبقة التي يمكن أن تتفرع إلى ثلاث طبقات فرعية هي الطبقة المتوسطة العليا والطبقة المتوسطة الوسطى والطبقة المتوسطة الواطئة, وتشكل هذه الطبقة نسبة لا تزيد على (٣٠%) من أبناء المجتمع العربي[١], وتشمل على المهنيين والمثقفين والفنيين الذين تلقوا الدراسات الأكاديمية المتخصصة في المعاهد العليا والكليات والجامعات, وتضم هذه الطبقة المعلمين والمدرسين والأساتذة والمهندسين والأطباء والمحامين والمحاسبين والطيارين والصيادلة وموظفي الدولة وضباط الجيش والأمن والشرطة والزراعيين والفيزيائيين والكيمائيين والاجتماعين والاقتصاديين والمساحين, إضافة إلى صغار الملاكين وأصحاب المخازن التجارية ومالكي المصانع والمزارع الصغيرة. أما الحدود التي تفصل بين أبناء الطبقة المتوسطة كالحدود التي تفصل بين أبناء الطبقة المتوسطة العليا والواطئة فلا تكون صلدة وتوجد مرونة كبيرة بينها. فالمهندس الصغير بعد ممارسته لمهنة الهندسة لفترة زمنية طويلة وتحسين أحواله المادية وارتفاع مكانته وسمعته الاجتماعية يستطيع الارتفاع إلى الطبقة المتوسطة العليا, وكذلك الحال بالنسبة للمعلمين والأطباء والمحاسبين الذين ينتمون إلى الطبقة المتوسطة الواطئة.

(١) الحسن, إحسان محمد (الدكتور), علم الاجتماع,دراسة نظامية, بغداد, مطبعة الجامعة, ١٩٧٦, ص ٢٢٩.

ج) الطبقة العمالية: تعتبر الطبقة العمالية من أوسع الطبقات الاجتماعية في المجتمع العربي نظرا لكثرتها العددية إذ لا تقل نسبتها عن ٦٠% من مجموع السكان وتتفرع هذه الطبقة إلى ثلاث طبقات فرعية هي الطبقة العمالية العليا والطبقة العمالية الوسطى والطبقة العمالية الواطئة. وتشمل الطبقة العمالية على العمال والفلاحين الصغار والكاسبين والكادحين والباعة المتجولين ... الخ, وقد ارتفعت المكانة الاجتماعية لهذه الطبقة مؤخرا وذلك بعد تحسن أحوالها المادية والاجتماعية والثقافية خصوصا بعد منحها حق تكوين نقاباتها المهنية والعمالية وزيادة أجور أفرادها وتشريع قوانين محو الأمية والتعليم الالزامي التي أجبرت أعضاءها على الذهاب إلى مؤسسات الثقافة والتعليم لاكتساب العلم والمعرفة[1]. كما أن أهمية هذه الطبقة تتجسد في تحمل أفرادها مسؤولية الخلق والانتاج والابداع والعمل من أجل بناء صرح الحضارة العربية وتأسيس قاعدتها المادية والتكنولوجية التي يعتمد عليها تقدم ورقي نهضة المجتمع العربي.

وبجانب هذا التصنيف الطبقي للمجتمع العربي هناك تصنيف آخر للطبقات الاجتماعية يعتمد على معيار المهنة, هذا المعيار الذي يعتبر من أهم المعايير الموضوعية للانتماءات الطبقية في المجتمعات المعاصرة وهذا التصنيف يؤكد على ضرورة تقسيم المجتمع العربي إلى خمس طبقات أساسية هي:

١- الطبقة الأولى التي تتكون من كبار الموظفين المدنيين وكبار الأساتذة وضباط الجيش وكبار الأطباء والمهندسين ومدراء وأصحاب الشركات والأعمال الكبيرة وتشكل هذه الطبقة نسبة قدرها (٣%).

٢- الطبقة الثانية التي تتكون من الموظفين المدنيين والمعلمين والمهنيين المثقفين ثقافة جامعية وأصحاب المخازن والمزارعين والتجار ورؤساء الشعب

---

(١) نفس المصدر السابق, ص ٢٣٠.

والأقسام البيروقراطية ... الخ. وتشكل هذه الطبقة نسبة قدرها (١٥%) من مجموع السكان.

٣- الطبقة العمالية الماهرة التي تتكون من الكتبة وكتبة الطابعة والموظفين الصغار والعمال الفنيين ورؤساء العمال... الخ, وتشكل هذه الطبقة نسبة قدرها (٢٠%) من مجموع السكان.

٤- الطبقة العمالية شبه الماهرة التي تتكون من عمال يشغلون مهنا صناعية وزراعية وتجارية تحتاج إلى درجة من المهارة والخبرة العملية, وتشكل هذه الطبقة نسبة قدرها (٢٥%) من مجموع السكان.

٥- الطبقة العمالية غير الماهرة التي تتكون من العمال الصناعيين والزراعيين غير الماهرين أي الأشخاص الذين ليس لديهم تدريب أو مهارة أو خبرة بالأعمال العضلية التي يقومون بها, وتبلغ نسبة هذه الطبقة (٣٧%) من مجموع السكان.

ومن الجدير بالملاحظة أن الطبقات الاجتماعية في المجتمع العربي تتحدد بالعوامل الموضوعية والذاتية إذ أن هذه العوامل هي التي تساعدنا على معرفة الطبقات الاجتماعية التي ينتمي إليها الأفراد, لكن العوامل الموضوعية التي تحدد الانتماءات الطبقية في المجتمع العربي هي الدخل والملكية, الثقافة والتربية, المهنة والسلوك الاجتماعي, وأخيرا لقب العائلة وانحدارها الاجتماعي. أما العوامل الذاتية التي تساعدنا على معرفة الانتماءات الطبقية للأفراد في المجتمع العربي فنعني بها الصفات والخصائص النفسية والداخلية التي تميز الطبقات في المجتمع. فلكل طبقة اجتماعية سيكولوجيتها وذاتيتها الشاخصة والمتميزة, وهذه السيكولوجية تعبر عن مبادئ وآراء ومفاهيم ومعتقدات وقيم ومقاييس وأهداف أبناء الشريحة أو الطبقة الاجتماعية.

الفصل العاشر
التغير الاجتماعي

يتعرض أي نظام اجتماعي للتغير بشكل أو بآخر في جميع الأزمنة والمواقع الجغرافية, فأعضاؤه ينمون ويتقدمون في السن, وخلال عمليات النمو تتعرض أجسامهم إلى التحولات الفيزيولوجية المرئية. وخلال هذه التحولات تتبدل أدوارهم ومسؤولياتهم الاجتماعية بعد أن تزداد حلقات انتماءاتهم إلى المنظمات الاجتماعية وتتغير أنماط علاقاتهم وممارساتهم اليومية وتتضاعف الضغوط المتعارضة المسلطة عليهم نتيجة احتكاكهم وتفاعلهم مع المجتمع.

والنظام الاجتماعي هو نظام فرعي تابع لنظام حضاري كبير وشامل يتكون من مجموعة نظم ومؤسسات تتعرض مركباتها الجوهرية وأطرها الخارجية للتغيير المستمر وبمرور الزمن[١].

وهذا التغير يرجع إلى عدة متغيرات وعوامل سببه أهمها العوامل الطبيعية كاكتشاف المعادن واستثمارها وتغيير درجات الحرارة, والعوامل البيئية كتحويل المهنة من مهنة الزراعة إلى مهنة التجارة والصناعة, وتحويل النظام السياسي من نظام ديكتاتوري إلى نظام ديمقراطي. إضافة إلى عوامل الانتشار الحضاري التي تؤدي إلى انتقال الأفكار والتجارب والنظم الجديدة من مجتمع لآخر عن طريق الاحتكاك المباشر أو غير المباشر.

اهتم علم الاجتماع بدراسة التغير الاجتماعي في النصف الأول من القرن التاسع عشر عندما قام أوكست كونت وهربرت سبنسر واتباعهما بتفسير أسباب ونتائج التغير الاجتماعي في ضوء أحداث الثورات السياسية والصناعية التي وقعت في القارة الأوروبية خصوصا الثورة الفرنسية والثورة الصناعية في انكلترا وما نتج عنهما من تغييرات في نظام الحكم والمعتقدات الفكرية للشعوب وعلاقات

(١) الحسن, إحسان محمد(الدكتور), علم الاجتماع, دراسة نظامية, بغداد, مطبعة الجامعة, ١٩٧٦, ص ٢٧٨.

الإنتاج ومستويات المعيشة وأنماط الحياة الاجتماعية. لذا كان من الضروري ايجاد نظرية خاصة بالتغير الاجتماعي أو الداينميكية الاجتماعية تأخذ على عاتقها شرح قوانين حركة ومسيرة المجتمعات وتوضح المراحل الحضارية التاريخية التي تمر بها المجتمعات وصفات ومشكلات كل مرحلة تاريخية والعلاقة بين الجوانب المادية والروحية لظاهرة التغيير الاجتماعي.

إلا أن جميع النظريات الاجتماعية التي فسرت عمليات التغير الاجتماعي في القرن التاسع عشر قد تحولت إلى نظريات تطورية في طابعها وخصائصه[١]. ومن أشهر هذه النظريات النظرية المادية التاريخية التي طرحها كارل ماركس والتي أراد بها توضيح المراحل الحضارية التي تمر بها المجتمعات الانسانية وأسباب التغير الاجتماعي والعلاقة بين الأساس المادي للمجتمع والبناء الفوقي مع دراساته لموضوع الصراع الطبقي وأثره في اندلاع الثورة الاجتماعية التي يتمخض عنها انتقال المجتمع من مرحلة حضارية معينة إلى مرحلة أخرى تتميز بالتشعب والتطور والرقي. أما هربرت سبنسر فقد فسر ظاهرة التغير الاجتماعي تفسيرا علميا عقلانيا خلال النصف الثاني من القرن التاسع عشر. وفي تفسيره هذا اعتقد بأن المجتمع يتحول من مجتمع بسيط بتركيبه ووظائفه إلى مجتمع معقد ومشعب[٢]. واعتمد سبنسر في تفسيراته التطورية على آراء داروين التي عبر عنها في كتابه أصل الأنواع الذي ظهر في عام ١٨٥٩. والعالم الأنثربولوجي الاجتماعي الأمريكي لويس موركن أرسى الأسس العلمية لنظريته التحولية في كتابه "المجتمع القديم" وتحاول هذه النظرية تفسير التطور الحضاري للمجتمع إذ تدعي بأن المجتمع

(١) معجم علم الاجتماع, تحرير البرفسور دينكن ميشل وترجمة الدكتور إحسان محمد الحسن, بيروت, دار الطليعة, ١٩٨١, ص ١٩٠.

(٢) Spencer, H. First Principles of a New System on philosophy New York, Dewitt Fund, ١٩٥٨, p. ٣٩٤.

يمر في ثلاث مراحل حضارية هي المرحلة المتوحشة والمرحلة البربرية ومرحلة المدنية.

أما ماكس فيبر فقد عبر عن أفكاره حول التغير الاجتماعي من خلال دراسته لجذور وأصل الرأسمالية. والدراسة هذه كانت انتقادا للآراء التي طرحها كارل ماركس في نظريته المادية التاريخية. إن نظرية فيبر الرأسمالية تعتقد بأن الكالفينية مع بقية الحركات الدينية التقشفية هي التي ولدت الظروف السيكولوجية والأجواء الاجتماعية المناسبة لظهور ونمو الطبقة البرجوازية في الغرب, لكن ماكس فيبر يتفق مع نظرية ماركس القائلة بأن النظام الرأسمالي يرتكز على وجود طبقتين الطبقة البرجوازية التي تمتلك وتسيطر على وسائل الإنتاج والطبقة البروليتارية التي لا تمتلك وسائل الإنتاج بل تزود عمليات الإنتاج التكنولوجي بالطاقات والكفاءات البشرية. غير أن فيبر لا يعتقد بأن العوامل المادية وحدها تستطيع تفسير طبيعة المجتمع الرأسمالي والتغييرات التي تطرأ عليه, أو حتى أصل تكوينه ونشوئه وذلك لأنه يعتقد بأن البناء الفوقي للمجتمع (الوعي والأيدلوجية الاجتماعية) إنما هو أساس تحوله المادي والتكنولوجي. في حين يعتقد ماركس بأن العامل المادي وحده هو المسؤول عن عمليات التغير الاجتماعي التي يشهدها المجتمع. أما الطريقة التي استعملها ماكس فيبر في تفسيره للمجتمع فهي الطريقة التاريخية إذ اعتبر التاريخ بمثابة المختبر الطبيعي لفحص صحة وصدق الفرضيات التي طرحها بشأن علاقة العوامل المادية بالعوامل الأيدلويجة وقت دراسته للمجتمع دراسة متكاملة. ففي كتابه الموسوم "الأخلاق البروتستانتية وروح الرأسمالية" الذي نشره في عام ١٩٠٤ كشف حقيقة الترابط بين الأخلاق والقيم البروتستانتية والنظم الرأسمالية للمشاريع الاقتصادية. بعدها قام بدراسة مقارنة للأديان السماوية والفلسفية في العالم وأخيرا توصل إلى استنتاجه الذي يقضي بأن الرأسمالية لا يمكن أن توجد وتنمو في المجتمع دون وجود القيم التقشفية عند البروتستانتية.

١- أشكال التغير الاجتماعي:

إن موضوع أشكال التغير الاجتماعي يرتبط بموضوع اتجاهات وأهداف التغير فالتغير لا يكون على نمط واحد طالما أن أهدافه وبيئاته الحضارية تكون مختلفة. ويمكن تصنيف التغير إلى الأشكال التالية:

أ- التغير الاجتماعي الدائري.

ب- التغير الاجتماعي الخطي أو الطولي.

ج- التغير الاجتماعي التطوري.

د- تغيير الانتشار الحضاري.

هـ- التغير الاجتماعي المخطط.

والآن نقوم بشرح هذه الأشكال المختلفة للتغير الاجتماعي:

أ) التغير الاجتماعي الدائري:

تنطوي فكرة التغير الاجتماعي الدائري على مجموعة مسلمات مفادها بأن الظواهر الاجتماعية مهما تكن أنواعها وصورها تتكرر بين آونة وأخرى, وتكرارها يعتمد على الظروف الموضوعية والذاتية التي تمر بها المجتمعات. فالمجتمعات تمر بفترات جمود وتخلف وانتكاس تعقبها فترات ونهوض وازدهار, ثن لا تلبث هذه الفترات أن تنتهي ويحل محلها فترات التخلف والفوضى وعدم الاستقرار. إن هذه النظرية ظهرت في بادئ الأمر عند الإغريق الذين كانوا يرون بأن حضارتهم قد تميزت على جميع الحضارات وسمت إلى أبعد الغايات ووصلت إلى منتهى الكمال. إن فلاسفة ومفكري الإغريق افترضوا بأن المجتمع الإنساني يتغير ولكن التغير يتجه تدريجيا إلى التفكك والانحلال وأنه في تغيره يخرج من العصر الذهبي إلى العصر الفضي ثم إلى العصر البرونزي وينتهي به التغير إلى العصر الحديدي.(١)

(١) الساعاتي, حسن (الدكتور), وآخرون, علم الاجتماع, ج٢, القاهرة, المطبعة النموذجية, ١٩٦١, ص ٩.

كما أن هذه النظرية ترتكز على فكرة تشبيه الكائن الاجتماعي بالكائن الحيواني من ناحية النشأة والتكوين والنضوج والاكتمال ثم الهرم والشيخوخة. فكما أن الإنسان يولد وينمو ويهرم فإن المجتمع كذلك يمر في نفس هذه المراحل التحولية, ويترتب على هذا القياس التشبيهي الاعتقاد بأن هنالك قانونا يجعل المجتمع يسير في خط دائري. فالمجتمع في بدايته يكون بسيطا وضعيفا ولكن تراكيبه تتشعب شيئا فشيئا وتزداد درجة قوته وعنفوانه بحيث يدخل في مرحلة الشباب. ولكن بمرور الزمن سرعان ما يأخذ بالضعف والتدهور التدريجي إلى أن ينتهي بمرحلة السقوط والتحلل. ويبدو أن الباحثين الذين التزموا بهذه الفرضية الدائرية قد اعتمدوا على المدنيات التاريخية التي ظهرت وتعرضت في نموها لعملية الذبذبة هذه كالامبراطورية السومرية والآشورية والامبراطورية الرومانية والامبراطورية العربية الإسلامية والامبراطورية العثمانية.

ب) التغير الاجتماعي الخطي أو الطولي:

تفترض نظرية التغير الاجتماعي الخطي أو الطولي بأن جميع ظواهر وعمليات ونظم المجتمع تتغير باستمرار وتغيرها هذا يكون نحو أهداف محددة ومرغوب فيها[1]. علما بأن هذا التغير لا يتمخض عنه تكرار الحوادث التي وقعت من الزمن الماضي بل يتمخض عنه وصول المجتمع إلى مراحل سامية ومتطورة تتميز بالفاعلية والتشعب والقدرة على تلبية طموحات الإنسان والجماعة.

ظهرت هذه النظرية في القرن التاسع عشر وكانت تروم تحديد اتجاهات التغير الاجتماعي وتزعم أنها اتجاهات تقدمية في كل الظروف. وأن المؤسسات والنظم الاجتماعية التي تكون البناء الاجتماعي تبتدئ بسيطة التركيب ثم تنمو وتزداد تعقيدا ودقة. وتتفرع الأحكام العامة إلى تفصيلات خاصة, وتفترض هذه

(١) الحسن, إحسان محمد (الدكتور), علم الاجتماع, دراسة نظامية, ص ٢٨٧.

النظرية أيضا بأن العلاقة الاجتماعية تمر في مراحل مسلسلة وتؤكد أن جميع الظواهر الاجتماعية تتبع هذا التسلسل في تغيرها.

وذهب بعض أنصار هذه النظرية إلى أن تطور المجتمعات يتم على مراحل ثلاث وهي:

مرحلة التوحش ومرحلة البربرية ومرحلة المدنية. فمثلا تطور نظام الزواج في عدة مراحل:

فكان أول أمره شيوعية جنسية, ثم وضعت له بعض القيود فظهر الزواج الجماعي. أي أن جملة ذكور يتزوجون من جملة إناث بحيث يكون كل فرد في الجماعة زوجا لكل الزوجات وكل واحدة من الزوجات زوجة لكل الأزواج ثم زادت القيود تنوعا فتطور الزواج الجماعي إلى زواج فيه تعدد مع وحدانتة الزوجة. ثم تطور هذا النوع الأخير إلى نظام تعدد الزوجات ووحدانية الزوج[1]. وقد أعقبه بعد ذلك نظام الزواج الفردي الذي يتزوج فيه رجل واحد بامرأة واحدة. وكلما ضاقت الحدود تعقدت تفاصيل اختيار الزوجة والعلاقات الزوجية.

ونلاحظ في الحياة الاقتصادية أيضا مبدأ اطراد التقدم مع التسلسل من بساطة التركيب إلى تعقده. فقد كان النظام الاقتصادي في المجتمعات البدائية جمع ما تجود به الغابات من ثمار. ثم تقدم الإنسان وعرف الصيد واعتمد عليه في اشباع جميع حاجاته من غذاء وكساء وأدوات. ثم دخل مرحلة أكثر تقدما حين استأنس الحيوان واعتمد في حياته الاقتصادية على الرعي, وتابع تقدمه فزرع الأرض واستقر بها وحصد ثمارها. وانتهى تطوره في وقتنا الحاضر بمرحلة الصناعة وهي أشد النظم الاقتصادية تعقيدا وأكثرها دقة.

---

(١) Marx, K. and F. Engles, Selected Works, Hoscow, ١٩٧٥, p. ٥٠٧.

ج) التغير الاجتماعي التطوري:

لقد ساد في القرن التاسع خصوصا بعد ظهور كتاب داروين "أصل الأنواع" الاعتقاد بأن تغير المجتمعات الإنسانية يخضع إلى قانون التطور, ذلك القانون الذي يجعل حركة التغير تسير عبر مراحل تطورية متعاقبة تتفاوت درجات تعقيدها ورقيها بصورة متوالية من الأبسط إلى الأعقد ومن الأوطأ إلى الأرقى. وأطلق على ذلك بالاتجاه التطوري الآحادي الامتداد. ويعني الالتزام بهذا الاتجاه التأكيد على أن مراحل التطور هي نفسها من حيث العدد والتكرار والتعاقب في التاريخ التطوري لكل أمة ولكل جماعة.

يشير المفكر الفرنسي سانت سيمون إلى المراحل التطورية التي تمر بها البشرية جمعاء فيذكر بأن هناك ثلاث مراحل عقلية تمر بها المجتمعات البشرية وهذه هي المرحلة التخمينية والمرحلة شبه التخمينية وأخيرا المرحلة الوضعية. وتأثر المفكر أوكست كونت بأفكار سانت سيمون عندما اعتقد بأن المجتمعات البشرية لابد أن تمر في ثلاث مراحل تطورية هي المرحلة الدينية اللاهوتية والمرحلة الفلسفية المثالية وأخيرا المرحلة العلمية الواقعية[1]. فالمرحلة الأولى التي ذكرها كونت تتأثر بقوى تكمن في الأجسام الجامدة غير الحية, والمرحلة الثانية تتميز بتحول فكري واضح المعالم, فبعد أن كان الإنسان يعتقد بالقوى الجامدة أخذ يعتقد بالقوى الحية وبالأفكار التي تفسر جوهر الأشياء وقواها, والمرحلة الثالثة تتميز بالتفكير العلمي المنطقي الموزون. كما يعتقد كونت بأن أي تغيير يقع في أي جزء من أجزاء المجتمع يجب أن ينعكس على بقية الأجزاء. إذن هناك علاقة بين الظروف المادية والأخلاقية والسياسية لجميع المجتمعات خصوصا عندما تمر هذه المجتمعات في نفس المراحل الحضارية التاريخية, كما أن النظم الاجتماعية للمجتمعات البدائية المعاصرة تشبه النظم الاجتماعية للمجتمعات المتمدنة السابقة.

(١) Broom. L. and P. Selzniek. Sociology, New York, Harrper and Row, ١٩٦٨.p. ٤.

ويعتقد كونت أيضا بأن المجتمع هو كائن له تركيب ووظائف متناسقة وأن التقدم الاجتماعي يتميز بالتخصص الوظيفي الدقيق وتكييف أجزاء المجتمع للبنية الاجتماعية الأساسية.

وفي إنكلترا قام هربرت سبنسر بعدة محاولات ترمي إلى تطوير نظرية أوكست كونت خصوصا في كتابه "مبادئ علم الاجتماع" غير أنه أنكر تأثره بآراء كونت الاجتماعية.

استطاع سبنسر اكتشاف نظرية تطورية حديثة طبقها على الحياة الاجتماعية تطبيقا علميا واقعيا. إذ أشار بأن الحياة الاجتماعية تتطور من حياة بسيطة إلى حياة معقدة ومن حياة متجانسة إلى حياة مختلفة والمجتمع يتميز بتكامل الكل واختلاف الأجزاء[١]. ونجاح سبنسر في اكتشاف نظرية التطور الاجتماعي جاء قبل قيام ولاس وداروين بنشر مؤلفاتهم حول موضوع التطور, إلا أن نظريات التطور البايولوجي التي اكتشفها ولاس وداروين عززت المبادئ التطورية التي طرحها هربرت سبنسر إذ سهلت عليه عملية مقارنة الكائن الحيواني بالكائن الاجتماعي من ناحية التركيب والوظيفة والتطور. كما كان سبنسر هو أن كونت اعتقد بأن المجتمع هو كائن اجتماعي حي, بينما أشار سبنسر إلى الفروق بين الكائن الاجتماعي والكائن الحيواني التي تتجسد في فاعلية الكائنين وقدرتهما على التغير من نمط إلى آخر.

وهناك مجموعة أخرى من علماء القرن التاسع عشر اهتمت بموضوع التطور الاجتماعي. فالسير هنري مين يشير في كتابه "القانون القديم" إلى أن المجتمعات تتطور من مجتمعات تستند فيها العلاقات على مبدأ المنزلة إلى مجتمعات تعتمد على التعاقد. وبرهن أيضا بأن العائلة الأبوية هي شكل من الأشكال البدائية للجماعة الاجتماعية, بينما يعتقد العالم الانثربولوجي باخوفن بأن العائلة

(١) Martindale, D. The Nature and Types of Sociological Theory, Boston, Houghtom Mifflin , ١٩٨١, p. ٨٣.

الأمية وليست العائلة الأبوية هي شكل من الأشكال البدائية للجماعة الاجتماعية. وقد أيد العالم موركن في كتابه "المجتمع القديم" أفكار باخوفن إلا أنه أضاف إليها شيئا جديدا وهو أن العائلة البشرية تتحول من عائلة مساعيه إلى عائلة تعتمد على نظام الاكتفاء بزوجة واحدة.

والخلاصة: أن عملية التطور الحضاري هي من المشكلات القديمة التي اهتم بها الباحثون خصوصا في القرن التاسع عشر, وهي ما زالت تجذب اهتماماتهم ولكن بدرجة أقل[1]. غير أن دراسة التطور الحضاري اليوم لا تتبع الخطوط التي انتجتها كتاب القرن الماضي. فعلماء اليوم يختلفون عن أسلافهم في كون الأخيرين قد أشغلوا أنفسهم بوضع مراحل تاريخية نظرية ثابتة لرسم حركة التطور الحضاري الانساني بصورة عامة. أما علماء اليوم فلا يؤيدون شرعية الإدعاء بثبوت وتناسق المراحل التاريخية التي تمر بها المجتمعات.

فالباحثون المعاصرون يدركون أهمية التطور باعتباره حقيقة تتجسد في تبدل الأوضاع العامة للمجتمعات المعاصرون لذا نراهم لا يميلون نحو تحديد المراحل التاريخية التي تمر بها المجتمعات ولا يثبتون فتراتها الزمنية نظرا لافتقارهم للأدلة المادية الكافية التي تدعم مثل هذه الحقائق.

د) تغير الانتشار الحضاري:

الانتشار Diffusion هو انتقال المركبات الحضارية من مواطنها الأصلية إلى مجتمعات أخرى تتبناها بشكل من الأشكال وتتأثر بها اجتماعيا وحضاريا وتكنولوجيا. والانتشار هو أساس جوهري من أسس التغير الحضاري في المجتمعات كافة. إن للانتشار دوره الكبير في تعجيل تغير المجتمعات. فلو عاشت مجتمعات الإنسان القديمة في عزلة مطلقة عن بعضها لحرمت من تبادل الأفكار والمعلومات والاختراعات ولظلت في مستوى التخلف الاجتماعي والمادي والعلمي.

(١) النوري, قيس (الدكتور), طبيعة المجتمع البشري, ج٢, مطبعة الآداب في النجف الأرشف, ١٩٧٢, ص ٣٦٧.

إن العالمين جي سميث ودبليو. بيري يؤكدان على وجود الحضارة واحدة أصلية انتقلت بمرور الزمن إلى المجتمعات الأخرى. فالحضارة المصرية هي مصدر الإشعاع الحضاري الذي انتقل إلى الشعوب الأخرى وساعدها في تكوين حضارة متشابهة للحضارة المصرية أو أكثر منها تطورا, ويضيف العالمان بأن للمجتمعات الزراعية القديمة الواقعة خارج منطقة الشرق القديم نفس المزايا الحضارية التي اتسمت بها الحضارة المصرية القديمة التي كانت ماثلة في عصر بناء الأهرام, وهذا يعني أن الحضارة المصرية القديمة انتقلت إلى أرجاء العالم عن طريق الانتشار الحضاري[١].

إن للانتشار فضلا كبيرا على جميع مجتمعات الأرض لأن الابتكار أو الاكتشاف الذي يظهر في مجتمع ما لا يلبث أن يجد طريقه إلى بقية المجتمعات وينقل معه إليها آثاره الإيجابية أو السلبية. فلو انعدم الانتشار لكانت المسيرة الحضارية للمجتمعات أبطأ بكثير مما هي عليه, بحكم اضطرار كل مجتمع عندئذ إلى اختراع ما تحتاجه حركته التطورية بنفسه, وهذا بدون شك يتطلب أوقاتا طويلة وجهودا مضنية وأموالا طائلة, أو قد يكون أمرا مستحيلا.

وتزداد أهمية الانتشار اليوم أكثر من أي وقت مضى بفضل وسائل الاتصال السريع وفي مقدمتها الراديو والتلفزيون والفيديو والكتب والمجلات والسفر عبر القارات والأقطار. ونلاحظ أنه كلما زادت فرص اتصال المجتمع بالعالم الخارجي كلما زادت سرعة تطوره الحضاري والعكس بالعكس.

هـ) التغير الاجتماعي المخطط:

التغير الاجتماعي المخطط هو ذلك النوع من التغير الذي يتماشى مع مبدأ تدخل الدولة في تنظيم وبرمجة شؤون المجتمع وذلك من اجل تحقيق الصالح العام. فالمجتمع عن طريق الدولة لابد من وضع أهداف وبرامج ومشاريع اقتصادية

(١) معجم علم الاجتماع, تحرير البروفسور دينكن ميشيل وترجمة الدكتور إحسان محمد الحسن, ص ٧٦.

وتنموية وسياسية واجتماعية يسير عليها لكي يستطيع تحقيق النمو والتطور المنشودين. ولكن المجتمع لا يستطيع تحقيق أهدافه وبرامجه المخططة دون قيامه بوضع السبل والأساليب الاجرائية التي من خلالها يستطيع الوصول إلى الأهداف والغايات المقصودة(١). وبعد مقدرة المجتمع على تحقيق أهدافه يتغير من نمط إلى نمط آخر يتميز بالرفعة والسمو والفاعلية. إن التغير الاجتماعي المخطط موجود في جميع المجتمعات مهما تكن أديولوجيتها السياسية. فهو موجود في المجتمعات الرأسمالية والاشتراكية علما بأن المجتمعات الأخيرة تعتمد بصورة أكثر في تغيرها ونموها على التخطيط المركزي من المجتمعات الرأسمالية. فالدولة الاشتراكية تخطط وتهندس جميع قطاعات المجتمع وتشرف بصورة مباشرة على فعاليتها وتتدخل في شؤون الأفراد من أجل برمجتها وتنظيمها. في حين لا تتدخل الدولة الرأسمالية إلا في الشؤون الخطيرة والحساسة التي تحتاج إلى الإشراف والتخطيط وتترك الأفراد أحراراً في تسيير أمورهم المادية وغير المادية.

إن أول من كتب حول التغير الاجتماعي المخطط Planned Social Change هو العالم الاجتماعي فرنك وورد F. Ward الذي اشتهر في نهاية القرن التاسع عشر وبداية القرن العشرين. أشار هذا العالم إلى أنه ليس من الصحيح القول بأن التغير الاجتماعي هو شيء تلقائي حتمي لا يمكن ضبطه أو تحديد معالمه أو عكس تياره كما يدعي علماء التغير الاجتماعي الحتمي, فالتغير الاجتماعي يمكن التخطيط له مقدما والتكهن بآثاره وانعكاساته, كما يمكن السيطرة على زخمه ووضع السبل والأساليب التي يمكن أن نحقق أهدافه وبرامجه(٢).

من هذه المبادئ ظهرت أفكار الهندسة الاجتماعية التي ترمي إلى تنظيم المجتمع وتخطيطه وفق ما تتطلبه الظروف الحياتية والخواص البيئية التي يتميز

(١) Mannheim. K. Diagnosis of Our Time. London. Routlege and Kegan Paul. ١٩٤٣. p. ٣٨.

(٢) Martinadale, D. The Nature and Types of Sociological Theory p. ٨٦.

بها. لكن الدولة هي المؤسسة القادرة على انتهاج وتنفيذ مشاريع الهندسة الاجتماعية عن طريق مبادرتها إلى تصميم برامج التنمية الاجتماعية والعمل على وضعها موضع التنفيذ, وبعد تنفيذ هذه البرامج يتغير المجتمع وفق الأهداف المرسومة له. ولكي نضرب مثالا على العلاقة بين الهندسة الاجتماعية عن طريق مبادرتها إلى تصميم برامج التنمية الاجتماعية والعمل على وضعها موضع التنفيذ. وبعد تنفيذ هذه البرامج يتغير المجتمع وفق الأهداف المرسومة له. ولكي نضرب مثالا على العلاقة بين الهندسة الاجتماعية والتغير الاجتماعي نستطيع توضيح كيفية نشر الثقافة والتعليم بين المواطنين فإن الدولة قبل رسمها للخطة يجب الاعتماد على العالم الاجتماعي التطبيقي (المهندس الاجتماعي) في الحصول على معلومات أساسية منه تتعلق بالأمور التالية:

أ) ماهية الفئات والشرائح الاجتماعية التي تحتاج إلى الثقافة والتربية والتعليم مع تحديد ثقلها الكمي بالنسبة للمتعلمين والمثقفين في المجتمع.

ب) المواقف والاتجاهات والقيم التي تحملها هذه الفئات والشرائح الاجتماعية إزاء التربية والتعليم.

ج) أثر الثقافة والتحصيل العلمي في التوزيع الجغرافي والمهني للسكان وفي النقلة الاجتماعية واستقرار العائلة.

د) دور الثقافة والتعليم في محاربة الآفات الاجتماعية والأمراض الحضارية[١].

إن مثل هذه الحقائق والمعلومات الاجتماعية تساعد السياسي على رسم الخطة التربوية والعلمية التي تهدف إلى محاربة الأمية ونشر الثقافة والتعليم. وبعد تصميم الخطة والموافقة عليها من قبل المسؤولين يقوم المشرعون بصياغة القوانين التي تكفل ترجمتها ووضعها موضع التنفيذ. وعند تنفيذ الخطة يستطيع المجتمع القضاء

(١) الحسن, إحسان محمد (الدكتور), الأبعاد النظرية والتطبيقية لعلم الاجتماع في العراق, دراسة منشورة في جريدة الجمهورية, العدد ٣١٥٧ بتاريخ ١٩٨٣/١٠/١٧ ص ٣.

على الأمية ونشر الثقافة والتعليم بين أبنائه. ومثل هذه الأمور لابد أن تغير المجتمع نحو الأحسن والأفضل.

٢- أسباب التغير الاجتماعي:

إن ظاهرة التغير الاجتماعي توجد في جميع المجتمعات. ولهذه الظاهرة أسباب موضوعية يمكن تصنيفها إلى خمسة أنواع هي:

أ- الأسباب الطبيعية.

ب- الأسباب البايولوجية.

ج- الأسباب الصناعية والتكنولوجية.

د- الأسباب الحضارية.

هـ - الأسباب الاجتماعية.

ولا بد لنا في هذا المبحث من شرح هذه الأسباب بالتفصيل لكي نطلع عليها ونستوعب مضمونها ونعي أبعادها.

أ) الأسباب الطبيعية:

يحاول الإنسان أينما وجد أن يعيش في سلام مع الطبيعة فهو يصلح التربة لزراعتها ويحضر الترع والقنوات ليروي زراعته ويراعي دورة فصول السنة في زرعه وحصاده ويبحث عن المعادن في باطن الأرض ويقيم السدود على الأنهار لينظم فيضاناتها. كل ذلك تغيير يحدثه الإنسان في بيئته الطبيعية, ويقابله تغير في علاقة الأفراد بعضهم ببعض. ذلك أن الإنسان لا يستطيع العمل من أجل تغيير معالم بيئته الطبيعية دون قيامه بإجراء سلسلة من العلاقات الإنسانية القائمة على مبدا التفاعل والتعاون, وحيث أن الإنسان ما زال يبتدع الوسائل ويستحدث الأدوات التي تعينه على توثيق صلته ببيئته الطبيعية, فإن تغيرات طبيعية اجتماعية كثيرة

تطرأ على مجتمعه وتتعلق بأساليب المعيشة وعلاقات الأفراد وأنشطة الجماعات وأهداف المجتمعات المحلية والوسائل التي تعتمدها في تحقيق أهدافها ... الخ[١].

غير أن الطبيعة قد تثور من وقت إلى آخر فتهب الأعاصير والعواصف وتفيض الأنهار وتحدث الزلازل والبراكين. ويؤثر هذا العنف على حياة الإنسان ولا يتركه يهدأ ويستقر, بل يدفعه إلى العمل في مغالبتها واتقاء قسوتها بما يحدثه من تغيير وتكييف لحياته, وقد يهمل الإنسان استثمار مصادر الطبيعة كالتربة مثلا, فتفقد خصوبتها, وعندئذ تنحسر الحياة عنها ويهجرها ساكنوها إلى بيئة أخرى فيواجهون ظروفا جديدة تتطلب أوضاعا اجتماعية ملائمة وتكييفا خاصا, تنشأ بسبب ذلك تغيرات تتناول نوع العمل وطرق التفكير ووسائل الانتاج وتجد هذه التغيرات صدى قويا في المجتمع كله.

ب) الأسباب البايولوجية:

تتوقف مسيرة الحياة الاجتماعية في أية بيئة على وجود عدد من الأفراد يقيمون فيها, وبما أن مستوى المعيشة المادي والفكري وثيق الصلة بنوع السكان وعددهم وحيويتهم فإننا نستطيع القول بأن العوامل البايولوجية تلعب دورا هاما في التغيرات الاجتماعية. إن القرن العشرين قد شهد تغيرا خطيرا في نسب الوفيات والولادات. فوسائل الحياة الحديثة قد تغلبت على كثير من الأمراض فانخفضت نسبة الوفيات انخفاضا كبيرا وارتفع متوسط طول العمر فبلغ نحو ٧٠ عاما في كثير من البلدان الغربية بعد أن كان منذ نصف قرن ولا يزيد على الخمسين عاما. ثم حدث أن هبطت نسبة المواليد أيضا هبوطا متفاوتا في الطبقات الاجتماعية حسب درجة التعليم ونوع المهنة, وقد دلت الدراسات العلمية على أن الخصوبة تقل كلما ارتفع دخل الأسرة وأن الخصوبة تقل أيضا كلما ارتفعت درجة التعلم[٢]. وتتفاوت

---

(١) الساعاتي, حسن (الدكتور), وآخرون, مبادئ علم الاجتماع, ص ١٢.

(٢) Eysenek, H. Uses and Abhuses of phychoogy, A. Pelican Book, Middlesex, England, ١٩٧٩. p. ٨٣.

الخصوبة السكانية كذلك بين المستويات المهنية, فهي عالية بين عمال المناجم ويليهم في الترتيب العمال غير الماهرين العمال الماهرين فالموظفون الكتابيون, تبلغ الخصوبة أقل نسبة لها في المهن الفنية وبين رجال الأعمال. وعلى أي حال فنسبة الخصوبة تقل عن نصف ما كانت عليه في أوائل هذا القرن.

وكان للتغير في نسب الوفيات والولادات أثر ظاهر في تغير البناء السكاني فارتفعت نسبة الشيوخ والمعمرين وقلت نسبة الأطفال[*], وتغيرت نسبة المنتجين إلى المستهلكين, وتغيرت تبعا لذلك حاجات المستهلكين, وكان لهذا كله رد فعل قوي في قيم الأسرة ومثلها, وحيث أن هذه العوامل البايولوجية ما زالت في تغير مستمر لا سيما في المجتمعات التي قطعت شوطا في الصناعة والتصنيع فإن أثر العوامل البايلوجية في التغيرات الاجتماعية سيزداد ويقوى كلما تقدم الزمن.

ج) الأسباب الصناعية والتكنولوجية:

أحدث الانقلاب الصناعي ثورة اجتماعية كبيرة امتد أثرها إلى نظام الحكم ومناهج التعليم وشؤون الاقتصاد وكيان الأسرة.وأوجد جماعات من نوع جديد كالنقابات العمالية وجمعيات أرباب العمل وجمعيات المهندسين والفنيين, وقضى في الوقت نفسه على كثير من الجماعات الصغيرة والجماعات الأولية, وما زالت الصناعات في تقدم مطرد حتى عصرنا هذا, وساعد على رقيها المطرد هذا ذلك التقدم العلمي الحديث الذي أدى إلى تفجير الذرة واختراق مجال الفضاء الكوني والوصول إلى القمر والكواكب السيارة الأخرى. فالتلفزيون مثلا ينشر الأخبار والحوادث بين جميع الطبقات ويحول الأسرة إلى جماعة ترفيهية[١].

وأحدثت السيارة أيضا انقلابا في البيئات الصغيرة المنعزلة إذ ربطت بعضها ببعض وربطت بينها وبين غيرها من البيئات ويسرت وسائل التبادل فاتسعت دائرة

---

[*] ينطبق هذا القول على البلدان المتقدمة صناعيا, أما في العالم الثالث فلا يزال العكس صحيحا.

(١) الحسن, إحسان محمد (الدكتور), آثار التلفزيون الاجتماعية والنفسية على الأطفال, الفنون افذاعية, العدد الخامس, تشرين أول, ١٩٧٣, ص ١٢٧.

العلاقات الاجتماعية وتنوعت الحاجات وتضاعف الإنتاج وارتفع مستوى المعيشة واتسعت المدن وازدادت الهجرة إليها، وكان لكل ظاهرة من هذه الظواهر انعكاساتها وردود أفعالها على العلاقات الاجتماعية التي يتكون منها البناء الاجتماعي. من هنا تغيرت العلاقات الاجتماعية وتطورت من نمط إلى نمط آخر.

وقد شمل التغير كثيرا من الاتجاهات والتقاليد والمعتقدات، وتحولت أوضاع اجتماعية كانت تعد ظواهر لا تقبل التغيير أو التعديل. فاختفى النظام الملكي الدستوري وغير الدستوري في كثير من المجتمعات. وتلاشت الحواجز الجامدة التي كانت تقسم المجتمع إلى طبقات، وأصبحت مكانة الفرد في المجتمع لا يحددها مولدة ونسبة بل يحددها عمله وإنتاجه وشخصيته. وأصبحت مشكلات العائلة تبحث على ضوء جديد، إذ ارتفعت مكانة المرأة وأفسح أمامها مجال العلم والعمل وشاركت الرجل في كثير من الشؤون العامة التي كانت وقفا عليه.

وقد أدى استخدام الآلات واتساع نطاق الصناعة إلى تغييرات أخرى كان لكثير منها رد فعل سليم. ومن أهم هذه التغيرات قياس النجاح بمقدار الثروة واعتبار الكم أكثر من الكيف وتفكك وحدة الحياة الاجتماعية... الخ، ولكن يجب أن نعلم أن الحضارة تحاول توجيه المدينة التكنولوجية إلى خدمة أغراضها، ومع أن الإنسان قد أصبح عبدا للآلة فإنه يستطيع أيضا أن يكون سيدا لها ويوجهها في المفيد من الأعمال. وقد ازدادت أوقات الفراغ والترويج عند العمال [1]، فإذا استفادوا منها في تثقيف عقولهم ورياضة أجسامهم وتهذيب نفوسهم كان وقت الفراغ مفيدا. أما إذا لم تستثمر أوقات الفراغ استثمارا جيدا فإنها تجني على المجتمع وتفسد العلاقات الإنسانية فيه. وفي كلتا الحالتين تؤدي أوقات الفراغ إلى تغيير في العلاقات الإنسانية وأنماط السلوك الاجتماعي.

---

(١) الساعاتي، حسن (الدكتور) وآخرون، مبادئ علم الاجتماع، ص ١٥.

د) الأسباب الحضارية للتغيير:

إن العوامل الحضارية التي تحكم مسيرة التغير الاجتماعي وتكسبها صيغة الاستمرارية والفاعلية تشتمل على النقاط التالية:

١. أثر القيم في طبيعة الظواهر الاجتماعية.
٢. أثر التقاليد في السلوك الاجتماعي.
٣. أثر العادات في علاقات وممارسات الأفراد والجماعات.
٤. المثل العليا التي تؤمن بها ودورها في الحركة والسلوك.
٥. دور المعتقدات الدينية في تنظيم حياتها.

بيد أن التغيرات التكنولوجية تؤدي إلى تغيير العناصر الحضارية وأن العوامل الحضارية تؤثر بدورها في التطورات التكنولوجية فتوجهها وتحدد اتجاهاتها. فالطاقة الذرية قوة مادية عظيمة يمكن استخدامها في فناء العالم, كما يمكن الإفادة منها في تحقيق الرفاهية والرخاء وتحقيق السلام العالمي. لكن يتوقف الاتجاه الأول أو الثاني على نوع تفكيرنا ومدى تقديرنا للقيم الإنسانية والأهداف التي نريد الوصول إليها. إن العوامل الحضارية في تغير مستمر. والتاريخ حافل بحركات حضارية كثيرة كحركة الإصلاح الديني في القرن السادس عشر وفلسفة الثورة الفرنسية والحركات السياسية والاجتماعية في دول آسيا وأفريقيا... الخ. وقد كان لهذه الحركات الحضارية أثر في الحياة الاجتماعية إذ أصبح الفرد غاية بحد ذاته وليس وسيلة لتحقيق غاية معينة, وحددت الحقوق الطبيعية للإنسان وظهرت مبادئ الحرية والآخاء والمساواة. وتغيرت أنماط العلاقات الاجتماعية التي تربط الدولة بالشعب, كما أصبحت للمصنع والأسرة والدولة والهيئة الدينية تراكيب وأهداف تختلف كل الاختلاف عن تلك التي كانت تميز هذه المنظمات قبل ظهور الحركات الحضارية هذه.

وقد ذهب بعض الاجتماعيين إلى أن جميع التغيرات الاقتصادية تنشأ عن تغيرات حضارية, وفي مقدمة هؤلاء ماكس فيبر الذي يعزو ظهور النظام

الرأسمالي إلى طبيعة القيم الأخلاقية التي يحملها اتباع المذهب البروتستانتي الذين عرفوا بالمثابرة والسعي والعمل والجهاد والاقتصاد في النفقات والابتعاد عن التبذير والغش والكذب والنفاق[١]. ومهما تكن أهمية العوامل الحضارية في التغيرات الاجتماعية فإنها كما ذكرنا لا يمكن أن تنفصل عن العوامل التكنولوجية. فالحضارة تؤثر في وسائل الإنتاج ونوع المنتجات. وهذه الوسائل المادية بدورها تفرض علينا اتجاهات جديدة وتغير من بعض عاداتنا وطرق تفكيرنا.

هـ) الأسباب الاجتماعية للتغيير:

تتعلق هذه الأسباب بالتغيرات التي تطرأ على المبنى والهياكل التركيبية للمجتمع.

فالمجتمع كما يخبرنا كيرث وملز مكون من مؤسسات بنيوية لها وظائف وأهداف محددة كالمؤسسات السياسية والاقتصادية والدينية والعائلية والتربوية والعسكرية. وهذه المؤسسات متصلة بعضها ببعض ومكملة الواحدة للأخرى. فأي تغيير يطرأ على أحدها لابد أن يترك آثاره وانعكاساته على بقية المؤسسات وهذا ما يؤدي إلى تحويل التركسب الاجتماعي من شكل لآخر[٢]. فإذا تحولت المؤسسات الاقتصادية من مؤسسات تعتمد على مهنة الزراعة إلى مؤسسات تعتمد على مهنة الصناعة والتجارة وتحولت معها أساليب الانتاج من أساليب متخلفة وجامدة إلى أساليب متقدمة وداينميكية, فإن هذا التحول لابد أن يترك آثاره على نظام العائلة ونظام الثقافة والتربية وبقية النظم الأخرى الموجودة في المجتمع. فالعائلة تحت هذه الظروف والمعطيات تتحول من عائلة ممتدة إلى عائلة زواجية أو نووية, ونظام التربية في المجتمع يتحول من نظام يعتمد الطرق الميكانيكية في التعلم إلى نظام يعتمد الطرق التأملية والعقلانية.

---

(١) Weber, M. Theory of Social and Economic Organization, New York. The Free Press, ١٩٦٩. p. ٦.

(٢) Gerth. H. and C. Mills . Character and Social Structure. London. Routlege and Kegan Paul, ١٩٥٤. p. ٣٣٧.

٣- التغير في القيم الاجتماعية:

لكل مجتمع قيمه ومثله ومقاييسه التي تتلاءم مع بيئته ومعطياته الاجتماعية والاقتصادية ومع درجة تقدمه الحضاري ونضوجه الاجتماعي ومع روح العصر والمفاهيم التي يتمسك بها أبناؤه. وهذه القيم والمقاييس تختلف من مجتمع لآخر ومن فترة زمنية لأخرى في نفس المجتمع[١]. إن للمجتمع العراقي التقليدي الذي كان يعتمد على مهنة الزراعة والأعمال اليدوية الأخرى التي تتطلبها الزراعة الاقطاعية مجموعة من القيم والمثل الاجتماعية القديمة التي تتجسد في العصبية القبلية والأنانية وحب الذات والعشائرية والطائفية والاقليمية والطبقية والوساطة والمحسوبية والمنسوبية وغيرها من القيم والممارسات الخاطئة. وفي نفس الوقت كان المجتمع يحمل مجموعة أخرى من القيم والممارسات الجيدة الموروثة من التراث الحضاري للأمة العربية كقيم الكرم والضيافة والنخوة والشرف والعرض ومساعدة الفقير والمحتاج. وهذه القيم والمثل بنوعيها الرديء والجيد كانت تتماشى مع طبيعة البيئة الاجتماعية وما تكتنفه من مؤثرات وقوى اقتصادية وسياسية ودينية وأخلاقية ومهنية. كما كان النظام الاجتماعي برمته يدعم هذه القيم والمثل ويعتبرها وسائل تساعد على التوازن والاستقرار والمحافظة على الظروف والمعطيات الموضوعية والذاتية.

وعند تحول وتطور وتنمية المجتمع العراقي في المجالات المادية وغير المادية وتحرر المواطن العراقي من تسلط وتعسف الأنظمة الإقطاعية والدكتاتورية والرجعية وانتشار الثقافة والتربية والتعليم في أرجاء المجتمع وتعميق الوعي السياسي والاجتماعي بين المواطنين كافة أخذت القيم والمثل الاجتماعية التقليدية للمجتمع العراقي بالتبدل والتغير التدريجي كنتيجة حتمية لانتقال المجتمع من مرحلة متخلفة وجامدة إلى مرحلة متقدمة وداينميكية. فبعد دخول المجتمع العراقي إلى

(١) Davis. K. Human Society. The Macmillan Co. ١٩٦٧, p. ٤٤٤.

المراحل الأولى للتصنيع وقطعه أشواطا متميزة في التحضر والتحديث والتنمية الشاملة بفضل الجهود الحثيثة التي بذلتها القيادة السياسية ظهرت قيم جديدة تتلاءم مع الظروف والمعطيات الاجتماعية والثقافية والاقتصادية للمجتمع الجديد[١].

وهذه القيم تبدو متناقضة ومتضاربة مع القيم التقليدية التي كان يحملها المجتمع ويتصرف بموجبها. والتناقض والتضارب بين القيم التقليدية التي كان يحملها المجتمع ويتصرف بموجبها. والتناقض والتضارب بين القيم القديمة والقيم الجديدة يطلق عليه علماء الاجتماع اسم الصراع القيمي الذي نحن بصدده في هذا المبحث من الدراسة. لكننا قبل توضيح وتحليل هذا النموذج ينبغي علينا تحديد القيم الجديدة التي دخلت المجتمع في عصر الثورة والتحول الاجتماعي. إن القيم الجديدة المتناقضة مع القيم القديمة تتجسد في الايثار وحب العمل الجماعي والعمل من أجل المصلحة العامة والعدالة والمساواة الديمقراطية واحرتم العمل اليدوي وتقييم المرأة ومساواتها مع الرجل في الواجبات والحقوق الاجتماعية والنقد الذاتي ومجابهة الطبقية والتحيز والتعصب[٢].

ولعل من المفيد أن نشير هنا إلى أن المجتمع لا يستطيع تبديل قيمه التقليدية وادخال القيم الجديدة خلال فترة قصيرة, إذ أن تبديل القيم هو عملية صعبة وشائكة وتستغرق زمنا طويلا قد يمتد إلى عشرات السنين. في حين يستطيع المجتمع بسرعة متناهية تبديل نظامه الاقتصادي والتكنولوجي والانتاجي وتبديل قاعدته المادية وإعادة توزيع فعاليات ومهن موارده البشرية وتبديل المعالم الطبيعية لايكولوجيته. إن القيم الحضارية غير المادية كما يخبرنا البرفسور أوكبرون Ognurn تتبدل بطريقة بطيئة جدا بالنسبة لتبدل المجتمع في الميادين والأنشطة المادية. وخلال عملية التبدل البطيء في القيم القديمة التي عاشها وألفها المجتمع لفترات زمنية طويلة تظهر في الأفق مسأله تصادم القيم القديمة مع القيم الجديدة

(١) التقرير المركزي للمؤتمر القطري التاسع, حزيران ١٩٨٢ بغداد, الدار العربية ١٩٨٣, ص ١٧٠.

(٢) نفس المصدر السابق, ص ١٧٣-١٧٦.

التي تدخل إلى المجتمع بعد تحوله الاجتماعي والسياسي والثقافي والمادي[1]. وظاهرة التصادم والصراع القيمي هذه وليدة تمسك بعض أبناء المجتمع خصوصا متوسطي العمر والمسنين وأصحاب المصالح والأغراض بالقيم القديمة التي كانت سائدة في المجتمع، ورغبة البعض الآخر من الإفراد والمنظمات والهيئات في التمسك بالقيم الجديدة ونبذ ومحاربة القيم القديمة. وهنا يظهر الصراع القيمي في المجتمع بعد أن يأخذ عدة أشكال وصور بعضها خفية أو معلنة وبعضها الآخر مؤقتة أو دائمة.

ونتيجة الصراع القيمي غالبا ما تحسم لصالح القيم الجديدة خصوصا يعد شيوعها وانتشارها وبلورتها في المجتمع وضعف واضمحلال القيم القديمة. لكن سيطرة القيم الجديدة على القيم القديمة تستلزم قيام القادة والمسؤولين والدولة بدعم وتبني القيم الجديدة والعمل على نشرها وترسيخها عند الأفراد على اختلاف انحداراتهم الاجتماعية والطبقية.

ومبادرة الجماعات المرجعية في المجتمع Refrence Groups كالعائلة ووسائل الإعلام الجماهيرية والمجتمع المحلي والمدرسة ومكان العمل والعبادة والطبقة الاجتماعية إلى زرع القيم الجديدة عند الأفراد وتكييفها لواقع وظروف ومشكلات بيئاتها الاجتماعية وأطرها الفكرية والمبدئية وفي نفس الوقت محاربة القيم القديمة والتصدي لآثارها وانعكاساتها السلبية على الفرد والجماعة والمجتمع.

لكننا لا نستطيع ترك هذا الموضوع دون ضرب بعض الأمثلة الواقعية من المجتمع العراقي التي تشير إلى بعض أنماط الصراع القيمي كالصراع بين القيم التي لا تحترم ولا تقدر المرأة ولا تضعها في مكانها الطبيعي وبين القيم التي تحترم وتقدر المرأة وتعتقد بضرورة مساواتها مع الرجل في الواجبات والحقوق الاجتماعية. والصراع بين قيم الأنانية وحب الذات وقيم الايثار والتضحية في سبيل

(1) Maclver, R. and C. Page, Socitey, London, Macmillian Co. ١٩٦٢, p. ٥٧٩.

الآخرين, ومثل هذه الأنماط من الصراع القيمي موجودة في المجتمع العراقي في الوقت الحاضر. هناك العديد من المواطنين خصوصا أولئك الذين لا يحملون الثقافة والتربية والمتحيزين والمتعصبين وبعض المسنين لا يحترمون المرأة ولا يثمنون جهودها الخلاقة ويحطون من قدرها وكرامتها ولا يفسحون المجال أمامها بإبراز مواهبها وقدراها والمشاركة في عملية البناء والتقدم الاجتماعي. ويعتبرونها مخلوقة ضعيفة تنحصر وظيفتها بانجاب الأطفال وخدمة البيت.

وفي نفس يوجد في المجتمع العراقي عدد من المثقفين والسباب والقادة والمسؤولين والمتحريين والثوريين الذين يريدون المرأة أن تتحرر من القيود والمظالم الاجتماعية وأن تأخذ مكانها الطبيعي في المجتمع كربة بيت وموظفة أو خبيرة أو عاملة في أن واحد وأن تعمل جنبا إلى جنب مع الرجل وتتحمل مسؤولياتها وواجباتها الاجتماعية كاملة.

ويعتقد هؤلاء بقيم مساواة المرأة مع الرجل وضرورة الدفاع عن حقوقها وتطوير ذاتيتها وتفجير طاقاتها المبدعة والخلاقة.

ومن جهة ثانية هناك الصراع بين قيم الأنانية وقيم الايثار والمصلحة الجماعية. فهناك بعض الأفراد في المجتمع العراقي يعملون لحسابهم الخاص ومصالحهم الأنانية ولا يتورعون عن جلب الأذى للآخرين والحاق الضرر بهم من أجل تلبية طموحاتهم الفردية وتحقيق نزواتهم الذاتية. ولا تهمهم مصلحة المجتمع وأهدافه الاستراتيجية وسلامته وأمنه وتقدمه ونهوضه بقدر ما يهمهم الكسب والربح غير المشروع والشهرة الفردية واستغلال الغير واعتبارهم وسيلة لتقدمهم ورفعتهم وتسلطهم وجبروتهم. وممارسات هؤلاء الأفراد الخاطئة هي نتيجة حتمية للقيم الفردية والأنانية التي يتمسكون بها, ولكن من جهة ثانية هناك الكثير من المواطنين العراقيين الذي يحملون قيم الايثار وتحقيق المصلحة العامة. وهؤلاء لا تهمهم مصالحهم الخاصة بقدر ما تهمهم سلامة وأمن ورفعة الأمة والمجتمع وتقدم الوطن في جميع الأصعدة والميادين. ومثل هذه القيم تدفعهم إلى تقديم الخدمات الجيدة

والمخلصة والتفاني من أجل عزة ومجد وكرامة الأمة. وما الجدير بالذكر أن الصراع بين هاتين الجماعتين إنما هو الدافع الحقيقي لتحول المجتمع وتغير قيمه ومثله من طور لآخر.

٤- التغير المادي والتغير المثالي في ضوء نظرية اوكبرين:

أوكبرن هو أستاذ علم الاجتماع في جامعة شيكاغو الأمريكية, اشتهر في نظريته حول التغير الاجتماعي. وخلال فترة تدريسه في الجامعة استعمل الأسلوب الاحصائي الذي مكنه من قياس صدق وأمانة نتائجه البحثية وبرهان صحة نظرياته واستنتاجاته. وقد تجسدت أساليبه الاحصائية في دراساته عن تركيب وتغيير السكان وأثر التصنيع والتكنولوجيا في البناء الاجتماعي واتجاهات التغير الاجتماعي والتلكؤ الحضاري أو الفجوة الحضارية Cultural Lag ... الخ.

إن جميع أبحاث أوكبرين حول التغير الاجتماعي تؤكد على فكرة التلكؤ الحضاري التي طرحها عام ١٩٢٢. ولكنه بالرغم من الانتقادات المرة التي وجهت إلى نظريته عن التلكؤ الحضاري فإنها لا تزال تعتبر من أهم النظريات المعروفة في الولايات المتحدة الأمريكية عن تفسير وعرض ظواهر التغير الاجتماعي. تفترض نظرية التلكؤ الحضاري التي طرحها اوكبرين في كتابه "التغير الاجتماعي" بأن التغيرات التي تطرأ على الحضارة المادية أسرع من التغيرات التي تطرأ على الحضارة غير المادية.وهذا ما يؤدي إلى حدوث فجوة أو هوة أو تلكؤ بين الحضارة المادية والحضارة المثالية أو الروحية[١]. كما تفترض النظرية ذاتها بأن الحضارة هي وحدة عضوية يخترقها التغير في طريق خطي أو طولي. وهنا يتفق أكبرين مع كونت وسبنسر حول طبيعة ومظاهر وأهداف التغير الاجتماعي.

تشير نظرية التلكؤ الحضاري إلى أن الحضارة هي شيء عضوي يتكون من أجزاء متكاملة ومتوازنة. ومثل هذه الفكرة ليست جديدة حيث طرحها الفلاسفة

---

(١) Ibid., p. ٥٧٤.

والمفكرون الاغريق قبل عشرين قرنا. يقسم أوكبرين الحضارة إلى مجالين أساسيين هما المجال المادي الذي يتعلق بالظواهر والأشياء المادية والموضوعية المحسوسة, والمجال غير المادي الذي يتكون من الايدلوجية التي يعتقد بها المجتمع والعادات والتقاليد والمثل والقيم التي يتمسك بها الأفراد. لكنه بالرغم من اختلاف مجالي الحضارة إلا أنهما متكاملان ومتلازمان ولا يمكن فصل أحدهما عن الآخر بأية صورة من الصور[١].

يعتقد أوكبرين بأن الآلات الإنتاجية الأكثر كفاءة هي الوسائل التي يمكن الاعتماد عليها في تحقيق التغير الاجتماعي عن طريق تغيير معالم البيئة الطبيعية المحيطة بالانسان.

ويضيف قائلا بأن التقدم في صناعة الأدوات التكنولوجية هو الذي يعطي التغير الحضاري اتجاها طوليا بمرور الزمن بالرغم من أن التغير هو عملية مستمرة تتمخض عن نتائج قابلة على الزيادة والتراكم, لكن نتاجات الحضارة تتزايد بمرور الأجيال فكل جيل يطور العناصر الحضارية في ضروب معينة ويهب الكثير من الأفكار والفنون الجديدة التي يستفيد منها الجيل القادم والإنسانية جمعاء, ومثل هذه الأمور تعتبر مفتاح التغير الاجتماعي الذي يشهده المجتمع عبر مسيرته الحضارية. بيد أن الهبات المتراكمة التي تمنحها الأجيال للحضارة تستخرج من الاختراع الذي هو شيء ينبع من داخل المجتمع أو من الانتشار الذي يدخل إلى المجتمع من الخارج, إذن التغيرات الحضارية وما ينتج عنها من انعكاسات قابلة للزيادة والتراكم مثلما يتزايد رأس المال المستثمر في المشاريع الإنتاجية عن طريق أرباح الفائدة المضافة.

إن الاختراعات التكنولوجية تعتمد على متغيرين أساسيين هما طبيعة القاعدة الحضارية التي يتبناها المجتمع وطبيعة القيم الاجتماعية المتداولة بين

(١) Ogburn, W. And M. Nimkoff, Sociology, New york, Houghton Mifflin Co., ١٩٤٦, p. ٣٣.

الأفراد[1]، ولكن المجتمع قد يعارض فكرة قبول الاختراع خصوصا إذا كان غالي الثمن ولم يبرهن كفاءته وأهميته في تغيير المجتمع وقلب نظام حياته. كما قد يقاوم الاختراع لأسباب تتعلق بالآثار التي يتركها على البناء الاجتماعي والتي يمكن أن تؤدي له ظواهر الفوضى وعدم الاستقرار. أو يقاوم بسبب وجود مواقف اجتماعية معادية للتنمية والتحديث. ناهيك عن عامل معارضة الاختراع بسبب تناقضه مع المصالح الشخصية.

يعترف أوكبرين بأن الاختراع قد يحدث في الحضارة المادية والحضارة غير المادية. لكنه يلتزم بالفكرة القائلة بأن الاختراعات تقع في بادئ الأمر في المجال التكنولوجي المادي، ووقوعها في هذا المجال يكون أسرع من وقعها في المجال الحضاري غير المادي، لهذا يعتقد أوكبرين بأن تطور التكنولوجيا سرعان ما يجلب للمجتمع الكثير من الانعكاسات والآثار الاجتماعية التي تمس حياة الفرد والجماعة والمجتمع بصورة مباشرة أو غير مباشرة. وعليه فإنه غالبا ما يعتبر التصنيع والتكنولوجيا متغيرات مستقلة تعتمد على طبيعتها وفاعليتها وعملياتها جميع منظمات وبنى المجتمع[2]، لهذا يستنتج بأن للحضارة المادية الأولوية المنطقية على الحضارة غير المادية.

إن المعدل المختلف للتغير في كلا المجالين الحضاريين يسمى بالتلكؤ Lag وبما أن الحضارة هي شيء عضوي متكون من أجزاء متكاملة فلا بد من وجود مشكلات بين الجزء الذي يقوم بسرعة كبيرة أي الجزء القائد (الحضارة المادية التكنولوجية) والجزء الذي يتغير ببطء بالنسبة للجزء الأول. والجزء الثاني البطئ يتلكأ خلف الجزء الأول السريع علما بأن الجزء البطيء هو الحضارة غير المادية. لكنه خلال فترة الأمد البعيد غالبا ما يتمكن العنصر الحضاري غير المادي من

(١) Hink, R. The Development of Modern Scciology, New York, Random House, ١٩٦٣, pp. ٣٨-٣٩.

(٢) الحسن، إحسان محمد (الدكتور)، التصنيع وتغيير المجتمع، بيروت، دار الطليعة ١٩٨١، ص ٥.

تكييف نفسه مع العنصر الحضاري المادي. وإذا ما حدث هذا فإن المجتمع سيقضي على معظم مشكلاته الاجتماعية والحضارية.

تقدم المجتمع العراقي تقدما سريعا في الجوانب الاقتصادية والعلمية والتكنولوجية منذ منتصف هذا القرن, غير أنه لم يتقدم بنفس النسبة في الجوانب المثالية والقيمية[1] فالمجتمع العراقي استطاع بناء المصانع والمزارع والمستشفيات والمدارس والكليات المختبرات, واستعمل الأجهزة العلمية والآلية والمختبرية الحديثة, وتقدم أشواطا كبيرة في المجالات الإدارية والتخطيطية. ولكن لا يزال بعض أبناء المجتمع العراقي يؤمنون بالعصبية القبلية ويعتمدون على أساليب الوساطات في انجاز أمورهم الشخصية وتحقيق المكاسب الذاتية ولا يحترمون المرأة ولا يساوونها مع الرجل ولا يقيمون العامل والكاسب والفلاح على الرغم من اعتماد المجتمع الحديث على أعمال هؤلاء جهودهم الخلاقة.

لكننا يجب أن نقول هنا بأن تقدم المجتمع تقدما سريعا في الميادين المادية والتكنولوجية رهين بتقدمه في الميادين المثالية والروحية والقيمية. وهذا يكون من خلال تغيير القيم والمقاييس الخاطئة وابدالها بقيم ومقاييس جديدة تتفق مع معطيات المجتمع وروح العصر كقيم العمل الجماعي وتحمل المسؤولية والنقد والنقد الذاتي والصراحة والتواضع والاخلاص في العمل واحترام المرأة وتحمل المسؤولية والنقد الذاتي والصراحة والتواضع والاخلاص في العمل واحترام المرأة ومساواتها مع الرجل واحترام وتقييم العمل اليدوي... الخ, وإذا ما تقدم المجتمع في مجال القيم والسلوك فإنه سيضع القاعدة المثالية والروحية المناسبة التي تكفل استمرارية تقدم ونهوض الجوانب المادية والتكنولوجية في المجتمع. الأمر الذي يؤهل المجتمع على المضي في المراحل المتقدمة للحضارة الإنسانية...

(١) الحسن, إحسان محمد (الدكتور), الأسس الاجتماعية والحضارية للتصنيع في الوطن العربي, مجلة قضايا عربية,. السنة السابعة, العدد التاسع, أيلول ١٩٨٠, ص ١٧٦.

الفصل الحادي عشر
وسائل الضبط الاجتماعي والسلوك الاجرامي

وسائل الضبط الاجتماعي هي الأدوات المستخدمة في الحفاظ على استقرار وديمومة ورقي وتقدم النظام الاجتماعي[1]. فالنظام الاجتماعي غالبا ما يتعرض إلى العديد من الأخطار والتحديات الناجمة عن اختلال العلاقات الإنسانية واضطراب الاجتماعي وتحول المؤسسات البنيوية تحولا غير متجانس يؤثر تأثيرا سلبيا في مسيرة المجتمع. والأخطار والتحديات التي تهدد أمن وسلامة المجتمع. والأخطار والتحديات التي تهدد أمن وسلامة المجتمع تعبر عن نفسها في الممارسات الجانحة والأعمال المنحرفة والاتجاهات والتيارات الملتوية التي تخرج عن السياقات السلوكية والتفاعلية السليمة التي يقرها المجتمع وتقبلها الأعراف والعادات والتقاليد وتوافق عليها القوانين المدونة وغير المدونة ويرضي عليها الضمير الإنساني ويعتمدها الرأي العام, إذن تعتبر وسائل الضبط الاجتماعي بمثابة الصيغ الاجرائية للحد من ظواهر الانحراف والجريمة وتمكن المؤسسات من أداء وظائفها الاجتماعية بطريقة ايجابية وفاعلة. ولكن إذا كانت وسائل الضبط الاجتماعي ضعيفة وغير حازمة في معاقبة الجانح أو المسيء بغية إرشاده إلى صوابه فإنها لا تستطيع التصدي إلى الجريمة والانحراف وبالتالي يكون المجتمع عرضة للتحلل والتمزق والفساد[2].

ويمكننا تقسيم وسائل الضبط الاجتماعي إلى قسمين أساسيين هما الوسائل الداخلية للضبط الاجتماعي والوسائل الخارجية للضبط الاجتماعي والتي يمكن شرحها وتحليلها في هذا الفصل.

أ- الوسائل الداخلية للضبط الاجتماعي:

سميت بالوسائل الداخلية لأنها ليست محكومة بمؤسسات اجتماعية رسمية تشرف عليها هيئات ذات صفة شرعية وقانونية. وأن هذه الوسائل تتجسد في الأحاسيس والانطباعات الفكرية والقيمية ذات المنشأ الذاتي والجوهري المنبعث من عقل الإنسان أو عقل الجماعة أو المجتمع [٣]. كما أن مصدرها المثل الروحية والسياقات التقليدية المقيمة للسلوك سواء كان السلوك جيدا أو رديئا. فإذا كان السلوك شاذا ومنحرفا كسلوك السرقة أو القتل أو الزنا أو جلب الضرر للآخرين فإن وسائل الضبط الاجتماعي هذه لا تقيم نوع السلوك فحسب بل تعاقب صاحبه وتحاسبه حسابا عسيرا لكي يتخلى عن سلوكه المستهجن هذا, وفي ذات الوقت يكون عبرة للآخرين. زد على ذلك أن العقاب الذي تفرضه الوسائل الداخلية للضبط الاجتماعي يرد الاعتبار للمجتمع لكي لا يعتدي على حرمته أحد في المستقبل, وتتمثل الوسائل الداخلية للضبط العام بالعادات والتقاليد والقيم والمقاييس الاجتماعية وبالأعراف والأديان[٤]. ومثل هذه الوسائل كانت ماثلة في مجتمعات ما قبل التصنيع ولا تزال ماثلة ومشاعة في المجتمعات الريفية والقروية. وعندما تتحول المجتمعات إلى مجتمعات حضرية وصناعية فإن وسائل الضبط الاجتماعي الداخلية قد تحولت إلى وسائل خارجية للضبط الاجتماعي تتمثل في المحاكم والقوانين وقوات الشرطة والأمن.

علينا في هذا المبحث دراسة بعض الوسائل الداخلية للضبط الاجتماعي لكي نفهمها أولا ونستوعب أثرها في الحد من ظاهرة الجريمة والجنوح ثانيا, يعتبر الضمير أو الوجدان من أهم الوسائل الداخلية للضبط الاجتماعي, فهو يعبر عن الذات الأخلاقية للفرد التي تكونت عنده نتيجة للتنشئة الاجتماعية التي تلقاها من محيطة الأسري ومن بيئته ومن الجماعات المرجعية التي تفاعل معها عبر مسيرة حياته. وضمير الفرد يجسد تربيته التي اكتسبها من محيطه الاجتماعي ويجسد في

ذات الوقت طبائعه الخلقية والتركيب الأساسي لشخصيته المتأثر بالعوامل التكوينية أو البايولوجية والعوامل النفسية والعوامل الاجتماعية [5]. علما بأن الضمير أو الوجدان يختلف من شخص لآخر تبعا للعوامل التربوية والاجتماعية والنفسية والتكوينية التي أثرت فيه.

وعلى الرغم من تباين الأفراد في الضمير أو الوجدان إلا أنهم يتشابهون إلى درجة كبيرة في المعايير الأخلاقية والسلوكية التي يعتمدونها. فأغلب أو كافة الناس يعتقدون بأن السرقة والقتل والكذب والنفاق والتزوير وإلحاق الضرر بالآخرين هي أفعال سيئة ومشينة[٦]. وأنهم يعتقدون بأن الصدق والإخلاص في العمل ومساعدة الفقراء والمحتاجين والصراحة هي أفعال جيدة وخيرة. لهذا نراهم يسخطون على الأفعال الشريرة ويحطون من قدر من يرتكبها, ومثل هذا السخط والتأنيب سيدفع الفرد أو الأفراد إلى عدم ارتكاب الأفعال الخاطئة والمضرة بالمجتمع.

وتعتبر القيم الاجتماعية من الوسائل المهمة للضبط الاجتماعي. والقيم بمعناها الدقيق هي الضوابط السلوكية التي تسيطر على سلوكية الفرد وتضعه في قالب أو إطار معين يحظى بتثمين أو تقييم المجتمع[٧]. والقيم تقسم إلى قسمين أساسيين هما القيم الايجابية والقيم السلبية أو الضارة.

فالقيم الايجابية تنعكس في الشجاعة والبطولة والتعاون والصبر والتضحية والايثار واحترام الزمن والانضباط والنقد والنقد الذاتي. في حين تتمثل القيم السلبية بالأنانية وحب الذات والطائفية والاقليمية والعنصرية والطيش والغرور. أن القيم الايجابية التي يؤمن بها الفرد ويتمسك بتفاصيلها ومفرداتها ويطبقها على سلوكها اليومي لابد أن تمنعه من القيام بالسلوك الردئ والشين. فالذي يؤمن بقيمة الإيثار والتضحية من أجل الآخرين لا يكون أنانيا ويسخط على كل من يسلك السلوك الفردي والأناني. إذ تلعب القيم الدور الكبير في تقييم سلوك الأفراد وتدفعهم إلى التصرف بموجب ما تقره القيم وما تنهي عنه إضافة إلى أهميتها في الزام الأفراد

على انتهاج السلوك المتأتي من مفردات القيم الايجابية والتخلي عن السلوك النابغ من القيم السلبية.

أما الدين الذي هو نظام عقلاني منطقي موزون يتكون من مجموعة المعتقدات والأفكار والقيم والطقوس السلوكية المتعلقة بكائنات وقوى وأماكن مقدسة تفوق بطبيعتها وأهميتها الأشياء التي يستطيع الإنسان خلقها واستعمالها والسيطرة عليها فهو من وسائل الضبط الاجتماعي الذي يؤثر في سلوك وعلاقات الأفراد بحيث يعطيها مسحه معينة ويؤثر في اتجاهاتها وتقييمها بموجب المبادئ والمعتقدات الدينية التي يلتزم بها المؤمن(٨). كما أن المبادئ والقيم الدينية تجعل الأفراد يتصرفون بموجب ما يقره الدين وما ينهي عنه. فالفرد الملتزم بالمبادئ والقيم الدينية يمتنع عن القيام بالأعمال التي لا يوافق عليها الدين كالكذب والغش والتزوير والابتزاز والنفاق. كما أن مثل هذا الفرد يسخط على كل مواطن لا يلتزم بالمبادئ والمعتقدات الدينية, وسخطه هذا يدفع الأفراد إلى الاقتراب من الدين والتمسك بقيمه وأخلاقه وشمائله. إذن الدين هو وسيلة مهمة من وسائل الضبط الاجتماعي طالما أنه يحث الأفراد على القيام بالأعمال الصالحة والنافعة والابتعاد عن الأعمال المنحرفة والشاذة والاجرامية التي تتقاطع مع أوامر ووصايا ومعتقدات وقيم الدين.

ب. الوسائل الخارجية للضبط الاجتماعي

تستعمل الوسائل الخارجية للضبط الاجتماعي للحد من ظاهرة السلوك الاجرامي لاسيما في المجتمعات المتحضرة والراقية أو في الأقاليم الحضرية المتأثرة بعوامل التصنيع والتحديث الشامل. وتتجسد الوسائل الخارجية للضبط الاجتماعي في القوانين والمحاكم وقوات الشرطة والأمن والدوائر القضائية والعدلية على اختلاف أنواعها ودرجاتها(٩). وسميت هذه الوسائل الضبطية بالوسائل الخارجية لأن الاختصاصي الاجتماعي يستطيع لمسها ومشاهدتها وتجريبها

والاعتماد عليها في معاقبة الجانحين والمجرمين والمسيئين بحق المجتمع والدولة. كما أن نصوص وبنود وإجراءات هذه الوسائل الضبطية تكون مدونة وشاخصة بحيث يمكن تطبيقها على الحالات السلوكية المنحرفة والشاذة بغية رد الاعتبار للمجتمع وردع كل من تسول له نفسه القيام بالسلوك الاجرامي والمنحرف.

ومن الجدير بالذكر أن قوة وتكامل وتماسك الوسائل الخارجية للضبط الاجتماعي ودقة تطبيقها من قبل السلطات القضائية والجنائية لابد أن يقلل نسب الجرائم في المجتمع ويردع الآخرين عن امتهان السلوك الإجرامي الذي يضر بالمجتمع ويعرقل مسيرته ويقوده إلى الفوضى والخراب, بينما ضعف وتناقض وهامشية وسائل الضبط الاجتماعي الخارجية تشجع الأفراد والجماعات على ارتكاب الجرائم بحق المجتمع والابتعاد عن المعايير السلوكية والأخلاقية السليمة [١٠], لذا ينبغي دعم وتعزيز الدور الذي تضطلع به الوسائل الخارجية للضبط الاجتماعي لكي تكونه في موضع يمكنها من مواجهة الجريمة والتصدي لشرورها وآثارها السلبية والهدامة. علما بأن الوقاية من الجريمة ومعالجتها ليست هي مهمة الوسائل الخارجية للضبط الاجتماعي فحسب بل هي مهمة كافة المؤسسات والمنظمات الرسمية وغير الرسمية ومهمة الأجهزة والقطاعات المجتمعية والجماهيرية والشعبية [١١]. فإذا تعاونت وتكاتفت كافة المؤسسات والقطاعات الرسمية والمجتمعية والجماهيرية في التصدي للجريمة وتطويق نتائجها وآثارها المخربة فإن المجتمع سيقطع مرحلة متطورة في مواجهة الجريمة وتقليص نسبتها وتحرير الكثير من المواطنين من آثارها المدمرة وشرورها التي هي ليست لها حدود.

يعتبر القانون من أهم الوسائل الخارجية للضبط الاجتماعي. والقانون هو مجموعة من الأحكام والنصوص الأخلاقية والقيمية التي يتفق عليها أبناء المجتمع في تنظيم سلوكهم وعلاقاتهم الاجتماعية والموازنة بين واجباتهم وحقوقهم في طريقة تضمن تحقيق الصالح العام ونشر مبادئ المساواة والعدالة الاجتماعية في

ربوع المجتمع^(١٢). لذا فالقانون بمفهومه الطبيعي أو الوضعي أو الاجتماعي يتوخى تنظيم العلاقات والتفاعلات الإنسانية بين الناس ونشر قيم الخير والعدالة بينهم وتحقيق المصلحة الجماعية التي يشعر فيها الجميع بالرضا والطمأنينه والسعادة. غير أن تشريع القانون وتطبيقه وتفسيره وتحقيق الاستقرار والعدالة من خلاله يحتاج إلى سلطة أو هيئة سياسية قوية ومقتدرة ومحترمة, وهذه الهيئة هي الدولة بكافة أجهزتها ومؤسساتها وقطاعاتها الاجتماعية والادارية والسياسية. علما بأن من أهم المرتكزات الشرعية التي تقوم عليها الدولة هي المرتكزات القانونية. ذلك أن القانون الذي يحكم المجتمع بطريقة عقلانية تأخذ بعين الاعتبار حقوق وواجبات الحكام والمحكومين ومبدأ الشمولية في التطبيق والموضوعية في الاشتقاق والاستعمال هو الذي يضفي صفة الشرعية على الدولة^(١٣), أي يجعل الدولة محترمة ومقدرة ويجعل قراراتها وأوامرها وتوجياتها وبرامجها مطاعة وملزمة على الجميع بغض النظر عن انحداراتهم الاجتماعية ومستوياتهم الثقافية والمهنية.

أن حكم القانون هو الذي يوازن بين الواجبات والحقوق ويحل الاستقرار والطمأنينة في ربوع المجتمع وينشر مبادئ العدالة الاجتماعية ويفض المنازعات والخصومات والتناقضات التي قد تظهر بين الأفراد والجماعات.

إضافة إلى أهميته الكبرى في ردع ومعاقبة المسيء والمعتدي ورد الاعتبار للمعتدى عليه ونشر مظاهر الهدوء والأمن والاستقرار في المجتمع., لهذا تعتبر المجتمعات الحديثة والمتقدمة القوانين بمثابة الوسائل العملية التي يمكن من خلالها التصدي للجريمة ووضع نهاية سريعة لشرورها وآثارها المخربة.

أما المحاكم والدوائر القضائية على اختلاف أنواعها ودرجاتها فهي من الوسائل الخارجية المهمة للضبط الاجتماعي. فعن طريق المحاكم وأجهزة العدالة الجنائية يمكن استعمال القوانين في فض النزاعات والاضطرابات وأعمال الشغب التي قد تحدث بين الأفراد والجماعات. وعن طريق المحاكم والأجهزة العدلية يمكن محاسبة الجاني واثبات التهمة الموجهة إليه واصدار الحكم بحقه وإحالته إلى

مؤسسات الإصلاح الاجتماعي بقصد تنفيذ الجزاء المفروض عليه وإصلاحه من أدرانه وأمراضه وعقده الاجتماعية والنفسية عن طريق إعادة تنشئة الاجتماعية وتهيئة للأدوار الوظيفية الجديدة التي يمكن أن يشغلها مستقبلا بعد إنهاء فترة محكوميته. ومن الجدير بالذكر أن وجود المحاكم والسجون لابد أن يردع كل من تسول له نفسه الاعتداء على حرمة الأفراد والجماعات بل والمجتمع الكبير, ومثل هذا الردع يؤدي دوره الفاعل في تقليص نسب الجرائم في المجتمع.

أما مؤسسات وأجهزة الشرطة أو ما تسمى بقوى الأمن الداخلي فهي من أهم وسائل الضبط الاجتماعي الخارجية في المجتمع الحديث نظرا للأدوار الخطيرة والمتميزة التي تؤديها في استقرار الأمن والنظام والمحافظة على العدالة والقانون ونشر أجواء الهدوء والطمأنينة في ربوع المجتمع(١٤). إضافة إلى مهامها الأساسية في تنظيم علاقات الأفراد والجماعات والمجتمعات المحلية والسيطرة على سلوكيتها والمشاركة الفاعلة في تحقيق أهدافها وطموحاتهم التي تنطبق مع متطلبات الصالح العام وتتماشى مع خطط وسياسات الدولة والمجتمع. ومثل هذه المهام والفعاليات التي تضطلع بها الشرطة وتؤديها للأفراد والجماعات لا يمكن الاستغناء عنها أو التقليل من أهميتها مهما تكن الظروف والمفارقات.

أن أجهزة الشرطة إنما هي أجهزة انضباطية رادعة ذات صفة وقائية وعلاجية في آن واحد. فهي تحمي المواطنين وتدافع عن سلامة وأمن الدولة من الأشرار والعابثين والمشبوهين والعملاء الذين قد تسول لهم أنفسهم الاعتداء على حقوق المواطنين وممتلكاتهم وحرياتهم الاجتماعية, أو الاعتداء على أجهزة الدولة وقوانينها وتحدي سلطتها وشرعيتها أو تهديد سلامة وأمن المجتمع واستقراره والوقوف بوجه تقدمه ونهوضه ورفاهيته, وبجانب هذه المهام الجوهرية التي تضطلع بها الشرطة, هناك مهام أخرى مسؤولة عنها ألا وهي مكافحة الجريمة وعلاجها وتنظيم وضبط المرور وتطويره والسيطرة على شؤون الجنسية والأحوال المدنية والاشراف على أمور السفر وإقامة الأجانب في القطر وإدارة شؤون الدفاع

المدني خلال فترات السلم والحرب[15]. وأخيرا ردع المعتدين والعابثين والمجرمين وحماية النظام الاجتماعي من شرورهم وأفعالهم الإجرامية.

ج- التحول الاجتماعي ووسائل الضبط:

ترتبط طبيعة وسائل الضبط الاجتماعي بطبيعة المجتمع الذي توجد فيه, فلكل مجتمع مهما تكن المرحلة الحضارية التاريخية التي يمر بها مجموعة وسائل ضبطية تحدد المارات الموضوعية لسلوكية وتفاعلات أبنائه وتساعدهم على التمسك بالآراء والمعتقدات والأفكار التي يتبناها المجتمع الكبير ويريد ترسيخها ونشرها في كل مكان. وعندما يتحول المجتمع من نمط إلى نمط آخر لسبب من الأسباب كتحوله من مجتمع ريفي إلى مجتمع حضري أو تحوله من مجتمع زراعي إلى مجتمع صناعي أو تحوله من مجتمع إقطاعي إلى مجتمع رأسمالي ثم إلى اشتراكي أو تحوله من مجتمع بسيط إلى مجتمع مركب أو معقد أو تحوله من مجتمع ميكانيكي لا يعتمد على تقسيم العمل والتخصص فيه إلى مجتمع عضوي يعتمد على نظام دقيق لتقسيم العمل والتخصص فيه فإن وسائل الضبط الاجتماعي السائدة في المجتمع تتحول من شكل لشكل آخر.

إن المجتمعات الريفية والزراعية الإقطاعية والبسيطة والميكانيكية تمتلك وسائل الضبط الاجتماعي الداخلية المتمثلة بالضمير أو الوجدان والرأي العام والأعراف والعادات والتقاليد والقيم والمقاييس الاجتماعية, بينما المجتمعات الحضرية والصناعية والمعقدة تمتلك وسائل الضبط الاجتماعي الخارجية المتمثلة بالقوانين وقوات الشرطة والأمن والمحاكم على اختلاف أنواعها والعدالة القضائية والجنائية. وعليه فإن تغير المجتمعات من مجتمعات ريفية وزراعية بسيطة إلى مجتمعات حضرية وصناعية معقدة يسبب تغير مماثل في وسائل الضبط الاجتماعي إذ تتغير هذه الوسائل الضبطية من وسائل داخلية وذاتية إلى وسائل خارجية وموضعية. إن الجريمة في المجتمع البدائي البسيط أو في المجتمع الريفي تعالج

بقوة الضمير والرأي العام حيث أن الجاني كالسارق أو القاتل أو المغتصب يتعرض إلى تأنيب الضمير وسخط الرأي العام الذي يأخذ شكل التجنب والنفور والمقاطعة والاستياء الجماعي... الخ, ومثل هذه التجارب القاسية والمعاناة المهنية تدفع الجاني إلى التخلي عن ارتكاب الأعمال الطائشة والمنحرفة. أما الجاني أو المجرم في المجتمع المتحضر أو الصناعي فإن جريمته تقابل بتحرك رجال الشرطة للقبض عليه وتوجيه التهمة إليه وإحالته إلى المحكمة لمحاكمته وفرض الجزاء العادل عليه لما أقترفه من أعمال منكرة وأفعال متدنية, وبعد محاكته وإدانته وإصدار الحكم بحقه فإنه يذهب إلى السجن لقضاء مدة محكوميته. إذن الاجراءات العدلية والقضائية في المجتمع البدائي البسيط أو المجتمع الريفي تختلف عن تلك التي في المجتمع الحضري والصناعي المعقد.

أما العوامل المسؤولة عن تغير وسائل الضبط الاجتماعي من وسائل داخلية إلى وسائل خارجية نتيجة لتغير المجتمع من بسيط إلى مركب أو معقد فيمكن درجها بالنقاط التالية:-

١. لا يمكن أن تكون وسائل الضبط الداخلية قوية وفاعلة في المجتمع الصناعي نظرا لتناقضاتها مع الأجواء الاجتماعية والحضارية لذلك المجتمع. فالضمير والرأي العام والأعراف والتقاليد لا يمكن أن تحد من السلوك الاجرامي في المجتمع الصناعي طالما أن الفرد لا يخضع إلى هذه الوسائل الضبطية بقدر ما يخضع إلى الوسائل الضبطية الأكثر موضوعية وحزما وشدة كالوسائل الخارجية.

٢. وسائل الضبط الاجتماعي الخارجية يمكن أن تسيطر على الجرائم وتحد من وطأتها في المجتمع الصناعي المعقد أكثر من الوسائل الضبطية الداخلية نظرا لتعقد المجتمع الصناعي وزيادة مشكلاته وتناقضاته وارتفاع نسب الجرائم فيه.

٣. وسائل الضبط الاجتماعي الخارجية التي يعتمدها المجتمع الصناعي كالقوانين والشرطة وأجهزة العدالة والقضاء وتتلاءم وتتجاوب مع بقية مؤسساته الاجتماعية الأخرى كنظم العائلة والقرابة والزواج والبناء الطبقي والملكية والنظام السياسي والديني ومؤسسات الثقافة والتربية والتعليم وطبيعة العلاقات والتفاعلات الاجتماعية بنوعيها الرسمي وغير الرسمي.

٤. وسائل الضبط الاجتماعي الخارجية تكون أكثر عدالة وعلمية وموضعية من الوسائل الضبطية الداخلية. فالجزاء الذي يناله الجانح في المجتمع الصناعي يكون بقدر ما ارتكبه من جرام ومخالفات. وهنا تظهر العدالة وتترسخ. وظهورها بهذا الشكل يتجاوب مع عقلانية وشرعية وقانونية المجتمع الصناعي أكثر مما يتجاوب مع عقلانية وشرعية وقانونية المجتمع البسيط أو المجتمع الريفي.

٥. حسم المنازعات والقضايا والمشكلات بواسطة وسائل الضبط الاجتماعي الخارجية يكون أسرع وأمضى من ذلك الذي تقوم به الوسائل الضبطية الداخلية.

ومن الجدير بالذكر أن التحول الاجتماعي بشقيه المادي وغير المادي يسبب تشعب وتعقد المجتمع وكثرة وتنوع جماعاته وأجهزته وقطاعاته وزيادة سكانه وامتهانه لنظام تقسيم العمل والتخصص فيه وسرعة اتصاله واحتكاكه بالمجتمع والحضارات الأخرى التي يعطيها مثلما يأخذ منها. ومثل هذه الأمور تعرض المجتمع إلى شتى أنواع المشكلات والتحديات والتناقضات تؤدي إلى زيادة نسبة الجرائم فيه وتفاقم نتائجها المخربة وآثارها السلبية. إن هذا المجتمع يجابه عدة مشكلات كالتفسح والتحلل الاجتماعي وضعف الجماعات التقليدية وانهيارها والتصادم بين القديم المحافظ والجديد المتغير.

كما تتفرع الجرائم إلى عدة أنواع وتعبر عن ذاتيتها بشكلها المرعب والمخيف الذي يهدد وجود الإنسان وكيان المجتمع ويربك نظام الحضارة ويؤدي

إلى تصدعه وانشطاره. فالجرام في مثل هذا المجتمع تكون على أنواع مختلفة أهمها السرقة والقتل والاحتيال والابتزاز والتزوير وجنوح الأحداث والاغتصاب وجرائم المرور والانتحار... الخ.

وعندما تتفاقم حدة المشكلات الاجتماعية فغي المجتمع الصناعي المعقد وتكثر أنواع الجرائم وتتصدع العناصر الأساسية للشخصية ويتعرض المجتمع إلى مختلف الأمراض والتحديات والشرور يسارع القادة والمسؤولين ومعهم كافة الأفراد والجماعات إلى اتخاذ الإجراءات الفاعلة التي من شأنها أن تواجه المشكلات والتحديات والتناقضات وتضع حدا لها. فمن أولى الاجراءات التي تتخذ لمعالجة الموقف تشريع القوانين الجديدة والفاعلة التي تحد من تكرار الجريمة وتعمل على تطويقها, مع الاهتمام بقوات الأمن والشرطة وتطوير المحاكم وأجهزة الشرطة القضائية والعمل على تحديث مهامها ومضاعفة فاعليتها لتكون بالمستوى الذي يمكنها من مواجهة المشكلات والأخطار والتحديات. اذن وسائل الضبط الاجتماعي الخارجية تعمل على مواجهة وتطويق المشكلات والانحرافات والجرائم في المجتمع الحديث, وتتجاوب مع التحولات الاجتماعية التي يشهدها المجتمع لا سيما بعد أن تفشل الوسائل الضبطية الداخلية كالرأي العام والأعراف والتقاليد والعادات والقيم والضمير في التصدي للجريمة ومعالجة مظاهرها السلوكية والتفاعلية المنحرفة التي تتسم بالتعقد والتشعب في المجتمع المتحضر والراقي.

د- دور وسائل الضبط الاجتماعي في الحد من السلوك الاجرامي:

تشير الأبحاث والدراسات العلمية في علم اجتماع الجريمة إلى أن هنالك علاقة متفاعلة بين وسائل الضبط الاجتماعي وظاهرتي الجريمة والجنوح. ذلك أن نسب الجرائم ترتفع في المجتمع سواء كان المجتمع ريفيا أو حضريا, بسيطا أو معقدا إذا لم تتوفر وسائل الضبط الاجتماعي المناسبة, وتنخفض نسي الجرائم في المجتمع إذا كانت وسائل الضبط الاجتماعي موجودة فعاله ولها دورها المتميز في ردع الأفراد عن ارتكاب السلوك الجاع والمنحرف ذلك ان حضور وسائل الضبط الاجتماعي في ساحة المجتمع يعتبر بمثابة عامل ردع يردع كل من تسول له نفسه ارتكاب السلوك الجنائي[١٦]. زد على ذلك أن وسائل الضبط

الاجتماعي الداخلية منها والخارجية ترد الاعتبار للمجتمع عند تعرضه للجريمة من خلال فرض الجزاء أو العقاب على الأشخاص الذين يرتكبون الجنايات والجرائم بحق المجتمع. لذا يعزف عن ارتكاب الجرائم ضد المجتمع خوفا من تطبيق وسائل الضبط الاجتماعي عليهم بقصد معاقبتهم. اذن وسائل الضبط الاجتماعي هي أدوات منع وتطويق للجريمة والانحراف[١٧].

إن ظهور وتكرار أية جريمة في المجتمع كالسرقة مثلا يمكن ارجاعهما إلى عامل ضعف وتساهل وسائل الضبط الاجتماعي وعدم قدرتها على السيطرة على سلوك وعلاقات وتفاعلات الأفراد والجماعات. ومن الجدير بالذكر أن تساهل وهشاشة ومطاطية الوسائل الداخلية والخارجية للضبط الاجتماعي تسبب زيادة المخالفات والجرائم, في حين تقل معدلات المخالفات والجرائم إذا كانت وسائل الضبط الاجتماعي فاعلة وكفؤة وحازمة. من هنا ينبغي على أجهزة الدولة والمجتمع تحويل وسائل الضبط الاجتماعي لا سيما الخارجية منها من وسائل مرنة ومتساهلة وغير كفؤة إلى وسائل جدية وحازمة وكفؤة لكي تقل معدلات الجرائم ويكون سلوك الأفراد سويا وتكون علاقاتهم سليمة ومتزنة.

إذا كانت القوانين والمحاكم وأجهزة الأمن والشرطة متساهلة مع الجناة والمجرمين فإن معدلات المخالفات والجرائم تزداد, والعكس بالعكس إذا كانت القوانين والمحاكم وأجهزة الأمن والشرطة حازمة ومتشددة في إجراءاتها وصيغها الضبطية والعقابية. غير أن الأدلة والبيانات الموضوعية المستقاه من المجتمعات الحديثة والمتطورة تسير إلى التساهل والمرونة النسبية للقوانين والمحاكم وأجهزة الشرطة مع المنحرفين والمجرمين ومثل هذا التساهل يشجع بدون شك الأفراد الذين لديهم استعداد لارتكاب المخالفات والجرائم على القيام بمثل هذه الأفعال الملتوية والمنحرفة. وقد اعترف ٤١ سارق محكوم من مجموع ١٠٠ سارق قابلهم الباحث

الدكتور إحسان محمد الحسن في عام ١٩٨٣ بتساهل القوانين والمحاكم وأجهزة الأمن والشرطة مع الجانحين والمجرمين, إذ ذكروا بأن معرفتهم المسبقة بهذا التساهل وهذه المرونة هي التي شجعتهم على ارتكاب السرقات بحق الأفراد والجماعات, هذه السرقات التي قادت بهم إلى السجن [١٨].

عندما يشعر الفرد ذو الاستعداد على السرقة والجرائم الأخرى بأن القوانين ليست رادعة وأن المحاكم مرنة ومتساهلة في إصدار الحكم ضد الجناة والمنحرفين وأن أجهزة الأمن والشرطة لا تتخذ الاجراءات الفورية والفاعلة في القبض على المجرم أو تتلكأ في اتهامه واحالته إلى المحاكم المختصة لغرض فرض العقوبة التي يستحقها فإن المجرم لا يتردد عن ارتكاب المزيد من الجرائم ضد المجتمع لاسيما عندما تكون تنشئته الاجتماعية ناقصة وملتوية وظروفه الاقتصادية والاجتماعية صعبة ومعقدة وشخصيته مضطربة ومريضة.

وعندما استفسر الباحث في دراسة "السرقة كمشكلة اجتماعية" من السراق المحكومين عن طبيعة ومصادر التساهل واللين واللامبالاة الموجودة في الوسائل الرسمية أو الخارجية للضبط الاجتماعي والتي شجعتهم على ارتكاب جرائم السرقة بحق المواطنين, أجاب هؤلاء بأن مخافر ومفارز الشرطة ومعها الرأي العام والمحاكم والقوانين غير متشددة وليست رادعة بحيث لا يخاف معظمهم من عقابها واجراءاتها الوقائية والانضباطية والردعية التي تفرضها عليهم بغية الحفاظ على أمن المجتمع وسلامته[١٩]. فمراكز الشرطة في المناطق والأطراف كما عبر عنها تفتقر إلى القوة الحقيقة والمكانة المحترمة والصيغ الفعالة والسريعة التي توقف المجرم عند حده وتفرض عليه الجزاء العادل الذي يستحقه.

كما أنها في معظم الحالات تمتنع عن تسجيل شكاوي المواطنين ضد السرقات والجرائم الأخرى التي تعرضوا إليها بحجة أن مساكن المواطنين لا تقع ضمن منطقة عملها المحددة. وفي أحيان أخرى لا تنفذ واجباتها الأمنية بسرعة وفاعلية ولا تستعمل صلاحياتها القانونية والشرطوية بحق الجناة والأشرار

والمعتدين. ومثل هذه المواقف اللينة والمتساهلة تعطي الفرصة للجناة والمجرمين بالهرب من العدالة والقانون والإفلات من قوة الجزاء والعقاب, الأمر الذي يشجع هؤلاء على ارتكاب المزيد من الجرائم والمخالفات بحق الأفراد والجماعات.

أما المحاكم الجنائية والجزائية فهي الأخرى التي لا تقوم بواجباتها القانونية كما ينبغي. فعندما يحال المتهم إلى المحكمة بقصد محاكمته وفرض العقاب القانوني الذي يستحقه (الغرامة أو الحبس أو كلاهما) فإن الدعوى لا تحسم حالا بل تؤجل عدة مرات قبل حسمها, وهذا ما يعطي المجال إلى المتهم بالهرب من وجه العدالة من خلال عدم حضوره للمرافعة وتوكيل محامي عنه بعد إطلاق سراحه بالكفالة النقدية, بل وحتى هروبه من المحافظة التي ارتكب فيها الجريمة إلى محافظة أخرى, ومثل هذه الظروف والمعطيات المتساهلة غالبا ما تسبب تمييع القضية وعدم حسمها لصالح المجني عليه خصوصا بعد مضي وقت طويل عليها ونسيان معظم جوانبها وملابساتها والعوامل الظاهرة والخفية التي أدت إلى ارتكابها. زد على ذلك ضعف وعدم فاعلية معظم القرارات القانونية التي تتخذها المحاكم إزاء المخالفين والمجرمين وإصدار أحكام السجن القصيرة الأمد والتساهل في القبض على الجاني وإحالته إلى القضاء وتوفير كل ما يحتاجه الجاني في السجن بحيث يصبح السجن بالنسبة له مكانا للراحة والاستجمام.

ومن الجدير بالاشارة إلى أن ظروف وإدارات السجون تتحمل قسطا من مسؤولية زيادة معدلات الجرائم في المجتمع. فالسجون العراقية في الوقت الحاضر تخيم عليها الأجواء التربوية والديمقراطية والإنسانية التي تهدف إلى إصلاح وتقويم المجرم أكثر من معاقبته وإدانته وفرض الجزاء العادل الذي يستحقه بناء على ما ارتكبه من ذنوب وجرائم بحق المجتمع[٢٠]. ومثل هذه الأجواء التربوية والإنسانية المخيمة على السجون تسجع الأفراد من وذي النفوس الضعيفة على الاستمرار بارتكاب الجرائم.

إضافة إلى هذا وذاك تقتفي بعض الممارسات المتساهلة التي تشجع المجرمين البسطاء وغير الواعين على ارتكاب المزيد من الجرائم. وهذه الممارسات المتساهلة تتجسد في تسهيلات الاجازات الاعتيادية والافراج الشرطي وتقليص مدة المحكومية[٢١]. فالمحكوم بناء على فلسفة السجون الحديثة يتناول الطعام الجيد وينام في غرفة مريحة ويشاهد التلفزيون ويستمع إلى الراديو ويطالع الصحف والمجلات ويمارس الألعاب الرياضية ويزاول حتى عمله الاعتيادي في ورش السجن وأخيرا يتلقى الرعاية الطبية والاجتماعية. ومثل هذه الظروف والأجواء الإنسانية الجيدة لا تجعل الفرد يخاف من عقاب السجن, بل في بعض الحالات يتعمد في ارتكاب الجريمة للحصول على التسهيلات المعاشية والاجتماعية والصحية التي يتلقاها داخل السجن. الأمر الذي يقود إلى ارتفاع معدلات الجريمة في المجتمع.

ومن جهة ثانية نلاحظ بأن غياب عنصر التوجيه والارشاد داخل السجن وفقدان مهام التربية والتعليم من السجن, إضافة إلى تدهور أوضاع السجن وعدم توفر التسهيلات الضرورية التي يحتاجها السجناء لابد أن تجعلهم حاقدين وناقمين على المجتمع ومستعدين على ارتكاب المزيد من الجرائم ضده بعد خروجهم من السجن.

اذن الظروف التربوية والاجتماعية والاصلاحية المتدنية في السجن تعتبر من العوامل الموضوعية المهمة للعود إلى الجريمة. ومن الجدير بالاشارة إلى أن مؤتمر مكافحة الجريمة في البلدان العربية قد اعتبر السجن عاملا من عوامل العود إلى الجريمة في حالة فقدانه للأسس الإصلاحية والتوجيهية السليمة[٢٢]. ذلك أن المؤتمر أكد على أن حالة أبنية السجن وفقدان التوجيه المهني والتربوي والاجتماعي فيها, حشر السجناء في غرف غير صحية وبعدد هائل, تضعف في السجين الإحساس بأنه إنسان كسائر البشر وتولد عنده الشعور بالضغينة والحقد على المجتمع مما يخلق في نفسه شعورا يدفعه إلى الانتقام من المجتمع بعد قضاء

مدة محكوميته ومغادرة السجن. إذن واقع وملابسات السجن وابتعاده عن المهام التربوية والتقويمية تعتبر من الأسباب المؤثرة في ارتفاع معدلات الجرائم في المجتمع.

أما قوة الرأي العام التي تعتبر من وسائل الضبط الاجتماعي المهمة فقد أصبحت ضعيفه وهامشية وذلك بعد بعثرة وتشتت العلاقات الاجتماعية وتحويلها من علاقات غير رسمية إلى علاقات رسمية. فالفرد غير المتكيف أصبح بعد تعقد وتشعب مجتمعه وضعف علاقاته الاجتماعية وجماعاته التقليدية ميالا إلى ارتكاب أنواع الجرائم ضد الأفراد دون حياء أو خوف [٢٣]. ذلك أن علاقاته الاجتماعية ضعيفة ومتحللة وتأثره بالرأي العام ضعيف أو معدوم.

ومثل هذه الظروف القاهرة التي تعيشها المجتمعات الحديثة والمتحولة في الوقت الحاضر تسبب زيادة الجرائم بأنواعها المختلفة. كما أن ضعف القيم السلوكية عند الأفراد وبعثرتها وتناقضاتها تجعلهم غير ملتزمين بالسلوك الجيد الذي توصي به القيم الايجابية, ومستعدين على القيام بالسلوك المنحرف الذي يتقاطع مع السلوك السوي الذي يوصي به المجتمع. فعدم إيمان الفرد بقيم الصدق والنزاهة والاستقامة والعفة والإخلاص يجعله ميالا ومستعدا على ارتكاب الكثير من الممارسات الملتوية والخاطئة كالسرقة والغش والتحايل والابتزاز. أما إذا كان الفرد مؤمنا ومتمسكا بالقيم السلوكية الايجابية كقيم النزاهة والاستقامة والصدق والصراحة والاخلاص في العمل والايثار والبذل والعطاء في سبيل المجتمع فإنه يمتنع عن القيام بالسلوك الجانح والمنحرف. لذا نستطيع القول بأن وسائل الضبط الاجتماعي تلعب دورها الفاعل في تحديد نوعية السلوك الذي يتحلى به الفرد, فإذا كانت وسائل الضبط الاجتماعي مسيطرة على الفرد ومترسخة عنده فإنه يمتنع عن ارتكاب السلوك الاجرامي, والعكس هو الصحيح إذا كانت وسائل الضبط الاجتماعي ضعيفة ومتناقضة وغير مؤثرة في شخصية الفرد وسلوكيته.

الهوامش والمصادر

١. Mitchell. D. A Dictionary of Sociology. London. Rutledge and Kegan Paul, ١٩٧٣, p. ١٦٧.

٢. الحسن, إحسان محمد (الدكتور) . السرقة كمشكلة اجتماعية, مطبوعات مديرية الشرطة العامة, مديرية البحوث والدراسات, بغداد, ١٩٨٣, ص.٢٤.

٣. Johnson, H. Sociology: A systematic Introduction. London, Rutledge and Kegan Paul. ١٩٦١. p. ٥٨١.

٤. Mackenzie. J. Qutlines of Social Philosophy. London. George Allen and Unwin, ١٩٦١, pp. ٢١٤-٢١٦.

٥. Roucek, J. and R. Warren, Sociology. Iowa. Little Field Co., ١٩٥٧. pp. ١٦٥-١٦٦.

٦. Ibid., p. ١٦٧.

٧. Mitchell, D. A. Dictionary of Sociology, p. ٢١٨.

٨. الحسن, إحسان محمد (الدكتور). دراسات في علم اجتماع الدين, مجلة الجامعة المستنصرية, العدد الخامس, ١٩٧٥, ص ٤٠٦.

٩. Schafer, S. Introduction to Criminology, Virginia. A. Prentice-Hall Co. ١٩٧٦, p. ١٦٧-١٦٩.

١٠. الحسن, إحسان محمد (الدكتور) , السرقة كمشكلة اجتماعية، ص٢٤.

١١. الحسن, إحسان محمد (الدكتور). المهام العلاجية والوقائية للجمهور في مكافحة الجريمة, من بحوث الحلقة الدراسية الخاصة بدور الجمهور في الوقاية من الجريمة ومكافحتها للفترة من ٣٠-٣١ آذار ١٩٨٣, مديرية الدراسات والبحوث في مديرية الشرطة العامة, بغداد.

١٢. الشاوي, منذر (الدكتور), مذاهب القانون, سلسلة الثقافة القانونية, العدد (٣), بغداد , ١٩٨٦.

١٣. Simon, R, The Philosophy of Democratic Government. Chicago, ١٩٥١m pp. ٢٠-٢٢.

١٤. Wade, H. Administrative Law. Oxford, The Clarenden Press, ١٩٦١, p. ٢٥.

١٥. Scott, H. Scotland Yard, London, Ander Deutsch, ١٩٥٩, p. ٢٢.

١٦. Schafer, S. Introduction to Criminology, p. ١٧٠.

١٧. Ibid., p. ١٧١.

١٨. الحسن, إحسان محمد (الدكتور) . السرقة كمشكلة اجتماعية, ص ٣٤.

١٩. الحسن, إحسان محمد (الدكتور), سبل توطيد العلاقة بين الشرطة والجمهور, مديرية الشرطة العامة, بغداد, ١٩٨١.

٢٠. عريم, عبد الجبار, السجون الحديثة, بغداد, مطبعة المعارف, ١٩٦٧, ص٥-٦.

٢١. جنيح, عبد الأمير حسن (الدكتور). الإفراج الشرطي في العراق (دراسة مقارنة), بغداد, المؤسسة العراقية, ١٩٨١, ص ١٥-١٦.

٢٢. محمد, هادي صالح, عوامل العود إلى الجريمة, اطروحة ماجستير غير منشورة في علم الاجتماع, قسم الاجتماع, كلية الآداب, جامعة بغداد, ١٩٨٤, ص ٤٩-٥٠.

٢٣. Albig. M. Public Opinion, New York, ١٩٥٩, p. ١٥.

المصادر العربية

١. الحسن, احسان محمد (الدكتور). قراءات في علم الاجتماع الحديث, بغداد,
    مطبعة الحرية, ١٩٦٨.

٢. الحسن, احسان محمد (الدكتور). علم الاجتماع الحديث, بغداد, مطبعة دار
    السلام, ١٩٩٠.

٣. الحسن, احسان محمد (الدكتور). علم الاجتماع: دراسة نظامية, بغداد, مطبعة
    الجامعة, ١٩٧٦.

٤. الحسن, احسان محمد (الدكتور). علم الاجتماع: دراسة تحليلية في النظريات
    والنظم الاجتماعية, بغداد, مطبعة التعليم العالي, ١٩٩١.

٥. الحسن, احسان محمد (الدكتور). العائلة والقرابة والزواج, بيروت, ١٩٧٦.

٦. الحسن, احسان محمد (الدكتور). علم الاجتماع الديني, بغداد, مطبعة
    الرسائل, ٢٠٠٣

٧. الخشاب, مصطفى (الدكتور). علم الاجتماع والمدارسه، الكتاب الثاني، القاهرة،
    مطبعة الانجلو المصرية، ١٩٧٥.

٨. الوردي, علي (الدكتور). طبيعة المجتمع العراقي, بغداد، مطبعة العاني، ١٩٦٥.

٩. النوري, قيس (الدكتور). طبقة المجتمع البشري، الجزء الثاني، مطبعة الآداب في
    النجف الأشرف, ١٩٨١.

١٠. الحسن, احسان محمد (الدكتور). موسوعة علم الاجتماع, بيروت, الدار العربية
    للموسوعات, ١٩٩٩.

١١. سليم, شاكر مصطفى (الدكتور). قاموس الانثربولوجيا, جامعة الكويت, الكويت,
    ١٩٨١.

١٢. الحسن, احسان محمد (الدكتور). البناء الاجتماعي والطبقية, بيروت, دار الطليعة, ١٩٨٦.

١٣. علي, صباح الدين. الخدمة الاجتماعية, مؤسسة المطبوعات الحديثة, القاهرة, ١٩٧٩.

١٤. أبو زيد, أحمد (الدكتور). البناء الاجتماعي, القاهرة, ١٩٧٦.

١٥. بتلهام, شارل. التخطيط والتنمية, دار المعارف بمصر, القاهرة, ١٩٧٧.

١٦. محمد, محمد علي (الدكتور), دراسات في علم الاجتماع السياسي, دار الجامعات المصرية, القاهرة, ١٩٧٧.

١٧. محمد, محمد علي (الدكتور). تاريخ علم الاجتماع, دار المعرفة الجامعية, الاسكندرية, ١٩٨٩.

١٨. الفارابي, أهل المدينة الفاضلة, بيروت, ١٩٥٩.

١٩. ثيماشيف, نيقولا. نظرية علم الاجتماع, ترجمة الدكتور محمد عودة وآخرون, دار المعارف, القاهرة, ١٩٨٤.

٢٠. عزت, عبد العزيز (الدكتور) فلسفة التاريخ وعلم الاجتماع, القاهرة, ١٩٧١.,

٢١. السيد محمد بدوي (الدكتور). مبادئ علم الاجتماع, دار المعرفة الجامعية, الاسكندرية, ١٩٩٠.

المصادر الأجنبية (Bibliography)

١. S. Anderski, Comparative Societies (London, ١٩٧٢).

٢. A. Asch, Social Psychology (New York, ١٩٦٢).

٣. T. Asuni. Suicide in western Nigeria (British Medical Journal, ١٩٦٢).

٤. H. Barnes, An Introduction to the History of Sociology (New York, ١٩٧٨).

٥. B. Barber, Stratification, A. Comparative Analysis of Structure and Proccess (New York, ١٩٦٣).

٦. Becher and Barnes, Social Thought From Lore to Science Vol. ١ (New York, ١٩٨٣).

٧. S. Ben and peters, Social Principles and the Democratic state (London, ١٩٦٩).

٨. P. Bahannan, African Homicide and suicide (Princeton University Press, ١٩٦٠).

٩. Cambridge Economic History (Cambridge University Press, ١٩٨٠).

١٠. K. Davis, Human Society (the Mac Millan Company New York ١٩٦٧).

١١. E. Durkheim, The Rules of Sociology Method (New York, ١٩٦٥).

١٢. E. Durkheim, The Elementary Forms of Religious Life (Glencee, III, Free Press, ١٩٦٧).

١٣. F. Durkheim, Sociology and Philosophy (London, ١٩٥٧).

١٤. E. Durkheim, Suicide (Rutledge Kegan Paul, London, ١٩٨٢).

١٥. E. Evants – Prithchard, Social Anthropology(London, ١٩٨٢).

١٦. J. Floud, Education and Social Class in the Welfare State (London, ١٩٨٤).

١٧. R. Freedman, Marx On Econmics, (Penguin Book, England, ١٩٦٨).

١٨. R. Fox, Kinship and Marriage (penguin Book, England, ١٩٦٨).

١٩. S. Freud, Id, Ego and Super go (London, ١٩٦٢).

٢٠. S. Freud, Our Civilization and Its Doscontent (London, ١٩٦٢).

٢١. S. Freud, Mourning and Melancholia (London, ١٩٨٣).

٢٢. Gerth and Mills, Character and Social Structure (New York, ١٩٨٧).

٢٣. H. Gerth and Mills, From Max Weber (New York, ١٩٨٠).

٢٤. M. Ginsberge, The Idea of Progress (Glasgow, ١٩٦٤).

٢٥. M. Ginsberge, Morul Progress (Frazer's lecture; ١٩٥٥).

٢٦. M. Ginsberge, Essays in Sociology and Philosophy, Reason and Unreason in Society (London, Heineman, ١٩٦١).

٢٧. M. Ginsberge, Sociology (Oxford Univ. Press, ١٩٨٠).

٢٨. D. V. Glass, Population Fertility and Population Policy (London, ١٩٦٠).

٢٩. D. V. Glass, The Town: A Changing Civilization (London, ١٩٥٧).

٣٠. J. Hanson, A textbook of Economics (Chaucer Press Suffolk, ١٩٧٠).

٣١. W. F. Hegel, Lecture On the History of philosophy Vol. II (London, ١٩٥٦).

٣٢. T. R. Hicks, The Social Framework (London, ١٩٦٠).

٣٣. R. Hinkle, The Development of Medern Sociology (Random House, New York, ١٩٦٣).

٣٤. L. T. Hobhouse, the Idea of Progress (London, ١٩٦٣).

٣٥. L. T. Hobhouse, Development and Purpose (London, ١٩٧٣).

٣٦. L. T. Hobhouse, Social Development, (London, ١٩٦١).

٣٧. T. Hobhouse, Levathian (Fontana Collins, London, ١٩٦١).

٣٨. G. Homans, Human Groups (London. Routledge and Hegan Paul, ١٩٥٩).

٣٩. G. Homans, The Strategy Of Industrial Sociology, A. J. S. ١٩٦٩).

٤٠. H. Hutton, Caste in India (Cambrige Univ. Press, ١٩٤٦).

٤١. H. Human, Survey Design and Analysis (Free Press. Hlinios, ١٩٦٥).

٤٢. Jackson and Marsden, Education and the working Class (London, ١٩٥٨).

٤٣. H. Johnson, Sociology: A System Introduction (London, ١٩٦١).

٤٤. A: Judges, Looking Forward in Education (London, ١٩٦٣).

٤٥. G: Knibbs, The Shadow of the world's future (London Errest Benn, ١٩٦٨).

٤٦. Kretch and Crutch Field, Individual in Society (New York ١٩٦١).

٤٧. S. Lipset and R. Bendix, Social Mobility in Industrial Society (Heinemanu. London, ١٩٥٩).

٤٨. J. Locke, An Essay Concerning the civil Government (Fontana, Collins ١٩٥١).

٤٩. D. Lockwool; Arbitration and Industrial Conflict, The Britsh journal of Sociology, Dec., ١٩٥٦.

٥٠. R. Maclver, The Modern State (new York, ١٩٦٧).

٥١. T. Malthus. Essays On Population (Book, London, ١٩٥٤).

٥٢. B. Maliowski, the Argonauts of the Western Pacific (London, ١٩٦٦).

٥٣. B. Maliowski, Magic, Since and Religion (illionis, ١٩٧٨).

٥٤. K. Marx, Selected Writing in Sociology and Social Philosophy, Bottomore and Rubel (A Pelican Book, ١٩٦١).

٥٥. K. Marx, Capital Vol, ١(London. ١٩٦٤).

٥٦. K. Marx, Critique in Political Economy (London, ١٩٦١).

٥٧. T. H. Marshall, Citizenship and Social Class (London, ١٩٦٢).

٥٨. S. Maus, A Short History of Sociology (new York, ١٩٥٩).

٥٩. R. Melver, Society (New York, Rinehort, ١٩٧٧).

٦٠.

٦١. W. Mc Dougall, Social psychology, (London, ١٩٥١).

٦٢. J. S. Mills Comte and Positivism, Recent Paper- book reprint (London, ١٩٦٤).

٦٣. D. Mitchel , A Dictionary of Sociology (Rutledge and Kegan Paul, London, ١٩٧٣).

٦٤. L. Morgan, Ancient Society (New York, ١٨٧٧).

٦٥. C. A. Moser Survey Methods in Social Investigation (Heinemann, London, ١٩٦٧).

٦٦. G. P. Murdock, Social Structure (London, ١٩٥٩).

٦٧. W. Ogburn and M. Nimkoff, A Handbook of Sociology, (New York, ١٩٥٥).

٦٨. W. Ogburn and M. Nimkoff, Technology and the Changing Family (Boston, ١٩٥٥).

٦٩. T. Parsons, Toward A General Theory of Action (Harvard Univ, perss, ١٩٦٢).

٧٠. T. Parsons, the Social System (New York, ١٩٤٨).

٧١. Plato, The Republic, Translated by H. Lee (Penguin Middle sex, ١٩٦٣).

٧٢. Karl Propper, The poverty of Historicim (Routledge Paper back, London, ١٩١٦).

٧٣. A. Rees, Life in A Welsh Country side London, ١٩٥٠.

٧٤. M. Rheinstein, Max weber on law in Economy and Society (Glasgow, ١٩٤٧).

٧٥. D. Ricardo, Principles of political Economy (London, ١٨٩١).

٧٦. Joseph Schumpeter, cpitalism and Demoracy, (New York, ١٩٥٢).

٧٧. H. Spencer, Principles of Sociology (London, ١٨٨٩).

٧٨. R. H. Tawney, Religion and the Rise of Capitalism (Oxford University Press, ١٩٤٩).

٧٩. E. Tomlin, The Philosophers of the western Wold (Hutchinson House, London, ١٩٥٠).

٨٠. Max Weber, The Theory of Social and Economic Organization, (New York, ١٩٥٩).

٨١. E. Westermarch, A short History of Marriage and family (London, ١٩٧٦).

٨٢. M. Whitehhead, Science and the Modern World (London, ١٩٥٧).

T0157098

Printed in the United States
By Bookmasters